人工智能技术及无人驾驶

张立东　著

中国水利水电出版社
www.waterpub.com.cn
·北京·

内 容 提 要

本书内容主要包括绪论、人工智能技术基础、环境感知与信息融合、群体智能与车队控制、自然语言处理与人机交互、无人驾驶应用等六部分内容。

本书可供人工智能技术及无人驾驶理论研究、技术开发等领域的技术人员和管理人员阅读，也可作为高等学校有关专业的教材或参考书。

图书在版编目（CIP）数据

人工智能技术及无人驾驶 / 张立东著. -- 北京 ：中国水利水电出版社，2022.3

ISBN 978-7-5226-0714-6

Ⅰ. ①人… Ⅱ. ①张… Ⅲ. ①人工智能一应用一汽车驾驶一无人驾驶一研究 Ⅳ. ①U471.1-39

中国版本图书馆CIP数据核字(2022)第085428号

书　名	**人工智能技术及无人驾驶** RENGONG ZHINENG JISHU JI WUREN JIASHI
作　者	张立东　著
出版发行	中国水利水电出版社 （北京市海淀区玉渊潭南路1号D座　100038） 网址：www.waterpub.com.cn E-mail：sales@mwr.gov.cn 电话：（010）68545888（营销中心）
经　售	北京科水图书销售有限公司 电话：（010）68545874、63202643 全国各地新华书店和相关出版物销售网点
排　版	中国水利水电出版社微机排版中心
印　刷	天津嘉恒印务有限公司
规　格	184mm×260mm　16开本　15.75印张　383千字
版　次	2022年3月第1版　2022年3月第1次印刷
印　数	0001—2000册
定　价	**95.00**元

序

《周易》有云："天地交而万物通也，上下交而其志同也。"交通一词由此而来，而交通工具的发展史更是人类文明发展史的缩影。追古溯今，自20世纪20年代美国陆军电子工程师弗朗西斯·霍迪尼设计的"美国奇迹"无线遥控汽车正式亮相以来，无人驾驶已历经近百年。通常认为，无人驾驶汽车是借助车载传感系统感知道路环境，具备自动规划行车路线并控制车辆实现预定功能的智能汽车。无人驾驶是计算机科学、模式识别和智能控制技术高度融合的产物，也是衡量一个国家科研实力和工业水平的一个重要标志，在国防和国民经济领域具有广阔的应用前景。人工智能与基因工程、纳米科学并称为21世纪三大尖端技术，且是第四次工业革命的代表性技术，它的出现极大地推动了无人驾驶技术的落地应用。无人驾驶的时代巨轮已然启航，谷歌、百度、特斯拉等国内外知名企业纷纷入局，无人驾驶产业欣欣向荣。人类从马车时代步入汽车时代只用了短短十几年的时间，从人工驾驶时代步入无人驾驶时代指日可待，未来可期。

与张立东老师认识已有近二十年的时间，他一直从事智能交通、人工智能方面的科学研究及教学工作。他除了主持科研项目之外，作为课题组的重要成员，参与了我主持的多项国家级及省部级纵向课题，以及企事业单位的横向课题，联合发表了多篇具有一定影响力的学术论文，在相关领域取得一系列学术成果，为本书成稿奠定了坚实的研究基础。

在《人工智能技术及无人驾驶》一书中，作者以无人驾驶涵盖的传感器信息采集与融合、车队控制与人机交互为技术主线，对人工智能及其在无人驾驶领域的应用进行了深入阐述。这是一本能够帮助读者快速了解人工智能及无人驾驶方法的专著，该书不仅具有较高的学术价值，而且对工程应用也具有一定的参考和指导意义。我相信该书的出版会对我国人工智能在无人驾驶领域的发展和应用、培育创新性科技人才起到重要的推动作用。

特此作序。

山东大学 朱文兴

2022年2月

前言

无人驾驶，亦称自动驾驶，是人工智能领域一颗璀璨的明珠。2013 年，美国国家公路交通安全管理局（NHTSA）将自动驾驶功能分为 0～4 共 5 个级别，以应对汽车主动安全技术的爆发式增长。2022 年 3 月我国已经实施的《汽车驾驶自动化分级》，确定了适合我国国情的发展路线，标志着我国在自动驾驶领域由跟踪研究向自主研究的转变，这是我国无人驾驶历史上里程碑式的事件。

人工智能技术作为实现智能驾驶或无人驾驶的核心技术之一，在无人驾驶实现进程中具有举足轻重的作用。本书以人工智能技术在无人驾驶领域的应用为主线，首先，全面总结了人工智能的发展历史及发展趋势、无人驾驶技术的分级、技术领域和人工智能对无人驾驶行业的赋能；其次，以知识表示、机器学习和逻辑推理串接起人工智能技术的知识脉络，探讨了无人驾驶所依据的车载传感器设备原理及多传感器的融合算法；再次，剖析了基因优化型、觅食导向型和迁徙导向型三类群体智能算法，群体智能算法是无人驾驶时代车队运动的理论基础，在简述车辆运动学的基础上，深入阐述了 V2X 环境下车辆跟驰及信息交互行为、车辆队列的协调控制策略，以及连续性和离散性系统车队的控制策略；然后，无人驾驶时代的车控模式发生了显著变化，传统的“油门-离合-刹车-方向盘”的模式将会被人的指令，尤其是语音指令替代，基于此，全面分析了自然语言处理的相关内容，以及人机交互过程中语音处理和人机界面设计（HMI）的技术知识；最后，探讨了四种无人驾驶典型应用场景、两种典型无人驾驶系统，以及单车智能和车路协同未来的发展趋势问题，并提出了人工智能技术在无人驾驶领域应用的展望。

本书得到国家自然科学基金（编号：61773243）、山东省交通运输厅科技计划项目（编号：2020B89－01）、山东省自然科学基金项目（编号：ZR202103040503）和山东省高等学校青年创新团队发展计划（编号：2021KJ039）的资助，在此表示感谢。另外，作者参考了大量行业专家、学者的观点，由于篇幅限制，不再逐一列出，在此一并表示衷心感谢。

特别感谢智能交通领域知名专家、山东大学朱文兴教授为本书作序。

限于作者水平，书中难免有不足之处，敬请读者批评指正。

作者

2022年2月

目录

第1章　绪　论

当今，以人工智能为核心的技术正引领第四次工业革命的浪潮，人类正步入智能时代。人工智能（Artificial Intelligence，AI）是一门由计算机、控制论、信息论、心理学，以及哲学等多学科交叉形成的新学科，一般将其归属于计算机学科的一个分支，主要研究计算机模拟人类的智能行为。人工智能与基因工程、纳米科学并列为21世纪三大尖端技术，是新一轮产业变革的核心动力，也是当前和未来发展的重要领域。谁能走在人工智能研究的前列，谁就将能在国际竞争中领先一步，处于有利地位。无人驾驶或自动驾驶乃人工智能皇冠上一颗明珠，二者之间的密切关系不言而喻，下面对其相关内容作概要论述。

1.1　人工智能

1.1.1　定义

系统地理解人工智能之前，有必要先剖析其内涵。也许有人会认为，人工智能就是人工的智能，此类认识未深入其本质。人工智能不是人的智能，但能像人那样思考，也可能超过人的智能。当然，会自我思考的高级人工智能还需要科学理论和工程应用上的突破。

人工智能是一门多学科交叉科学，从事该项工作的人员须熟稔计算机、心理学和哲学等知识。同时，人工智能也是一门内涵广泛的科学，它由不同的领域组成，如机器学习、计算机视觉等。简言之，人工智能的主要目标之一是使机器能够胜任一些通常需要人类智能才能完成的复杂工作。由于人类对神经系统结构及作用机制的认识处于不断发展中，因此在不同时代、不同学者对此类“复杂工作”的理解认知存在差异。因此，在不同的历史时期，人们对于人工智能有不同的定义。

下面探讨几种常见的定义：

1. 人工智能是一种不可思议的计算机程序

人工智能是机器完成了人们认为机器不能胜任的事情。此观点的局限性在于它并不关注背后的技术是否“智能”，只要“计算机比人强，就是智能”。对于此观点最具有反讽意义的事件即计算机下棋事件。当普通计算机在人们的心目中只是一台会飞速运行的计算机器的时候，一台会下跳棋的计算机横空出世，这台会下棋的计算机就被人们认为是智能机器，但其距智能相距甚远。

2. 人工智能是与人类思考方式相似的计算机程序

这种对人工智能的定义在其发展的早期较为流行。定义从思考方式本源出发，认为人工智能是能遵循人类思维的逻辑规律进行思考的计算机程序。

从某种程度上讲，这是类似仿生学的一种直观思路。既然是人工智能，那用程序来模拟人的智慧就是最直截了当的做法。但是，仿生学的思路在科技发展中并不一定完全适用。在数千年的历史长河里，人类一直梦想能像鸟儿一样挥动着翅膀在蓝天下飞翔，但真正协助人类在高空翱翔，并打破鸟类的飞行速度和高度的不是不断挥舞的翅膀，而是有固定机翼的飞机。

人类究竟是怎样思考的？这本身就是一个复杂的技术和哲学问题。为了了解人类自身的思考方式，哲学家们试图通过反省与思辨，找到人类思维的逻辑法则；而科学家们则通过心理学和生物学实验，了解人类在思考时的身心变化规律。这两条道路都在人工智能的发展历史上起到过极为重要的作用。

思维法则，或者说逻辑学，是个人的思考过程是否理性的最高判定标准。从古希腊的先贤们开始，形式逻辑、数理逻辑、语言逻辑、认知逻辑等分支在数千年的积累和发展过程中，总结出大量规律性的法则，并成功地为几乎所有的科学研究提供了方法论层面的指导。简言之，让计算机中的人工智能程序遵循逻辑学的基本规律进行运算、归纳和推演，是许多早期人工智能研究者的最大追求。

但是，科学家们很快就发现了基于人类知识库和逻辑学规则建构的人工智能系统的局限性。一个解决特定的、狭小领域问题的专家系统很难被扩展到稍微宽广些的知识领域中，也就意味着这很难扩展到日常生活里。

除此之外，从心理学和生物学的角度出发，科学家们试图研究清楚人的大脑到底是怎样工作的，并希望能按照人脑的工作原理来建构计算机程序，从而真正地实现人工智能，如神经网络。但是早期的神经网络技术发展并不顺利，直至 20 世纪七八十年代，人工神经网络理论的部分难题才得以解决。20 世纪 90 年代，神经网络在人工智能领域再次成为研究焦点。时至今日，神经网络这一仿生学概念在人工智能新的一轮复兴中，正扮演着至关重要的角色。

3. 人工智能是会学习的计算机程序

此定义基本上已经将人工智能和机器学习等同起来。人工智能研究的核心指导思想就是“无学习、无 AI”，故很多研究者喜欢称自己是机器学习专家，而不是人工智能专家。而且，这一定义也非常符合人类认知的特点：人类智慧的增长离不开成长过程中的不断学习。因此今天的人工智能正通过模拟人类学习和成长的过程，采用系统学习大量数据、训练经验模型的方法来实现。

1.1.2　人工智能发展史

早在 12 世纪末，人们就希望制造器械来协助或代替人类分析、思考和解决问题，其

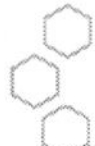

中使用的方法和技术已经蕴含了人工智能思想的萌芽。随着科技的发展，关于人工智能的探索逐步向前推进，在不同的历史时期，人工智能的发展呈现出兴衰交替的现象。今天，由于在理论、技术、应用、商业化等方面取得了全面突破，现正处于爆发式增长阶段。

概括而言，人工智能发展简史如图 1-1 所示，其详细历程大致可划分为如下八个阶段。

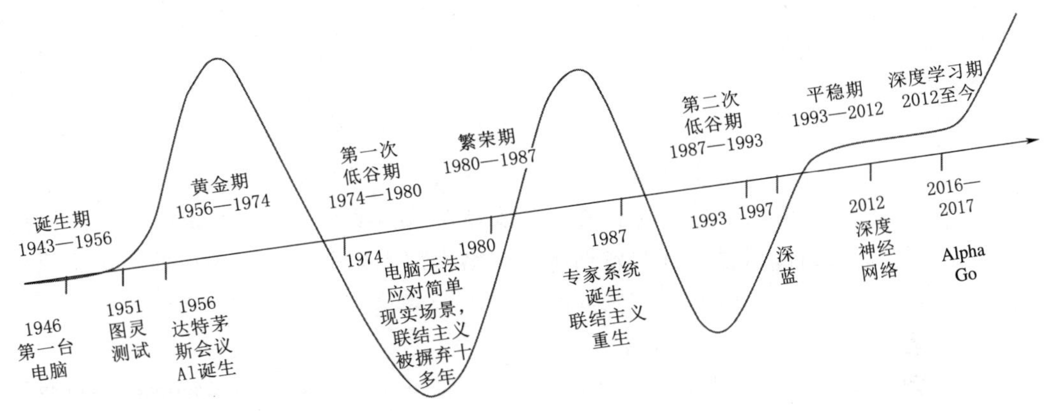

图 1-1 人工智能发展简史

1. 萌芽期（12 世纪末至 1935 年）

在此阶段，科学家们初步设想了逻辑思维的系统表达方法，虽然还未形成“人工智能”的概念，但其中一些有关逻辑和分析的思想、技术却蕴含着实现能“思考”机器的萌芽。如 17 世纪英国人布尔（Boole）提出布尔代数，初步实现了思维符号化和数学化的思想；19 世纪末，英国人 C. 巴贝奇（C. Babbage）致力于分析机和差分机的研究，开创了机器“思考”的思想等。

2. 奠基期（1936—1955 年）

其间仍未有“人工智能”的概念，但是已有学者系统思索机器能不能具有智能以及如何实现智能的问题，其中最具代表性的莫过于英国科学家 A. M. 图灵（A. M. Turing）。1936 年，图灵提出了计算机设计制造的图灵机模型，这为计算机的出现打下了理论基础；1945 年，他进一步提出了机器能够思维的论述，这使得人们意识到机器真的可以像人类一样思考；1950 年他提出了著名的图灵测试，成为检验机器是否具有智能的准则。

此外，其他有助于人工智能产生的理论、技术逐渐突破，例如在此期间，信息论、控制论被创立，人工神经元模型被提出，计算机问世等。与图灵的成果一样，这些都直接推动了人工智能的出现。总结起来，这一时期思想迸发、技术突破，人工智能的出现已成破茧之势。

3. 第一次繁荣期（1956—1975 年）

1956 年，“人工智能夏季研讨会”在美国达特茅斯大学召开，会议正式提出“人工智能”这一概念，至此人工智能科学正式创立。随后，相关理论和技术快速发展，人工智能出现第一次繁荣。

“符号主义”学派在这一阶段可谓硕果累累，其中颇具代表性的有：1957 年纽厄尔（A. Newell）等人编制的逻辑机问世，其能自动证明数学定理；1959 年塞缪尔（A. Samuel）提出“机器学习”的概念，其核心思想是将传统的制造智能演化为通过学习能力来获取智能，他设计的具有自学能力的跳棋程序赢过世界盲人跳棋大师；1970 年费根鲍姆（E. A. Feigenbaum）等人开发的第一个专家系统“DENDRAL”，实现把知识教给机器，使其成为某一方面的专家；1959 年、1972 年由麦卡锡（J. McCarthy）、柯尔麦伦纳（Colmeraner）等人分别发明了人工智能编程语言 LISP、Prolog，成为后世专家系统编程的主要语言。此外，在自然语言理解、系统博弈、通用问题求解程序等方面也取得了显著成就。

“连接主义”学派方面，虽然成果不如“符号主义”学派显著，但在理论上实现了开创性突破，1957 年弗兰克·罗森布拉特（F. Rosenblatt）教授提出了“感知器”（Perceptron）模型，该模型是第一个具有自组织、自学习能力的数学模型，也是第一个用算法来精确定义的神经网络，成为日后许多新型神经网络模型的始祖，其中就包括当今广泛应用的深度学习算法。

4. 第一次低谷期（1976—1981 年）

在此阶段，前期的理论缺陷、技术局限和负面舆论使人工智能的发展遭遇第一次低谷。

“符号主义”学派方面，1976 年机器翻译等项目的失败及一些学术报告的负面影响，导致人工智能的相关研究经费普遍减少；专家系统面临知识难以获取、常识性知识缺乏、推理能力弱、不能访问现有数据库等巨大困难。

“连接主义”学派方面，单层神经网络不能解决以“异或”门（Exclusive-OR gate，XOR gate）为代表的线性不可分割问题，而且当时计算机也不能满足神经网络的巨大计算量。此外，由于传感数据不足，造成“感知器”研究几乎停滞，而且政府主管部门长期不出资扶持，基于神经网络的人工智能进入业界所谓的“核冬天”。

5. 第二次繁荣期（1982—1986 年）

此阶段繁荣的原因是多方面的。首先，理论及应用方面再次取得突破。一方面辛顿（Hinton）等人系统地提出了同向传播算法，降低了神经网络的计算量，并解决了异或难题；另一方面，“知识工程”思想的应用，使得“符号主义”学派再获发展。其次，人工智能走向实际应用，带来很可观的经济效益。例如，用于地质勘探的专家系统“PRO SPECTOR”在 1982 年预测了华盛顿州一个勘探地段的钼矿位置，其开采价值超过了 1 亿美元。最后，日本开始第五代计算机研制计划，美国政府也积极立项支持人工智能的研究，全世界掀起人工智能研究浪潮。

6. 第二次低谷期（1987—1996 年）

1987 年，LISP 机市场崩塌，这是对人工智能发展的一次沉重打击。随后，理论技术方面再次遇到瓶颈。一方面，传统神经网络的反向传播算法遇到了“梯度消失问题”。这是根本性问题，如解决不了，传统神经网络将很难再获发展。另一方面，专家系统存在延时性、与环境的交互性不尽如人意、无法解决常识形式化问题，使得抽象推理很难再被关注。“符号主义”在某种程度上甚至遭受反对。1992 年，日本第五代计算机研制宣告失

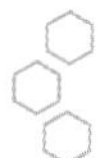

败，这无疑又是对人工智能的一次打击。由于上述这些原因，人工智能发展进入了第二次低谷。

7. 复苏期（1997—2009 年）

在此期间，技术和理论方面都有很大进步，只不过相比于前面所叙述的增长爆发时期，其成果没那么耀眼，故将其作为增长爆发期前的复苏时期。首先，“符号主义”学派方面技术稳步发展，其中最有代表性的莫过于机器在下棋方面的进步。1997 年，Deep Blue 战胜世界国际象棋冠军加里·卡斯帕罗夫（Garry Kasparov），实现了人工智能技术刚起步时学者们用机器下棋胜过人类的期待。其次，在“连接主义”方面，理论再做突破。2006 年辛顿及其合作者提出了深度学习算法，使机器学习能力大幅提升。最后，在应用及商业化方面，虽不及增长爆发阶段那么显著，但也有着稳步推进。

8. 增长爆发期（2010 年至今）

此阶段人工智能的爆发式增长主要来自以下四方面的原因：

其一，算法理论的突破。2011 年，IBM 公司的沃森（Waston）系统在美国电视节目“危险边缘”中战胜最高奖金赢取者和连胜纪录保持者，深度学习算法名声大噪；2016 年 3 月，谷歌 Alpha Go 以 4：1 战胜世界顶级围棋大师李世石，增强学习算法声名鹊起。深度学习算法和增强学习算法只是众多算法中最有代表性的两种，算法理论在这一阶段的快速发展由此可见一斑。此外，人工智能行业竞争激烈，众多商业巨头和高校纷纷推出开发平台，例如谷歌的 TensorFlow 神经网络开源库、加利福尼亚大学伯克利分校的 Caffe 卷积神经网络开源框架等，上述成果很大程度上促进了算法的发展进步。

其二，计算能力的大幅提升。根据摩尔定律（Moore's Law），计算机软硬件方面的能力逐年加强。此前以 CPU 为主的计算机很难满足如深度学习等算法的庞大计算量，而 GPU 的应用使得计算机计算能力大幅提升。2015 年被称为“人工智能元年”，2015 年后人工智能的快速发展很大程度上与 GPU 的广泛应用有关。未来若量子计算机技术实现突破，则计算机计算能力会更强，人工智能的算力约束也会越来越低，未来可期。

其三，数据的爆发增长。人工智能使用大量数据训练各种算法，没有足够数据的训练，人工智能不可能拥有充分的智能，数据对人工智能不可或缺。2010 年，大数据时代到来；2015 年，全球产生的数据总量达到了十年前的 20 多倍；2018 年，据 We Are Social 第三季度全球数字统计报告显示，全球互联网用户已突破 41 亿人，全球独立移动设备已经覆盖全球人口的 67%。有理由相信，当今世界产生的各类丰富的数据资源为训练各类算法提供了充足的数据保障。

其四，商业化、应用化的快速发展。一方面，人工智能作为新一轮产业变革的核心驱动力，正在重构生产、分配、交换、消费等经济活动各环节，是世界商业必争之地；另一方面，人工智能和其他各行业的结合越来越紧密，在金融、农业、交通运输、健康医疗等方面得到了广泛应用（即“AI+”），带来了很好的效益，各行业对人工智能的需求也越来越大。

如今人工智能发展势头正猛，正释放出历次科技革命和产业变革所积蓄的巨大能量，处于增长爆发阶段。纵观历史，每次技术革命本质上都是人类生产力的解放，当下人工智能也正进一步解放人类生产力，引领第四次技术革命，相信未来人工智能的发展必将越来越成熟，带领人类步入新纪元。

1.1.3　人工智能发展趋势

2021 年 11 月 25 日，美国“福布斯”网站在报道中指出，尽管目前很难想象机器自主决策所产生的影响，但可以肯定的是，人工智能领域新的突破和发展将继续拓宽人类的想象边界。未来，其将在以下七个领域为人类社会进步赋能。

1. 增强人类的劳动技能领域

具备人工智能的机器和人类的关系一直是个微妙的话题，人们一度担心机器或机器人将取代人类，甚至发展到一定程度后可能会奴役人类。但人工智能发展至今天，人们逐渐认识到，人类和机器之间不仅不是竞争关系，更多情况下是一种合作、互补关系。比如，从事销售职业的人员已习惯使用人工智能技术或设备挖掘潜在客户；在工程领域，人工智能系统可以提供系统维护预测，让人们预先获知机器何时需要维修；法律等知识型行业将越来越多地使用人工智能工具，对不断增长的海量数据进行分类，以找到完成特定任务所需的信息。总之，几乎在每个职业领域，各种智能工具和服务正不断涌现，帮助人们更有效地完成工作。人类和机器之间的联系将会变得更加紧密。

2. 人机交互语言建模领域

语言建模允许机器以人类理解的语言与人类互动，甚至可将人类自然语言转化为可运行的程序及计算机代码。2020 年，人工智能公司 OpenAI 发布了第三代语言预测模型 GPT - 3，这是科学家们迄今创建的最先进也是最强大的语言模型，由大约 1750 亿个“参数”组成，这些“参数”是机器用来处理语言的变量和数据点。另外，OpenAI 公司正在开发的 GPT - 4 模型，将包含多达 100 万亿个参数，此数目已经接近人脑的突触数量，理论上距类人对话更近了一步。

3. 网络安全领域

2021 年 1 月，世界经济论坛发布《2021 年全球风险格局报告》，明确提出网络安全风险是全世界今后将面临的一项重大风险。随着机器与人类关系越来越紧密，黑客和网络犯罪不可避免地成为潜在威胁。人工智能正在改变网络安全的游戏规则，其可以通过分析网络流量来识别恶意应用，智能算法将在保护人类免受网络安全威胁方面发挥越来越大的作用。未来，在万物互联的世界里，网络安全必然成为人工智能最重要应用领域之一，比如人工智能可通过从数百万份研究报告、博客和新闻报道中分析挖掘出威胁情报，及时采取预案，加快响应速度。

4. 元宇宙领域

元宇宙是一个类似互联网的虚拟世界，特点在于提供沉浸式体验。自从马克·扎克伯格将脸书改名为“Meta”以来，元宇宙话题热度骤增。人工智能无疑将是元宇宙的关键，因为人工智能将有助于创造在线环境，让人们在元宇宙中体会身临其境的感觉，激发他们的创作灵感。人们或许很快就会习惯与人工智能生物共享元宇宙环境，比如想要放松时，则可与人工智能玩游戏、交流对话等。

5. 计算机编码领域

2020 年，低代码和无代码人工智能工具异军突起并风靡全球，从构建应用程序到面

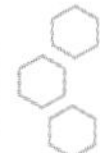

向企业的垂直人工智能解决方案等应用不一而足。研究显示，低代码和无代码工具将成为科技巨头们的下一个主攻方向。据估计，该领域市值将达到132亿美元，预计到2025年其总值将提升至455亿美元。美国亚马逊公司2020年6月发布的Honeycode平台是一种类似于电子表格界面的无代码开发环境，其为低代码和无代码人工智能落地应用迈出了坚实一步。

6. 自动驾驶领域

研究数据显示，全球每年有130万人死于交通事故，其中约90%是人为失误造成的。人工智能将成为自动驾驶汽车、船舶和飞机的“大脑”，正在改变这些行业的智能化和安全化水平。特斯拉公司表示，到2022年，其生产的汽车将拥有完全自动驾驶能力。谷歌、苹果、通用和福特等公司也有可能在2022年宣布在自动驾驶领域的重大成果。此外，由海洋研究组织ProMare及IBM共同打造的“五月花”号自动驾驶船舶（MAS）已于2020年正式起航。IBM表示，人工智能船长让MAS具备侦测、思考与决策的能力，可根据各种实时数据来维护行驶路线。

7. 创意性工作领域

谷歌“大脑”是Google X实验室的研究项目，也是谷歌在人工智能领域开发出的一款模拟具备自我学习功能的软件。即将面世的GPT-4谷歌“大脑”新模型，将能提供更加精致、看似“自然”的创意输出。未来，这些创意性输出不再仅仅为了显示人工智能的潜力，而是为了应用于日常创作任务，如为文章和时事通讯撰写标题、设计徽标和信息图表等。创造力通常被视为一种人类所独具的能力，但随着人工智能的兴起，其势必将逐渐被具有人工智能的机器所替代。

1.2 无人驾驶

1.2.1 概述

1. 定义

自动驾驶汽车（Autonomous Vehicles，AV）亦称无人驾驶汽车，是一种借助计算机系统（或工业控制计算机）实现无人驾驶的智能车。无人驾驶汽车利用车载传感器感知环境，并根据传感器所获得的道路、车辆位置和障碍物等信息控制车辆的运动状态。

自动驾驶是汽车产业与人工智能、高性能计算、大数据、物联网等新一代信息技术以及交通出行、城市管理等多领域深度融合的产物，对降低交通拥堵、事故率，帮助城市构建安全、高效的未来出行结构，以及变革汽车产业、规划城市交通具有深远的影响。无人驾驶系统是一个复杂巨系统，是人工智能技术在现实中应用的集大成者。

2. 国外自动驾驶等级划分

目前，国际上一直遵循的自动驾驶系统分级标准是国际汽车工程学会（Society of Automotive Engineers，SAE）2014年出版的标准和美国国家公路交通安全管理局（National Highway Traffic Safety Administration，NHTSA）制定的标准。NHTSA和SAE

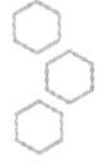

的自动驾驶分级见表 1 - 1。

表 1 - 1　　NHTSA 和 SAE 的自动驾驶分级表

<table>
<tr><th colspan="2">自动驾驶分级</th><th rowspan="2">中文名</th><th rowspan="2">定　义</th><th colspan="4">主　体</th></tr>
<tr><th>NHTSA</th><th>SAE</th><th>驾驶操作</th><th>周边监控</th><th>支援</th><th>系统作用域</th></tr>
<tr><td>L0</td><td>L0</td><td>无自动化</td><td>由人类驾驶者全权操控汽车，在行驶过程中可以得到警告和保护系统的辅助</td><td>人类驾驶者</td><td rowspan="3">人类驾驶者</td><td rowspan="4">人类驾驶者</td><td>无</td></tr>
<tr><td>L1</td><td>L1</td><td>驾驶辅助</td><td>通过驾驶环境对方向盘和加减速中的一项操作提供驾驶支援，其他的驾驶动作都由人类驾驶员操作</td><td>人类驾驶者、系统</td><td rowspan="4">部分</td></tr>
<tr><td>L2</td><td>L2</td><td>部分自动化</td><td>通过驾驶环境对方向盘和加减速中的多项操作提供驾驶支援，其他的驾驶动作都由人类驾驶员操作</td><td rowspan="4">系统</td></tr>
<tr><td>L3</td><td>L3</td><td>有条件自动化</td><td>由无人驾驶系统完成所有的驾驶操作。根据系统请求，人类驾驶者提供适当的应答</td><td rowspan="3">系统</td></tr>
<tr><td rowspan="2">L4</td><td>L4</td><td>高度自动化</td><td>由无人驾驶系统完成所有的驾驶操作。根据系统请求，人类驾驶者不一定需要对所有的系统请求作出应答，限定道路和环境条件等</td><td rowspan="2">系统</td></tr>
<tr><td>L5</td><td>完全自动化</td><td>由无人驾驶系统完成所有驾驶操作。人类驾驶者在可能的情况下接管，在所有的道路和环境条件下驾驶</td><td>全域</td></tr>
</table>

由表 1 - 1 可知，NHTSA 和 SAE 的分级标准大同小异。下面对各个等级作简要说明。

（1）L0——无自动化（No Automation，NA）。

此等级汽车方向盘、油门、刹车等传统车辆控制部件齐全，只有环境感知功能，目的是辅助增强驾驶员对环境和危险的感知能力。现有车辆主要的功能体现在夜视（Night Vision，NV）、行人检测（Pedestrian Detection，PD）、交通标志识别（Traffic Sign Recognition，TSR）、车道偏离警告（Lane Departure Warning，LDW）、盲点监测（Blind Spot Monitoring，BSM）、车尾平交路口交通警报（Rear-Cross Traffic Alert，RCTA）等方面。

（2）L1——驾驶辅助（Driver Assistance，DA）。

此等级仍然属于驾驶员完全主导阶段，车辆会适时介入控制一项或者有限几项驾驶功能，且当多项功能同现时，功能间彼此独立。驾驶员可以授权部分控制权（如方向盘、油门或刹车）给系统来接管，大部分的功能都是独立的电子控制单元（Electronic Control Unit，ECU）来执行。

现有车辆主要功能体现在自适应巡航控制系统（Adaptive Cruise Control，ACC）、自动紧急制动（Automatic Emergency Braking，AEB）等方面。ACC 模式下，油门和刹车无需人工控制；AEB 模式下，刹车无需人工干预。分析可知，L1 级和 L0 之间的差异在于：L0 只将感知信息传递给驾驶员，是否采用由驾驶员决定，而 L1 级则能够一定程度上替代驾驶员驾驶车辆。以车道保持辅助系统（Lane Keeping Assist，LKA）为例，当驾驶员注意力不集中或疲劳驾驶出现轨迹偏移时，系统主动进行修正、转向干预，当检测到驾驶员操作转向信号灯时，系统进入被动模式，其系统功能设置于独立的 ECU 系统里，与其他 ACC 控制器不相关。L1 级设备分布式架构如图 1-2 所示。

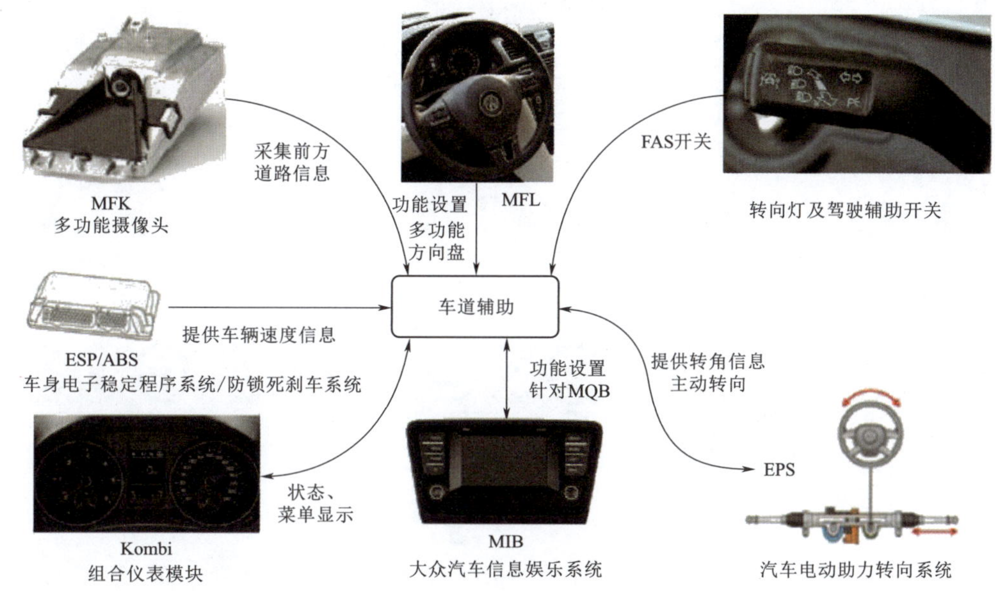

图 1-2　L1 级设备分布式架构

（3）L2——部分自动化（Partial Automation，PA）。

此等级模式下，驾驶员和汽车分享控制权，系统同时具有两项以上纵向和侧向的自动控制功能，驾驶员可以放弃主要控制权，但需要随时观察周围路况，并提供安全操作。同时，驾驶员必须随时待命，在系统自动控制退出时实现无缝接管。此等级系统之间高度耦合性，且需两个 ECU 进行配合实现相关功能。驾驶员操作过程中只需用眼睛观察即可，在某些时候车辆可自主控制运行。L2 级与 L1 级相比在于自动控制系统工作为主，驾驶员处于相对辅助地位。以丰田公路自动驾驶辅助（Automated Highway Driving Assist，AHDC）系统为例，其由两个子系统组成，分别为协作自适应巡航控制（Cooperative-adaptive Cruise Control，CACC）和车道跟踪控制（Lane Trace Control，LTC），开启过程中驾驶员完全脱离方向盘控制，系统可利用无线电自动调整车速及车距。

（4）L3——有条件自动化（High Automation，HA）。

在某些环境条件下，驾驶员可以完全放弃操控，交给自动化系统进行操控。驾驶员只需偶尔协助，不需要全身关注驾驶环境。L3 级和 L2 级相比，系统自动化程度进一步提高，在特定工作情况下，系统不允许退出。如奥迪的 zFAS 系统，实现了多个模块的集成，形成了完整的控制系统，包括整套中央数据（如地图合成和环境合成目标）、驾驶决

策以及驾驶规划等。

（5）L4——完全自动驾驶（Full Automation，FA）。

此等级由无人驾驶系统完成所有的操作，人类只要输入出发地和目的地即可，责任完全交给车辆端，且在所有人类驾驶者可以应付的道路和环境条件下，均可以由自动驾驶系统自主完成所有驾驶操作。

NHTSA 的标准与 SAE 在某种程度上比较相似，但用语更加简单，没有进行过多的详细说明。相比之下，SAE 的说明更加具体，同时也参考了不同公司在自动驾驶研究上的发展趋势。另外，各等级驾驶员操作概览如图 1-3 所示。

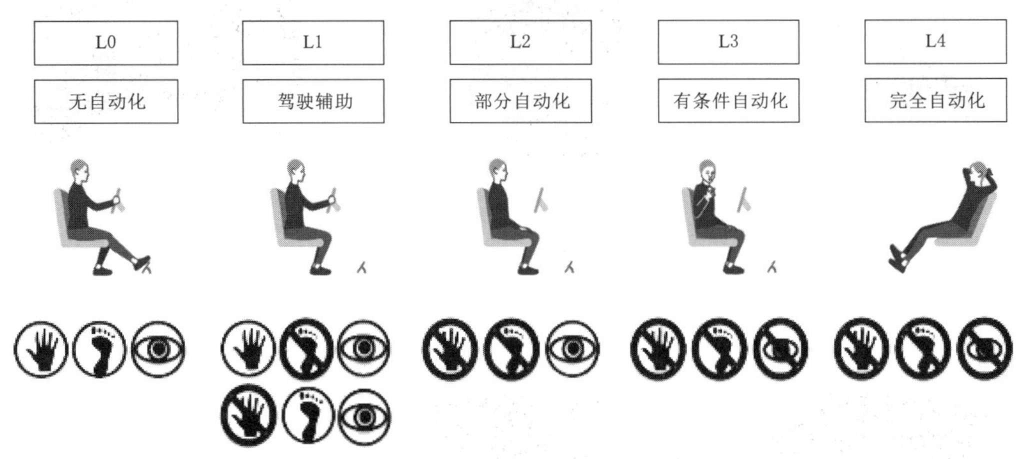

图 1-3　各等级驾驶员操作概览

另外需要说明的是，2021 年 10 月初，欧洲道路运输研究咨询委员会（European Road Transport Research Advisory Council，ERTRAC）发布了最新欧盟自动驾驶技术路线图更新版征求意见稿 *Connected，Cooperative and Automated Mobility Roadmap*，持续对自动驾驶技术路线图（Automated Driving Roadmap，ADR）进行修正与更新，提出了 2030 年高速公路与运输走廊、限定区域、城市混合交通和乡村道路等四类关键应用场景的目标应用，并展望了 2040 年的拓展应用，明确了实现以上应用及愿景所需的基础设施和商务模式、技术促成因素、验证、AI 与数据等影响因素。

3. 我国自动驾驶等级划分

我国工信部制定的国家标准《汽车驾驶自动化分级》（GB/T 40429—2021）于 2022 年 3 月 1 日正式实施。标准明确了我国汽车划分自动驾驶等级的六个要素分别为：驾驶自动化系统是否持续执行动态驾驶任务中的目标和事件探测与响应、驾驶自动化系统是否持续执行动态驾驶任务中的车辆横向或纵向运动控制、驾驶自动化系统是否同时持续执行动态驾驶任务中的车辆横向和纵向运动控制、驾驶自动化系统是否持续执行全部动态驾驶任务、驾驶自动化系统是否自动执行最小风险策略、驾驶自动化系统是否存在设计运行范围限制。

具体而言，基于驾驶自动化系统能够执行动态驾驶任务的程度，根据其在执行动态驾驶任务中的角色分配以及有无设计运行条件限制，将驾驶自动化分成 0 级至 5 级。在高级别

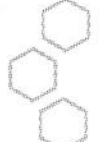

的自动驾驶中，驾驶员的角色向乘客转变。0 级驾驶自动化为应急辅助，系统不能持续执行动态驾驶任务中的车辆横向或纵向运动控制，但具备持续执行动态驾驶任务中的部分目标和事件探测与响应的能力；1 级驾驶自动化为部分驾驶辅助，系统在其设计运行条件下持续地执行动态驾驶任务中的车辆横向或纵向运动控制，且具备与所执行的车辆横向或纵向运动控制相适应的部分目标和事件探测与响应的能力；2 级驾驶自动化为组合驾驶辅助，系统在其设计运行条件下持续地执行动态驾驶任务中的车辆横向和纵向运动控制，且具备与所执行的车辆横向和纵向运动控制相适应的部分目标和事件探测与响应的能力。在 0 级至 2 级自动驾驶中，监测路况并做出反应的任务都由驾驶员和系统共同完成，并需要驾驶员接管动态驾驶任务。

3 级驾驶自动化为有条件自动驾驶，系统在其设计运行条件下持续地执行全部动态驾驶任务；4 级驾驶自动化为高度自动驾驶，系统在其设计运行条件下持续地执行全部动态驾驶任务并自动执行最小风险策略；5 级驾驶自动化为完全自动驾驶，系统在任何可行驶条件下持续地执行全部动态驾驶任务并自动执行最小风险策略。在 4 级和 5 级自动驾驶中，驾驶员完全转变为乘客的角色，车辆甚至可以不再装备驾驶座位。

此外，0 级至 4 级自动驾驶的设计运行条件均有限制，5 级驾驶自动化排除商业和法规因素等限制外，在车辆可行驶环境下没有设计运行条件的限制。

1.2.2 技术领域

无人驾驶系统一般架构如图 1-4 所示。作为一个复杂的智能系统，无人驾驶汽车涉及的内容主要有如下六个方面：

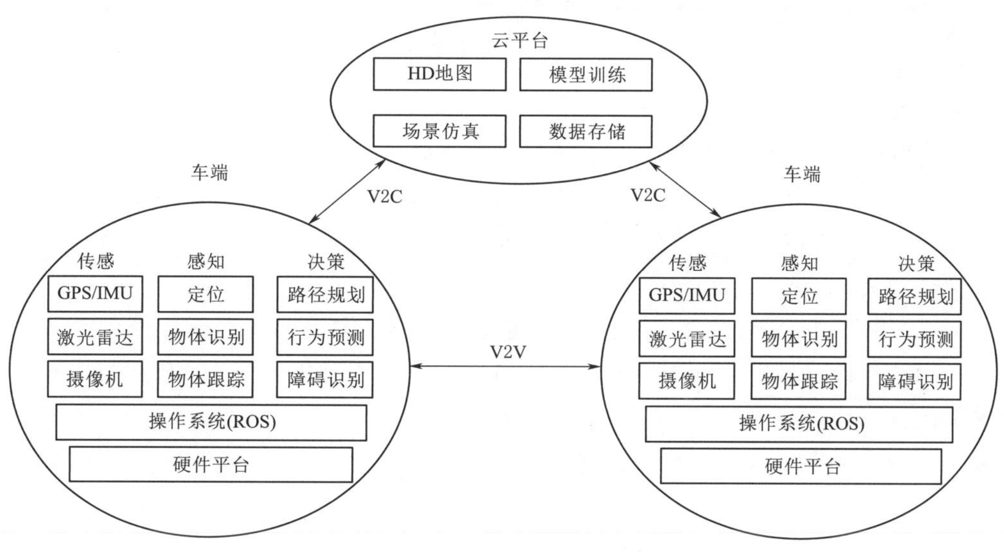

图 1-4 无人驾驶系统一般架构

1. 无人驾驶车的体系结构

体系结构是一个系统的“骨架”，确定了系统的基本组成模块和模块间相互关系，一个合理的体系结构可以实现系统模块之间的有机协调，并应在系统的软、硬件上具有开放

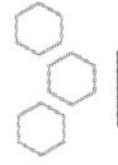

性和扩展性。对无人驾驶汽车系统而言，体系结构还包括了系统模块间信息的交互和控制调度，因此又起到了“神经系统”的作用。无人驾驶汽车体系结构定义了系统软、硬件的组织原则、集成方法及支持程序。

2. 无人驾驶汽车的环境感知

无人驾驶汽车的环境感知系统如同人类的视听感觉器官一样，借助各种传感器采集环境数据，实时获取行驶环境信息并进行处理。环境感知系统可为无人驾驶汽车提供自身及周围障碍物的位置及状态数据，以及本车与周围车辆等障碍物的相对距离、相对速度等信息，为控制决策提供信息依据。环境感知是无人驾驶汽车实现避障、实时定位和路径规划等行为的基础。无人驾驶环境感知效果如图1-5所示。

图1-5 无人驾驶环境感知效果

3. 无人驾驶汽车定位导航

无人驾驶汽车通过定位导航系统推算汽车的位置、姿态等信息。定位导航系统是确保无人驾驶汽车定点定向行驶的基础。目前，常用的定位导航技术有航迹推算（Dead-Reckoning，DR）技术、惯性导航（Inertial Navigation System，INS）技术、卫星导航定位技术（Global Navigation Satellite System，GNSS）、路标定位技术、地图匹配定位（Map Matching，MM）技术等。同时，为了提高定位的精度，往往采取组合导航的模式，即系统综合采用两种或两种以上不同类型的传感器信息，借助融合算法，推算获得更高精度的导航性能。

4. 行驶路径规划

路径规划是基于一定地理信息模型，设定行程的起始点与目标点后，按照某一性能指标（如距离最短或时间最短）规划出一条可安全到达目标点的最优路径。路径规划主要包含两个步骤：一是系统内建道路环境地图；二是调用搜索算法在环境地图中实时搜索可行路径，并按此路径运行。无人驾驶路径规划效果如图1-6所示。

5. 车辆运动控制

无人驾驶汽车的运动控制分为纵向控制和横向控制。既要通过对油门和制动的协调，

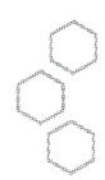

图 1-6 无人驾驶路径规划效果

实现纵向运动控制，达到对期望车速的精确跟随，又要保证车辆操纵稳定性，通过横向运动控制实现无人驾驶汽车的路径跟踪。纵向控制和横向控制相互配合，共同完成车辆向预定目标趋近。

6. 一体化设计

无人驾驶汽车的一体化设计是未来无人驾驶汽车设计的主要方向。从系统论角度而言，一体化设计应综合考虑无人驾驶汽车对运行环境的感知和决策过程，以及车辆的动力学特性等性能之间的耦合性，注重设计的整体性，以获得无人驾驶汽车设计整体最优为目标，统筹考虑控制、结构、性能、布局、强度、可靠性、维修性和寿命、周期、费用等多指标进行综合分析和协调优化。无人驾驶人-机交互效果如图 1-7 所示。

图 1-7 无人驾驶人-机交互效果

1.3 人工智能赋能无人驾驶行业

1.3.1 概述

随着经济全球化的迅猛发展，以及信息技术的不断普及，人工智能技术也在迅速发展，自然语言处理、计算机视觉、语音识别等领域的技术都取得了新突破。人工智能技术与汽车产业的融合过程中，汽车生产企业在设计、研发、生产、销售等各个环节都更加人性化、智能化。从深度交互式计算机辅助汽车设计、大数据车辆制造模拟设计到智能制造、人机交互、自动驾驶等，人工智能对汽车产业产生了重要影响，大大颠覆了传统的生产经营形态，赋予了汽车产业更加丰富的内涵。

当前一些互联网领域的新兴科技企业开始涉足汽车行业，汽车生产方式正在向互联协作的智能制造体系演进，全球汽车产业的创新生态系统正在形成。新一代的汽车产品正在向轻量化、智能化和网联化的方向发展，汽车正从满足出行需求的交通工具，转变为大型储能单元、数字空间和移动智能终端。

目前，人工智能技术对汽车产业的赋能主要体现在智能制造、智能驾驶两大领域。作为未来科技发展的重点方向，人工智能将对汽车产业链产生不同程度的影响。

1.3.2 智能制造领域

在智能制造方面，人工智能技术已经融入汽车生产相关环节。在现代化的汽车生产车间，机器人按照固定的程序执行任务，既为企业节省了大量的劳动力成本，又降低了传统人力生产可能带来的失误。例如，上汽通用汽车凯迪拉克金桥工厂的车身车间中，由380多台机器人实现了车身连接工艺100%自动化，整个车间仅有十余名工人，主要负责车辆前后盖的安装微调及车面细节修整，整个工厂包含车身车间、涂装车间、总装车间等主要生产车间，从白车身的焊接到车身进行处理镀膜、上漆，再到整车的装配，形成了完整的流水线作业，每小时能够生产40台整车。此外，柔性化的生产线最多可以支持7款凯迪拉克车型混线生产，降低了调整生产线的成本。总体来看，目前人工智能在汽车生产中的运用主要体现在点焊、装配、搬运、弧焊等作业环节。汽车行业的智能化生产依托于智能机器人与虚实结合系统，是集成了信号感测、数据处理与智能决策的自动化生产系统。

1.3.3 智能驾驶领域

自动驾驶带给人类无穷的有关未来美好生活的想象空间。例如，当汽车不再需要司机时，人们将无需独立购买私家车。滴滴、优步等公司提出的共享经济已经描绘出了一些人类未来汽车生活的样子：大多数汽车可以用共享经济的模式随叫随到。因为不需要司机，车辆可以保证24h待命，可以在任何时间、任何地点提供高质量的租用服务。如此一来，整个城市的交通情况会发生翻天覆地的变化。因为借助智能调度算法，共享汽车的使用率会接近100%，城市里需要的汽车总量则会大幅减少。需要停放的共享汽车数量不多，只需要占用城市里有限的几个公共停车场的空间就足够了。停车难、交通堵车等问题会因为自动驾驶共享汽车的出现而得到真正的解决。彼时，私家车只用于满足个人追求驾驶乐趣的需要，就像今天人们骑自行车到郊外锻炼身体一般。

显然，汽车的形态将发生根本性的变化。试想一辆无需装设方向盘、不配备司机的汽车，是可以被设计成富有创意的样子。例如，考虑到大部分出行都是一两个人，共享的自动驾驶汽车尺寸完全可以设计得比现在汽车更小，变成仅供一两个人乘坐的舒适“座舱”，这可以节省大量道路空间。道路上，汽车和汽车之间可以通过“车联网”连接起来，完成许多有人驾驶不可能完成的工作。例如，许多部自动驾驶汽车可以在道路上排列成间距极小的密集编队，同时保持高速行进，统一对路面环境进行侦测和处理，而不用担心追尾的风险；再如，一辆汽车在路面上可以通过自己的传感器发现另一辆汽车的故障，及时通知另一辆汽车需要停车检修。未来的道路也会按照自动驾驶汽车的要求来重新设计，如专用于自动驾驶的车道可以变得更窄，交通信号可以更容易被自动驾驶汽车识别等。

自动驾驶时代，人们可以将驾驶汽车的时间用以工作、思考、开会、娱乐等。一部分共享汽车可以设计成会议室的样子，人们既可以围坐在汽车里讨论问题，也可以在乘车时

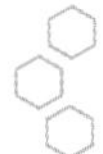

通过视频会议与办公室里的同事沟通。未来乘坐自动驾驶汽车时，完全可以享受汽车座椅内置的全身按摩服务，或者接入虚拟现实（Virtual Reality，VR）设备来一次穿越奇幻世界的冒险旅行。

自动驾驶的普及对产业结构、经济格局的影响极其深远。回顾过去的100多年，汽车工业是如何彻底改变了全球、全人类的生活方式，如何创造出了一大批市值百亿美元、千亿美元的大型跨国公司，如何带动了从设计、生产到零件、外包、服务、咨询、培训、交通、物流等数百个相关的生态产业，如何在短短数十年里让美国成为“车轮上的国家”，又如何在短短十几年里在中国小康家庭中普及了汽车出行为主的现代生活方式。如此庞大的汽车工业，正面临着以人工智能为依托的自动驾驶技术的改造。生态中的每一个子产业都可能在未来10年内发生翻天覆地的变化。遑论整车制造，单是自动驾驶技术需要的廉价、可靠的传感器（如激光雷达），就可能成为一个千亿美元规模的大产业。再者，面向未来的自动驾驶技术，需对现有道路进行改造升级，这又将涉及庞大的新基建固定资产投资和相关产业的升级。因此，无论如何乐观地预测自动驾驶对全球社会、经济发展的贡献，也许都不为过。

麦肯锡公司预测，到2030年自动驾驶技术的普及将为现有的汽车工业带来约30%的新增产值，这部分销售额包括受益于自动驾驶技术而获得更大发展空间的共享汽车经济（如在目前的交通拥堵和人口稠密地区、远郊区域等，利用自动驾驶技术可大幅提高共享经济的发展空间），以及因自动驾驶技术的普及而发展起来的车上数据服务，如应用程序、导航服务、娱乐服务、远程服务、软件升级等。今天全球汽车工业的整车销售总额大约是2.7万亿美元，售后服务销售额大约是7200亿美元，共享经济等新兴业务的销售额只有约300亿美元。到2030年，前两项业务的销售额将稳步增长，而由自动驾驶技术驱动的新兴业务的销售额将大幅增长至1.5万亿美元，成为刺激汽车工业增长的最大因素。

1.4 本章小结

本章首先探讨了人工智能的定义、发展史及发展趋势，阐明人工智能作为第四次工业革命的代表性技术，已经渗透到人类生活的方方面面；其次，论述了无人驾驶与智能驾驶概念的联系，国内外关于智能驾驶等级的划分问题，明晰了各个等级所具备的特征，进而阐述了无人驾驶涉及的技术领域；最后探讨了人工智能对无人驾驶行业的赋能应用。

第2章 人工智能技术基础

人工智能是借助计算机来实现人类智能的技术，发展到今天，其知识体系庞大，学科分支众多。本章摒弃面面俱到的写作思路，仅按照计算机在实现人工智能过程中逻辑顺序的三个重要方面阐述，即知识表示、机器学习和逻辑推理。知识表示论述人类知识在计算机中的表示方法；机器学习论述计算机模拟人类进行知识分类的过程与原理；逻辑推理论述计算机模拟人类根据已有知识进行新知识推理的过程。

2.1 知识表示

人类的智能活动主要是获得并运用知识以解决生存和发展过程中所遇到的问题。因此，知识被认为是智能的基础。为了使计算机具有智能，能模拟人类的智能行为，就必须使它具有知识，但人类的知识需要用适当的模式或符号表征出来，才能存储到计算机中并被运用。因此，知识表示成为人工智能首要待解决的问题。

2.1.1 概述

知识是人们在长期的生活及社会实践中、在科学研究及实验中积累起来的对客观世界的认识与经验。简言之，把有关信息关联在一起所形成的信息结构称为知识。信息间有多种关联形式，其中用得最多的一种是用“如果……，则（那么）……”表示的关联形式。人工智能称此类知识为“规则”，它反映了信息间的因果关系。例如，我国北方居住的人们经过多年的观察总结发现，每当冬天即将来临，就会看到一批批的大雁向南方飞去，于是把“大雁向南飞”与“冬天就要来临了”这两个信息关联在一起，得到了如下知识：如果大雁向南飞，则预示着冬天就要来临。再如，“雪是白色的”也是一条知识，蕴含了“雪”与“白色”之间的一种映射关系。人工智能称此类知识为“事实”。

知识表示（Knowledge Representation，KR）就是将人类知识形式化或者模型化。知识表示的目的是能够让计算机存贮和运用人类的知识。下面重点阐述产生式表示法、框架表示法和状态空间表示法三类代表性知识表示方法。

2.1.2 产生式表示法

产生式表示法又称为产生式规则（Production Rule，PR）表示法。早在1943年，美

国数学家波斯特（E. Post）首先提出“产生式”这一术语，如今已被应用于众多领域，成为人工智能中应用最多的一种知识表示方法。

产生式通常用于表示事实、规则及其不确定性度量，适合于表示事实性知识和规则性知识。下面从规则的产生式表示和事实的产生式表示两个维度分别加以描述。

1. 规则的产生式表示

规则是一种知识，一般用“如果……，则……”或“如果……，那么……”表达。根据规则的确定性，将其分为确定性产生式规则和不确定性产生式规则。

确定性产生式规则的产生式基本形式或数学模型如下：

IF P THEN Q 或者 $P \rightarrow Q$

其中，P 是前提，表征该产生式是否成立的条件；Q 是一组结论或操作，表示当前提 P 所表征的条件满足时，应得出的结论或应该执行的操作；符号“→”表示蕴含关系。可知，产生式的含义为：如果满足前提 P，则结论 Q 成立或执行 Q 所规定的操作。需说明的是，此处前提条件 P 既可以是单个前提，也可是多个前提的析取或合取操作。

不确定性产生式规则的产生式表示，通过增加置信度参数表达不确定性的程度，其数学模型如下：

IF P THEN Q （置信度）或者 $P \rightarrow Q$ （置信度）

其中，置信度表示结论 Q 可以被信任或相信的程度。例如，在交通安全风险研判规则库中，有这样一条产生式规则“IF 道路湿滑 THEN 发生交通事故，置信度为 0.4”，则该规则中置信度表示在道路湿滑条件下，发生交通事故的强度或可信度为 0.4。

2. 事实的产生式表示

类似规则的产生式表示，事实知识也分为确定性和不确定性两类。

确定性事实一般用三元组表示，形式如下：

（对象，属性，值）或者（关系，对象 1，对象 2）

例如，智能车颜色是红色，属于确定性事实，则可以用产生式表示为（*IC*，*Color*，*Red*）；再如信号灯属于交通设备，表示为（*Partof*，*Signal*，*Device*）。

不确定性事实一般用四元组表示，形式如下：

（对象，属性，值，置信度）或者（关系，对象 1，对象 2，置信度）

另外，不确定性规则或事实性产生式表示，一定程度上可类比模糊逻辑中隶属度函数的概念。例如，车速很可能是 80km/h，用四元组表示为（*Car*，*Speed*，80，0.85），也可以表示车速属于 80km/h 对应的语言变量的隶属度为 0.85。

值得提出的是，产生式推理的严格表示法一般用巴克斯范式（Backus Normal Form，BNF），格式如下：

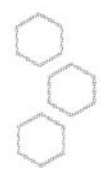

<前提>::=<简单条件>|<复合条件>

<结论>::=<事实>|<操作>

<复合条件>::=<简单条件>AND<简单条件>[AND<简单条件>...]|<简单条件>OR<简单条件>[OR<简单条件>...]

<操作>::=<操作名>[(<变元>...)]

其中，符号“::=”表示“定义为”，符号“|”表示“或者”，符号“[]”表示“省略”，“AND”表示“合取”，“OR”表示“析取”。

2.1.3　框架表示法

框架表示法是一种结构化的知识表示方法，目前已在多种系统中得到应用。框架是一种描述所论对象（如一个事物、事件或概念）属性的数据结构。一个框架由若干个被称为“槽”的结构组成，每一个槽又可根据实际情况划分为若干个“侧面”。一个槽用于描述所论对象某一方面的属性。一个侧面用于描述相应属性的一个方面。槽和侧面所具有的属性值分别被称为槽值和侧面值。在一个用框架表示知识的系统中一般都含有多个框架，一个框架一般都含有多个不同槽、不同侧面，分别用不同的框架名、槽名及侧面名表示。对于框架、槽或侧面，都可以为其附加上一些说明性信息，一般是一些约束条件，用于界定填入槽和侧面中值的属性。

框架表示法一般结构如下：

<框架名>		
槽名 1：	侧面名$_{11}$	侧面值$_{111}$，侧面值$_{112}$，…，侧面值$_{11P1}$
	侧面名$_{12}$	侧面值$_{121}$，侧面值$_{122}$，…，侧面值$_{12P2}$
	⋮	
	侧面名$_{1m}$	侧面值$_{1m1}$，侧面值$_{1m2}$，…，侧面值$_{1mPm}$
槽名 2：	侧面名$_{21}$	侧面值$_{211}$，侧面值$_{212}$，…，侧面值$_{21P1}$
	侧面名$_{22}$	侧面值$_{221}$，侧面值$_{222}$，…，侧面值$_{22P2}$
	⋮	
	侧面名$_{2m}$	侧面值$_{2m1}$，侧面值$_{2m2}$，…，侧面值$_{2mPm}$
⋮		
槽名 n：	侧面名$_{n1}$	侧面值$_{n11}$，侧面值$_{n12}$，…，侧面值$_{n1P1}$
	侧面名$_{n2}$	侧面值$_{n21}$，侧面值$_{n22}$，…，侧面值$_{n2P2}$
	⋮	
	侧面名$_{nm}$	侧面值$_{nm1}$，侧面值$_{nm2}$，…，侧面值$_{nmPm}$
约束：	约束条件$_1$	
	约束条件$_2$	
	⋮	
	约束条件$_n$	

分析框架的描述方式，可知框架和槽之间为一对多（1∶N）的关系，槽和侧面也是一对多（1∶N）的关系，侧面与侧面值之间也是一对多（1∶N）的关系。另外，槽值或

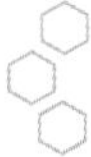

侧面值的数值类型既可以是数值、字符串、布尔值，也可以是一个满足某个给定条件时要执行的动作或过程，甚至是另一个框架的名字，实现框架间的嵌套调用（类似编程语言中类之间的调用），表示出框架之间的横向联系。约束条件是可选项，当不存在或不需要约束条件时，可省略该项。

一个表示智能车辆的框架实例如下：

框架名：<智能车>
品牌：
颜色：
排量：
发动机：<发动机框架>
电气设备：<电气设备框架>
底盘：<底盘框架>
车身：<车身框架>
·······

2.1.4 状态空间表示法

状态空间（State Space，SS）是利用状态变量和操作符号表示系统或问题有关知识的符号体系。

状态空间可以用一个四元组（S，O，S_0，G）表示，其中 S 是状态集合，S 中每一元素表示一个状态，状态是某种结构的符号或数据；O 是操作算子的集合，利用算子可将一个状态转换为另一个状态；S_0 是问题的初始状态的集合，是 S 的非空子集，即 $S_0 \subset S$；G 是问题的目的状态的集合，也是 S 的非空子集，即 $G \subset S$；G 可以是若干具体状态，也可以是满足某些性质的路径信息描述。

从 S_0 结点到 G 结点的路径称为求解路径。求解路径上的操作算子序列为状态空间的一个解。例如，操作算子序列 $O_1, \cdots, O_k$ 使初始状态转换为目标状态的表述为“$S_0 \xrightarrow{O_1} S_1 \xrightarrow{O_2} S_2 \xrightarrow{O_3} \cdots \xrightarrow{O_k} G$”，则 $O_1, \cdots, O_k$ 即为状态空间的一个解。当然，大多数情况下解往往不是唯一的。

任何类型的数据结构都可以用来描述状态，如符号、字符串、向量、多维数组、树和表格等。所选用的数据结构形式要与状态所蕴含的某些特性具有相似性。

状态空间表示法的典型应用场景包括八码数（九宫格）问题、梵塔问题、传教士和野人问题、钱币问题等。下面以二阶梵塔问题简要说明之。

【例 2-1】 如图 2-1 所示，设有三根名为柱 1、柱 2 和柱 3 的立柱。初始状态时，柱 1 串有 A、B 两饼，饼 B 面积大于饼 A，且饼 B 在下，饼 A 在上。约定在每次只移动一个饼，且任何时刻都保证小饼在上的情况下，如何将这两个饼均移动到另一柱上。梵塔问题图示如图 2-1 所示。

解 设 $S_K=(S_{KA}, S_{KB})$，$K=0$，1，2，…表示问题的状态空间集，其中，S_{KA} 表示饼

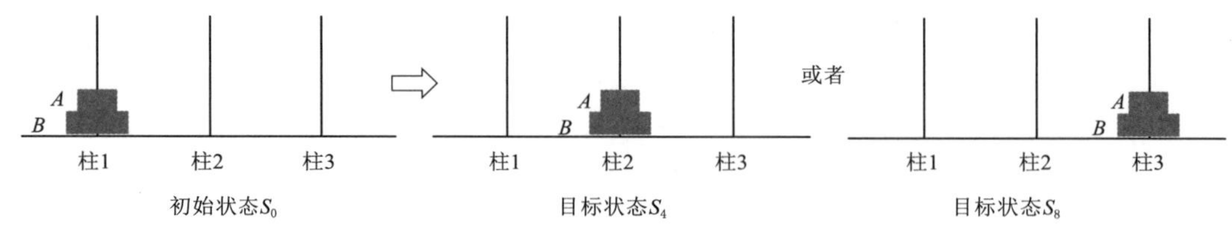

图 2-1 梵塔问题图示

A 所在柱 $K+1$，S_{KB} 表示饼 B 所在柱 $K+1$，则问题的状态空间可以表示为 $S_0=(1,1)$，$S_1=(1,2)$，$S_2=(1,3)$，$S_3=(2,1)$，$S_4=(2,2)$，$S_5=(2,3)$，$S_6=(3,1)$，$S_7=(3,2)$，$S_8=(3,3)$。确定初始状态集合为 $S=\{S_0\}$，目标状态集合为 $G=\{S_4,S_8\}$。梵塔问题八种状态如图 2-2 所示。

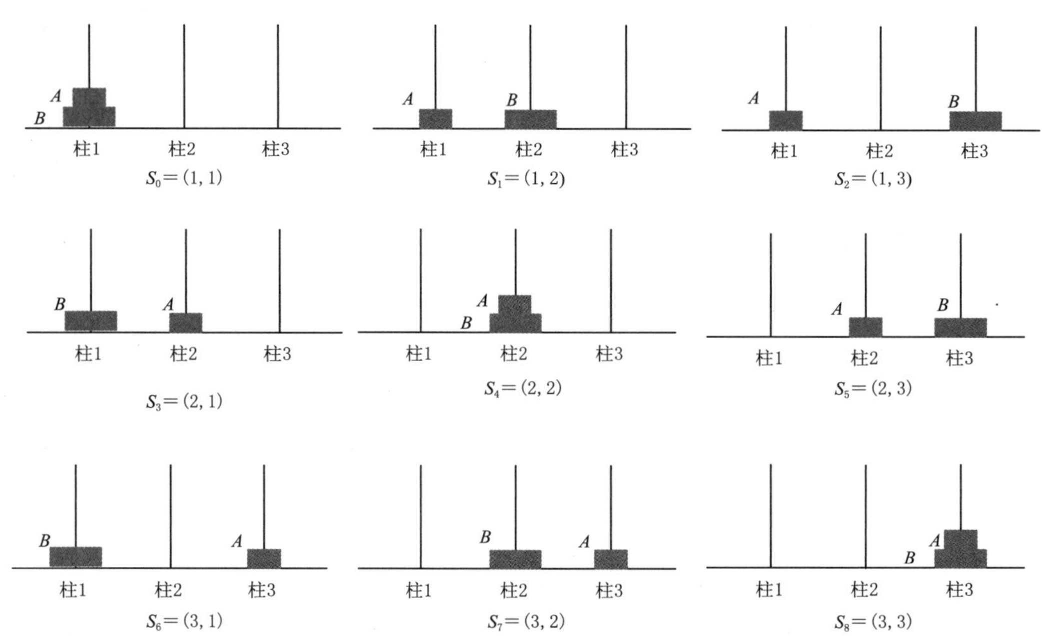

图 2-2 梵塔问题八种状态

操作算子集 $O=\{OA(i,j),OB(i,j),i,j=1,2,3\}$，其中 $OA(i,j)$表示将饼 A 从第 i 号柱移到第 j 号柱子，$OB(i,j)$表示将饼 B 从第 i 号柱移到 j 号柱子，则得到相应操作集为 $\{OA(1,2)$，$OA(1,3)$，$OA(2,1)$，$OA(2,3)$，$OA(3,1)$，$OA(3,2)$，$OB(1,2)$，$OB(1,3)$，$OB(2,1)$，$OB(2,3)$，$OB(3,1)$，$OB(3,2)\}$。

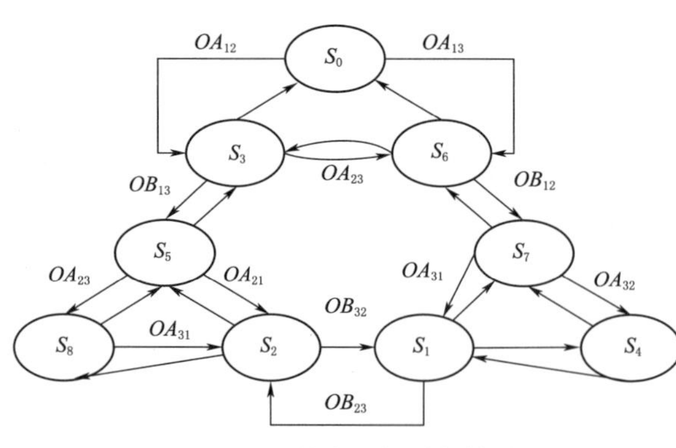

图 2-3 状态空间图解结果

最后得到问题的状态空间图和问题的解，状态空间图解结果如图 2-3 所示。

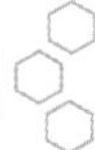

由图 2-3 知，由初始状态到目标状态有多个解，差别在于算法复杂度不同。

2.2 机 器 学 习

机器学习（Machine Learning，ML）至今尚无统一的定义。“机器”的含义并非指工业上泛指的机器，而是专指计算机。一般认为，机器学习是研究计算机模拟人类知识获取、逻辑推理、决策执行的理论与方法。机器学习过程可以描述为：输入采集得到的训练数据，通过学习算法检验所有可能的假设（假设用函数表示），逼近一个最近似于真实规律的假设。

下面重点探讨几类典型的机器学习算法，其中神经网络既有监督学习算法，也有无监督学习算法，因其内容宽泛且算法典型，故单独论述之。

2.2.1 监督学习

机器学习是建立在数据建模基础上的，因此，数据是机器学习的基础。所有数据的集合称为数据集，其中每条记录称为一个样本。样本在某方面的表现或性质称为属性或特征，每个样本的特征通常对应特征空间中的一个坐标向量，称为一个特征向量。如某个彩色几何图形数据集中，每个样本具有形状（shape）、颜色（color）和大小（size）三种不同的属性，其特征向量可以由这三种属性构成为 $x_i=[shape,color,size]$。机器学习任务的目标即是从数据中学习出相应的模型，也就是说模型可以从数据中学习出如何判断不同样本的形状、颜色和大小。有了这些模型后，在面对新的输入样本时，模型会根据历史学习记忆提供相应的论断。以此为例，在面对一个新样本时，可以根据样本的形状、颜色和大小等不同属性对样本进行相应分类。

所谓监督学习，就是已知样本的属性 $x_i=[shape,color,size]$，并同时赋予机器学习模型该样本的类别（即其对应的值）。机器学习的过程即为利用算法建立输入变量 x_i 和输出变量 y_i 函数关系的过程，此过程中机器通过持续输入训练数据来不断改进算法。如果输出的结果不正确，那么这个错误结果与期望正确结果之间的误差将作为纠正信号反馈回模型，以改善模型的性能。

回归算法（Regression）和分类算法（Classification）均属于监督学习，二者区别在于输出变量的类型不同。当输出为定量值时称为回归，也称作连续变量预测；而当输出为定性值时称为分类，也称作离散变量预测。

1. 线性回归

所谓线性回归，是将自变量与因变量之间的关系以线性方程的方式表达出来的一种数学方法。设自变量为 x_i，预测值因变量为 $\hat{y}_i,i=1,2,\cdots,N,N$ 为自变量或因变量样本总数，则回归方程如下：

$$\hat{y}_i=a+bx_i+\varepsilon_i \tag{2-1}$$

式中　a、b——回归系数；

$\hat{y}_i$——预测值；

ε_i——残差。

若设实际测量值为 y_i，则有 $\varepsilon_i = y_i - \hat{y}_i$，得到残差平方和表达式如下：

$$J \equiv J(a,b) = \sum_{i=1}^{n}(y_i - a - bx_i)^2 \tag{2-2}$$

由此可知，当 J 最小时，测量值和回归值之间的偏差最小。

常用最小二乘法来求解，即 J 分别对 a 和 b 求偏导数，得式（2－3）：

$$\begin{cases} \dfrac{\partial J}{\partial a} = -2\sum_{i=1}^{n}(y_i - a - bx_i) = 0 \\ \dfrac{\partial J}{\partial b} = -2\sum_{i=1}^{n}(y_i - a - bx_i)x_i = 0 \end{cases} \tag{2-3}$$

解此方程组，可得到 a、b 值，即

$$\begin{cases} a = \dfrac{\sum_{i=1}^{n}(x_i)^2 \sum_{i=1}^{n} y_i - \sum_{i=1}^{n} x_i \sum_{i=1}^{n} y_i x_i}{n\sum_{i=1}^{n} x_i - \left(\sum_{i=1}^{n} x_i\right)^2} \\ b = \dfrac{n\sum_{i=1}^{n} y_i x_i - \sum_{i=1}^{n} x_i \sum_{i=1}^{n} y_i}{n\sum_{i=1}^{n}(x_i)^2 - \left(\sum_{i=1}^{n} x_i\right)^2} \end{cases} \tag{2-4}$$

下面通过一个实例，来进一步了解线性回归算法。

【例 2－2】 设某个城市交通信号控制路口给定时段的流量和速度数据，流量数据[13,11.11,10,11,10,10,9,9,11,9,8,9,9,9,6]，速度数据[29.44,36.97,31.32, 32.09,31.75,29.5,25.24,28.92,34.17,29.59,28.8,27.91,30.28,31.71,26.49]。试对流量和速度进行线性回归拟合。

解　以 Python 程序编制线性回归分析代码实现为例求解如下：

```
###########速度-流量曲线拟合核心代码###########
import numpy as curve_np
from matplotlib import pylab as curve_plt
from matplotlib. font_manager import FontProperties
from sklearn import linear_model
font=FontProperties(file_N=r"c:\\windows\fonts\msyh. ttc",size=12)
#定义训练数据
x=curve_np. array([13,11. 11,10,11,10,10,9,9,11,9,8,9,9,9,6])
y=curve_np. array([29. 44,36. 97,31. 32,32. 09,31. 75,29. 5,25. 24,28. 92,34. 17, 29. 59,28. 8,27. 91,30. 28,
31. 71,26. 49])
#回归方程求取函数
def fitCurve(x,y):
    if len(x) ! = len(y):
        return
    numerator = 0. 0
```

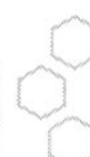

```
        denominator = 0.0
        x_mean = curve_np.mean(x)
        y_mean = curve_np.mean(y)
        for i in range(len(x)):
            numerator+= (x[i]- x_mean) * (y[i]- y_mean)
            denominator += curve_np.square((x[i]- x_mean))
        print('numerator:',numerator,'denominator:',denominator)
        b0 = numerator/denominator
        b1 = y_mean - b0 * x_mean
        return b0,b1
#定义预测函数
def predictFun(x,b0,b1):
        return b0 * x + b1
#求取回归方程
b0,b1 = fitCurve (x,y)
print('Line is:y = %2.0fx + %2.0f'%(b0,b1))
#预测
x_test_group = curve_np.array([13,11.11,10,11,10,10,9,9,11,9,8,9,9,9,6])
y_test_group = curve_np.zeros((1,len(x_test_group)))
for im in range(len(x_test_group)):
        y_test_group[0][im] = predictFun(x_test_group[im],b0,b1)
#绘制图像
xx = curve_np.linspace(5, 15)
curve_plt.title('速度-流量曲线',fontproperties=font)
curve_plt.xlabel('流量(veh/h)', fontproperties=font)
curve_plt.ylabel('速度(km/h)', fontproperties=font)
yy = b0 * xx + b1
curve_plt.plot(xx,yy,'k-')
curve_plt.scatter(x,y,cmap=curve_plt.cm.Paired)
curve_plt.scatter(x_test_group,y_test_group [0],cmap=curve_plt.cm.Paired)
curve_plt.show()
```

线性回归拟合得到的回归曲线如图 2-4 所示。

2. K 最近邻算法

K 最近邻（K-Nearest Neighbor，KNN）算法，属于有监督学习算法。

算法思想如下：为了判断未知样本的类别，以所有已知类别的样本作为参照，选择合适的算法计算未知样本与所有已知样本的距离，从中选取与未知样本距离最近的 K 个已知样本，根据少数服从多数的投票法则（majority-voting），将未知样本与 K 个最邻近样本中所属类别占比较多者归为一类。

数学描述为：设有训练集特征空间 T，特征向量 $x_i \in X \subseteq R^n$，$y_j \in Y=\{c_1,c_2,\cdots,c_k\}$为样本类别，训练集 $T=\{(x_i,y_i),i=1,2,\cdots,N\}$，现给定样本数据 x，在训练集 T 中搜索与 x 最近邻的 K 个点，涵盖此 K 个点的集合记为 $N_K(x)$，在 $N_K(x)$ 中根据分类

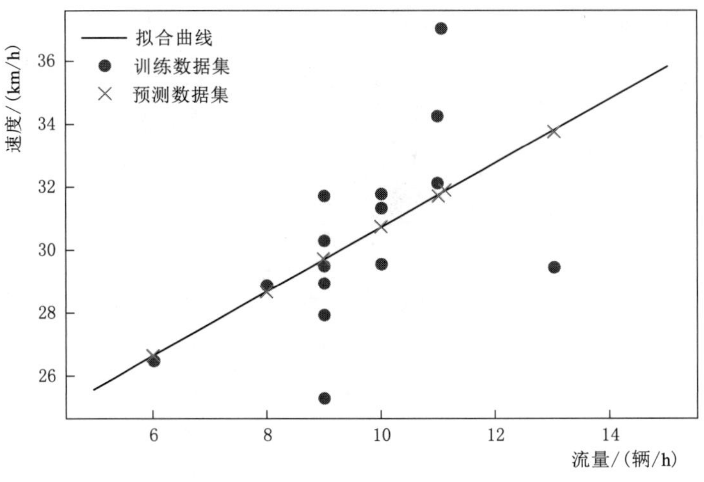

图 2－4　回归曲线图

决策规则，决定 x 所属的类别 y，类别归属计算式如下：

$$y=\underset{c_j}{\arg\max}\sum_{x_i\in N_K(x)} I(y_i,c_j) \tag{2-5}$$

式中　I——指示函数，当 $y_i=c_j$ 时，$I=1$，反之 $I=0$。

KNN 算法中常用的距离度量公式有曼哈顿距离、欧式距离和切比雪夫距离三种。设特征空间 X 为 n 维实数向量空间 R^n，x_i，$x_j\in X$，且 $x_i=(x_i^{(1)},x_i^{(2)},\cdots,x_i^{(n)})^{\mathrm{T}}$，$x_j=(x_j^{(1)},x_j^{(2)},\cdots,x_j^{(n)})^{\mathrm{T}}$，则 x_i、x_j 的 L_p 距离定义如下式：

$$L_p(x_i,x_j)=\left(\sum_{l=1}^{n}|x_i^{(l)}-x_j^{(l)}|^p\right)^{\frac{1}{p}},\ p\geqslant 1 \tag{2-6}$$

当 $p=1$ 时，称为曼哈顿距离（Manhattan distance），计算式如下：

$$L_1(x_i,x_j)=\sum_{l=1}^{n}|x_i^{(l)}-x_j^{(l)}| \tag{2-7}$$

当 $p=2$ 时，称为欧式距离（Euclidean distance），计算式如下：

$$L_2(x_i,x_j)=\left(\sum_{l=1}^{n}|x_i^{(l)}-x_j^{(l)}|^2\right)^{1/2} \tag{2-8}$$

当 $p=\infty$时，称为切比雪夫距离（Chebyshev distance），计算式如下：

$$L_\infty(x_i,x_j)=\max_{l}|x_i^{(l)}-x_j^{(l)}| \tag{2-9}$$

下面给出几个具体应用算例。

【例 2－3】 应用 MATLAB 求距离。Matlab 中内嵌有一个函数 pdist 可用于直接求取两个向量之间的距离，以求两个向量 $x_a=(7,3)$，$x_b=(6,5)$ 之间的距离为例加以说明。另外，关于 pdist 更详细说明请读者自行参考“help pdist”。

（1）求曼哈顿距离。

```
>> D=[7 3;6 5];
>> res=pdist(D,'cityblock')
res =      3
```

（2）求欧氏距离。

```
>> D=[7 3;6 5];
>> res1=pdist(D,'minkowski',2)
res1 =      2.2361
或
>> res1=pdist(D,'euclidean')
res1 =      2.2361
```

【例 2-4】 KNN 算法的 Python 实现。在 scikit-learn 中，内置了若干个玩具数据集（Toy Datasets），且提供有 API 支持二次开发数据集。本例通过使用 scikit-learn 的 make_blobs() 函数来生成一个样本数量为 300，分类数量为 2 的数据集，且以 KNN 算法对其进行分类。

解 KNN 算法的 Python 实现代码实现如下：

```
#######KNN聚类算法########
import matplotlib.pyplot as figure_plt #调用画图工具库
import numpy as data_np #调用数据库
from sklearn.datasets import make_blobs #数据集生成器
from sklearn.neighbors import KNeighborsClassifier #KNN 分类器
from sklearn.model_selection import train_test_split #数据集拆分工具
#生成 300 个数量样本,分成 2 类数据集
data=make_blobs(n_samples=300,n_features=2,centers=2,cluster_std=1.0,random_state=8)
X,Y=data
#原始数据集可视化
figure_plt.scatter(X[:,0],X[:,1],s=80,c=Y,cmap=figure_plt.cm.spring,edgecolors='k')
figure_plt.show()
#执行聚类操作
clf_op=KNeighborsClassifier()
clf_op.fit(X,Y)
#绘制图形
x_min_value,x_max_value=X[:,0].min()-1,X[:,0].max()+1
y_min_value,y_max_value=X[:,1].min()-1,X[:,1].max()+1
xx,yy=data_np.meshgrid(data_np.arange(x_min_value,x_max_value,.02),data_np.arange(y_min_value,y_max_value,.02))
z_value=clf_op.predict(data_np.c_[xx.ravel(),yy.ravel()])
z_value=z_value.reshape(xx.shape)
figure_plt.pcolormesh(xx,yy,z_value,cmap=figure_plt.cm.Pastel1)
figure_plt.scatter(X[:,0],X[:,1],s=80,c=Y,cmap=figure_plt.cm.spring,edgecolors='k')
figure_plt.xlim(xx.min(), xx.max())
figure_plt.ylim(yy.min(), yy.max())
figure_plt.title("KNN Classifier")
#待分类数据点表示
```

```
figure_plt.scatter(6.85,4.88,marker='*',c='red',s=300)
#待分类点进行判断
res=clf_op.predict([[6.85,4.88]])
figure_plt.text(6.9,4.5,'Classification flag'+str(res))
figure_plt.show()
```

分类结果如图 2-5 所示，可见较好地实现了分类目的。

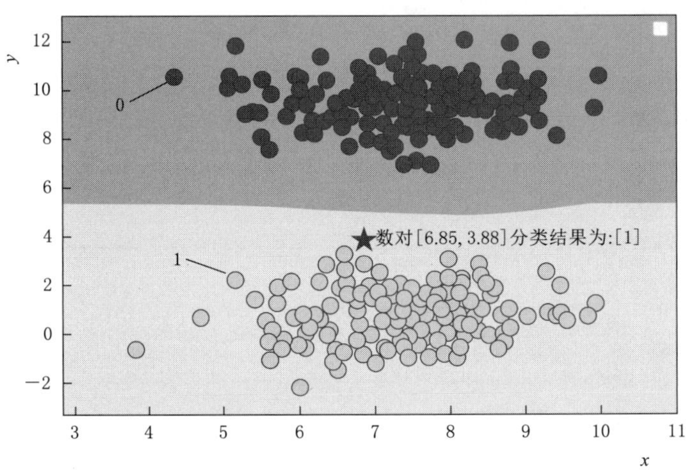

图 2-5　KNN 分类器分类结果

0—类别代码为 0 的数据；1—类别代码为 1 的数据；★—待分类数据

3. 朴素贝叶斯算法

设有样本集合 $D=\{(x_1^{(1)},x_2^{(1)},\cdots,x_n^{(1)},y_1),\cdots,(x_1^{(m)},x_2^{(m)},\cdots,x_n^{(m)},y_m)\}$，其中，$m$ 表示样本数，n 表示特征数，$y_i(i=1,2,\cdots,m)$表示样本类别，取值为$\{C_1,C_2,\cdots,C_K\}$。先验概率设为 $P(Y=C_k)(k=1,2,\cdots,K)$。假设条件独立，则得条件概率计算式如下：

$$P(X=x|Y=C_k)=P(X_1=x_1,X_2=x_2,\cdots,X_n=x_n|Y=C_k)=\prod_{j=1}^{n}P(X_j=x_j|Y=C_k) \tag{2-10}$$

与之对应全概率计算过程描述为：如果事件 $Y=y_1$，$Y=y_2$，…，$Y=y_n$ 两两相斥，构成一个完备事件组，其和为全集，则发生具体事件 $X=x$ 的概率表达式如下：

$$P(X=x)=\sum_{i=1}^{n}P(Y=y_i)P(X=x \mid Y=y_i) \tag{2-11}$$

后验概率计算式如下：

$$P(Y=C_k \mid X=x)=\frac{P(Y=C_k)P(X=x \mid Y=C_k)}{\sum_{k=1}^{K}P(Y=C_k)P(X=x \mid Y=C_k)} \tag{2-12}$$

结合条件概率公式，得到朴素贝叶斯分类的计算式如下：

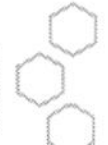

$$P(Y=C_k \mid X=x)=\frac{P(Y=C_k)\prod_{j=1}^{n}P(X_j=x_j \mid Y=C_k)}{\sum_{k=1}^{K}P(Y=C_k)\prod_{j=1}^{n}P(X_j=x_j \mid Y=C_k)} \tag{2-13}$$

朴素贝叶斯算法正是利用以上信息求解后验概率，并依据后验概率的值来进行分类。

【例 2-5】 请根据表 2-1 数据构建贝叶斯分类器，并给出当 $x=(2,S)^{\mathrm{T}}$ 时类标记 y，其中 X_1，X_2 表示特征，取值分别为 $X_1^S=\{1,2,3\}$，$X_2^S=\{S,M,L\}$，分类标记 $Y\in C=\{1,-1\}$。

表 2-1　　实例数据

序号	1	2	3	4	5	6	7	8	9	10	11	12	13	14	15
X_1	1	1	1	1	1	2	2	2	2	2	3	3	3	3	3
X_2	S	M	M	S	S	S	M	M	L	L	L	M	M	L	L
Y	−1	−1	1	1	−1	−1	−1	1	1	1	1	1	1	1	−1

解 根据贝叶斯算法，分类器构建基本思路分为三步：首先统计 $Y=1$ 的个数是 9 个，$Y=-1$ 的个数是 6，据此通过简单比例运算得出各自概率值；其次统计各分类标签前提下各特征值的个数及概率值；最后计算给定特征在不同标签特征下的概率值，则概率值大者为对应分类。具体步骤如下：

$$P(Y=1)=\frac{9}{15},\ P(Y=-1)=\frac{6}{15}$$

$$P(X_1=1|Y=1)=\frac{2}{9},\ P(X_1=2|Y=1)=\frac{3}{9},\ P(X_1=3|Y=1)=\frac{4}{9}$$

$$P(X_2=S|Y=1)=\frac{1}{9},\ P(X_2=M|Y=1)=\frac{4}{9},\ P(X_2=L|Y=1)=\frac{4}{9}$$

$$P(X_1=1|Y=-1)=\frac{3}{6},\ P(X_1=2|Y=-1)=\frac{2}{6},\ P(X_1=3|Y=-1)=\frac{1}{6}$$

$$P(X_2=S|Y=-1)=\frac{3}{6},\ P(X_2=M|Y=-1)=\frac{2}{6},\ P(X_2=L|Y=-1)=\frac{1}{6}$$

对于给定 $x=(2,S)^{\mathrm{T}}$ 时的情况：

$$P(Y=1)P(X_1=2|Y=1)P(X_2=S|Y=1)=\frac{9}{15}\times\frac{3}{9}\times\frac{1}{9}=\frac{1}{45}$$

$$P(Y=-1)P(X_1=2|Y=-1)P(X_2=S|Y=-1)=\frac{6}{15}\times\frac{2}{6}\times\frac{3}{6}=\frac{1}{15}$$

因为 $\frac{1}{15}>\frac{1}{45}$，所以分类结果为

$$x\in\{y=-1\}$$

【例 2-6】 假设某路段发生一起汽车撞人逃逸事件，已知车辆颜色只有蓝色和绿色两种可能，且为蓝色的概率为 15%，为绿色的概率为 85%，另目击者正确识认车颜色的概率为 80%，试求肇事车颜色为蓝色概率值。

解　设 A＝目击者看到车是蓝色，B＝车的实际颜色是蓝色，则根据题意可知，目击者看到车是蓝色的概率可以表述为：车是蓝色的概率乘以目击者看正确的概率与车是绿色的概率乘以目击者看错了的概率之和，即

$$P(A)=0.8\times 0.15+0.2\times 0.85=0.29$$

再分析车是蓝色且目击者看正确的概率为

$$P(AB)=0.8\times 0.15=0.12$$

则根据条件概率得

$$P(B|A)=P(AB)/P(A)=0.12/0.29\approx 0.41$$

即肇事车颜色为蓝色的概率约为 0.41。

【例 2－7】　根据统计分析发现，某小区夏季男性穿拖鞋的概率为 1/2，女性穿拖鞋的概率为 2/3，且已知小区中男女比例约为 2∶1。若你在小区中随机遇到一个穿拖鞋的人，请问他的性别为男性或女性的概率分别为多少？

解　根据题意，设性别事件 $Y=\{y_{\text{men}},y_{\text{women}}\}$，穿鞋事件 $X=\{x_0,x_1\}$，x_0 表示不穿拖鞋，x_1 表示穿拖鞋，则有 $P(X=x_1|Y=y_{\text{men}})=1/2$，$P(X=x_1|Y=y_{\text{women}})=2/3$。因此，据全概率公式求穿拖鞋和不穿拖鞋的概率分别为

$$\begin{aligned}P(X=x_1)&=P(Y=y_{\text{men}})P(X=x_1Y=y_{\text{men}})+P(Y=y_{\text{women}})P(X=x_1Y=y_{\text{women}})\\&=\frac{2}{3}\times\frac{1}{2}+\frac{1}{3}\times\frac{2}{3}=\frac{5}{9}\end{aligned}$$

$$P(X=x_0)=1-P(X=x_1)=\frac{4}{9}$$

即在不考虑性别情况下，小区中穿拖鞋概率为 5/9，不穿拖鞋概率为 4/9。

通过【例 2－7】进一步理解后验概率为

$$P(Y=y_{\text{men}}X=x_1)=\frac{P(X=x_1Y=y_{\text{men}})P(Y=y_{\text{men}})}{P(X=x_1)}=\frac{\frac{1}{2}\times\frac{2}{3}}{\frac{5}{9}}=\frac{3}{5}$$

$$P(Y=y_{\text{women}}X=x_1)=\frac{P(X=x_1Y=y_{\text{women}})P(Y=y_{\text{women}})}{P(X=x_1)}=\frac{\frac{2}{3}\times\frac{1}{3}}{\frac{5}{9}}=\frac{2}{5}$$

分析可知，在知道一个人穿拖鞋前提下，此人为男性的概率是 3/5，是女性的概率是 2/5。

若问题为“判断该人是男性还是女性”，则问题变为分类问题，依据贝叶斯公式计算的后验概率是男性的概率大于是女性的概率，即由于 $P(Y=y_{\text{men}}|X=x_1)>P(Y=y_{\text{women}}|X=x_1)$，则应将其分类为男性。

2.2.2　无监督学习

1. 概述

顾名思义，无监督学习（Unsupervised Learning，UL）就是不受某些条件或数据监

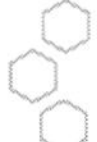

督的学习方法。与监督学习建立在人类标注数据的基础上不同，无监督学习无须进行数据标注，而是由机器学习模型通过不断自我训练、自我归纳来实现决策过程。尽管目前无监督学习的使用不如监督学习广泛，但该方法论为机器学习的发展提供了良好的理论基础，关注度日益提高。

同监督学习相比，无监督学习具有很多优势，其中最重要的一点是不再需要大量的标注数据。以深度学习为代表的机器学习模型往往需要在大型数据集上进行训练，即每个样本都有一个对应的标签。比如，目前在图像分类任务中普遍使用的 ImageNet 数据集有一百多万张人为标记的图像，共分为 1000 类。谷歌公司更是准备建立 10 亿级别的数据集。显然，要创建如此规模的数据集需要花费大量的人力、物力和财力，同时也需要消耗大量的时间。

通过一个简单的例子来理解无监督学习。设有一批照片，其中包含着不同颜色的几何形状，但对机器（学习模型）而言只能看到一张张照片，这些照片没有任何标记，也就是计算机并不知道几何形状的颜色和外形。通过将数据输入到无监督学习的模型中去，算法可以尝试着理解图中的内容，并将相似的物体聚在一起。在理想情况下，机器学习模型可以将不同形状、不同颜色的几何形状聚集到不同的类别中去，而特征提取和标签都是模型自己完成的。

实际上，无监督学习更接近人类的学习方式。比如，一个婴儿在开始接触世界的时候，父母会拿着一张照片或者一只小狗告诉他这是“狗”。但是接下来在遇到不同的狗的照片或者狗的时候，父母并不会一直告诉他这是“狗”。婴儿会不断地自我发现、学习、调整自己对“狗”的认识，从而最终理解并认识什么是“狗”。相比之下，目前的监督学习算法则要求反复告知机器学习模型什么是“狗”。很显然，无监督学习的模式是更加接近人类的学习方式。

2. K－Means 聚类算法

K－Means 聚类算法属于无监督学习算法。以传统 K－Means 算法为例，其基本思想是对于给定的样本集，按照样本之间距离的大小，将样本集划分为 K 个簇，目标在于簇内点距离尽量小，簇间距离尽量大。假设将数据所属簇划分为$(C_1,C_2,\cdots,C_k)$，优化目标为最小化平方误差 E，公式如下：

$$E=\sum_{i=1}^{k}\sum_{x\in C_i}\|x-\mu_i\|^2 \tag{2-14}$$

$$\mu_i=\frac{1}{|C_i|}\sum_{x\in C_i}x \tag{2-15}$$

式中 μ_i——簇 C_i 的均值向量，也称质心。

下面给出基于 Python 实现的具体应用算例。

【例 2－8】 设有如下数据组，编写 Python 代码，应用 K-Means 聚类法对其进行分析。

```
(2.658985,3.285136),(-3.453687,2.424321),(5.838138,-3.151539),(-
5.379713,-3.362104),(0.872564,1.924086),(-3.567919,1.531611),(0.450614,-
4.302219),(-3.487105,-1.724432),(2.668759,1.594842),(-
3.156485,3.191137),(3.165506,-3.999838),(-2.786837,-
```

3.099354),(5.208187,2.984927),(−2.123337,2.943366),(0.704199,−0.479481),(−0.392370,−4.963704),(2.831667,1.574018),(−0.790153,3.343144),(2.943496,−3.357075),(−3.195883,−2.283926),(2.336445,2.875106),(−1.786345,2.554248),(2.190101,−1.906020),(−3.403367,−2.778288),(1.778124,3.880832),(−1.688346,3.230267),(3.592976,−2.054368),(−4.007257,−3.207066),(2.257734,2.387564),(−2.679011,0.785119),(0.939512,−4.023563),(−4.674424,−2.261084),(2.046259,2.735279),(−3.189470,1.780269),(4.372646,−0.822248),(−2.579316,−2.497576),(1.889034,5.190400),(−0.798747,1.185588),(2.836520,−2.658556),(−3.837877,−3.253815),(2.096701,3.886007),(−2.709034,2.923887),(3.367037,−3.184789),(−2.121479,−4.232586),(2.329546,3.179764),(−3.284816,3.273099),(2.091414,−3.815232),(−3.762093,−2.432191),(3.542056,2.778832),(−1.736822,4.241041),(2.127073,−2.983680),(−4.323818,−3.938116),(3.792121,5.135768),(−4.786473,3.358547),(2.624081,−3.260715),(−4.009299,−2.978115),(2.493525,1.963710),(−2.513661,2.642162),(1.864375,−3.176309),(−3.171184,−3.572452),(2.894220,2.489128),(−2.562539,2.884438),(3.491078,−3.947487),(−2.565729,−2.012114),(3.332948,3.983102),(−1.616805,3.573188),(2.280615,−2.559444),(−2.651229,−3.103198),(2.321395,3.154987),(−1.685703,2.939697),(3.031012,−3.620252),(−4.599622,−2.185829),(4.196223,1.126677),(−2.133863,3.093686),(3.668892,−2.562705),(−2.793241,−2.149706),(2.884105,3.043438),(−2.967647,2.848696),(4.479332,−1.764772),(−5.905566,−2.911070)。

解 核心 Python 代码如下：

```
########K-Means聚类算法核心代码##########
#加载数据函数
def loadDS(file_N):  #浮点类型矩阵
    dMatix = []       #文件类别标签
    fileReader = open(file_N)#打开文件
    for li in fileReader.readlines():#逐行读取
        currentLine = li.strip().split()#当前行拆分
        fLineNow = list(map(float, currentLine)) # float类型
        dMatix.append(fLineNow)#提取内容
    return dMatix
#Euclid距离
def ComputeDistanceEclud(vectorA, vectorB):
    return np.sqrt(sum(np.power(vectorA - vectorB, 2))) #计算向量间距离取平方根
#聚簇随机取k个质心
```

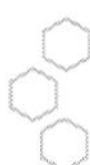

```
def randClusterCenter(ds, k_Center):#随机聚类函数中心函数
    center_Num = np.shape(ds)[1]%质心坐标数
    centers = np.mat(zeros((k_Center, center_Num))) #质心 center_Num 个坐标值共 k 个质心
    for m in range(center_Num):
        minValue = min(ds[:,m])#取极小值
        maxValue = max(ds[:,m]) #取极大值
        rangeValue = float(maxValue - minValue)#取值范围
        centers[:,m] = minValue + rangeValue * random.rand(k_Center, 1)#随机中心
    return centers
# k-means 聚类算法函数
def kMeans(ds, k, distMeans = ComputeDistanceEclud, createClusterCent = randClusterCenter):
    '''
    :param ds: 无 label 的数据集
    :param k: 簇数
    :param distMeans: 距离函数
    :param createClusterCent: k-随机质心个数
    :return: centers:质心数组
     clusterResult: 聚类评估结果
    '''
    m = shape(ds)[0]  #样本数量
    clusterResult = mat(zeros((m,2)))
    centers = createClusterCent (ds, k)
    flag = True  #判断聚类是否已经收敛
    while flag:
        flag = False;
        for i in range(m):
            minDistance = inf; minIndex = -1;
            for m in range(k):
                distmIndex = distMeans(centers[m,:], ds[i,:])
                if distmIndex < minDistance:
                    minDistance = distmIndex; minIndex = m
            if clusterResult[i,0] ! = minIndex:
                flag = True  #继续迭代
            clusterResult[i,:] = minIndex,minDistance * * 2
             for center in range(k):
            ptsInClust = ds[nonzero(clusterResult[:,0].A == center)[0]]
            centers[center,:] = mean(ptsInClust, axis = 0)
    return centers, clusterResult
# 测试 k-Means 算法
if __name__ == '__main__':
    datMatrix = mat(loadDS('testSet.txt'))
    myCentroids,clustAssing = kMeans(datMatrix,4)
    print (myCentroids) #打印 myCentroids 的值
```

```
plt.figure(1)#绘图
xx=array(datMatrix[:,0]).ravel()
yy=array(datMatrix[:,1]).ravel()
plt.scatter(xx,yy, marker='p',color='b', s=30)
xcenter=array(myCentroids[:,0]).ravel()
ycenter=array(myCentroids[:,1]).ravel()
plt.scatter( xcenter, ycenter, marker='*', color='r', s=100)
plt.show()
```

经分析，得到 K-Means 聚类结果如图 2-6 所示。

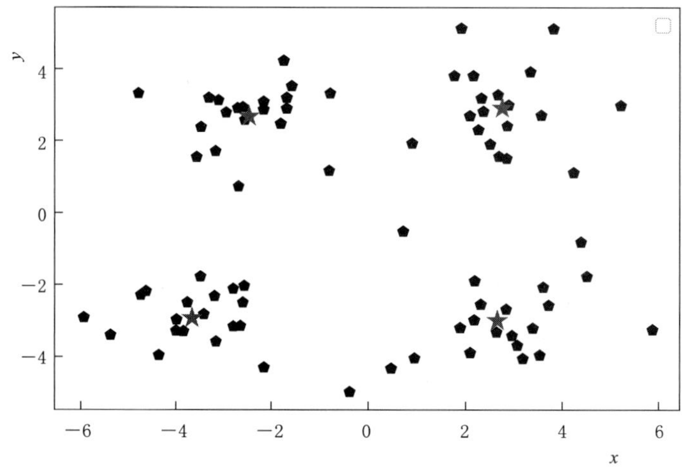

图 2-6　K-Means 聚类结果

⬟—数据对　★—聚类中心

3. 主成分分析法

主成分分析法（Principal Component Analysis，PCA）是一种数学降维方法，基本思想为：设有高维向量 x，存在特征矩阵 U，投影至低纬度向量空间 y 中，进而用向量 y 代替向量 x。

下面介绍 PCA 分析问题具体步骤。

（1）原始数据的标准化处理。设样本维数为 n，数量为 p，得其观测数据矩阵 X 为

$$X=\begin{bmatrix} x_{11} & x_{12} & \cdots & x_{1p} \\ x_{21} & x_{22} & \cdots & x_{2p} \\ \vdots & \vdots & \ddots & \vdots \\ x_{n1} & x_{n2} & \cdots & x_{np} \end{bmatrix} \tag{2-16}$$

若令均值 $\overline{x}_j=\frac{1}{n}\sum_{i=1}^{n}x_{ij}$，方差 $Std(x_j)=\frac{1}{n-1}\sum_{i=1}^{n}(x_{ij}-\overline{x}_j)^2(i=1,2,\cdots,n;j=1,$

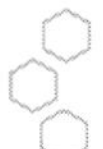

$2,\cdots,p$），则对矩阵（2-16）中元素 x_{ij} 按式（2-17）进行标准化处理。

$$x_{ij}^{*}=\frac{x_{ij}-\overline{x}_j}{\sqrt{Std(x_j)}} \tag{2-17}$$

（2）计算元素相关系数，得到如下相关系数矩阵：

$$R=\begin{bmatrix} r_{11} & r_{12} & \cdots & r_{1p} \\ r_{21} & r_{22} & \cdots & r_{2p} \\ \vdots & \vdots & \ddots & \vdots \\ r_{n1} & r_{n2} & \cdots & r_{np} \end{bmatrix} \tag{2-18}$$

$$r_{ij}=\frac{\sum_{k=1}^{n}(x_{ki}-\overline{x}_i)(x_{kj}-\overline{x}_j)}{n-1} \tag{2-19}$$

（3）计算相关系数矩阵 R 的特征值及对应的特征向量，分别为（$\lambda_1,\lambda_2,\cdots,\lambda_p$）和（$u_1,u_2,\cdots,u_p$），且 $u_j=(u_{1j},u_{2j},\cdots,u_{nj})^{\mathrm{T}}$。

（4）选择 m（$m\leqslant p$）个主成分。据式（2-20）计算主成分 y_j 特征值 λ_j 的信息贡献率 b_j 和累积贡献率 α_j，当 α_j 接近于 1 时，表明可选择前 j 个指标变量为主成分，即 $m=j$。

$$\left.\begin{aligned} b_j &= \frac{\lambda_j}{\sum_{k=1}^{p}\lambda_k} \\ \alpha_j &= \frac{\sum_{k=1}^{j}\lambda_k}{\sum_{k=1}^{p}\lambda_k} \end{aligned}\right\} \tag{2-20}$$

【例 2-9】 现以动力性、燃油经济性、制动性、操纵稳定性、行驶平顺性、排放污染及噪声等多个指标对 15 种型号的车辆进行评估排序。车辆性能评估表见表 2-2。

表 2-2　车辆性能评估表

类型编号	动力性得分	燃油经济性得分	制动性得分	操纵稳定性得分	行驶平顺性得分	通过性评分	排放污染评估得分	噪声评估得分
1	40.4	24.7	7.2	6.1	8.3	8.7	2.442	20
2	25	12.7	11.2	11	12.9	20.2	3.542	9.1
3	13.2	3.3	3.9	4.3	4.4	5.5	0.578	3.6
4	22.3	6.7	5.6	3.7	6	7.4	0.176	7.3
5	34.3	11.8	7.1	7.1	8	8.9	1.726	27.5
6	35.6	12.5	16.4	16.7	22.8	29.3	3.017	26.6

续表

类型编号	动力性得分	燃油经济性得分	制动性得分	操纵稳定性得分	行驶平顺性得分	通过性评分	排放污染评估得分	噪声评估得分
7	22	7.8	9.9	10.2	12.6	17.6	0.847	10.6
8	48.4	13.4	10.9	9.9	10.9	13.9	1.772	17.8
9	40.6	19.1	19.8	19	29.7	39.6	2.449	35.8
10	24.8	8	9.8	8.9	11.9	16.2	0.789	13.7
11	12.5	9.7	4.2	4.2	4.6	6.5	0.874	3.9
12	1.8	0.6	0.7	0.7	0.8	1.1	0.056	1
13	32.3	13.9	9.4	8.3	9.8	13.3	2.126	17.1
14	38.5	9.1	11.3	9.5	12.2	16.4	1.327	11.6
15	26.2	10.1	5.6	15.6	7.7	30.1	0.126	25.9

解 主成分分析 MATLAB 核心代码如下：

```
%%%%%%%%PCA主成分分析车辆性能核心代码%%%%%%%
% 读入车辆评估数据
data=xlsread('Car_evaluation','B2:I16');%Car_evaluation 为待分析的数据文件名
% 数据标准化
rowNum=size(data,1);   % 计算读入数据行数
colNum=size(data,2);   % 计算读入数据列数
for i=1:colNum
    SAMatrix(:,i)=(data(:,i)-mean(data(:,i)))/std(data(:,i));   % 矩阵规范化操作
end
% 计算关联矩阵.
CMatrix=corrcoef(SAMatrix);
%计算特征根.
[VFull, DDiag]=eig(CMatrix);
% 特征根降序排列,并计算各成分贡献率和累积贡献率
for j=1:colNum
    DSMatrix(j,1)=DDiag(colNum+1-j, colNum+1-j);
end
for i=1:colNum
    DSMatrix(i,2)=DSMatrix(i,1)/sum(DSMatrix(:,1));
    DSMatrix(i,3)=sum(DSMatrix(1:i,1))/sum(DSMatrix(:,1));
end
% 计算主成分分数
T_Val=0.9;  %设置主成分判别阈值
for K=1:colNum
```

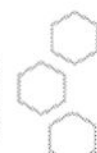

```
    if DSMatrix(K,3)>=T_Val
        Com_num=K;
        break;
    end
end
% 主成分特征向量
for j=1:Com_num
    PVMatrix(:,j)=VFull(:,colNum+1-j);
end
% 得分
p_score=SAMatrix * PVMatrix;
for i=1:rowNum
    t_score(i,2)=sum(score(i,:));
    t_score(i,1)=i;
end
p_score_s=sortrows(t_score,-2);
%赋值
DS= DSMatrix; Com_num= Com_num; PV=PVMatrix;
new_score= p_score;new_score_s= p_score_s;
% 分析结果报告
disp('特征值及贡献率:')%显示或打印
DS
disp('阈值T对应的主成分数与特征向量:')
Com_num
PV
disp('主成分分数:')
new_score
disp('主成分分数排序:')
new_score_s
figure(1)%绘制曲线
set(gcf,'color','w');%白色底色
subplot(1,3,1)
plot(DSMatrix(:,1),'r','LineWidth',2);hold on
title('特征值');
subplot(1,3,2)
plot(DSMatrix(:,2),'b','LineWidth',2);hold on
title('贡献率');
subplot(1,3,3)
plot(DSMatrix(:,3),'g','LineWidth',2);hold on
title('累计贡献率');
```

得到PCA分析结果如图2-7所示，各类指标的特征值及贡献率变化规律明显。进而分析得到的阈值、特征值、主成分数等如下，可知编号9的车辆综合性能最强。

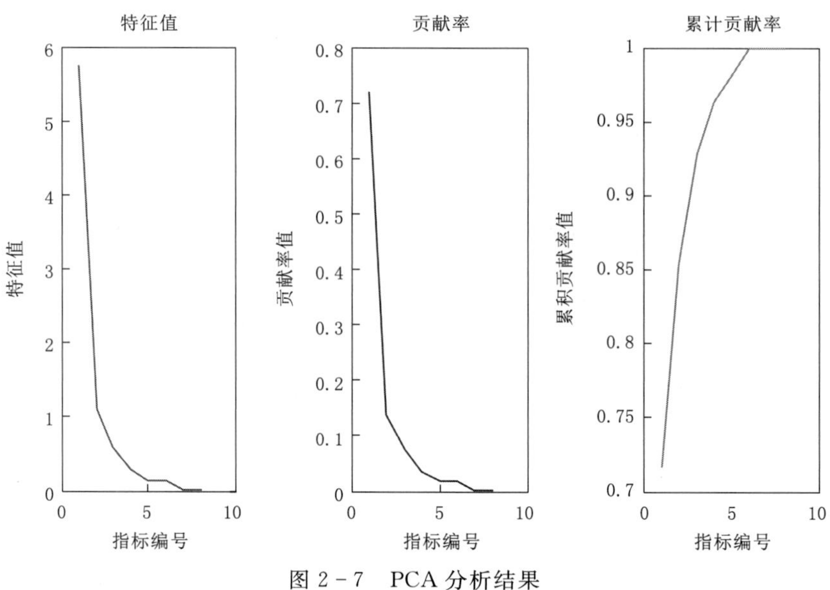

图 2-7　PCA 分析结果

```
阈值 T 对应的主成分数与特征向量：
Com_num = 3
PV =
0.3334    0.3788    0.3115
0.3063    0.5562    0.1871
0.3900   -0.1148   -0.3182
0.3780   -0.3508    0.0888
0.3853   -0.2254   -0.2715
0.3616   -0.4337    0.0696
0.3026    0.4147   -0.6189
0.3596   -0.0031    0.5452
主成分分数：
new_score =
    0.7662    2.6618    0.5437
    0.9709    0.4364   -1.6996
   -2.8818   -0.4350   -0.3267
   -2.2020   -0.1181    0.2656
    0.0553    0.9176    0.8255
    3.3891   -0.6612   -0.7569
   -0.3262   -0.9407   -0.2569
    1.0203    0.9392    0.4081
    5.1936   -0.9793    0.0207
   -0.3372   -0.6891    0.0188
   -2.4132    0.2140   -0.3145
   -4.4264   -0.6180   -0.2884
    0.3735    0.8378   -0.1081
    0.3471   -0.0592   -0.1197
    0.4709   -1.5064    1.7882
```

```
特征值及贡献率：
DS =
5.7361    0.7170    0.7170
1.0972    0.1372    0.8542
0.5896    0.0737    0.9279
0.2858    0.0357    0.9636
0.1456    0.0182    0.9818
0.1369    0.0171    0.9989
0.0060    0.0007    0.9997
0.0027    0.0003    1.0000
主成分分数排序：
new_score_s =
   9.0000    4.2350
   1.0000    3.9717
   8.0000    2.3677
   6.0000    1.9710
   5.0000    1.7984
  13.0000    1.1033
  15.0000    0.7527
  14.0000    0.1682
   2.0000   -0.2923
  10.0000   -1.0075
   7.0000   -1.5238
   4.0000   -2.0545
  11.0000   -2.5137
   3.0000   -3.6435
  12.0000   -5.3327
```

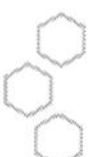

2.2.3 人工神经网络

人工神经网络是一种模拟人脑结构及思维过程的非线性动力学系统。根据网络中神经元之间的连接方式，神经网络可分为前馈型神经网络、反馈型神经网络和自组织网络。典型前馈型网络包括 BP（Back Propagation）神经网络和 RBF（Radial Basis Function）神经网络，反馈型神经网络有 Hopfield 神经网络。下面重点介绍神经网络中的神经元模型和各类算法。

1. 神经元模型

人工神经网络以单个神经元模拟人脑中的细胞体。神经元是一个多输入单输出的非线性系统。典型神经元结构如图 2-8 所示。

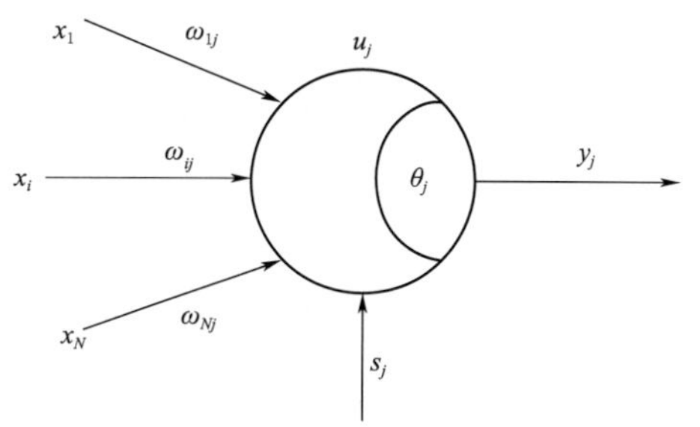

图 2-8 典型神经元结构

神经元基本数学模型表达式如下：

$$y_j = f(u_j) \tag{2-21}$$

$$y_j = \sum_{i=1}^{N} x_i \omega_{ij} + s_j - \theta_j \tag{2-22}$$

式中 x_i——第 i 个输入信号（$i=1,2,\cdots,N$）；

θ_j——第 j 个神经元的激励阈值；

ω_{ij}——从单元 u_i 到 u_j 的连接权值；

s_j——外部输入信号；

y_j——第 j 个神经元的输出；

$f(\cdot)$——神经元激励函数。

常用神经元激励函数有 ReLU、Sigmoid 和 tanh 等，见表 2-3。

表 2-3 常用的神经元激励函数

序号	函数名称	函数表达式
1	ReLU 函数	$f(x)=\begin{cases}0 & (x\leqslant 0)\\ x & (x>0)\end{cases}$
2	Sigmoid 函数	$f(x)=\dfrac{1}{1+\mathrm{e}^{-x}}$
3	tanh 函数	$f(x)=\dfrac{\mathrm{e}^{x}-\mathrm{e}^{-x}}{\mathrm{e}^{x}+\mathrm{e}^{-x}}$

2. 感知器算法

感知器是一种有导师学习模式，学习规则称为 δ 规则。典型感知器结构如图 2-9 所示。设感知器的输入向量为 I_p，期望输出为 O_t，网络实际输出 O_a，学习误差 $e=O_t-O_a$，设 R 为输入元素的数目，S 为感知器神经元的数目，算法描述如下：

（1）感知器第 $i(i=1,2,\cdots,S)$ 个神经元、第 j（$j=1,2,\cdots,R$）个输入的权值修正值 $\Delta w(i,j)$ 和阈值修正值 $\Delta b(i)$ 的计算式为

$$\Delta w(i,j)=[O_t(i)-O_a(i)]\times I_p(j) \tag{2-23}$$

$$\Delta b(i)=[O_t(i)-O_a(i)]\times 1 \tag{2-24}$$

（2）权值和阈值的更新式为

$$\begin{cases}w(i,j)=w(i,j)+\Delta w(i,j)\\ b(i)=b(i)+\Delta b(i)\end{cases} \tag{2-25}$$

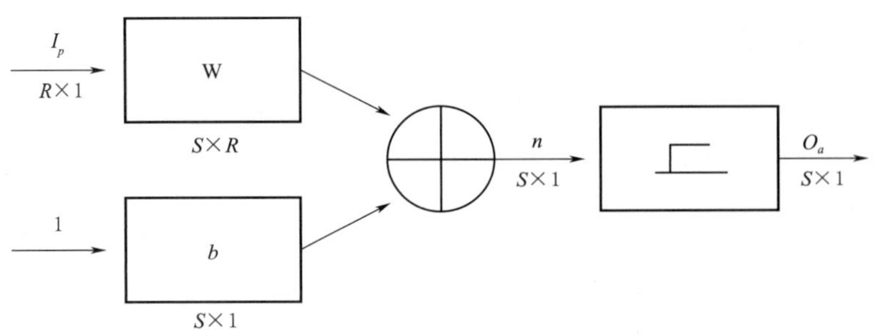

图 2-9　典型感知器结构

【例 2-10】 已知感知器四个训练样本数据如下，试用单个感知器神经元进行分类，并求解网络边界方程。

$$\left\{p_1=\begin{bmatrix}3\\3\end{bmatrix},t_1=0\right\},\left\{p_2=\begin{bmatrix}3\\-2\end{bmatrix},t_2=1\right\},\left\{p_3=\begin{bmatrix}-1\\3\end{bmatrix},t_3=0\right\},\left\{p_4=\begin{bmatrix}-2\\2\end{bmatrix},t_4=1\right\}$$

解　编写 M 文件求解如下：

```
%感知器神经网络模型
net=newp([-3 3;-3 3],1);
net.trainParam.epochs=12;
p=[[3;3] [3;-2] [-1;3] [-2;2]];
t=[0 1 0 1];
[net,tr]=train(net,p,t)
w=net.IW{1,1}
out=sim(net,p)
%plot(p,out)
b=net.b{1}
```

基于 Matlab 神经网络工具箱，生成的神经网络结构及分类结果如图 2-10 所示，可见较好实现了分类。

求得边界方程如下：

$$n=Wp+b=[-5\quad -5]\begin{bmatrix}p_1\\p_2\end{bmatrix}+(8)=-5p_1-5p_2+8=0$$

3. BP 算法

BP（Back Propagation）网络算法由两个过程组成：信号的前向传播和误差的反向传播，即计算网络输出时按从输入到输出的正方向进行，而权值和阈值的修正从输出到输入的逆方向进行。

BP 网络是一种多层前馈神经网络，由输入层、隐含层和输出层组成。典型的三层 BP 神经网络结构如图 2-11 所示。BP 网络中层与层之间为全互连方式，同一层各接点之间无连接，隐含层可设一层或多层。

在图 2-11 中，x_j 表示输入层第 j 个节点的输入（$j=1,\cdots,M$）；w_{ij} 表示隐含层第 i 个节点到输入层第 j 个节点之间的权值；θ_i 表示隐含层第 i 个节点的阈值；φ 表示

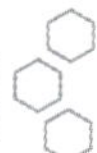

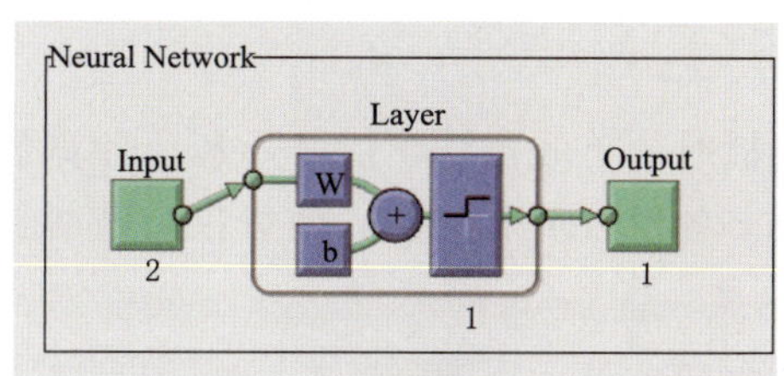

(a) 网络结构

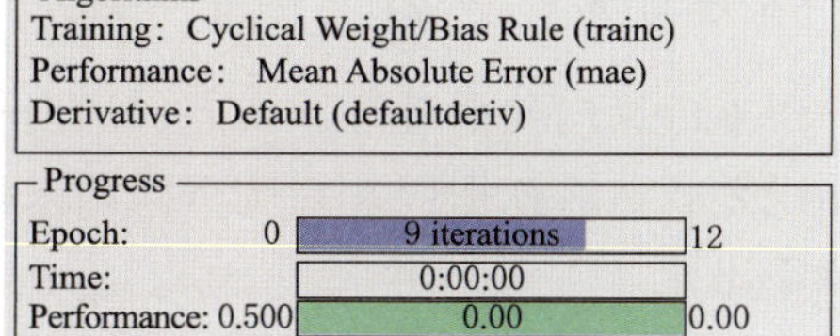

(b) 训练参数

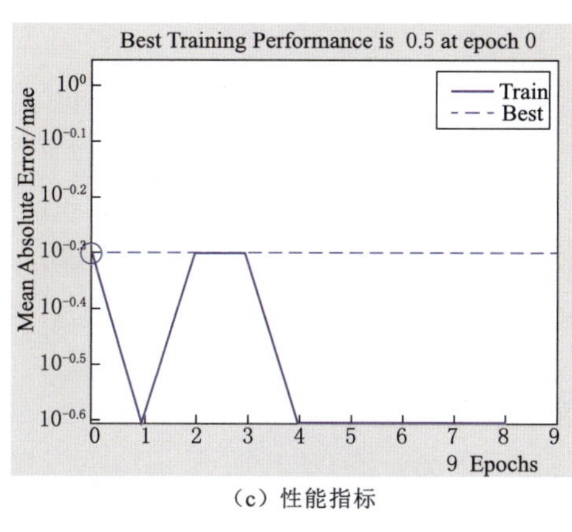

(c) 性能指标

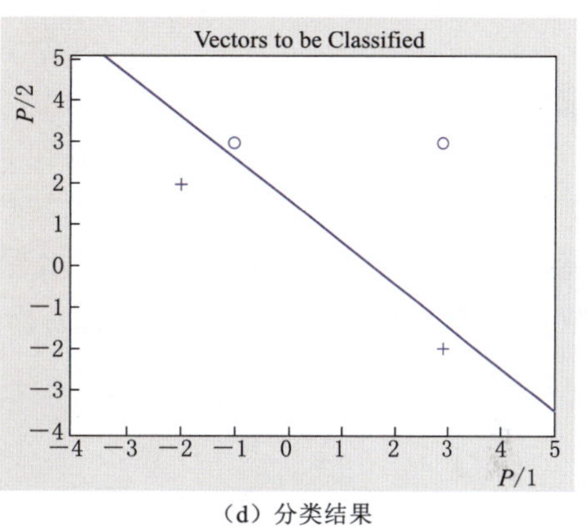

(d) 分类结果

图 2-10 Matlab 神经网络工具箱感知器参数截图

隐含层的激励函数；v_{ki} 表示输出层第 k 个节点到隐含层第 i 个节点之间的权值 $(i=1,2,\cdots,q)$；α_k 表示输出层第 k 个节点的阈值 $(k=1,2,\cdots,L)$；φ 表示输出层的激励函数；o_k 表示输出层第 k 个节点的输出。BP 神经网络算法实现过程如下。

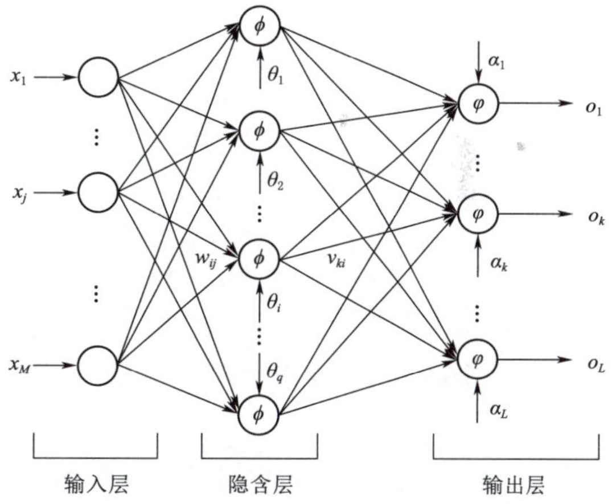

图 2-11 典型三层 BP 神经网络结构

(1) 信号的前向传播过程。依式 (2-26) 计算隐含层第 i 个节点的输入 net_i 值。

$$net_i=\sum_{j=1}^{M}w_{ij}x_j+\theta_i \tag{2-26}$$

依式 (2-27) 计算隐含层第 i 个节点的输出 y_i。

$$y_i=\phi(net_i)=\phi\left(\sum_{j=1}^{M}w_{ij}x_j+\theta_i\right) \tag{2-27}$$

依式 (2-28) 计算输出层第 k 个节点的输入 net_k。

$$net_k=\sum_{i=1}^{q}v_{ki}y_i+a_k=\sum_{i=1}^{q}v_{ki}\phi\left(\sum_{j=1}^{M}w_{ij}x_j+\theta_i\right)+a_k \tag{2-28}$$

依式 (2-29) 计算输出层第 k 个节点的输出 o_k。

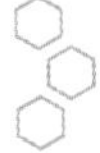

$$o_k=\varphi(net_k)=\varphi(\sum_{i=1}^{q}v_{ki}y_i+a_k)=\varphi\left[\sum_{i=1}^{q}v_{ki}\phi(\sum_{j=1}^{M}w_{ij}x_j+\theta_i)+a_k\right] \tag{2-29}$$

(2) 误差的反向传播过程。误差的反向传播时，首先由输出层开始逐层计算各层神经元的输出误差，然后依据误差梯度下降法来调节各层权值和阈值，使修正后网络最终输出逼近期望输出值。

每一个样本 p 的误差准则函数 E_p 如下：

$$E_p=\frac{1}{2}\sum_{k=1}^{L}(T_k-o_k)^2 \tag{2-30}$$

系统对 p 个训练样本的总误差准则函数如下：

$$E_p=\frac{1}{2}\sum_{p=1}^{p}\sum_{k=1}^{L}(T_k^p-o_k^p)^2 \tag{2-31}$$

根据误差梯度下降法依次修正输出层权值的修正量Δv_{ki}、输出层阈值的修正量Δa_k、隐含层权值的修正量Δw_{ij}、隐含层阈值的修正量$\Delta\theta_i$，计算过程如下式：

$$\left.\begin{aligned}\Delta v_{ki}&=-\eta\frac{\partial E}{\partial v_{ki}}\\ \Delta a_k&=-\eta\frac{\partial E}{\partial a_k}\\ \Delta w_{ij}&=-\eta\frac{\partial E}{\partial w_{ij}}\\ \Delta\theta_i&=-\eta\frac{\partial E}{\partial\theta_i}\end{aligned}\right\} \tag{2-32}$$

输出层权值调整计算式如下：

$$\Delta v_{ki}=-\eta\frac{\partial E}{\partial v_{ki}}=-\eta\frac{\partial E}{\partial net_k}\frac{\partial net_k}{\partial v_{ki}}=-\eta\frac{\partial E}{\partial o_k}\frac{\partial o_k}{\partial net_k}\frac{\partial net_k}{\partial v_{ki}} \tag{2-33}$$

输出层阈值调整计算式如下：

$$\Delta a_k=-\eta\frac{\partial E}{\partial a_k}=-\eta\frac{\partial E}{\partial net_k}\frac{\partial net_k}{\partial a_k}=-\eta\frac{\partial E}{\partial o_k}\frac{\partial o_k}{\partial net_k}\frac{\partial net_k}{\partial a_k} \tag{2-34}$$

隐含层全职调整计算式如下：

$$\Delta w_{ij}=-\eta\frac{\partial E}{\partial w_{ij}}=-\eta\frac{\partial E}{\partial net_i}\frac{\partial net_i}{\partial w_{ij}}=-\eta\frac{\partial E}{\partial y_i}\frac{\partial y_i}{\partial net_i}\frac{\partial net_i}{\partial w_{ij}} \tag{2-35}$$

隐含层阈值调整计算式如下：

$$\Delta\theta_i=-\eta\frac{\partial E}{\partial\theta_i}=-\eta\frac{\partial E}{\partial net_i}\frac{\partial net_i}{\partial\theta_i}=-\eta\frac{\partial E}{\partial y_i}\frac{\partial y_i}{\partial net_i}\frac{\partial net_i}{\partial\theta_i} \tag{2-36}$$

其中：

$$\frac{\partial E}{\partial a_k}=-\sum_{p=1}^{p}\sum_{k=1}^{L}(T_k^p-o_k^p) \tag{2-37}$$

$$\frac{\partial net_k}{\partial v_{ki}}=y_i；\frac{\partial net_k}{\partial a_k}=1；\frac{\partial net_i}{\partial w_{ij}}=x_j；\frac{\partial net_i}{\partial\theta_i}=1 \tag{2-38}$$

$$\frac{\partial E}{\partial y_i}=-\sum_{p=1}^{p}\sum_{k=1}^{L}(T_k^p-o_k^p)\varphi'(net_k)v_{ki} \tag{2-39}$$

$$\frac{\partial y_i}{\partial net_i}=\phi'(net_i) \tag{2-40}$$

$$\frac{\partial o_k}{\partial net_k}=\varphi'(net_k) \tag{2-41}$$

进一步推算得到各项调整值如下：

$$\Delta v_{ki}=\eta\sum_{p=1}^{p}\sum_{k=1}^{L}(T_k^p-o_k^p)\varphi'(net_k)y_i \tag{2-42}$$

$$\Delta a_k=\eta\sum_{p=1}^{p}\sum_{k=1}^{L}(T_k^p-o_k^p)\varphi'(net_k) \tag{2-43}$$

$$\Delta w_{ij}=\eta\sum_{p=1}^{p}\sum_{k=1}^{L}(T_k^p-o_k^p)\varphi'(net_k)v_{ki}\varphi'(net_k)x_j \tag{2-44}$$

$$\Delta\theta_i=\eta\sum_{p=1}^{p}\sum_{k=1}^{L}(T_k^p-o_k^p)\varphi'(net_k)v_{ki}\varphi'(net_i) \tag{2-45}$$

BP 算法因其简单、易行、计算量小、并行性强等优点，目前是神经网络训练采用最多也是最成熟的训练算法之一。

4. RBF 算法

RBF（Radical Basis Function，RBF）神经网络用 RBF 作为隐单元的“基”构成隐含层空间，实现将输入向量直接（即不需要通过权接）映射到隐空间。网络由输入到输出的映射是非线性的，而网络输出对可调参数而言却又是线性的。网络的权值由线性方程直接解出，可加快学习速度并避免陷入局部极小问题。RBF 神经元模型如图 2－12 所示，图中 radbas 为径向基函数。

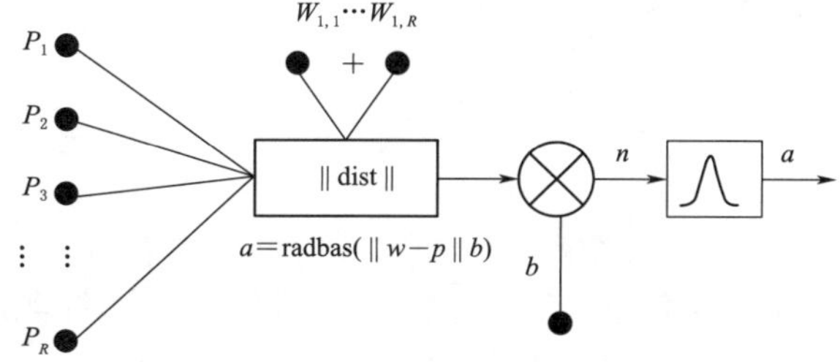

图 2－12　RBF 神经元模型

RBF 神经网络学习算法需要求解基函数的中心、方差以及隐含层到输出层的权值三个核心参数。根据 RBF 函数中心选取方法的不同，RBF 网络有多种学习方法，如随机选取中心法、自组织选取中心法、有监督选取中心法和正交最小二乘法等。

下面阐述自组织选取中心的 RBF 神经网络学习法，方法由两阶段组成：一是自组织学习阶段，此阶段为无导师学习过程，求解隐含层基函数的中心与方法；二是有导师学习阶段，此阶段求解隐含层到输出层之间的权值。

RBF 神经网络中常用的 RBF 函数是高斯函数，因此 RBF 神经网络的激活函数可表示为下式：

$$R(x_p-c_i)=\exp\left(-\frac{1}{2\sigma^2}\|x_p-c_i\|^2\right) \tag{2-46}$$

式中　$\|x_p-c_i\|$——欧式范数；

c_i——高斯函数的中心；

σ——高斯函数的方差。

设网络隐含层的节点数为 h，输入样本总数为 P，第 p 个输入样本向量为 $x_p=(x_1^p,x_2^p,\cdots,x_m^p)(p=1,2,\cdots,P)$，则网络输出计算式如下：

$$y_i=\sum_{i=1}^{h}\omega_{ij}\exp\left(-\frac{1}{2\sigma^2}\|x_p-c_i\|^2\right) \tag{2-47}$$

式中　c_i——网络隐含层节点的中心；

w_{ij}——隐含层到输出层的连接权值；

y_i——与输入样本对应的网络的第 i 个输出节点的实际输出。

设 d_j 是第 j 个样本的期望输出值，则基函数的方差 σ 为

$$\sigma=\frac{1}{p}\sum_{j}^{m}\|d_j-y_jc_i\|^2 \tag{2-48}$$

算法具体步骤描述如下：

(1) 网络初始化。随机选取 h 个训练样本作为聚类中心 $c_i(i=1,2,\cdots,h)$。

(2) 将输入的训练样本按最近邻规则分组。按照 x_p 与中心 c_i 之间的欧式距离将 x_p 分配到输入样本的各个聚类集合 $v_p(p=1,2,\cdots,P)$中。

(3) 重新调整聚类中心。计算各个聚类集合 v_p 中训练样本的平均值，即新的聚类中心 c_i；如果新的聚类中心不再发生变化，则所得到的 c_i 即为 RBF 神经网络最终的基函数中心，否则返回步骤（2），重新求解中心。

(4) 求解方差 σ_i。若 RBF 神经网络的基函数为高斯函数，因此方差 σ_i 的求解式如下：

$$\sigma_i=\frac{c_{\max}}{\sqrt{2h}} \tag{2-49}$$

式中　$c_{\max}$——所选取中心之间的最大距离。

(5) 计算隐含层和输出层之间的权值。隐含层至输出层之间神经元的连接权值 ω 可以用最小二乘法直接计算得到，计算式如下：

$$\omega=\exp\left(\frac{h}{c_{\max}^2}\|x_p-c_i\|^2\right) \tag{2-50}$$

5. Hopfield 算法

Hopfield 是一种递归神经网络模型，网络学习的过程也是权值调整的过程。Hopfield 神经网络可以分为离散 Hopfield 神经网络和连续 Hopfield 神经网络，如图 2-13 所示。下面介绍这两种神经网络的学习规则。

图 2-13 中，○表示神经元；$W_i(i=1,2,3,\cdots,n)$表示连续性 Hopfield 神经网络的权值向量；$w_{ij}(i,j=1,2,3,\cdots,n)$表示离散型 Hopfild 神经网络元间连接权值；$R_{i0}(i=1,2,3,\cdots,n)$表示第 i 个电阻元件；$C_i(i=1,2,3,\cdots,n)$表示第 i 个电容元件；$U_i(i=1,2,3,\cdots,n)$表示输入电压；$f(\cdot)$ 表示神经元激励阈值函数；$V_i(i=1,2,3,\cdots,n)$表示输出

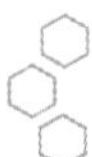

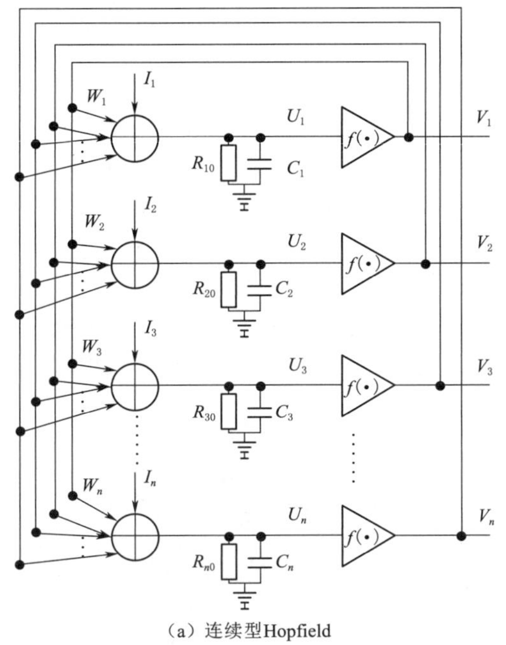

（a）连续型Hopfield

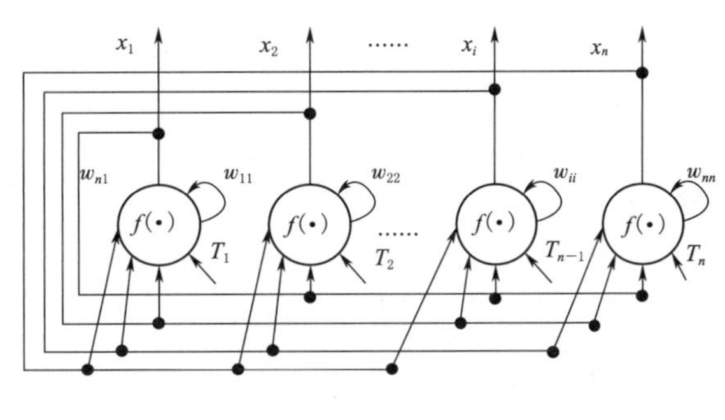

（b）离散型Hopfield

图 2-13　Hopfield 神经网络

电压；$T_i(i=1,2,3,\cdots,n)$表示神经元输出。

（1）离散型 Hopfield 网络。离散型 Hopfield 网络又称为二值型 Hopfield 网络，只有一个神经元层。每个神经元有抑制和兴奋两个可能的状态，一般用 0 和 1 或 -1 和 1 来分别表示。网络第 i 个神经元在 k 时刻的状态和输出分别为：

$$Net_i(k)=\sum_{j=1}^{N}w_{ij}x_j(k)+T_i \tag{2-51}$$

$$x_j(k+1)=f[Net_i(k)] \tag{2-52}$$

式中　T_i——外部输入；

x_j——神经元输出；

Net_i——神经元自身状态；

$f(\cdot)$——神经元兴奋阈值函数；

w_{ij}——节点 i 和 j 之间的连接权值。

离散型 Hopfield 网络的学习算法主要采样 Hebb 规则，即学习过程中调节两个节点之间的连接权值 w_{ij} 时，若 i 与 j 同时处于兴奋状态，则强化它们之间的连接强度，Δw_{ij} 计算式如下：

$$\Delta w_{ij}=\eta x_i x_j \tag{2-53}$$

式中　η——强化系数，且 $\eta>0$。

关于离散 Hopfield 网络的状态问题，若设网络节点数为 n，则根据网络的二值性可知其状态有 2^n 种，每个时刻网络处于其中的一种状态，节点间状态更新过程只有三种，即 0（或 -1）→1、1→0（或 -1）和状态保持，状态间演化采用随机性异步更新策略，且各个神经元节点具有相同的变化概率。当某节点状态满足变化条件时，网络状态则以某一概率转移到另一状态；当某节点状态不满足变化条件时，则继续保持前一时刻的状态。一般情况下，给定网络的权值和阈值，即可确定网络的状态转移序列。下面举例说明离散 Hopfield 网络的状态转移关系。

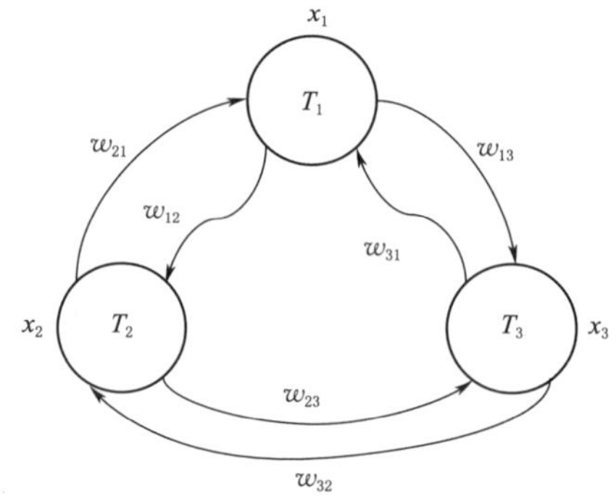

图 2 - 14　3 节点 Hopfield 网络

【例 2 - 11】 设 3 节点 Hopfield 网络如图 2 - 14 所示，网络初始状态为 $X=(x_1x_2x_3)=(000)$，权值与阈值分别为 $w_{12}=w_{21}=-0.3$，$w_{13}=w_{31}=0.4$，$w_{23}=w_{32}=0.5$，$T_1=0.2$，$T_2=T_3=0.0$，计算其状态转移关系。

解　首先计算 x_1 节点的状态变化情况，计算过程如下：

$$Net_1(0)=\sum_{j=1}^{3}w_{1j}x_j(0)+T_1=(-0.3)\times 0.0+0.4\times 0.0+0.2=0.2>0$$

由此可知，x_1 节点状态兴奋，由 0→1，此时网络状态由 000→111，转移概率为 1/3。同理其他两个节点也以等概率发生状态变化，计算如下：

$$Net_2(0)=\sum_{j=1}^{3}w_{2j}x_j(0)+T_2=(-0.3)\times 0.0+0.5\times 0.0+0.0=0.0=0$$

$$Net_3(0)=\sum_{j=1}^{3}w_{3j}x_j(0)+T_3=0.4\times 0.0+0.5\times 0.0+0.0=0.0=0$$

由此可见，节点 x_2、x_3 状态保持不变。同理可以继续计算网络的状态转移，最后得到网络的稳定状态（011），该网络从任意一个初始状态经多次更新后均能到达此稳态。

（2）连续型 Hopfield 网络。对于具有 N 个神经元的连续型 Hopfield 网络模型，第 i 个神经元的状态 x_i 满足下式给出的变化规律：

$$c_i\frac{\mathrm{d}x_i}{\mathrm{d}t}=\sum_i w_{ji}U_i-\frac{x_i}{R_i}+I_i(i=1,2,\cdots,N) \tag{2-54}$$

式中　x_i——神经元 i 的状态；

c_i——常数且大于 0；

R_i——常数且大于 0；

I_i——外部输入；

U_i——神经元 i 的输出。

2.3　逻　辑　推　理

所谓推理，是指人们在做决策时，从初始数据或信息出发，按照经验或策略运用已知的知识、原理、规则等，逐步推导出新结论的过程。从不同角度，推理可以划分为不同的类别，如按推理的路径可将其分为演绎推理和归纳推理等，不同的分类结果间也存在彼此交叉。此处，按推理时所用知识的确定性与否来划分，分为确定性推理和不确定推理两类来分析。

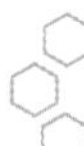

2.3.1 确定性推理

1. 搜索策略

确定性推理是指推理逻辑的前件和后件均属于确定性内容，即所用知识和证据为确定的，推导得到的结论也是确定的，即结论非真即假，无模糊性，不存在中间状态。

一般而言，人工智能要解决的大部分问题不具备明确的解题方法，这类问题比较适合用搜索方法解决。搜索策略所依据的数据结构可以概括为“一图两表”，即问题图、OPEN 表和 CLOSED 表，其中 OPEN 表存放已访问但未拓展节点，常用数据结构见表 2－4；CLOSED 表存放已拓展节点，常用数据结构见表 2－5。

表 2－4　OPEN 表数据结构

节　点	父节点编号

表 2－5　CLOSED 表数据结构

编　号	节　点	父节点编号

从算法角度分析，图搜索推理的过程可描述如下：

（1）首先生成一个搜索图，规定图中的每个节点都有一个指向其父节点的指针，此时图中只有搜索起始节点 S，且 S 的指针设为空（特殊值），将 S 列入 OPEN 表中。

（2）接着建立节点表 CLOSED，初始化该表为空，即无节点。

（3）执行搜索循环。先判断 OPEN 表是否为空，若为空，则失败退出，无满足条件的解。若不为空，继续如下搜索操作：

1）选取 OPEN 表中第一个节点，将其移出并列入 CLOSED 表中，设为节点 n。

2）判断 n 是否为目标节点，若是则搜索得解，成功退出，此时解为图 G 中由节点 n 沿指针方向回溯至 S 而形成的节点路径；若 n 不是目标节点，则继续下一步 3)。

3）搜索 n 的后继节点，构建新的节点集合 M。此时 M 集合中节点的父节点的确定分以下三种情况：

a. 未曾在 G 中出现过的节点，设定其父节点指针指向 n 并将其列加至 OPEN 表。

b. 已在 OPEN 或 CLOSED 表中出现过的节点，确定是否需要更改其父节点为 n。

c. 已在 CLOSED 表中的每个节点，若修改了其父节点，则将其从 CLOSED 表中移出，重新加入 OPEN 表中。

4）重新排列 OPEN 表中节点。

（4）回至步骤（3），重新执行下一个循环，直至满足结束条件。

搜索流程如图 2－15 所示。

下面分析两种常用的最短路径搜索算法。

2. Dijkstra 算法

迪杰斯特拉（Dijkstra）算法是典型的最短路径搜索算法，用于求取从起始点至其他所有节点最短路径，但不适用于解决存在负权边的图。算法采用了贪心思想，每次都查找与上一点距离最近的点，具体描述为：无向图 $G=(V,E)$ 中，假设每条边 $E(i)$ 的长度（或权值）为 $w(i)$，搜索由顶点 V_s 到图中其余节点的最短路径。增设两个集合 S 和 U，其中 S 用于存储已求出最短路径的顶点及对应的最短路径长度，U 用于存储尚未求出

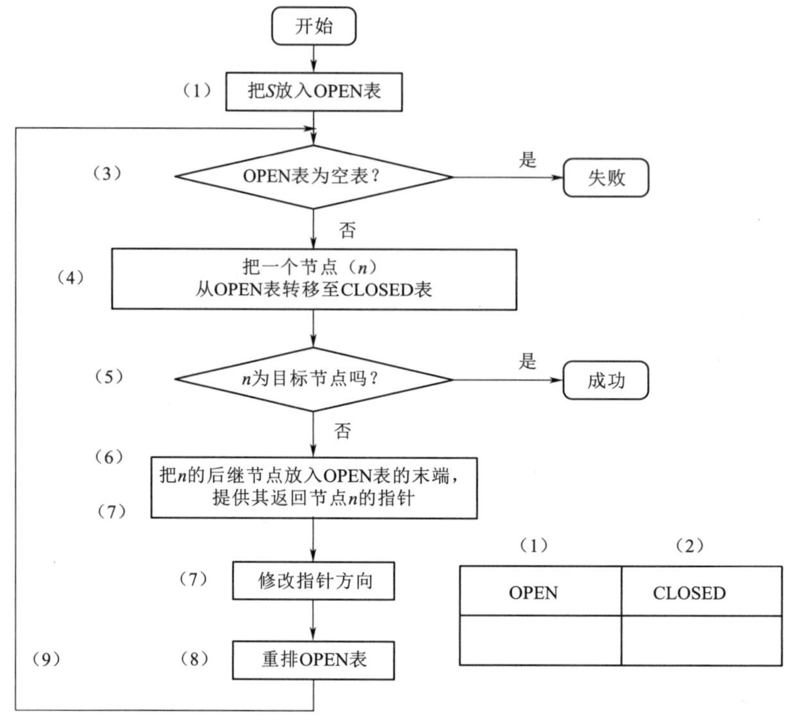

图 2 - 15　搜索流程

的最短路径顶点以及该顶点至起点 V_s 的距离。

算法步骤描述如下：

(1) 初始时，S 集合中只包含源节点，即 $S=\{V_s\}$，且 V_s 至自身节点的距离为 0；集合 U 则包含除 V_s 外的其他顶点，即 $U=\{V-V_s\}$，设 $u\in U$，若 u 与 V_s 无邻接关系，则其对应权值为∞。

(2) 按一定算法，从集合 U 中选取一个距离 V_s 最小的顶点 k，把 k 加入 S 中（该选定的距离就是 V_s 到 k 的最短路径长度 $L_{\min}$）。

(3) 递进搜索，以 k 为新起始点，修改 U 中各顶点间的距离；若从源点 V_s 到顶点 u 的距离（经过顶点 k）比原来距离（不经过顶点 k）短，则修改顶点 u 的距离值 $dist$，即 $dist[u]=L_{\min}(dist[u], L_{\min}+w[k][u])$。

(4) 重复步骤（2）和步骤（3）直到所有顶点都包含在 S 中。

3. A* 算法

A* 算法作为 Dijkstra 算法的扩展，因其高效性已广泛应用于涉及寻路及图的遍历算法系统中，如星际争霸等游戏。

(1) 专业术语。

1) 搜索区域（The Search Area）。图中的搜索区域被划分为二维数组，数组每个元素对应一个小方格，当然也可以将区域等分为五角星、矩形等，通常将一个单位的中心点称之为搜索区域节点（Node）。

2) 列表（List）。将路径规划过程中待检测的节点存放于 Open List 中，而已检测过

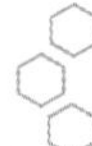

的节点则存放于 Close List 中。

3）父节点（Parent）。在路径规划中用于回溯的节点，可考虑为双向链表结构中的父结点指针。

4）路径排序（Path Sorting）。节点移动方向由以下公式确定：$F(n)=G+H$，其中 G 代表的是从初始位置 A 沿着已生成的路径到指定待检测节点的移动代价，H 指定待测节点到目标节点 B 的估计移动代价。

5）启发函数（Heuristics Function）。H 为启发函数，由于在找到唯一路径前，不确定后续会出现何种障碍物，因此一般采用 H 算法。简化模型中，H 一般采用曼哈顿距离（Manhattan Distance），即横纵向走行距离之和。

（2）算法。

A* 算法核心即为计算 F 值，具体算法描述如下：

1）把起点加入 Open List 中。

2）重复如下过程：

a. 遍历 Open List，查找 F 值最小的节点，把它作为当前要处理的节点，然后移到 close list 中。

b. 对当前节点的相邻节点逐次检查，如果其为不可抵达的或者在 Close List 中，则忽略之。否则，执行如下操作：

a）如果它不在 Open List 中，将其加入 Open List，且把当前节点设置为它的父节点。

b）如果它已经在 Open List 中，检查这条路径是否更小，如果更小，则把它的父节点设置为当前节点，并重新计算其 G 和 F 值。如果 Open List 是按 F 值排序的话，则重新排序。

c. 遇到下面两种情况之一，则停止搜索：

a）把终点加入到了 Open List 中，此时路径已经求得。

b）查找终点失败，并且 Open List 是空的，表明没有可行解路径。

3）从终点开始，每个节点沿着父节点移动直至起点，形成路径。

为了便于描述，一般在每个节点的左下角标注数字表示 $G(n)$，右下角标注数字表示 $H(n)$，左上角标注数字表示 $F(n)$。

下面以具体实例讲述 F 值计算方式。

【例 2-12】 分析图 2-16 中由绿色节点 S 到红色节点 E 的最短路径的 A* 寻优过程。

解 首先将 S 节点加入到 Open List 中；接着判断 Open List 不为空（有起始节点），E 节点不在 Open List 中；然后从 Open List 中取出 F 值最小的节点，此时，Open List 中只有绿色节点，所以将绿色节点取出，作为当前节点，并将其加入到 Close List 中。

计算 S 节点的相邻节点（暂不考虑斜方向移动），如图所示的所有灰色节点，并计算它们的 F 值。这些子节点既没有在 Open List 中，也没有在 Close List 中，所以都加入到 Open List 中，并设置它们的父节点为 S 节点。

以 S 节点右边的灰色节点为例，从 S 节点移动到该节点，只需 1 步，故 $G(n)=1$；移动到 E 节点需横向 2 步，竖向 1 步，共需 3 步，得 $H(n)=3$。根据曼哈顿式得 $F(n)=$

$G(n)+H(n)=4$；同理，计算其他灰色节点的 F 值，原图如图 2-16 所示。

继续选择 Open List 中 F 值最小的节点，此时最小节点有两个，F 值均为 4。按照右下左上的顺序选取，先选择 S 节点右边的节点为当前节点，并将其加入 Close List，该当前节点相邻 4 个节点中，有 1 个是黑色节点不可达，但 S 节点已加入 Close List，仅剩其上下两个相邻节点，分别计算其 F 值，并设置其父节点为黄色节点，一步寻优如图 2-17 所示。

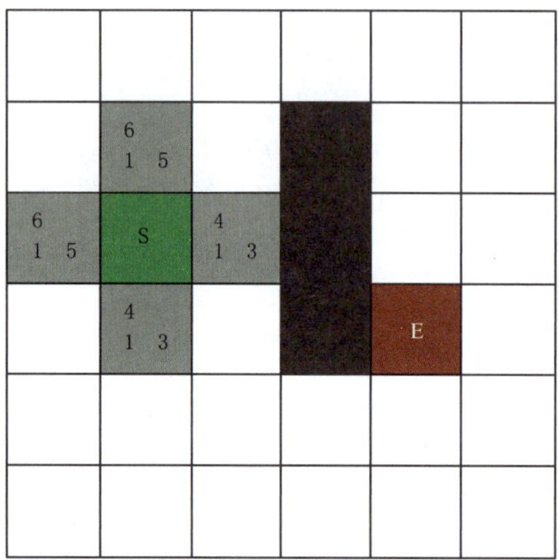

图 2-16　原图

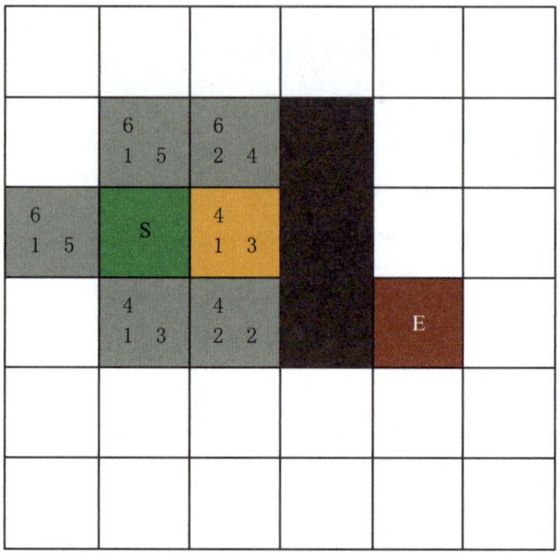

图 2-17　一步寻优

此时 Open List 中 F 值最小为 4，继续选取下方节点，二步寻优如图 2-18 所示，计算其相邻节点，其右侧是黑色节点，上方 1 号节点在 Close List。下方节点是新扩展的。分析左侧节点，三步寻优如图 2-19 所示，其已在 Open List 中。根据算法重新计算它的 F 值，按经过 2 号节点计算 $G(n)=3$，$H(n)$ 不变，所以 $F(n)=6$ 相比于原值变大，停止搜索。

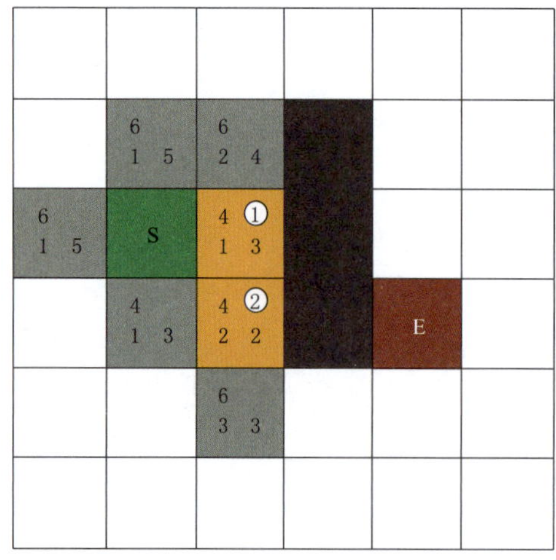

图 2-18　二步寻优

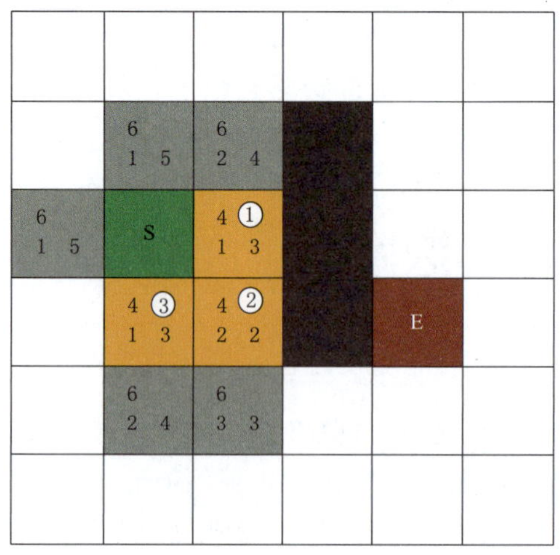

图 2-19　三步寻优

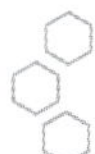

此时 Open List 中 F 值最小为 6，优先选取下方节点，四步寻优如图 2-20（a）所示；继续搜索，Open List 中 F 值最小为 6，优先选取右方节点，五步寻优如图 2-20（b）所示；继续搜索，Open List 中 F 值最小为 6，优先选取右方节点，六步寻优如图 2-20（c）所示；继续搜索，Open List 中 F 值最小为 6，优先选取右方节点，七步寻优如图 2-20（d）所示，至此，可知红色节点已被添加至 Open List，算法结束。

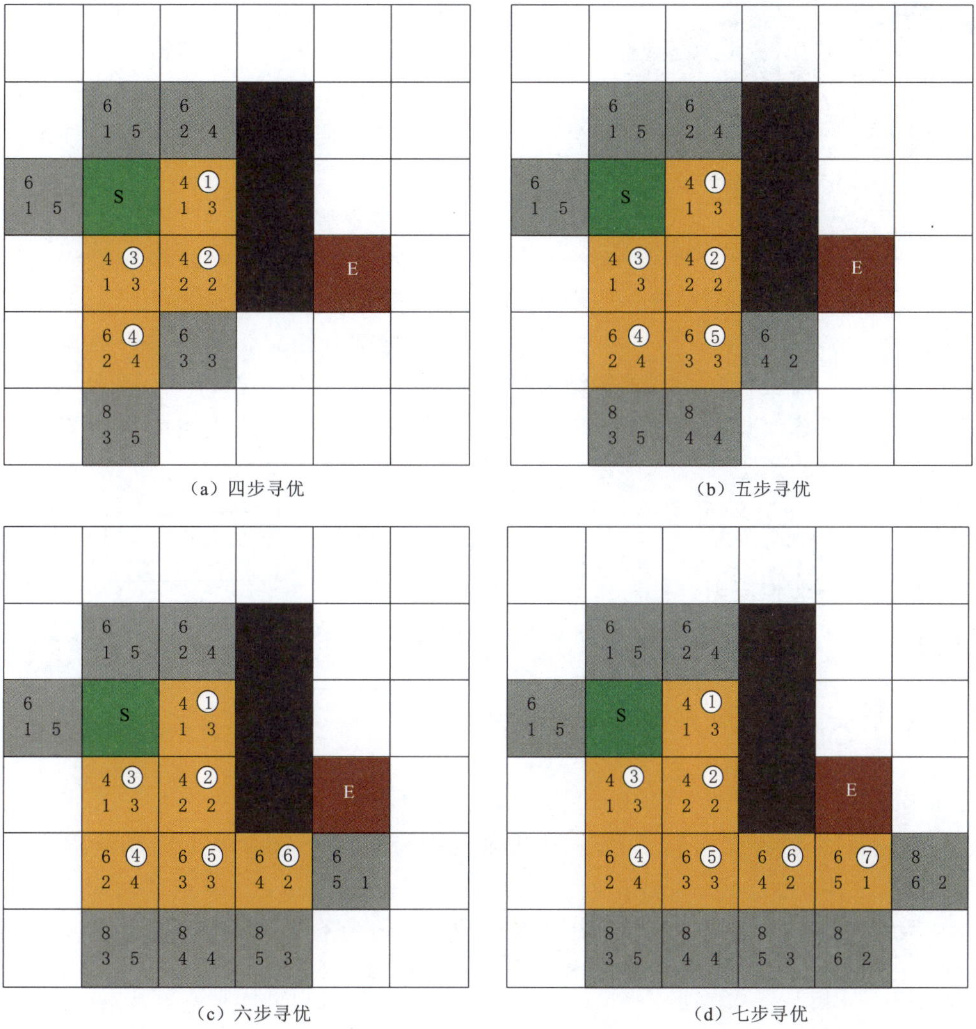

（a）四步寻优

（b）五步寻优

（c）六步寻优

（d）七步寻优

图 2-20　多步寻优过程

从红色节点开始逆推，其父节点为 7 号，7 号父节点为 6 号，6 号父节点为 5 号，5 号父节点为 2 号（注意此处 5 号的父节点是 2 号，因为 5 号是被 2 号加入到 Open List 中的，且一直未被更新），2 号父节点为 1 号，求得最短检索路径为：起点（S）-1-2-5-6-7-终点（E），最优路径结果如图 2-21 所示。

2.3.2　产生式推理

典型产生式系统组成如图 2-22 所示。系统中规则库为记录相应领域内产生式知识的

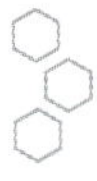

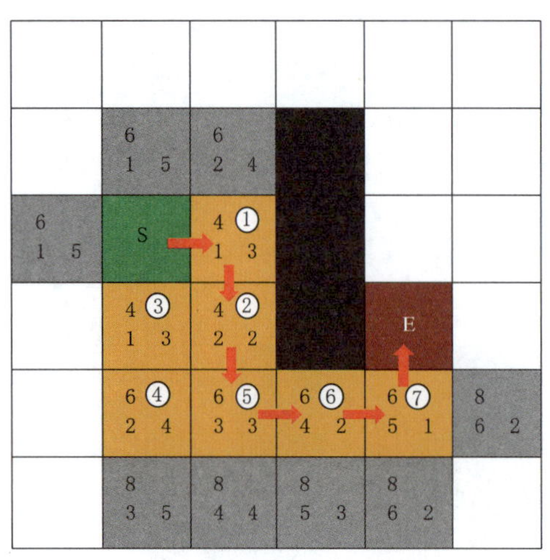

图2-21　最优路径结果

集合；综合数据库用于存放问题求解过程中各种当前信息的数据结构；推理机由一组程序组成，负责整个产生式系统的运行，实现对问题的求解。

产生式系统的推理过程分为正向推理、逆向推理和双向推理三种。正向推理为从事实（或数据）出发，推导结论（或目标）的过程；逆向推理则属于从结论（或目标）推导事实或数据的过程；双向推理则为两种推理模式的组合。

1. 正向推理

（1）推理开始前，把用户提供的初始证据放入综合数据库。

（2）推理开始后，检查综合数据库中是否包含了问题的解，若已包含，则求解结束，并成功退出；否则，执行下一步（3）。

（3）检查知识库（即规则库）中是否有可用知识，若有，形成当前可用知识集，执行（4）；否则转（5）。

（4）按照某种冲突消解策略，从当前可用知识集中选出一条知识进行推理，并将推理出的新事实加入综合数据库中，然后转（2）。

（5）询问用户是否可以进一步补充新的事实，若可补充，则将补充的新事实加入综合数据库中，然后转（3）；否则表示无解，失败退出。

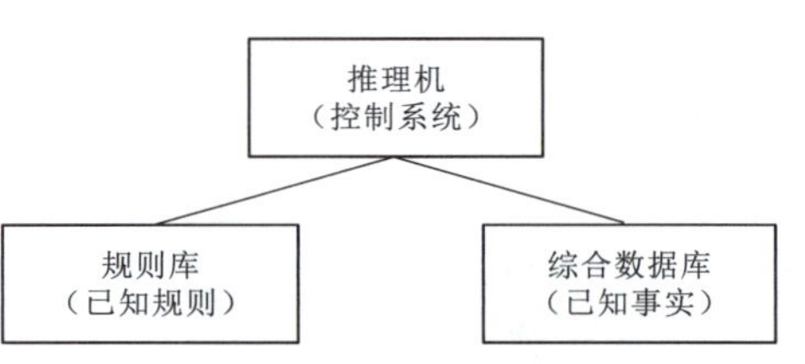

图2-22　典型产生式系统组成

2. 逆向推理

（1）将问题的初始证据和待求证的目标（称为假设）分别置入综合数据库和假设集中。

（2）从假设集中选出一项假设，检查该假设是否在综合数据库中。若在，则该假设成立。此时，若假设集为空，则成功退出；否则，仍执行（2）。若该假设不在数据库中，则执行（3）。

（3）检查该假设是否可由知识库的某个知识导出。若不能由某个知识导出，则询问用户该假设是否为可由用户证实的原始事实，若是则该假设成立，并将其放入综合数据库，再重新寻找新的假设；若不是，则转（5）；若能由某个知识导出，则执行（4）。

（4）将知识库中可以导出该假设的所有知识构成一个可用知识集。

（5）检查可用知识集是否为空，若空，失败退出；否则，执行（6）。

（6）按冲突消解策略从可用知识集中取出一条知识，继续执行（7）。常见的冲突消解策略有优先级法（优先级高者优先）、可信度法（可信度高者优先）、代价法（代价低

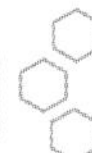

者优先），以及自然顺序法。

（7）将该知识前提中的每个子条件都作为新的假设放入假设集，转（2），继续循环，直至满足停止条件。

3. 推理实例

【例 2-13】 以动物分类问题的产生式描述加以说明。设有老虎、金钱豹、长颈鹿三类动物的规则库见表 2-6，根据表 2-7 给出的实例事实，判别其为哪种动物。

表 2-6　　动物规则库

规则编号	规则内容	规则编号	规则内容
r1	若某动物有奶，则它是哺乳动物	r9	若某动物是食肉动物且黄褐色且有黑色条纹，则它是老虎
r2	若某动物有毛发，则它是哺乳动物	r10	若某动物是食肉动物且黄褐色且有黑色斑点，则它是金钱豹
r3	若某动物有羽毛，则它是鸟	r11	若某动物是有蹄动物且长腿且长脖子且黄褐色且有暗斑点，它是长颈鹿
r4	若某动物会飞且生蛋，则它是鸟	r12	若某动物是有蹄动物且白色且有黑色条纹，则它是斑马
r5	若某动物是哺乳动物且有爪且有犬齿且目盯前方，则它是食肉动物	r13	若某动物是鸟且不会飞且长腿且长脖子且黑白色，则它是鸵鸟
r6	若某动物是哺乳动物且吃肉，则它是食肉动物	r14	若某动物是鸟且不会飞且会游泳且黑白色，则它是企鹅
r7	若某动物是哺乳动物且有蹄，则它是有蹄动物	r15	若某动物是鸟且善飞且不怕风浪，则它是海燕
r8	若某动物是有蹄动物且反刍食物，则它是偶蹄动物		

表 2-7　　实例事实

事实编号	事实内容	事实编号	事实内容
f1	动物有毛发	f3	黄褐色
f2	吃肉	f4	有黑色底纹

解　该题正向推理和反向推理思路及结果分别如下：

（1）正向推理过程如图 2-23 所示，即为自底向上的推理过程。

（2）反向推理过程如图 2-24 所示，即为自顶向下的分析过程。

2.3.3 模糊逻辑推理

模糊逻辑推理是典型的不确定性推理。

1. 模糊命题

语句是构成语言的基本单位，命题是反映事物情况的思维形态，判断是对事物状态断定的命题。在二值逻辑中，只有“真”和“假”两种结论。但现实世界中的事物并非

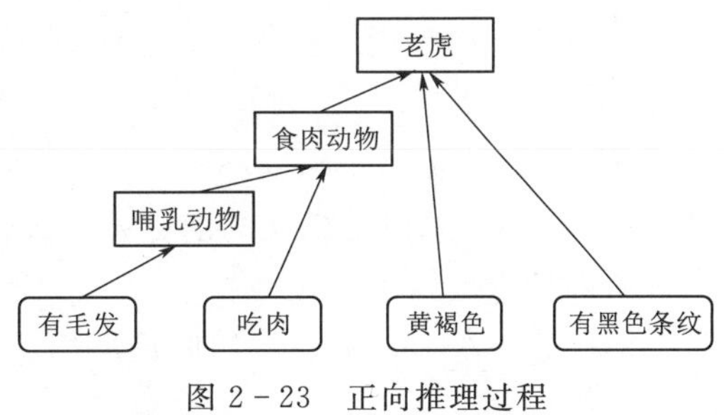

图 2-23　正向推理过程

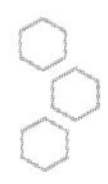

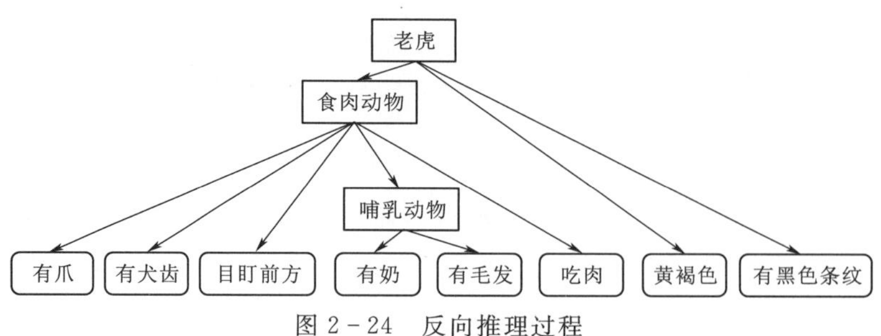

图 2-24 反向推理过程

都能用二值逻辑描述。如，"这辆车很智能""这个人很诚实"等语句中的"很智能""很诚实"带有较强的模糊性。凡是含有模糊概念或带有模糊性的陈述句，称之为模糊命题。模糊命题的真值从二值逻辑中的集合｛0，1｝扩展至区间［0，1］，模糊程度用隶属度函数来表征。

由简单命题构成复合模糊命题时，常用以下五种连接词：取非（否定，符号—）、析取（或，符号∨）、合取（且，符号∧）、蕴含（如果…，那么，符号→或○）、等价（互相蕴含，符号↔）。

以下假设 $A(a)$、$B(b)$、$U(u)$ 均为模糊命题，分析几类常见的蕴含运算法则。

（1）"若 A，则 U"蕴含。蕴含关系"若 A，则 U"，表示"如果 a 是 A，则 u 是 U"的推理过程，其推理形成的模糊蕴含关系真值的算法见表 2-8。

表 2-8　　模糊蕴含关系真值的算法

模糊蕴含关系算法名称	计算模糊蕴含关系真值的公式
Zadeh 算法	$R(a,u)=(A\to U)(a,u)=\max\{[1-A(a)],\min[A(a),U(u)]\}=[1-A(a)]\vee[A(a)\wedge U(u)]$
Mamdani 算法	$R(a,u)=(A\to U)(a,u)=\min[A(a),U(u)]=A(a)\wedge U(u)$
Larsen 算法	$R(a,u)=(A\to U)(a,u)=A(a)*U(u)$
有界和算法	$R(a,u)=(A\to U)(a,u)=1\wedge[A(a)+U(u)]=\min[1,A(a)+U(u)]$
Mizumoto-s 算法	$R(a,u)=(A\to U)(a,u)=\begin{cases}1 & A(a)\leqslant U(u)\\0 & A(a)>U(u)\end{cases}$
Mizumoto-g 算法	$R(a,u)=(A\to U)(a,u)=\begin{cases}1 & A(a)\leqslant U(u)\\U(u) & A(a)>U(u)\end{cases}$

分析表 2-11 中 Zadeh 和 Mamdani 两种算法，可知对 Zadeh 算法 $R(a,u)=(1-A(a))\vee(A(a)\wedge U(u))$，如果省略（$1-A(a)$）项，即为 Mamdani 算法 $R(a,u)=A(a)\wedge U(u)$。可见，Zadeh 公式中（$1-A(a)$）项作用较弱，可以忽略，主要原因在于若 A（a）较小，原命题成立的前提条件过弱；反之若 $A(a)$较大，（$1-A(a)$）项作用则较小，不影响推理结果。

一般而言，$A(a)$ 和 $U(u)$ 的论域均可取离散、连续情况，而不同情况组合对具体执行蕴含操作略有不同。下面分别简述之：

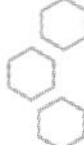

1）若 $A(a)$ 和 $U(u)$ 的均为离散论域中的模糊子集。设论域 $\tilde{A}=(a_1,a_2,\cdots,a_m)$，$A\in F(\tilde{A})$，论域 $\tilde{U}=(u_1,u_2,\cdots,u_m)$，$U\in F(\tilde{U})$，则得 $A(a)=(A(a_1),A(a_2),\cdots,A(a_m))$ 和 $U(u)=(U(u_1),U(u_2),\cdots,U(u_n))$，则 Mamdani 算法执行步骤如下：

a. 行向量 A（a）进行转置操作，得到列向量 $A^{\mathrm{T}}(a)$。

b. $A^{\mathrm{T}}(a)$ 中元素逐行与 $U(u)$ 中元素"取小"操作，运算过程如下：

$$R(a,u)=A(a)\wedge U(u)=\begin{bmatrix}A(a_1)\\A(a_2)\\\vdots\\A(a_m)\end{bmatrix}\begin{bmatrix}U(u_1) & U(u_2) & \cdots & U(u_n)\end{bmatrix}$$

$$=\begin{bmatrix}A(a_1)\wedge U(u_1) & A(a_1)\wedge U(u_2) & \cdots & A(a_1)\wedge U(u_n)\\A(a_2)\wedge U(u_1) & A(a_2)\wedge U(u_2) & \cdots & A(a_2)\wedge U(u_n)\\\vdots & \vdots & \ddots & \vdots\\A(a_m)\wedge U(u_1) & A(a_m)\wedge U(u_2) & \cdots & A(a_m)\wedge U(u_n)\end{bmatrix}\qquad(2-55)$$

2）若 $A(a)$ 属于离散论域中的模糊子集，$U(u)$ 属于连续论域。令 $U\in F(N)$，N 为连续实数且 $u\in N$，此时模糊关系 $R(a,u)=A(a_i)\wedge U(u)$ 表示模糊数值 $A(a_i)$ 和模糊子集 $U(u)$ 之间的数积。

3）若 $A(a)$ 和 $U(u)$ 的均为连续论域中的模糊子集。此种情况下，$R(a,u)=A(a)\wedge U(u)$，即分别取 A 和 U 中的两个元素 a 和 u，取隶属度 $A(a)$ 和 $U(u)$ 较小者作为模糊关系的元素。此时，与第一种情况的区别在于其模糊关系为连续值。

【例 2-14】 设驾驶员在跟驰过程中，根据与前车之间的距离改变车速。已知车辆间距论域为 $X=[0\quad 20\quad 40\quad 60\quad 80\quad 100]$，跟驰车速度论域 $Y=[10\quad 20\quad 40\quad 60\quad 80]$，其模糊子集分别为

$$\{间距大\}=\tilde{X}\in F(X),\tilde{X}=\frac{0.15}{20}+\frac{0.25}{40}+\frac{0.65}{60}+\frac{0.85}{80}+\frac{1.0}{100}$$

$$\{速度高\}=\tilde{Y}\in F(Y),\tilde{Y}=\frac{0.1}{10}+\frac{0.3}{20}+\frac{0.6}{40}+\frac{0.8}{60}+\frac{1.0}{80}$$

用 Mamdani 算法求出模糊命题"若间距大，则速度高"的模糊蕴含关系 R。

解 先将 $\tilde{X}$ 和 $\tilde{Y}$ 分别表示为向量，即 $\tilde{X}(x)=(0\quad 0.15\quad 0.25\quad 0.65\quad 0.85\quad 1.0)$，$\tilde{Y}(y)=(0.1\quad 0.3\quad 0.6\quad 0.8\quad 1.0)$。

根据蕴含关系计算公式，$R(x,y)=\tilde{X}(x)^{\mathrm{T}}\circ\tilde{Y}(y)$ 得到

$$R(x,y)=(0\quad 0.15\quad 0.25\quad 0.65\quad 0.85\quad 1.0)^{\mathrm{T}}\wedge(0.1\quad 0.3\quad 0.6\quad 0.8\quad 1.0)$$

$$R(x,y)=\begin{bmatrix}0 & 0 & 0 & 0 & 0\\0.1 & 0.15 & 0.15 & 0.15 & 0.15\\0.1 & 0.25 & 0.25 & 0.25 & 0.25\\0.1 & 0.3 & 0.6 & 0.65 & 0.65\\0.1 & 0.3 & 0.6 & 0.8 & 0.85\\0.1 & 0.3 & 0.6 & 0.8 & 1.0\end{bmatrix}$$

(2) "若 A 且 B，则 U" 蕴含。模糊命题 $A(a)\wedge B(b)\rightarrow U(u)$ 的推理算法也有 Zadeh 和 Mamdani 两种算法。

Zadeh 算法蕴含：$R(a,b,u)=((1-A(a))\vee(1-B(b)))\vee(A(a)\wedge B(b)\wedge U(u))$。

Mamdani 算法蕴含：$R(a,b,u)=A(a)\wedge B(b)\wedge U(u)$。

针对 Mamdani 算法，再分如下两种情况进行讨论：

1) 若 A，B，U 均为有限离散论域中的模糊集合。假设论域 $\widetilde{B}=(b_1,b_2,\cdots,b_p)$，$B\in F(\widetilde{B})$，根据 Mamdani 算法，$R(a,b,u)_{(m\times p)\times n}$ 为$(m\times p)\times n$ 维模糊矩阵，其计算方法如下：

a. 计算 $AB(a,b)=A(a)\wedge B(b)$ 的公式如下：

$$AB(a,b)=A(a)\wedge B(b)=\begin{bmatrix}A(a_1)\\A(a_2)\\\vdots\\A(a_m)\end{bmatrix}\circ\begin{bmatrix}B(b_1) & B(b_2) & \cdots & B(b_p)\end{bmatrix}$$

$$=\begin{bmatrix}A(a_1)\wedge B(b_1) & A(a_1)\wedge B(b_2) & \cdots & A(a_1)\wedge B(b_p)\\A(a_2)\wedge B(b_1) & A(a_2)\wedge B(b_2) & \cdots & A(a_2)\wedge B(b_p)\\\vdots & \vdots & \ddots & \vdots\\A(a_m)\wedge B(b_1) & A(a_m)\wedge B(b_2) & \cdots & A(a_m)\wedge B(b_p)\end{bmatrix}\tag{2-56}$$

b. 继续依据 Mamdani 算法，计算 $R(a,b,u)=AB(a,b)\circ U(u)$，具体公式如下：

$$R(a,b,u)=AB(a,b)\circ U(u)=\begin{bmatrix}A(a_1)\wedge B(b_1)\\\vdots\\A(a_1)\wedge B(b_p)\\A(a_2)\wedge B(b_1)\\\vdots\\A(a_2)\wedge B(b_p)\\\vdots\\A(a_m)\wedge B(b_1)\\\vdots\\A(a_m)\wedge B(b_p)\end{bmatrix}\circ\begin{bmatrix}U(u_1) & U(u_2) & \cdots & U(u_n)\end{bmatrix}$$

$$=\begin{bmatrix}A(a_1)\wedge B(b_1)\wedge U(u_1) & A(a_1)\wedge B(b_1)\wedge U(u_2) & \cdots & A(a_1)\wedge B(b_1)\wedge U(u_n)\\\vdots & \vdots & \vdots & \vdots\\A(a_1)\wedge B(b_p)\wedge U(u_1) & A(a_1)\wedge B(b_p)\wedge U(u_2) & \cdots & A(a_1)\wedge B(b_p)\wedge U(u_n)\\A(a_2)\wedge B(b_2)\wedge U(u_1) & A(a_2)\wedge B(b_2)\wedge U(u_2) & \cdots & A(a_2)\wedge B(b_2)\wedge U(u_n)\\\vdots & \vdots & \vdots & \vdots\\A(a_2)\wedge B(b_p)\wedge U(u_1) & A(a_2)\wedge B(b_p)\wedge U(u_2) & \cdots & A(a_2)\wedge B(b_p)\wedge U(u_n)\\\vdots & \vdots & \vdots & \vdots\\A(a_m)\wedge B(b_1)\wedge U(u_1) & A(a_m)\wedge B(b_1)\wedge U(u_2) & \cdots & A(a_m)\wedge B(b_1)\wedge U(u_n)\\\vdots & \vdots & \vdots & \vdots\\A(a_m)\wedge B(b_p)\wedge U(u_1) & A(a_m)\wedge B(b_p)\wedge U(u_2) & \cdots & A(a_m)\wedge B(b_p)\wedge U(u_n)\end{bmatrix}\tag{2-57}$$

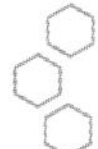

下面通过例子分析一下 Mamdani 推理的过程。

【例 2-15】 设有论域 $X=\{a_1,a_2,a_3\}$，$Y=\{b_1,b_2,b_3\}$，$Z=\{c_1,c_2,c_3\}$。已知模糊集合的隶属度函数分别为：$A(a)=\frac{0.3}{a_1}+\frac{1.0}{a_2}+\frac{0.2}{a_3}$，$B(b)=\frac{0.2}{b_1}+\frac{1.0}{b_2}+\frac{0.5}{b_3}$，$C(c)=\frac{0.4}{c_1}+\frac{0.6}{c_2}+\frac{1.0}{c_3}$。试求解“if A and B then C”对应的模糊关系 R，并求解 $A_1(a)=\frac{1.0}{a_1}+\frac{0.5}{a_2}+\frac{0.2}{a_3}$，$B_1(b)=\frac{0.1}{b_1}+\frac{1.0}{b_2}+\frac{0.5}{b_3}$时输出 $C_1(c)$。

解 采用模糊矩阵合成推理算法，得到

$$D(a,b)=A(a)\wedge B(b)=A(a)^{\mathrm{T}}\circ B(b)=\begin{bmatrix}0.3\\1.0\\0.2\end{bmatrix}\circ\begin{bmatrix}0.2 & 1.0 & 0.5\end{bmatrix}=\begin{bmatrix}0.2 & 0.3 & 0.3\\0.2 & 1.0 & 0.5\\0.2 & 0.2 & 0.2\end{bmatrix}$$

$$\begin{aligned}R(a,b,c)&=D(a,b)^{\mathrm{T}}\circ C(c)\\&=\begin{bmatrix}0.2 & 0.3 & 0.3 & 0.2 & 1.0 & 0.5 & 0.2 & 0.2 & 0.2\end{bmatrix}^{\mathrm{T}}\circ\begin{bmatrix}0.4 & 0.6 & 1.0\end{bmatrix}\\&=\begin{bmatrix}0.2 & 0.3 & 0.3 & 0.2 & 0.4 & 0.4 & 0.2 & 0.2 & 0.2\\0.2 & 0.3 & 0.3 & 0.2 & 0.6 & 0.5 & 0.2 & 0.2 & 0.2\\0.2 & 0.3 & 0.3 & 0.2 & 1.0 & 0.5 & 0.2 & 0.2 & 0.2\end{bmatrix}^{\mathrm{T}}\end{aligned}$$

当输入为 A_1 和 B_1 时，得到

$$D'(a,b)=A_1(a)\wedge B_1(b)=A_1(a)^{\mathrm{T}}\circ B_1(b)=\begin{bmatrix}1.0\\0.5\\0.2\end{bmatrix}\circ\begin{bmatrix}0.1 & 1.0 & 0.5\end{bmatrix}=\begin{bmatrix}0.1 & 1.0 & 0.5\\0.1 & 0.5 & 0.5\\0.1 & 0.2 & 0.2\end{bmatrix}$$

$$\begin{aligned}C_1(c)&=D'(a,b)\circ R\\&=\begin{bmatrix}1.0 & 1.0 & 0.5 & 0.5 & 0.5 & 0.5 & 0.2 & 0.2 & 0.2\end{bmatrix}\circ\\&\quad\begin{bmatrix}0.2 & 0.3 & 0.3 & 0.2 & 0.4 & 0.4 & 0.2 & 0.2 & 0.2\\0.2 & 0.3 & 0.3 & 0.2 & 0.6 & 0.5 & 0.2 & 0.2 & 0.2\\0.2 & 0.3 & 0.3 & 0.2 & 1.0 & 0.5 & 0.2 & 0.2 & 0.2\end{bmatrix}^{\mathrm{T}}\\&=\begin{bmatrix}0.4 & 0.5 & 0.5\end{bmatrix}\end{aligned}$$

即
$$C_1(c)=\frac{0.4}{c_1}+\frac{0.5}{c_2}+\frac{0.5}{c_3}$$

另外，给出上述推理过程的 M 脚本程序如下：

```
%%%%%模糊逻辑推理核心代码%%%%%%
A_Matrix=[0.3;1;0.2];%模糊矩阵 A_Matrix
B_Matrix=[0.2,1,0.5];%模糊矩阵 B_Matrix
C_Matrix=[0.4,0.6,1.0];%模糊矩阵 C_Matrix
[as,ad]=size(A_Matrix);%计算矩阵的规模/行列值
```

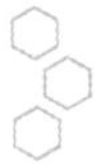


```
[bs,bd]=size(B_Matrix); %计算矩阵的规模/行列值
num=as * bd;%求矩阵直积规模/大小
%直积 A_Matrix and B_Matrix
for i=1:as
   for j=1:bd
       AB_Matrix(i,j)=min(A_Matrix(i),B_Matrix(j));%取小操作
   end
end
%AB_Matrix 矩阵转置,变为列向量
T1_Matrix=[];
for i=1:as
   T1_Matrix=[T1_Matrix;AB_Matrix(i,:)'];%'表示转置操作
end
T1_Matrix%显示转置后矩阵
%计算模糊关系矩阵 R
for i=1:num
   for j=1:as
       R(i,j)=min(T1_Matrix(i),C_Matrix(j));%取小操作
   end
end
R%显示模糊关系矩阵
A1_Matrix=[1,0.5,0.2];%新输入模糊矩阵 A1_Matrix
B1_Matrix=[0.1,1.0,0.5];%同上
for i=1:as
   for j=1:bd
       AB1_Matrix(i,j)=min(A1_Matrix(i),B1_Matrix(j)); %取小操作
   end
end
%AB1_Matrix 转换为行向量
T2_Matrix=[];
for i=1:as
   T2_Matrix=[T2_Matrix,AB1_Matrix(i,:)];
end
T2_Matrix %输出转置后的行向量
%计算输出结果 C1_Matrix
for i=1:num
   for j=1:as
       D(i,j)=min(T2_Matrix(i),R(i,j));
       C1_Matrix(j)=max(D(:,j));
   end
end
C1_Matrix%显示推理结果
```

程序输出结果如下：

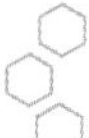

<table>
<tr><td>T1 =
0.2000
0.3000
0.3000
0.2000
1.0000
0.5000
0.2000
0.2000
0.2000</td><td>R =
0.2000 0.2000 0.2000
0.3000 0.3000 0.3000
0.3000 0.3000 0.3000
0.2000 0.2000 0.2000
0.4000 0.6000 1.0000
0.4000 0.5000 0.5000
0.2000 0.2000 0.2000
0.2000 0.2000 0.2000
0.2000 0.2000 0.2000</td></tr>
<tr><td>T2 =
0.1000 1.0000 0.5000
0.1000 0.5000 0.5000
0.1000 0.2000 0.20</td><td>C1 =
0.4000 0.5000 0.5000</td></tr>
</table>

2）若 A、B、U 均为有限离散论域中的模糊集合。因 A、B、U 均属连续论域，其真值表达式用数值和模糊矩阵的“数积”方法计算。设 $a_i \in a$，隶属度为 $A(a_i)$；$b_j \in b$，隶属度为 $B(b_j)$，则元素 a_i、b_j 和模糊子集 $U(u)$ 间的蕴含关系为：$R(a_i, b_j, u) = A(a_i) \wedge B(b_j) \wedge U(u) = (A(a_i) \wedge B(b_j)) \wedge U(u)$。

(3)“若 A 则 U_1，否则 U_2”蕴含。此类命题的蕴含可以拆解为两部分，一部分为“若 A 则 U_1”，另一部分为“若不是 A 则 U_2”，然后求两部分的并集，即 $R(a,u) = (A(a) \wedge U_1(u)) \vee (A^C(a) \wedge U_2(u))$。

2. 近似推理及合成法则

经典逻辑中的“三段论”由大前提、小前提和结论三部分组成，其中的概念、命题均为精确、清晰值。若把其中包含的精确概念和命题替换为模糊命题，则形成了模糊逻辑推理，也称似然推理。显然，模糊逻辑推理中大前提、小前提的真值为 0 至 1 之间的任意实数值。常用的几种近似推理规则合成算法见表 2-9。

3. T-S 型模糊推理

T-S 型模糊推理输出的是清晰值，或者是输入量的函数。T-S 型模糊推理系统中的函数 $f(x_1, x_2)$，使用的形式有多种。常用 T-S 推理分类见表 2-10。

其中，A_1、A_2 是模糊集合，参数 a、b、c、k 均为常数。

表 2-9　近似推理法则的合成算法

序号	复合运算名称	连续论域的表达式（输入量 $A, A^* \in F(X)$，输出量 $U, U^* \in F(Y)$，$R \in F(F \times Y)$）
1	取大-取小（扎德法）	$U^*(u) = (A^* \circ R)(a,u) = \bigvee_{a \in A} (A(a) \wedge R(a,u))$
2	取大-积	$U^*(u) = (A^* \circ R)(a,u) = \bigvee_{a \in A} (A(a) * R(a,u))$

续表

序号	复合运算名称	连续论域的表达式（输入量 $A, A^* \in F(X)$，输出量 $U, U^* \in F(Y)$，$R \in F(F \times Y)$）
3	取小-取大	$U^*(u) = (A^* \circ R)(a,u) = \bigwedge_{a \in A}(A(a) \vee R(a,u))$
4	取大-取大	$U^*(u) = (A^* \circ R)(a,u) = \bigvee_{a \in A}(A(a) \vee R(a,u))$
5	取小-取小	$U^*(u) = (A^* oR)(a,u) = \bigwedge_{a \in A}(A(a) \wedge R(a,u))$
6	取大-平均	$U^*(u) = (A^* \circ R)(a,u) = \frac{1}{2}\bigvee_{a \in A}(A(a) + R(a,u))$
7	和-积	$U^*(u) = (A^* \circ R)(a,u) = f\{\sum_{a \in A}(A(a) * R(a,u))\}$ $f\{\cdot\}$是取值限制在[0,1]上的逻辑函数

设系统可用 n 条模糊规则描述，第 i 条模糊规则的输出为 u_i，权值为 w_i。若某个输入激活了 m 条规则（$m \leqslant n$），则由此 m 个输出计算总输出的思路如下：

表 2 - 10　　常用 T-S 推理分类

模糊推理种类	推理规则
0 阶 T-S 型	*if* x_1 *is* A_1 *and* x_2 *is* A_2 *then* $u=k$
1 阶 T-S 型	*if* x_1 *is* A_1 *and* x_2 *is* A_2 *then* $u=a\,x_1+bx_2+c$

（1）计算每条规则的权重 w_i，常用取小法或乘积法两种，公式如下：

$$w_i = \bigwedge_{j \in \{R^i\}} A_j^i(x_j) \text{ 或 } w_i = \prod_{j \in \{R^i\}} A_j^i(x_j) \tag{2-58}$$

式中　R^i——被激活的规则。

（2）选择加权求和法或加权平均法，计算式（2 - 59）根据权值计算总输出。

$$U = \sum_{i=1}^{m} w_i u_i \text{或} U = \frac{\sum_{i=1}^{m} w_i u_i}{\sum_{i=1}^{m} w_i} \tag{2-59}$$

式中　U——总输出。

下面通过一个实例讲解 T - S 模糊推理。

【例 2 - 16】 某智能车车速决策控制系统中，描述它的三条 T - S 型模糊规则，分别为 R^1、R^2、R^3，具体描述如下：

R^1:if x_1 is f_1 and x_2 is f_3 then $y=2x_1+x_2$
R^2:if x_1 is f_2 then $y=2.5x_1$
R^3:if x_2 is f_4 then $y=3.5x_2$

隶属函数分别如下：$f_1(x)=1-x/12$；$f_2(x)=x/40$；$f_3(x)=1-x/9$；$f_4(x)=3x/50$；试求当 $x_1=10$，$x_2=6$ 时，输出 u 的值。

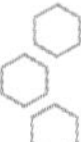

解 (1) 根据各条规则，计算输出。

对 R^1 规则，$f_1(10)=1-10/12=0.17$，$f_3(6)=1-6/9=0.33$，此时 $y_1=2x_1+x_2=26$。

对 R^2 规则，$f_2(10)=10/40=0.25$，此时 $y_2=2.5x_1=25$。

对 R^3 规则，$f_4(6)=18/50=0.36$，此时 $y_3=3.5x_2=21$。

(2) 计算每条模糊规则的权重（此处用取小法求权重）。

$w_1=f_1(10)\wedge f_3(6)=0.17\wedge 0.33=0.17; w_2=f_2(10)=0.25; w_3=f_4(6)=0.36$

(3) 计算总输出（此处用加权求和法）。

$$u=w_1y_1+w_2y_2+w_3y_3=0.17\times 26+0.25\times 25+0.36\times 21=18.23。$$

另外，读者可自行分析加权平均法计算总输出，并比较二者区别。

2.3.4 可拓云推理

1. *算法描述*

云模型可通过正向云与逆向云推理算法实现定性指标与定量指标任意转换。设定量论域 U，C 表示定性概念。C 中的一种可能性可由定量值 x 表示，令 $x\in U$，且 $\mu(x)\in[0,1]$ 表示 x 隶属于 C 的程度，如下式：

$$\mu: U\rightarrow[0,1] \quad \forall x\in U, x\rightarrow\mu(x) \tag{2-60}$$

C 由云模型转化为一个云滴，多个云滴构成云，每个云滴都可以被看作定性概念映射到数域空间 U 上的一个点。云模型由期望、熵、超熵元素构成，表示为（E_x，E_n，H_e）。正态云模型为常用的类型，其数学期望计算式如下：

$$C_T(x)=e^{\frac{-(x-E_x)^2}{2E_n^2}} \tag{2-61}$$

式中 E_x——云的重心位置期望，即定性概念的值；

E_n——定性概念的不确定性熵，E_n 越大，定性概念越含糊。

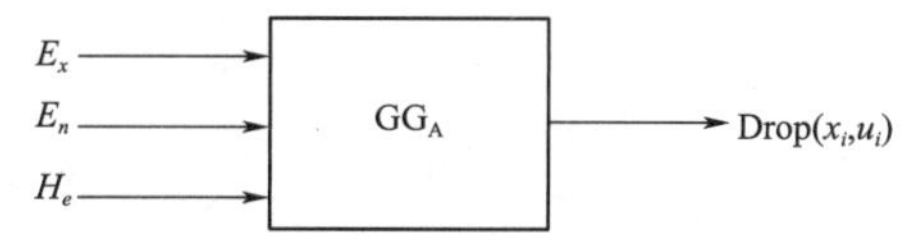

图 2-25 正向云发生器

GG_A—云发生器；Drop（x_i，u_i）—生成的云滴

正向云发生器如图 2-25 所示，图中的 H_e 为熵的不确定性程度即超熵，超熵与熵不确定性成正比。

设发生器输入为（E_x，E_n，H_e，n），则输出为

$$\{Drop[x_1,C_T(x_1)],Drop[x_2,C_T(x_2)],Drop[x_3,C_T(x_3)],\cdots,Drop[x_n,C_T(x_n)]\}$$

代入 E_n 和 H_e，计算得出正态随机数 E'_{ni} 为

$$E'_{ni}=normrnd(E_n,H_e) \tag{2-62}$$

将 E_x 和 E'_{ni} 代入式（2-63）即能够求得定量值 x_i：

$$x_i=normrnd(E_x,E'_{ni}) \tag{2-63}$$

式中 $normrnd$——随机生成函数。

将定量值 x_i 代入 $C_T(x)=e^{\frac{-(x-E_x)^2}{2E_n^2}}$ 计算隶属度，即可获得一个云滴 $Drop[x_i$，

$C_T(x_i)$]。将上述步骤重复运行 n 次，则生成由 n 个云滴汇聚的云图。

可拓云模型是将云模型与可拓学理论有机融合，用正态云模型（E_x，E_n，H_e）替代可拓学中的变量 V 得可拓云模型，即

$$R=\begin{bmatrix} N & C_1 & (E_{x1},E_{n1},H_{e1}) \\ & C_2 & (E_{x2},E_{n2},H_{e2}) \\ & C_3 & (E_{x3},E_{n3},H_{e3}) \\ & \vdots & \vdots \\ & C_n & (E_{xn},E_{nn},H_{en}) \end{bmatrix} \tag{2-64}$$

（1）确定待评物元。指标值如果可以定量表示，可选用一般物元表示式（2-65）计算出精确的量值。

$$R=\begin{bmatrix} N & C_1 & V_1 \\ & C_2 & V_2 \\ & C_3 & V_3 \\ & \vdots & \vdots \\ & C_n & V_n \end{bmatrix}=\begin{bmatrix} R_1 \\ R_2 \\ R_3 \\ \vdots \\ R_n \end{bmatrix} \tag{2-65}$$

式中 N——待评价事物；

V_n——N 关于 C_n 的具体数据。

当待评物元无法以具体指标值描述，且只能以自然语言值方式描述时，待评物元描述转化为形如（E_{xi}，E_{ni}，H_{ei}）(其中，$i=1$，2，…，n）的云表示，即定性表示方法，公式如下：

$$R=\begin{bmatrix} N & C_1 & (E_{x1},E_{n1},H_{e1}) \\ & C_2 & (E_{x2},E_{n2},H_{e2}) \\ & C_3 & (E_{x3},E_{n3},H_{e3}) \\ & \vdots & \vdots \\ & C_n & (E_{xn},E_{nn},H_{en}) \end{bmatrix}=\begin{bmatrix} R_1 \\ R_2 \\ R_3 \\ \vdots \\ R_n \end{bmatrix} \tag{2-66}$$

（2）确定安全等级界限云。设各指标每一安全等级的阈值范围为 $[X_{\min}, X_{\max}]$，则各指标安全等级界限云模型的期望值 E_x、熵 E_n、超熵 H_e 分别如式（2-67）～式(2-69)。

$$E_x=(X_{\min}+X_{\max})/2 \tag{2-67}$$

$$E_n=(X_{\max}-X_{\min})/6 \tag{2-68}$$

$$H_e=h \tag{2-69}$$

指标缺少某一边界限时，如 $[X_{\min}, +\infty)$ 或 $(-\infty, X_{\max}]$，云模型则变为半升云或半降云，分别如式（2-70)～式(2-72）所示。

$$E_x=X_{\max} \text{ or } X_{\min} \tag{2-70}$$

$$E_n=(X_{\max}-X_{\min})/3 \tag{2-71}$$

$$H_e=h \tag{2-72}$$

（3）确定可拓云模型云关联度。每一个安全态势研判指标值 x 视为一个云滴，计算服从期望值为 E_n、标准差为 H_e 的正态分布的随机数 E_n'，计算各安全态势研判指标值 x

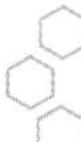

隶属于正态可拓云的云关联度 k，公式如下：

$$k=\exp\left(-\frac{(x-E_x)^2}{2(E_n')^2}\right) \tag{2-73}$$

式中 k——指标值 x 属于云的云关联度。

所有云关联度组合在一起，构成如下综合评判矩阵：

$$K=\begin{bmatrix} k_{11} & k_{12} & k_{13} & k_{14} & k_{15} \\ k_{21} & k_{22} & k_{23} & k_{24} & k_{25} \\ \vdots & \vdots & \vdots & \vdots & \vdots \\ k_{n1} & k_{n2} & k_{n3} & k_{n4} & k_{n5} \end{bmatrix} \tag{2-74}$$

式中 k_{ij}——指标值隶属于道路安全各等级标准云的云关联度；

n——研判指标个数。

在道路交通安全等级研判时，可取 [5，4)、[4，3)、[3，2)、[2，1)、[1，0) 五个区间，分别表示道路交通状况安全、道路交通状况较安全、道路交通安全状况一般、道路交通状况较危险、道路交通状况危险五个等级。

(4) 计算评判等级。按下式计算综合评判向量 B：

$$B=WK \tag{2-75}$$

式中 W——综合权重向量；

K——综合评判矩阵。

根据已获得的待研判指标值，据下式通过加权平均法计算综合评判指标值 r：

$$r=\frac{\sum_{i=1}^{5} b_i f_i}{\sum_{i=1}^{5} b_i} \tag{2-76}$$

式中 b_i——综合评判向量 B 的分量；

f_i——道路安全等级 i 的分值。

可将道路交通安全等级从一级（安全）到五级（危险）对应 f_i 的分值依次取为 5、4、3、2、1。

以超熵进行云关联度计算，公式如下：

$$E_{rx}=\frac{r_1(x)+r_2(x)+\cdots+r_n(x)}{n} \tag{2-77}$$

$$E_{rn}=\sqrt{\frac{1}{n}\sum_{i=1}^{n}[r_i(x)-E_{rx}]^2} \tag{2-78}$$

式中 n——模糊评判分值的运算次数，取 1000 次；

$r_i(x)$——第 i 次的综合评判分值；

E_{rx}——综合评判分值的期望值；

E_{rn}——综合评判分值的熵。

为评价等价研判结果的离散性和客观性，可引入参数可信度，计算公式如下：

$$\theta=\frac{E_{rn}}{E_{rx}} \tag{2-79}$$

式中　θ——评价结果的客观可信度。

2. 算法实例

【例2-17】 以某省某市某年度城市道路交通安全等级为研判目标。评价方案中指标分别为驾驶员违法率、3年驾龄以下驾驶员占比、十万人死亡率、大中型车占比、万车事故率、万车死亡率、路面完整度、路面抗滑性、道路饱合度、交通设施完善程度、不良天气占比、交通管理水平，各指标预测值设为{5%，6.4%，4.67%，16.54%，5.6%，1.94%，88.2%，73.3，35.1%，87.45，17.7%，78.12}，以指标值作为可拓云模型的输入，判别道路交通安全等级，并给出管理措施的建议。

解　采用层次分析-熵值法，令 $\theta=0.2$，得各指标权重见表2-11。

表2-11　　各指标权重值

二级指标	主观权重值	客观权重值	综合权重值	二级指标	主观权重值	客观权重值	综合权重值
$C11$	0.0685	0.0993	0.0808	$C31$	0.0551	0.0683	0.0604
$C12$	0.0784	0.0728	0.0762	$C32$	0.0695	0.0549	0.0637
$C13$	0.1796	0.1544	0.1695	$C33$	0.0876	0.0890	0.0882
$C21$	0.0362	0.0558	0.0440	$C41$	0.0958	0.0518	0.0782
$C22$	0.0659	0.0577	0.0626	$C42$	0.0480	0.0750	0.0588
$C23$	0.1196	0.1082	0.1150	$C43$	0.0958	0.1128	0.1026

根据式（2-67）～式（2-72），计算得出的安全等级标准云模型，得到安全等级界限云，见表2-12。

表2-12　　安全等级界限云

指标	一级标准云	二级标准云	三级标准云	四级标准云	五级标准云
$C11$	[95，1.67，0.01]	[85，1.67，0.01]	[75，1.67，0.01]	[65，1.67，0.01]	[30，10，0.01]
$C12$	(1.5，0.5，0.01]	(4.5，0.5，0.01]	(7.5，0.5，0.01]	(10.5，0.5，0.01]	(16，1.33，0.01]
$C13$	[3，1，0.01]	(6，0.33，0.01]	(9，0.33，0.01]	(11，0.33，0.01]	(21，3，0.01]
$C21$	[2.5，0.83，0.01]	[6.5，0.5，0.01)	[9.5，0.5，0.01)	[12.5，0.5，0.01)	[17，1，0.01)
$C22$	[40，13.3，0.01]	(100，6.67，0.01]	(140，6.67，0.01]	(180，6.67，0.01]	(160，20，0.01]
$C23$	[2.5，0.83，0.01]	(6.5，0.5，0.01]	(9.5，0.67，0.01]	14，6.67，0.01]	(23，2.33，0.01]
$C31$	[25，8.33，0.01)	[55，1.67，0.01)	[65，1.67，0.01)	[75，1.67，0.01)	[90，3.33，0.01)
$C32$	[95，1.67，0.01]	[85，1.67，0.01]	[75，1.67，0.01]	[65，1.67，0.01]	[30，10，0.01]
$C33$	(90，3.33，0.01]	(70，3.33，0.01]	(50，3.33，0.01]	(30，3.33，0.01]	(10，3.33，0.01]
$C41$	[95，1.67，0.01]	[85，1.67，0.01]	[75，1.67，0.01]	[65，1.67，0.01]	[30，10，0.01]
$C42$	[2.5，0.83，0.01)	[7.5，0.83，0.01)	[12.5，0.83，0.01)	[17.5，0.83，0.01)	[30，3.3，0.01)
$C43$	[95，1.67，0.01]	[85，1.67，0.01]	[75，1.67，0.01]	[60，3.33，0.01]	[25，8.33，0.01]

云图中每个指标的两个相邻安全等级间都有交叉部分，交叉部分能够较好地反映出指标的“亦此亦彼性”。以环境因素为例，生成的环境因素安全等级云图如图2-26所示。

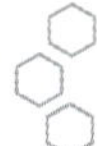

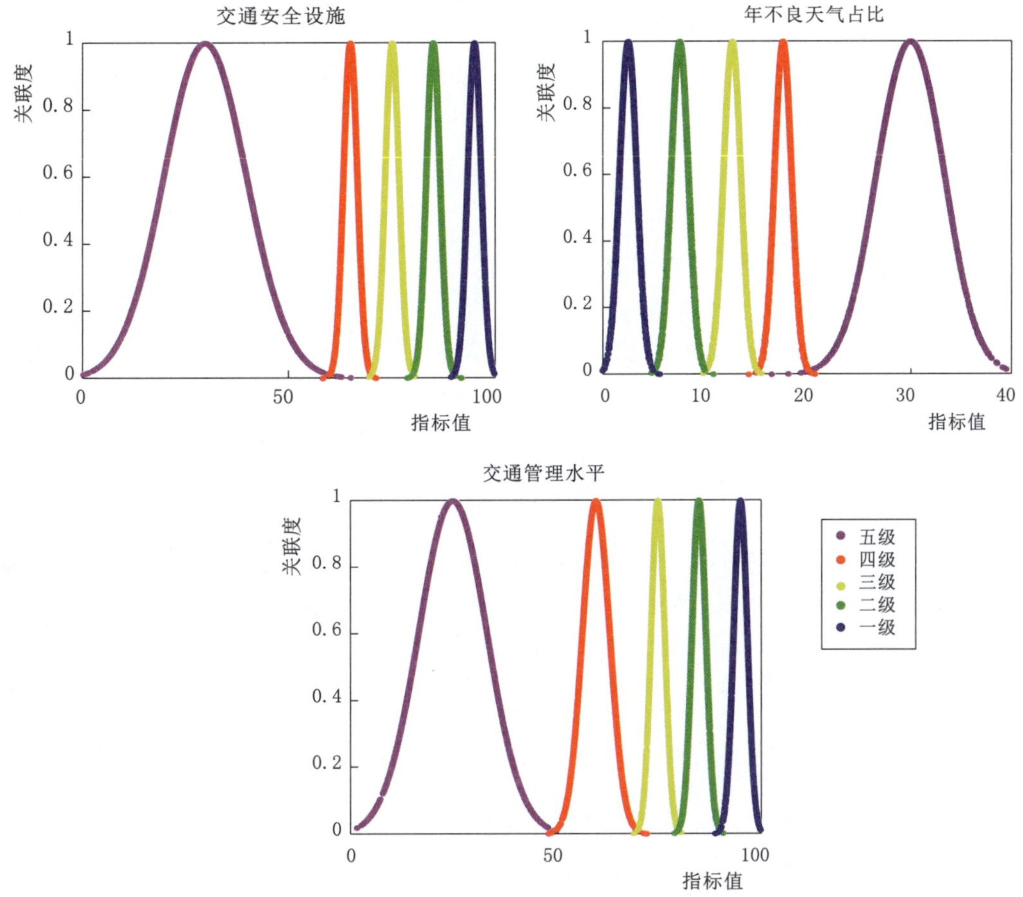

图 2-26 环境因素安全等级云图

计算该年度各指标关联度计算值，得到道路交通安全态势评估指标关联度计算值，见表 2-13。

表 2-13 道路交通安全态势评估指标关联度计算值

指 标	一 级	二 级	三 级	四 级	五 级
$C11$	0	1	0	0	0
$C12$	0	0.000002	0.725769	0	0
$C13$	0.247278	0.000291	0	0	0
$C21$	0.000933	0.196536	0	0	0
$C22$	0.211010	0	0	0	0
$C23$	0.796774	0	0	0	0
$C31$	0.001462	0.998208	0	0	0
$C32$	0.000254	0.158928	0	0	0
$C33$	0.000003	0.612168	0	0	0
$C41$	0.000036	0.340467	0	0	0
$C42$	0	0	0	0.971356	0.006360
$C43$	0	0.000205	0.174328	0	0

最后，计算得到该城市该年的道路交通安全等级结果为

$$B = WK = (0.14690, 0.24055, 0.07319, 0.05712, 0.00037)$$

$$r_{2018} = \frac{\sum_{i=1}^{5} b_i f_i}{\sum_{i=1}^{5} b_i} = 3.9196$$

最终求得总分值 3.9196 即为相对应的道路安全等级，其含义表示为较安全。针对该安全等级的问题，提出如下改善措施：三年驾龄以下驾驶员的驾驶水平有待提高，建议加强驾考培训源头管理、恶劣天气应做好气象预警等有效的防范措施，降低交通事故发生率等。

2.4 本章小结

本章重点探讨了人工智能涉及的知识表示、机器学习和逻辑推理三类基础技术。首先阐述了知识表示的概念，以及产生式表示法、框架表示法和状态空间表示法三种表示方法；其次，论述了监督学习、无监督学习和人工神经网络三种机器学习算法；最后，阐述了确定性推理、产生式推理、模糊逻辑推理和可拓云模型推理的原理，并给出了部分算例。

第 3 章　环境感知与信息融合

无人驾驶汽车的主要功能模块包括环境感知、决策规划和车辆控制。其中环境感知是利用传感器采集车辆周围环境数据，并对数据进行分析处理，是实现决策规划和车辆控制的基础，更是实现无人驾驶的前提条件。无人驾驶汽车典型传感器布设示意图如图 3－1 所示。

图 3－1　无人驾驶汽车典型传感器布设示意图

3.1　车载传感器与传感器标定

3.1.1　基础理论

从原理上而言，目前人类所研制使用的传感器，主要来源于电磁波或声波。因此，有必要先了解电磁波和声波的基本原理。

1. 电磁波

电磁波（Electromagnetic Wave，EW）是由方向相同且互相垂直的电场与磁场在空间中衍生发射的振荡粒子波，是以波动的形式传播的电磁场，具有波粒二象性。依照波长的长短、频率以及波源的不同，电磁波谱可大致分为：无线电波、微波、红外线、可见光、紫外线、X 射线和 γ 射线。电磁波谱波长如图 3－2 所示，由图 3－2 可知微波的频率范围为 0.3～200GHz，红外光波的频率范围为 100～390GHz。

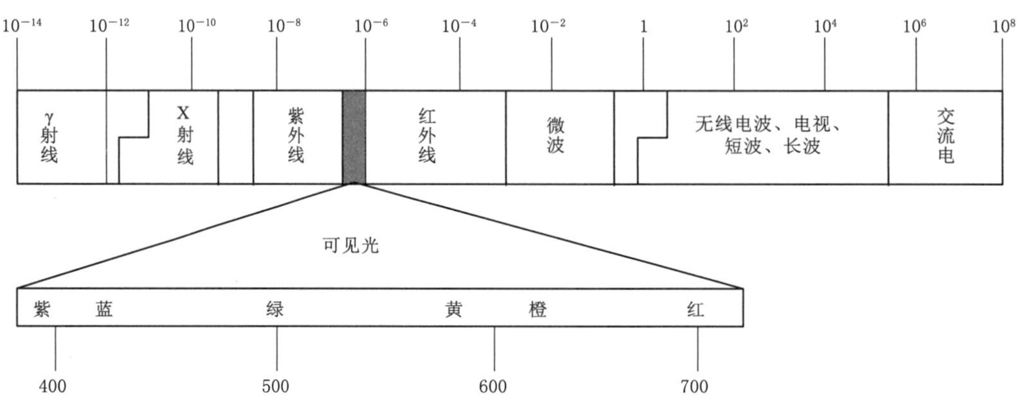

图 3－2　电磁波谱波长（单位：nm）

电磁波与雷达二者之间究竟是怎样一种关系？雷达（Radio Detection And Ranging，Radar），原意为“无线电探测和测距”，即用无线电探测的方法发现目标并测定其空间位置。因此，雷达也被称为“无线电定位”。雷达是利用电磁波探测目标的电子设备，其发射电磁波对目标进行照射并接收回波，由此获得目标至电磁波发射点的距离、距离变化率（径向速度）、方位、高度等信息。雷达按频段可分为超视距雷达、微波雷达、毫米波雷达以及激光雷达等各种模式。

2. 声波

声波是声音的传播形式，发出声音的物体称为声源。声波是一种机械波，由声源振动产生，声波传播的空间称为声场。声波频率分布如图 3－3 所示。根据声波频率的不同，可以分为以下几类：频率低于 20Hz 的声波称为次声波或超低声波；频率介于 20Hz～20kHz 之间的声波称为声波；频率介于 20kHz～1GHz 之间的声波称为超声波；频率大于 1GHz 的声波称为特超声波或微波超声波。人耳可以听到的声波的频率一般在 20Hz～20kHz 之间。

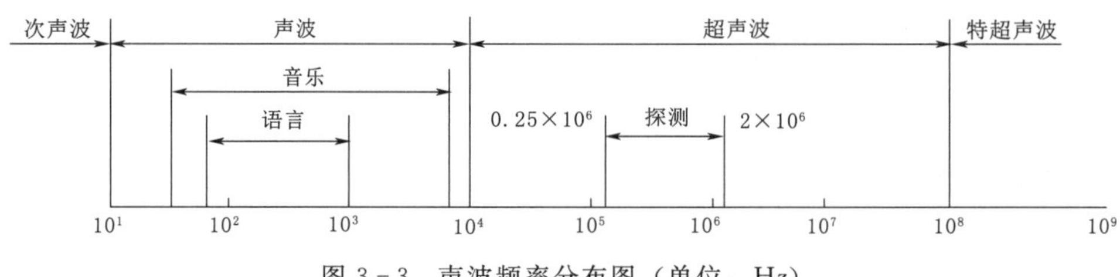

图 3－3　声波频率分布图（单位：Hz）

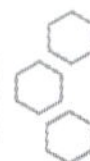

3. 多普勒效应

多普勒效应是指当发射源与接收体之间存在相对运动时，接收体接收到的实际发射信息频率与发射源发射信息频率不相同的现象，接收频率与发射频率之差称为多普勒频移。多普勒效应如图 3－4 所示。

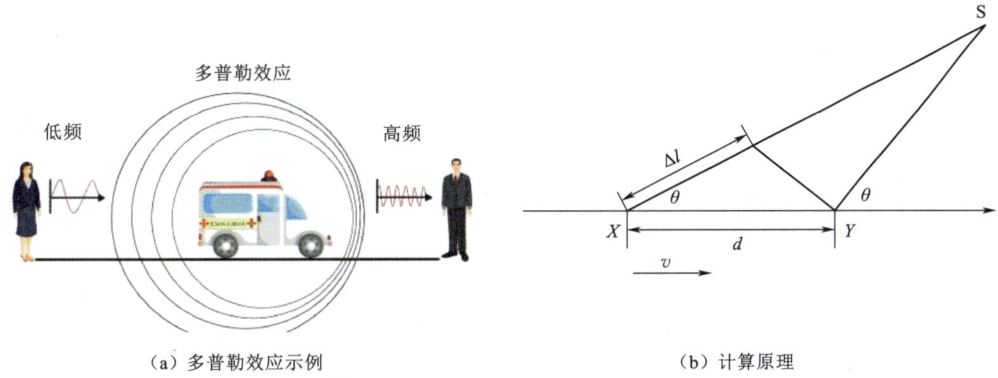

（a）多普勒效应示例　（b）计算原理

图 3－4　多普勒效应

设光波频率为 f，接收体接收的光波频率为 f'，则多普勒频移表达式为 $\Delta f=f'-f$。可知，当接收体与光源相互靠近时，波长 λ 变小，频率 f'变大，此时 $\Delta f>0$；当接收体与光源相互远离时，波长 λ 变大，频率 f'变小，此时 $\Delta f<0$。

更进一步，接收体和发射源之间的频率关系以下式表达：

$$f'=\frac{v\pm v_0}{v\mp v_s}f \tag{3-1}$$

式中　v——波在介质中传播速度；

v_0——接收端相对于介质的移动速度，若接近发射源则为正号，反之为负号；

v_s——发射源相对于介质的移动速度，若接近则为负号，反之为正号。

下面简单推导一下多普勒频移 f_d 的计算公式，如图 3－4，设物体以恒定速度 v 在直线上运动，点 X 和点 Y 间距为 d 的，点 X 与信号源夹角为 θ，分别接收到信号源（S）波的时间差为 Δt，两点接收到的波长显然不同，其波长 Δl 变化计算公式为

$$\Delta l\approx d\cos\theta=v\Delta t\cos\theta \tag{3-2}$$

此时，信号源波相位 $\Delta\varphi$ 变化值为

$$\Delta\varphi=\frac{2\pi\Delta l}{\lambda} \tag{3-3}$$

得到频移值表达式为

$$f_d=\frac{1}{2\pi}\frac{\Delta\varphi}{\Delta t} \tag{3-4}$$

联合式（3－2）、式（3－4），得频移计算公式如下：

$$f_d=\frac{v\cos\theta}{\lambda} \tag{3-5}$$

多普勒效应在医学、智能交通、无人驾驶等领域获得广泛应用，是后续各类电磁波传

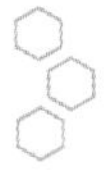

感器应用的理论基础。

3.1.2 常用传感器

在无人驾驶技术中，传感器负责采集无人驾驶汽车所需要的各种信息，包括自身的运动参数、周围环境参数等，为无人驾驶汽车的安全行驶提供及时、准确、可靠的决策依据。传感器技术是决定和制约无人驾驶系统发展的基础性技术之一。在明确各类传感器的特点基础上，应根据不同需求合理选用传感器。目前应用到无人驾驶领域的传感器，按照其实现信息检测的原理，大致可以分为电磁波型传感器和视频图像传感器，其中，电磁波型传感器主要包括超声波传感器、红外线传感器、激光雷达传感器和毫米波雷达传感器等。

1. *超声波传感器*

超声波是一种振动频率高于声波的机械波，具有频率高、波长短、绕射现象小等特点，特别是方向性好，能够定向传播。超声波传感器正是利用超声波的这一特性研制而成的传感器。生活中，蝙蝠、海豚即利用超声波定位和捕捉食物。

超声波传感器主要由发送部分、接收部分、控制部分和电源部分构成。发送部分由发送器和换能器构成，换能器可以将压电晶片受到电压激励振动时产生的能量转化为超声波，发送器将产生的超声波发射出去；接收部分由换能器和放大电路组成，换能器接收到反射回来的超声波，由于接收超声波时会产生机械振动，换能器可以将机械能转换成电能，再由放大电路对产生的电信号进行放大；控制部分实现对整个工作系统的控制，首先控制发送器部分发射超声波，然后对接收器部分进行控制，判断接收到的是否是由自己发射出去的超声波，最后识别出接收到的超声波的强度；电源部分为整个系统的供电装置。这样，在电源作用下、在控制部分控制下，发送器与接收器两者协同合作，就可以完成传感器所需的功能。

下面以回声探测法为例进行说明。超声波发射器向某一方向发射超声波，在发射时刻的同时计数器开始计时，超声波在空气中传播，途中碰到障碍物面阻挡就立即反射回来，超声波接收器收到反射回的超声波就立即停止计时。超声波在空气中的传播速度为340m/s，根据计时器记录的时间 t，就可以计算出发射点距障碍物面的距离 S，即：$S=340t/2$。

超声波雷达在无人驾驶车上的典型应用主要有两种：一种是用于测量汽车前后方障碍物的雷达，称作超声波驻车辅助雷达（Ultrasonic Parking Assistant，UPA），测距范围达15～250cm；另一种用于测量侧方障碍物距离的超声波雷达，称作自动泊车雷达（Auto Parking Assistant，APA），测距范围达30～500cm。

2. *红外线传感器*

红外线是一种电磁波，具有与无线电波及可见光类似的性质，波长一般在0.76～100μm之间。根据红外线在大气层中传输特性和光谱，红外线分类见表3-1。

红外线传感器（Infrared Detector，ID）正是通过检测被测物体发出或者反射的红外线，而确定被测物体所处位置的装置。红外线传感器一般由光学系统、探测器、信号调制电路及指示单元组成，根据红外线产生的方式，分为主动式和被动式两种。主动式红外传感器的发射机发出一束或多束经调制的红外光，与接收机形成成对收发模式，根据红外线

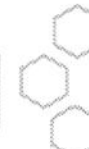

表 3-1　　红外线分类

名称	波长范围/μm		名称	波长范围/μm	
	按传输特性分	按红外光谱分		按传输特性分	按红外光谱分
近红外	0.75～3	1～3	中红外	3～6	3～40
远红外	6～15	40～1000	极远红外	15～1000	

束的连续或断续关系影响电流的状态，判断被检测对象的性质。红外线传感器与超声波传感器性能相似，但红外线传感器不受光线、风、沙、雨、雪、雾的影响，其适应性更好、功耗更低。

目前，利用红外线传感器测距的原理主要有两种。第一种是根据具有一定温度的物体会发出红外线的原理，通过检测红外线强弱来测量距离。红外线强度和距离存在一定的对应关系，而通过这个对应关系就可测出物体的距离，当物体温度一定时，物体相隔越远，红外线强度越弱。第二种与超声波测距相类似，通过检测红外线发射器发射出一定频率的红外线，到红外线接收器接收到经前方障碍物反射回来的反射波信号时间差来求出目标距离，常采用三角测量法，把发射器和接收器按照一定距离安装，然后与被探测点形成三角形的三个顶点，通过几何关系进一步解算得到距离值。

需特别指出的是，红外热成像技术在无人驾驶领域已获得广泛应用。

3. 激光雷达传感器

激光（laser）原意指光受激辐射扩大，为原子受激辐射的光，故名“激光”，原理在于原子中的电子吸收能量后从低能级跃迁到高能级，再从高能级回落到低能级的时候，所释放的能量以光子的形式放出。被引诱（激发）出来的光子束（激光），光子光学特性高度一致，因此激光相比普通光源单色性、方向性好，且亮度更高。激光雷达传感器采集的点云数据如图 3-5（a）所示；典型激光雷达（LiRadar）外观如图 3-5（b）所示。

（a）点云数据

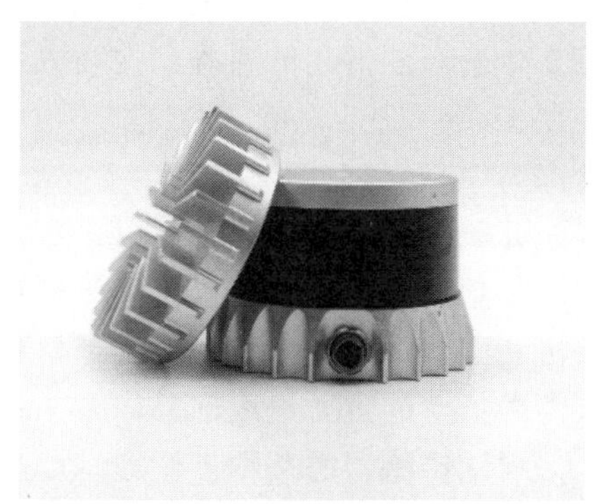

（b）典型激光雷达（LiRadar）外观

图 3-5　激光雷达示例

从原理上分析，激光探测和测距与雷达相似，但激光雷达使用紫外线、红外线或可见光范围内的射线，而不使用微波。用激光雷达测量时间差主要有脉冲检测法、相干检测法和相移检测法 3 种不同的方法。其中，脉冲检测法通过测量激光脉冲传播往返时间差来实现测距。

目前，二维激光雷达传感器和三维激光雷达传感器均在无人驾驶汽车上得到了广泛应用。激光雷达传感器按照激光束（线）的数量分为 1 线、4 线、8 线、16 线、32 线以及 64 线等，扫描线越多，分辨率越高，激光点云密度越大，但成本越高。激光点云扫描得到的模型，通过算法分析帧间变化感知周围环境。激光雷达传感器可同时实现定位与地图创建（Simultaneous Localization And Mapping，SLAM）功能，能够根据扫描的点云数据绘制环境 3D 全景图形，进而实现导航，提高车辆的定位精度。另外，结合激光雷达和摄像头视频采集技术也可获取高精度地图，实现车道线、障碍物以及交通标识标牌等信息的三维精准建模。

4. 毫米波雷达传感器

毫米波是介于红外波和微波之间的电磁波，工作频率在 30～300GHz 频域（波长为 1～10mm，即毫米波波段）。毫米波雷达传感器具有频率高、波长短、频带宽、穿透烟尘和云雾能力强的优点，具有比厘米波雷达更优的抗杂波干扰能力和抗多路径效应能力，是唯一具有全天候工作能力的传感器。

毫米波雷达传感器基本工作原理可以描述如下：

(1) 利用高频电路产生特定调制频率（Frequency Modulated Continuous Wave，FMCW）的电磁波，并通过天线发送电磁波和接收从目标反射回来的电磁波，分析发送和接收电磁波的参数来计算目标的各个参数。

(2) 可以同时对多个目标进行测距、测速及方位测量，其中测速依据多普勒效应，而方位测量（包括水平角度和垂直角度）是通过天线的阵列方式来实现的。

目前市场主流使用的车载毫米波雷达传感器按照其频率的不同，主要分为 24GHz 毫米波雷达传感器和 77GHz 毫米波雷达传感器两种，其中 24GHz 雷达传感器检测范围为中短距离，主要实现盲点探测系统（Blind Spot Detection，BSD），77GHz 长程雷达传感器用作实现自适应巡航系统（Adaptive Cruise Control，ACC）。车辆自适应巡航系统一般装设 3 个毫米波雷达传感器，安装方式为车正中间一个 77GHz 长距离雷达传感器，探测距离在 150～250m 之间，角度为 10°左右；车两侧各一个 24GHz 的中距离雷达传感器，角度都为 30°，探测距离为 50～70m。

5. 视觉传感器

视觉传感器是基于机器视觉理论，将机器视觉与计算机图像处理技术相结合，利用摄像机获取图像信息，再利用计算机处理图像信息，获取识别信息的系统。视觉传感器是无人驾驶技术的重要组成部分，是未来无人驾驶技术的重点发展方向之一。

视觉传感器的基本工作原理如下：用机器代替人眼来做测量和判断，即通过图像获取装置（如 CMOS 和 CDD），将目标的光线信号转化为图像模拟电信号，传送给专用的图像处理系统，再根据像素分布、亮度和颜色等信息，转变为数字化信号。最后，计算机对这些数字信号进行各种运算，以抽取目标的特征，进而获得相应的识别信息。

视觉在车辆上的应用，需要满足车辆行驶环境及车辆自身行驶状况的需要。影响车载视觉的主要因素如下：

(1) 天气变化。天气变化主要影响场景的光线强度变化状况。光源角度直射及物体的

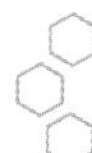

反光会引起摄像机过度曝光，而光线过暗又会产生摄像机曝光不足。这些都会在摄像机图像中产生无纹理的高光或低光区域。

（2）车辆运动速度。车辆运动速度大小与车载视觉图像质量成反比。当车辆速度较小时，图像质量接近摄像机静止时的拍摄图像质量，质量较好；车辆速度较大时，受摄像机拍摄帧频限制，会在所拍摄图像上产生运动模糊，失去纹理特征，或产生错误纹理，而且车辆速度越大，所拍摄的图像质量就越差，对视觉算法实时性要求也越高。

（3）车辆运动轨迹。车辆运动轨迹主要分为直线与曲线。当车辆轨迹为直线时，摄像机前后帧图像中特征匹配重叠率较高，摄像机水平面基本与地面平行；当车辆轨迹为曲线时，由于车辆转弯时的惯性作用，车辆将会出现侧倾现象，使摄像机水平面倾斜于水平地面，从而降低匹配重叠率，且影响物体的特征形状。

（4）随机扰动。主要包括车辆轮胎的滑移及地面颠簸抖动等因素，均会导致视觉图像产生运动模糊。

另外，车载摄像机应用分为单目、双目以及多目等多种类型。从安装位置角度来看，分车内与车外、仰角与俯角等不同情况。由于车辆一般行驶在室外阳光下，安装在车外的摄像机曝光只需根据环境对照度进行调节即可；而安装在车内的摄像机可能受到车内阴影的干扰，使拍摄外部环境图像时产生过曝光或曝光不足的现象。

视觉传感器在无人驾驶汽车上的应用以摄像机的形式为主，并嵌入先进的人工智能算法，实现目标检测。视觉传感器的具体应用场景包括双目视觉系统获取景深信息、检测点云数据、ROI 区域或物体运动轨迹的估计、检测与跟踪物体、车道线等场景分割、同步地图构建和自身定位等。

各种传感器性能优劣比较见表 3－2。

表 3－2　　各种传感器性能优劣比较

设备 参数	视觉传感器（摄像机）	毫米波雷达传感器	激光雷达传感器
最远探测距离	50m	250m	300m
精度	一般	较高	极高
功能	车道偏离预警、前向碰撞预警、交通标志识别、全景泊车、驾驶员注意力监测	自适应巡航、自动紧急制动	实时建立周围环境的三维模型
优势	成本低，信息丰富，可识别物体	不受天气影响，探测距离远，精度高，可获得速度信息	精度极高，扫描周围环境，实时建立三维模型的功能，暂无完美替代方案
劣势	依赖光线，极端天气可能失效，难以精确测距	对金属敏感，难以探测行人，缺少高度信息	受恶劣天气影响大，成本极高

3.1.3 传感器标定

无人驾驶车辆上一般安装多类多个传感器，各传感器精度各异、时钟不同，采集得到的数据差异性较大。若不对数据进行标准化处理，便无法开展后续信息融合工作。

1. 激光雷达传感器标定

激光雷达与车体为刚性连接，两者间的相对姿态和位移固定不变，而为了建立各个激光雷达之间的相对坐标关系，需要对激光雷达的安装进行简单的标定，并使激光雷达采集的数据从激光雷达坐标统一转换至车体坐标上。

（1）激光雷达外部安装参数的标定。待标定的激光雷达外部安装参数为激光雷达的俯仰角与侧倾角，一般采用等腰直角三角标定板和正方形标定板配合完成。

1）用正方形标定激光雷达的侧倾角。激光雷达倾角的测定如图 3－6（a）所示。设正方形 $ABCD$ 为标定平面，且边长为已知值，激光雷达在位置 O，激光雷达的侧倾角为 θ。$\angle FOE$、l_{OE} 和 l_{OF} 的数据可由激光雷达检测得到，根据余弦定理可求得 l_{EF} 的值，可算得角度 θ 为

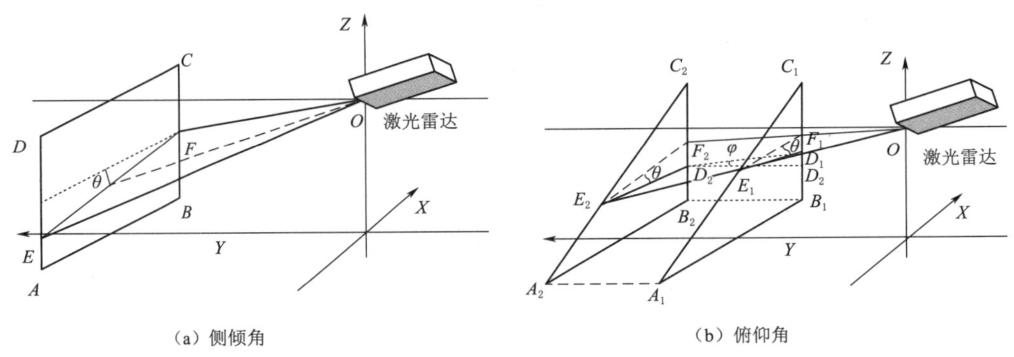

图 3－6　激光雷达倾角测定

$$\theta=\arccos\left(\frac{l_{AB}}{l_{EF}}\right) \tag{3-6}$$

2）采用等腰直角三角标定板标定激光雷达的俯仰角。激光雷达俯仰角的测定如图 3－6（b）所示。首先把标定板放于 A_1 位置，$\angle B_1=\pi/2$，$\angle F_1OE_1$、l_{OE_1} 和 l_{OF_1} 的数值由激光雷达测得，则可计算出 $l_{F_1E_1}$。根据前面计算出的激光雷达侧倾角，$l_{E_1D_1}=l_{E_1F_1}\times\cos\theta$，故等腰三角形中，$l_{D_1B_1}=l_{B_1C_1}-l_{D_1C_1}$，而 $l_{D_1C_1}=l_{D_1E_1}$。把标定板平移至 A_2 处，同理求得 $l_{D_2B_2}$，算得激光雷达的俯仰角 φ 为

$$\varphi=\arctan\left(\frac{l_{D_1B_1}-l_{D_2B_2}}{l_{A_2A_1}}\right) \tag{3-7}$$

（2）单个激光雷达数据的坐标转换。

1）建立激光雷达基准坐标系。激光雷达坐标系如图 3－7 所示，建立车辆质心坐标系 $Gx_vy_vz_v$、雷达基准坐标系 $Oxyz$ 以及车头雷达坐标系 $Ox_Ly_Lz_L$。其中，y_L 轴沿车头雷达的扫射平面中心线方向，激光雷达返回的数据是极坐标数据（i，d_i），因此激光雷达所采得的数据点转换为笛卡儿坐标（x_L，y_L，z_L）的公式如下：

$$\begin{bmatrix}x_L\\y_L\\z_L\end{bmatrix}=\begin{bmatrix}-d_i\cos(b_0+iA)\\d_i\sin(b_0+iA)\\0\end{bmatrix} \tag{3-8}$$

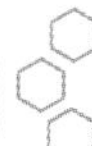

式中　d_i——扫描距离，m；

b_0——激光雷达扫描起始角，rad；

A——设计采样步距，m；

i——激光雷达数据序列号。

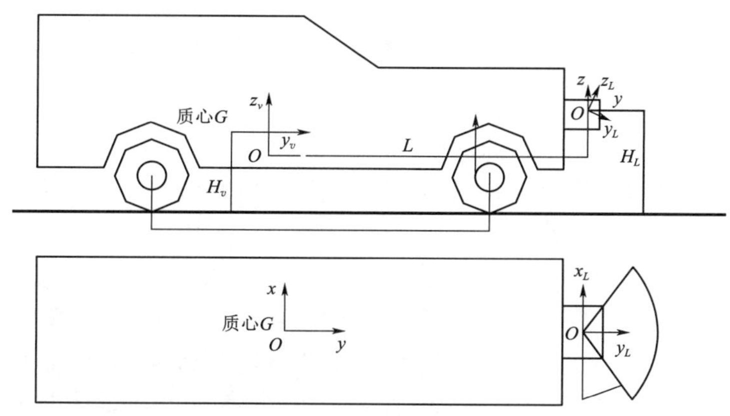

图 3-7　激光雷达坐标系

2）转换到基准坐标系。将激光雷达的数据转换到基准坐标系中，基准坐标系绕 x_L 轴顺时针旋转了 β_0 角度，即旋转 $-\beta_0$ 角度得到激光雷达坐标系，则坐标变换矩阵为

$$T_x=\begin{bmatrix}1 & 0 & 0\\ 0 & \cos(-\beta_0) & -\sin(-\beta_0)\\ 0 & \sin(-\beta_0) & \cos(-\beta_0)\end{bmatrix} \tag{3-9}$$

故采得的数据点在基准坐标系中的坐标为

$$\begin{bmatrix}x\\ y\\ z\end{bmatrix}=\begin{bmatrix}1 & 0 & 0\\ 0 & \cos\beta_0 & \sin\beta_0\\ 0 & -\sin\beta_0 & \cos\beta_0\end{bmatrix}\begin{bmatrix}-d_i\cos(b_0+iA)\\ d_i\sin(b_0+iA)\\ 0\end{bmatrix}=\begin{bmatrix}-d_i\cos(b_0+iA)\\ d_i\sin(b_0+iA)\cos\beta_0\\ -d_i\sin(b_0+iA)\sin\beta_0\end{bmatrix} \tag{3-10}$$

3）转换到车辆坐标系。考虑俯仰角 β 时，只需将 β 添加到式（3-10）中的 β_0 项中即可。考虑侧倾角 γ，令其绕 y 轴顺时针为正，则基准坐标系先绕 x_L 轴顺时针旋转 β_0 角度，再绕 y_L 轴逆时针旋转 γ 角度，绕 y 轴旋转的旋转矩阵为

$$R_y^*=\begin{bmatrix}\cos\gamma & 0 & -\sin\gamma\\ 0 & 1 & 0\\ \sin\gamma & 0 & \cos\gamma\end{bmatrix} \tag{3-11}$$

此时的坐标转换矩阵为 $T_{xy}=R_y^* T_x$，所以采得数据点在基准坐标系中的坐标为

$$\begin{bmatrix}x\\ y\\ z\end{bmatrix}=\begin{bmatrix}\cos\gamma & 0 & -\sin\gamma\\ 0 & 0 & 0\\ \sin\gamma & 0 & \cos\gamma\end{bmatrix}\begin{bmatrix}-d_i\cos(b_0+iA)\\ d_i\sin(b_0+iA)\cos\beta_0\\ -d_i\sin(b_0+iA)\sin\beta_0\end{bmatrix}$$

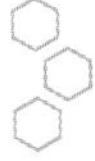

$$=\begin{bmatrix}-d_i\cos(b_0+iA)\cos\gamma+d_i\sin(b_0+iA)\sin\beta_0\sin\gamma\\ d_i\sin(b_0+iA)\cos\beta_0\\ -d_i\cos(b_0+iA)\sin\gamma-d_i\sin(b_0+iA)\sin\beta_0\cos\gamma\end{bmatrix} \tag{3-12}$$

再将其平移至车辆坐标系，得下式：

$$\begin{bmatrix}x_V\\ y_V\\ z_V\end{bmatrix}=\begin{bmatrix}-d_i\cos(b_0+iA)\cos\gamma+d_i\sin(b_0+iA)\sin\beta_0\sin\gamma\\ d_i\sin(b_0+iA)\cos\beta_0+L\\ -d_i\cos(b_0+iA)\sin\gamma-d_i\sin(b_0+iA)\sin\beta_0\cos\gamma+H_L-H_V\end{bmatrix} \tag{3-13}$$

式中　L——激光雷达安装点到车辆质心的距离沿 y 轴的分量，m；

H_L——激光雷达安装点离地的高度，m；

H_V——汽车质心离地的高度，m。

(3) 多个激光雷达的数据转换。无人驾驶汽车一般装有多个激光雷达，每个激光雷达的安装位置及外部参数一般不同，所得到的环境信息表示方法也不同。因此，为统一数据采集模式，必须建立一个统一的坐标系，并将所有激光雷达的数据转换至该坐标系中。下面以车顶前部安装的激光雷达为例介绍多激光雷达的坐标转换。

建立车顶前激光雷达坐标系为 $O_1x_1y_1z_1$，如图 3-8 所示，将顶前激光雷达所采集的环境数据从极坐标转换到笛卡尔坐标系中，其表达式如下：

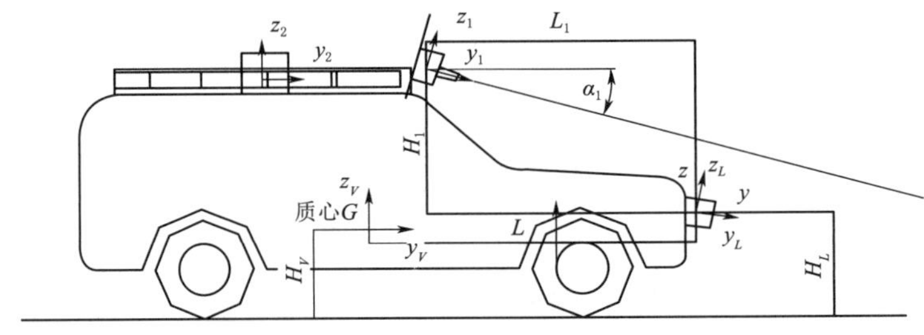

图 3-8　车顶前激光雷达坐标系

$$\begin{bmatrix}x_1\\ y_1\\ z_1\end{bmatrix}=\begin{bmatrix}-d_i\cos(b_0+iA)\\ d_i\sin(b_0+iA)\\ 0\end{bmatrix} \tag{3-14}$$

式中　d_i——扫描距离，m；

b_0——激光雷达扫描起始角，rad；

A——设计采样步距，m；

i——激光雷达数据序列号。

顶前激光雷达相对于车头激光雷达的坐标为 $(0, -L_1, H_1)$，将其转换至基准坐标系，顶前激光雷达坐标系绕 x_1 轴逆向旋转了 α_1 角度，再沿 y 轴和 z 轴分别平移 L_1 和 $-H_1$，坐标变换矩阵分别为

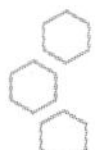

$$T_x=\begin{bmatrix}1 & 0 & 0\\ 0 & \cos(-\alpha_1) & -\sin(-\alpha_1)\\ 0 & \sin(-\alpha_1) & \cos(-\alpha_1)\end{bmatrix},\ R_l=\begin{bmatrix}0\\ L_1\\ -H_1\end{bmatrix} \tag{3-15}$$

由此得到，数据在基准坐标系下的坐标计算式为

$$\begin{bmatrix}x\\ y\\ z\end{bmatrix}=\begin{bmatrix}1 & 0 & 0\\ 0 & \cos(-\alpha_1) & -\sin(-\alpha_1)\\ 0 & \sin(-\alpha_1) & \cos(-\alpha_1)\end{bmatrix}\begin{bmatrix}-d_i\cos(b_0+iA)\\ d_i\sin(b_0+iA)\\ 0\end{bmatrix}+\begin{bmatrix}0\\ -L_1\\ H_1\end{bmatrix}$$

$$=\begin{bmatrix}-d_i\cos(b_0+iA)\\ d_i\sin(b_0+iA)\cos\alpha_1-L_1\\ -d_i\sin(b_0+iA)\cos\alpha_1+H_1\end{bmatrix} \tag{3-16}$$

最后再将其平移到车辆坐标系中即可。

2. 视觉传感器标定

视觉传感器的标定主要为前端摄像机的标定。摄像机以一定的角度和位置安装在车辆上，为了将其采集的环境数据与环境中的真实物体相匹配，需要建立摄像机所生成的图像像素坐标系中的点坐标与摄像机环境坐标系中的物点坐标之间的映射关系，即预先标定摄像机。对双目立体摄像机标定而言，其过程主要包括双目立体视觉模型的建立、双目图像去畸变处理、双目图像校正、双目图像裁切四步。

（1）建立双目视觉模型。双目立体视觉系统示意图如图 3－9 所示。以型号和配置完全一样且位置固定的两台摄像机 1 和 2 为例，设左、右摄像机光心分别为 O_1、O_2，且 O_1'、O_2' 分别为左、右成像中心。O_1O_1' 和 O_2O_2' 长度相同，均为 f。摄像机的基准线平行于 X 轴，且基准线长为 L。空间点 P 在左、右摄像机坐标系下的坐标分别为 $P(X_{C1},Y_{C1},Z_{C1})$、$P(X_{C2},Y_{C2},Z_{C2})$。点 P 通过透镜成像在像平面上的点分别为 P_1、P_2，其中，P_1 在左图像坐标系下的坐标为 $P_1(x_1,y_1)$，P_2 在右图像坐标系下的坐标为 $P_2(x_2,y_2)$。

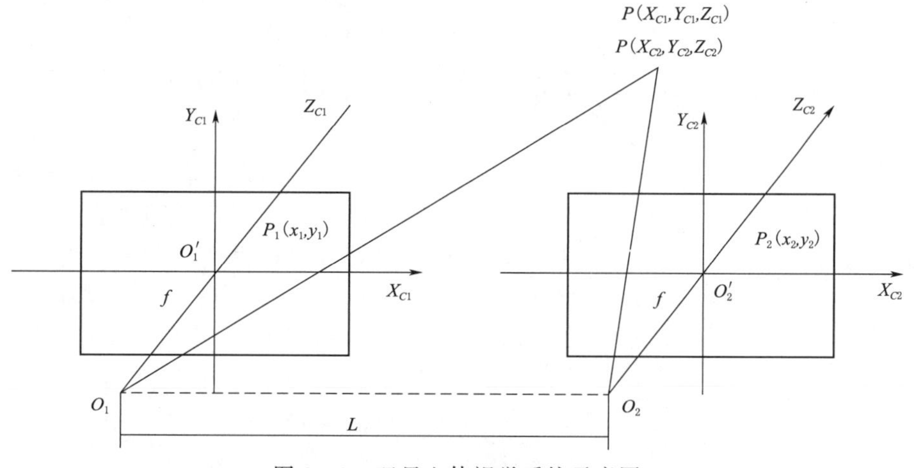

图 3－9　双目立体视觉系统示意图

基于三角交汇原理进行双目立体视觉系统的坐标变换。已知某一空间点 P 在左、右摄像机透视变换下的计算机图像坐标为 (u_1, v_1)、(u_2, v_2)，再通过摄像机标定确定

左、右摄像机内、外参数值，得到变换矩阵 T_1 和 T_2，即可唯一确定点 P 的环境坐标。假设左摄像机相对于环境坐标系的旋转矩阵为 R_1^*，平移向量为 T_1^*；右摄像机相对于环境坐标系的旋转矩阵为 R_2^*，平移向量为 T_2^*，则两摄像机之间的相对旋转矩阵 R_r^* 和相对平移向量 T_r^* 为

$$\begin{cases} R_r^* = R_2^* R_1^{*-1} \\ T_r^* = T_2^* - R_2^* R_1^{*-1} T_1^* \end{cases} \tag{3-17}$$

可知，双目立体视觉系统摄像机内部参数通过分别对左、右摄像机进行标定得到，外部参数可以通过式（3－17）计算得到。运用标定得到的参数实施畸变、校正、裁切等处理。

（2）双目图像去畸变处理。由于技术原因，因无法制造数学上理想的“球形”透镜而会产生径向畸变，又因无法保证透镜和图像采集器面平行而会产生切向畸变。对于径向畸变，在图像平面的边缘将会出现弯曲，且越远离透镜中心的地方弯曲越严重。假设光学中心（成像仪中心）的畸变为0，越靠近边缘（半径 r 越大），畸变越大。以泰勒级数的前3项 k_1、k_2 和 k_3 系数来表示畸变，得图像调节式如下：

$$\begin{cases} x_c = x(1 + k_1 r^2 + k_2 r^4 + k_3 r^6) \\ y_c = y(1 + k_1 r^2 + k_2 r^4 + k_3 r^6) \end{cases} \tag{3-18}$$

其中，(x, y) 是畸变点在图像平面上的原始位置，(x_c, y_c) 是校正后的新位置。

对于切向畸变而言，主要是由透镜制造上的缺陷或摄像机安装的位置精度不足，导致透镜本身与图像平面不平行而产生的，故可用 p_1 和 p_2 参数表示，可据下式得到去畸变后的图像：

$$\begin{cases} x_c = x + [2p_1 y + p_2(r^2 + 2x^2)] \\ y_c = y + [p_1(r^2 + 2y^3) + 2p_2 x] \end{cases} \tag{3-19}$$

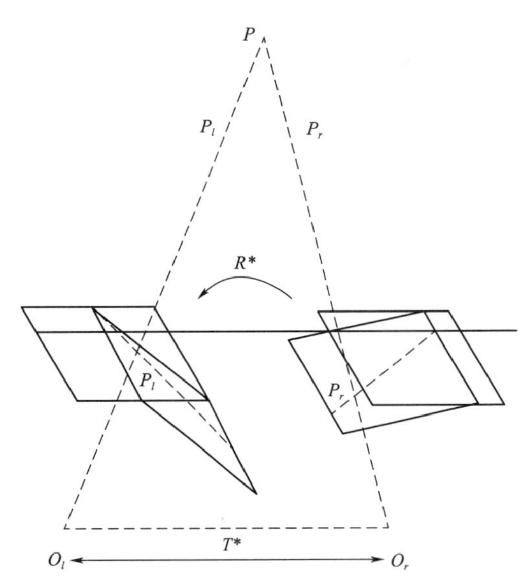

图 3－10　双目摄像机拍摄的位置和角度的几何关系

（3）双目图像校正。图像去畸变后相当于将图像展平，即图像的边缘处不会出现弯曲现象；对双目摄像机而言，还涉及两摄像机拍摄位置和角度间关系。双目摄像机拍摄的位置和角度的几何关系如图 3－10 所示，两摄像机光轴非平行关系，同时两摄像机所成图像的极线也未对准，此时只有对两摄像机的图像进行相应平移和翻转才能得到理想图像。

分析图像翻转的三维空间，设依次绕 x、y、z 轴的旋转角度为 α、β、θ，则总旋转矩阵 R^* 是三个矩阵 $R_x^*(\alpha)$、$R_y^*(\beta)$、$R_z^*(\theta)$ 的乘积，其中：

$$R_x^*(\alpha)=\begin{bmatrix}1 & 0 & 0\\0 & \cos\alpha & \sin\alpha\\0 & -\sin\alpha & \cos\alpha\end{bmatrix},R_y^*(\beta)=\begin{bmatrix}\cos\beta & 0 & -\sin\beta\\0 & 1 & 0\\\sin\beta & 0 & \cos\beta\end{bmatrix},R_z^*(\theta)=\begin{bmatrix}\cos\theta & \sin\theta & 0\\-\sin\theta & \cos\theta & 0\\0 & 0 & 1\end{bmatrix} \tag{3-20}$$

如此，通过旋转矩阵 R^* 实现了图像平面的翻转运算。

以左侧摄像机图像平面原点为基准，将右侧摄像机图像原点 P_r 平移至左侧图像原点 P_l，则平移向量为 $T^*=P_l-P_r$。为使两摄像机平面的光轴互相平行及保证两摄像机行对准，两图像平面按下式平移和旋转：

$$P_c=R^*(P-T^*) \tag{3-21}$$

（4）双目图像裁切。若校正后图像的有效信息范围边缘是曲线，不便于执行后续处理，故需对边缘进行裁切；同时，为保证两图像在校正后同一物体的像素点在两图像上的行数相同，左右两图像裁切后的图像尺寸大小应相同。

双目图像裁切之后，左右图像行是对准的，同时能保留最大限度的重叠区域。在实际情况，由于两摄像机拍摄角度和位置的不同，两摄像机图像中也可能存在部分无法完全匹配的区域。

3. 摄像机和激光雷达联合标定

激光雷达与摄像机的空间对准是指通过提取标定物在单线激光雷达和图像上的对应特征点来进行摄像机外部参数的标定，实现单线激光雷达坐标、摄像机坐标、图像像素坐标等多个传感器坐标的统一。

激光雷达与无人驾驶汽车一般为刚性连接，两者间的相对姿态和位移相对固定不变，因此由激光雷达扫描获得的数据点，在环境坐标系中有唯一的位置坐标与之对应。通过建立合理的激光雷达坐标系与摄像机坐标系，利用激光雷达扫描点与摄像机图像的空间约束关系，即可求解两坐标系的空间映射关系，实现激光雷达与摄像机的空间对准，以及激光雷达数据与可见光图像的有机关联。于是，激光雷达与摄像机的空间对准问题就转变为在给定雷达图像对应点的情况下的函数拟合问题。

摄像机的外部参数通过约束方程求解后，即确定激光雷达、摄像机、图像和相对环境坐标系的相对关系，因此激光雷达扫描点可通过摄像机模型投影至图像像素坐标系，像素级数据融合计算公式如下：

$$(u \quad v \quad 1)^{\mathrm{T}}=K_c[R_c^*(x_{vc},y_{vc},z_{vc})+T_c^*] \tag{3-22}$$

其中，$K_c=\begin{bmatrix}f_x & 0 & v_0\\0 & f_y & v_0\\0 & 0 & 1\end{bmatrix}$，为摄像机的内部参数矩阵。

当摄像机与激光雷达同时观测点 P 时，其在摄像机自身环境坐标系中的坐标为 $P_{vc}(x_{vc},y_{vc},z_{vc})$，在可见光图像中投影点的坐标为 $U=(u,v,1)^{\mathrm{T}}$，在雷达世界坐标中的坐标为 $P(x_{lv},y_{lv},z_{lv})$。由于摄像机与激光雷达使用了同一个环境坐标系，于是得到下式：

$$X_{vc}=\begin{bmatrix}x_{vc}\\y_{vc}\\z_{vc}\end{bmatrix}=X_w=\begin{bmatrix}x_w\\y_w\\z_w\end{bmatrix}=\begin{bmatrix}x_{lv}\\y_{lv}\\z_{lv}\end{bmatrix}=X_{lv}=\begin{bmatrix}\rho_l\cos\theta_l\cos\alpha\\\rho_l\sin\theta_l\\H-\rho_l\cos\theta_l\sin\alpha\end{bmatrix} \tag{3-23}$$

式中　H——激光雷达的安装高度，m。

联立式（3－22）和式（3－23），可得下式：

$$U=K_c(R_c^*\cdot X_{lv}+T_c^*) \tag{3-24}$$

变换后可得下式：

$$R_c^*\cdot X_{lv}+T_c^*=K_c^{-1}U \tag{3-25}$$

其中，$K_c^{-1}=\{k_{ij}\}_{3\times3}$，由激光雷达的外参标定和摄像机的内参标定可获得 X_{lv} 与 K_c^{-1}。

展开式（3－25）得矩阵式如下：

$$\begin{bmatrix}r_1x+r_2y+r_3z+t_1\\r_4x+r_5y+r_6z+t_2\\r_7x+r_8y+r_9z+t_3\end{bmatrix}=\begin{bmatrix}k_{11}u+k_{12}v+k_{13}\\k_{21}u+k_{22}v+k_{23}\\k_{31}u+k_{32}v+k_{33}\end{bmatrix} \tag{3-26}$$

式（3－26）方程含有 12 个未知量，故只要特征点不在激光扫描面的同一直线上，方程要得到唯一解，理论上至少需要 4 组雷达图像点对才能求解出结果。

综上所述，只需要提取足够多的图像雷达点对，通过求解线性方程即可获得相关坐标旋转矩阵 R_c^* 和坐标平移矩阵 T_c^*，进而得到激光雷达数据和其对应图像像素间的变换关系。

3.2 信息融合结构层次

3.2.1 传感器融合结构

传感器采集的信息经过模数转换、数据检验、信息分类等预处理，融合分析得到环境描述。传感器信息协调管理模块根据目标任务对数据采集、转换、处理和融合的过程进行统筹协调。传感器信息融合一般结构如图 3－11 所示。

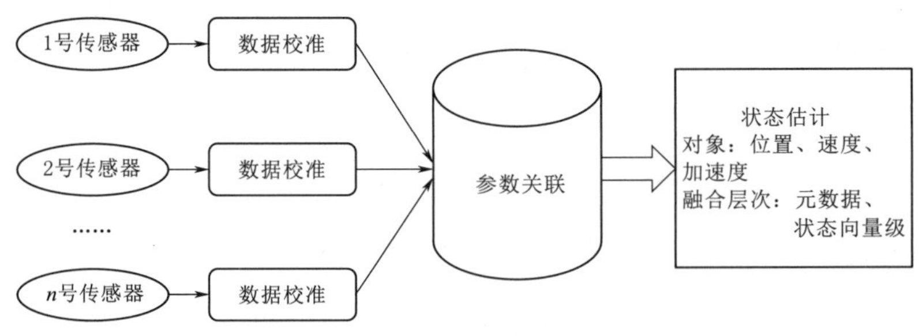

图 3－11　传感器信息融合一般结构

各类车载传感器按其信息融合处理的模式不同，划分为集中式融合结构、分布式融合结构和混合式融合结构三种。三种融合模式如图 3－12 所示。

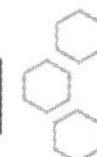

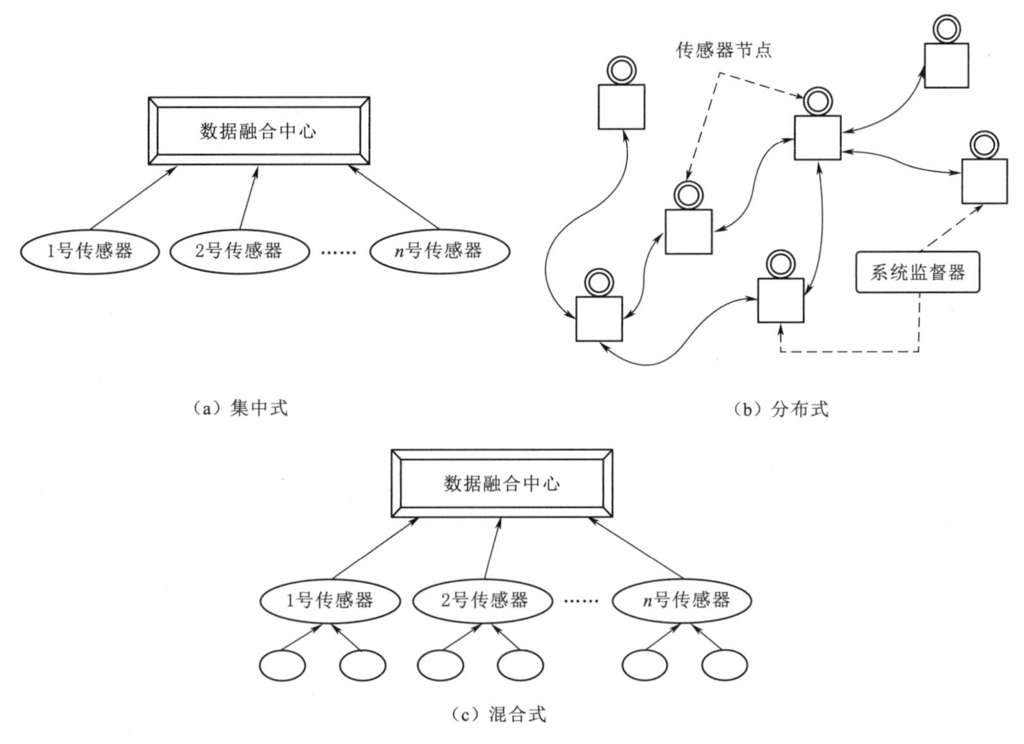

(a) 集中式　(b) 分布式　(c) 混合式

图 3-12　三种融合模式

集中式融合模式中，所有数据处理和决策制定由中央处理器统一分析处理，如图 3-12 (a) 所示。该模式适用于同类型传感器的信息融合应用，实现传感器数据的时间同步和偏差校准，同时将传感器数据从面向传感器的单位和坐标转换为面向中央处理器的坐标和单位，例如极坐标转换到地心坐标、地球坐标，以及多目标情况下的选通和关联以及测量融合等。系统执行决策基于从传感器系统采集得到的最大信息，故也称为测量融合。因此，集中式融合结构属于分布式数据的传统估计问题。

分布式融合模式主要用于异类传感器采集数据的分析处理，如图 3-12 (b) 所示，如红外线传感器和超声波雷达等，当然也可以用于同类型传感器的融合问题。分布式架构中，每个节点设有卡尔曼滤波器（Kalman Filtering，KF）、扩展 KF 或平方根信息滤波器（Square Root Information Filter，SRIF）处理对应传感器的数据，输入为来自每个滤波器的估计状态向量和协方差矩阵组成的局部轨迹作为状态向量，输出是融合状态向量及其（融合）协方差矩阵。传感器数据在每个节点本地处理，无中央融合节点，也称为目标跟踪应用中的估计融合。

混合式融合模式由集中式和分布式混合而成，如图 3-12 (c) 所示。混合式融合涉及集中式和分布式融合方案，根据所选用的传感器类型选择合理的设计方案。一般而言，分布式结构可减少中央处理器计算工作量和通信带宽。在精度要求高、跟踪环境数据密集的系统，适合选用集中式结构。多数情况下，需根据配置的传感器，组合使用两种方案的来获得特定的融合目标状态。

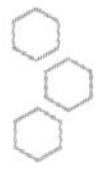

3.2.2　传感器融合层次

从信息融合粒度角度而言，多传感器信息融合可分为三个层次，分别为数据级信息融合、特征级信息融合和决策级信息融合。

1. 数据级融合

数据级融合是对传感器的原始数据及预处理各阶段上产生的信息进行融合处理，需将多个传感器数据源统一到同一度量时空，即时空一致性。时间一致性是为了让两个传感器捕获信息的瞬时时间戳要尽可能地接近，空间一致性是为了将传感器坐标系统一到同一个坐标系。数据级融合结构如图 3－13 所示。

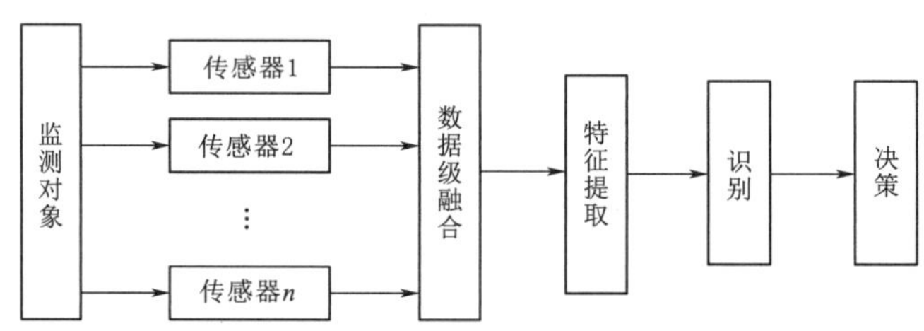

图 3－13　数据级融合结构

2. 特征级融合

特征级融合属于中等层次级融合，先从每个传感器提供的原始观测数据中提取代表性的特征，再把这些特征融合成单一的特征向量。特征级融合选择合适的特征进行融合是关键，一般而言，特征信息包括边缘、方向、速度、形状等。特征级融合结构如图 3－14 所示。

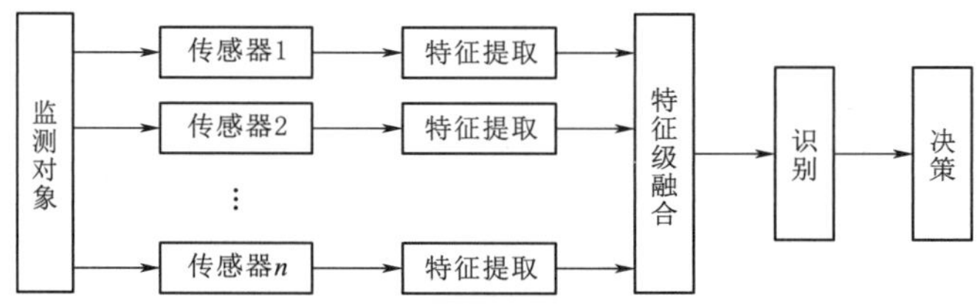

图 3－14　特征级融合结构

特征级融合可划分为目标状态融合和目标特性融合两大类。

目标状态融合主要应用于多传感器的目标跟踪领域；融合系统首先对传感器数据进行预处理以完成数据配准，在数据配准之后，融合处理主要实现参数关联和状态估计。目标特性融合就是特征层联合识别，实质为模式识别问题，融合前必须先对特征进行关联处理，再将特征向量分类成有意义的组合。

融合的三个层次中，特征级融合技术发展较为完善，且由于在特征层已建立了一整套行之有效的特征关联技术，可以保证融合信息的一致性，对计算量和通信带宽要求相对降低。需指出的是，由于部分数据的舍弃使其融合结果准确性也有所下降。

3. 决策级融合

决策级融合属于高层次级融合，是对数据高层次级的抽象，输出是一个联合决策结果。理论上，此联合决策结果应比任何单传感器决策更精确或更直观。决策级融合结构如

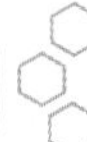

图 3－15。

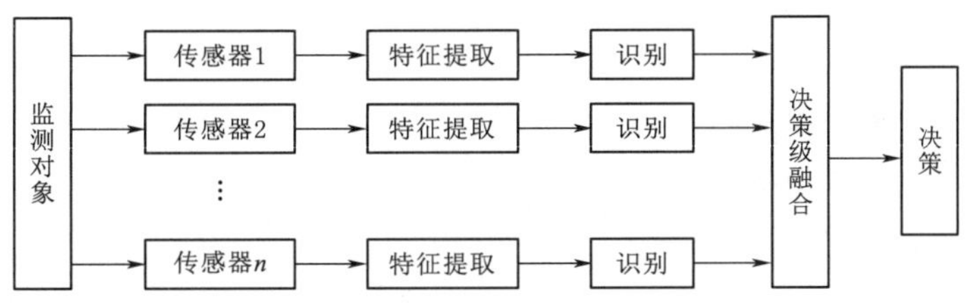

图 3－15 决策级融合结构

决策级融合在信息处理方面具有很高的灵活性，系统对信息传输带宽要求很低，能有效地融合反映环境或目标各个侧面的不同类型信息，而且可以处理非同步信息。但由于环境和目标的时变动态特性、先验知识获取的困难、知识库的巨量特性、面向对象的系统设计要求等，决策级融合理论与技术的发展仍受到一定的限制。

3.2.3 多传感器融合方法

多传感器数据融合虽然未形成完整的理论体系和有效的融合算法，但在不少应用领域根据各自的具体应用需求，已经提出了许多成熟且有效的融合方法。多传感器数据融合的常用方法大致上可概括为概率论与数理统计及人工智能两大类。概率论与数理统计类方法有加权平均法、卡尔曼滤波法、多贝叶斯估计法、Dempster-Shafer（D－S）证据推理法、产生式规则法等；人工智能类则有模糊逻辑理论、神经网络、粗糙集理论、专家系统等。可以预见，以人工智能为主的新技术在多传感器数据融合中的作用越来越重要。

1. 加权平均法

加权平均法是最简单、最直观的融合方法，基本思路是将一组传感器提供的冗余信息进行加权平均，结果作为融合值。设第 i 个传感器采集得到数据为 X_i，权值为 α_i，则加权平均后得到融合信息 X 为

$$X=\sum_{i=1}^{N}\alpha_i X_i \tag{3-27}$$

其中，$\sum_{i=1}^{N}\alpha_i=1(i=1,2,\cdots,N)$，$N$ 为传感器总数量。

2. 卡尔曼滤波法

卡尔曼滤波法由卡尔曼于 1960 年首次提出，是一种线性最小方差估计方法，主要用于融合低层次实时动态多传感器冗余数据。该方法用测量模型的统计特性递推，决定统计意义下的最优融合和数据估计。一般采用动力学方程即状态方程描述被估计量的动态变化规律，被估计量的动态统计信息由激励白噪声的统计信息和动力学方程共同确定。卡尔曼滤波分为连续和离散型两类算法，其中离散型算法更适合在数字计算机上实现，下面主要介绍离散型卡尔曼滤波原理。

设离散系统状态空间方程如下：

$$\begin{aligned}X(k)&=A(k-1)X(k-1)+w(k-1)\\z(k-1)&=H(k-1)X(k-1)+v(k-1)\end{aligned} \tag{3-28}$$

式中　$X(k-1)$——$k-1$ 时刻系统状态；

$A(k-1)$——状态转移矩阵；

$w(k-1)$——噪声；

$H(k-1)$——观测矩阵；

$z(k-1)$——观测向量；

$v(k-1)$——观测噪声。

根据系统 $k-1$ 时刻的状态估计 k 时刻的状态推导过程如下：

(1) 以状态 $X(k-1)$ 预测 $\hat{X}(k|k-1)$，预测式如下：

$$\hat{X}(k|k-1)=A(k-1)\hat{X}(k-1|k-1) \tag{3-29}$$

式中　$\hat{X}(k|k-1)$——$k-1$ 时刻预测目标在时刻 k 的状态；

$A(k-1)$——状态转移矩阵；

$\hat{X}(k-1|k-1)$——$k-1$ 时刻目标的状态估计值。

(2) 计算目标状态协方差一步预测值，预测式如下：

$$P(k|k-1)=A(k-1)P(k-1|k-1)A^{\mathrm{T}}(k-1)+Q(k-1) \tag{3-30}$$

式中　$P(k|k-1)$——$k-1$ 时刻预测目标在 k 时刻的状态协方差；

$P(k-1|k-1)$——$k-1$ 时刻目标的状态协方差的估计值；

$Q(k-1)$——过程噪声协方差。

(3) 计算滤波器增益 $K(k)$，计算公式如下：

$$K(k)=P(k|k-1)H^{\mathrm{T}}(k)[H(k)P(k|k-1)H^{\mathrm{T}}(k)+R]^{\mathrm{T}} \tag{3-31}$$

式中　$K(k)$——滤波器增益；

$H(k)$——k 时刻的测量矩阵；

R——高斯测量白噪声的方差；

$H^{T}(k)$——k 时刻的测量矩阵的转置。

(4) 给出计算目标，当前状态估计值 $\hat{X}(k|k)$ 为

$$\hat{X}(k|k)=\hat{X}(k|k-1)+K(k)[z(k)-H(k)\hat{X}(k|k-1)] \tag{3-32}$$

式中　$\hat{X}(k|k)$——k 时刻目标的状态估计值；

$z(k)$——k 时刻目标观测值。

(5) 据下式计算目标当前状态协方差估计值：

$$P(k|k)=[I-K(k)H(k)]P(k|k-1) \tag{3-33}$$

式中　I——单位矩阵；

$P(k|k)$——k 时刻目标状态协方差估计值。

至此，循环迭代，直至满足停止条件。另外，式(3-29)～式(3-30)为状态预测过程；式(3-31)～式(3-33)为状态更新过程。

【例3-1】 已知某智能车辆沿直线行驶，$X(k)(k=1,2,\cdots,N)$表示车辆在 k 时刻的位置，

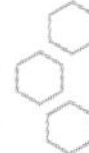

状态转移矩阵 $A=1$，观测矩阵 $H=0.25$，w、v 均为服从高斯分布的白噪声。初始条件 $X(1)=0$，$X(1|1)=1.3$，$P(1)=8$。试编制 M 脚本程序，绘制车辆运动状态 Kalman 滤波曲线。

解 编写 M 代码如下：

```
% %%%%%%%%Kalman 滤波预测车辆速度核心代码%%%%%%%%
    clc;
    clear all;
    Phi_A=1; %状态转移矩阵 Phi_A
    Observer_H=0.25; % 观测矩阵 Observer_H(k)
    State_Vector_X(1)=0; % 目标的状态向量 State_Vector_X(k)
    % Gaussian_V(1)=0; % 过程噪声 Gaussian_V(k)
    One_Step_Y(1)=1.3; % 一步预测的更新 State_Vector_X(k+1|k+1)
    Cov_P(1)=8; % 一步预测的协方差 Cov_P(k)
    Total_Step=300; %算法截止总步长
    Gaussian_V=randn(1,Total_Step); % 模拟产生过程噪声(高斯分布)
    Gaussian_w=randn(1,Total_Step); % 模拟产生测量噪声
    for k=2:Total_Step
      State_Vector_X(k) = Phi_A * State_Vector_X(k-1)+Gaussian_V(k-1); %状态方程:State_Vector_X(k+1)=Φ(k)State_Vector_X(k)+G(k)Gaussian_V(k),其中 G(k)=1
    end
    Cov_Q=std(Gaussian_V)^2; % W(k)的协方差,std()函数用于计算标准偏差
    Cov_R=std(Gaussian_w)^2; % Gaussian_V(k)的协方差 covariance
  Observer_Z=Observer_H * State_Vector_X+Gaussian_w; %Observer_Z(k+1)=Observer_H(k+1)State_Vector_X(k+1)+W(k+1),Observer_Z(k+1)是 k+1 时刻观测值
    for t=2:Total_Step
    Cov_P(t) = Phi_A * Cov_P(t-1) * Phi_A'+Cov_Q; % 一步预测的协方差 Cov_P(k+1|k)
    %Predicton_Cov_S(t) = Observer_H.^2 * Cov_P(t)+Cov_R; % 观测向量的预测误差协方差 Predicton_Cov_S(k+1)
    Predicton_Cov_S(t)=Observer_H * Cov_P(t) * Observer_H'+Cov_R;
    Kalman_K(t) = Observer_H * Cov_P(t)/Predicton_Cov_S(t); % 卡尔曼滤波器增益 Kalman_K(k+1)
    Remain_v(t) = Observer_Z(t) - ( Phi_A * Observer_H * One_Step_Y(t-1) ); % 新息/量测残差 Remain_v(k+1)
    One_Step_Y(t)=Phi_A * One_Step_Y(t-1) + Kalman_K(t) * Remain_v(t); %状态 One_Step_Y 更新方程
    Cov_P(t)=(1-Observer_H * Kalman_K(t)) * Cov_P(t); %误差协方差 Cov_P 的更新方程:
    end
    t=1:Total_Step;
    set(gcf,'color','Gaussian_w')
    subplot(2,1,1)
    plot(t,One_Step_Y,'r',t,Observer_Z,'g-.',t,State_Vector_X,'b:'); %滤波后的值,观测值,预测值
    legend('Kalman 滤波结果','观测值','预测值');
    xlabel('时间序列/s');ylabel('位置/m')
    subplot(2,1,2)
    plot(t,Cov_P,'r',t,Predicton_Cov_S,'g--',t,Kalman_K,'b:');
    legend('一步预测协方差','预测误差协方差','滤波增益');
    xlabel('时间序列/s');ylabel('值')
```

Kalman 滤波计算结果如图 3－16 所示，可见较好实现了跟踪和预测目的。

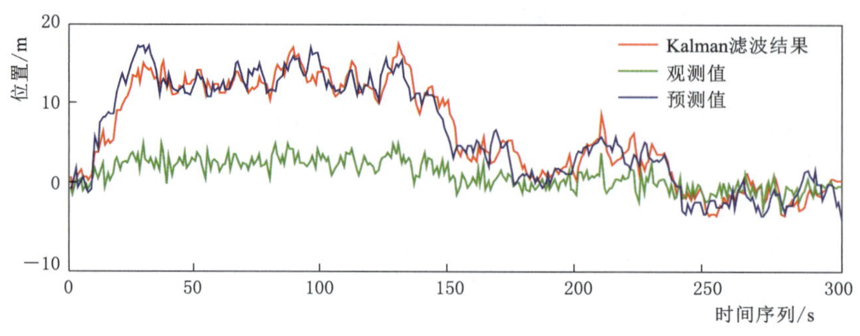

图 3－16　Kalman 滤波计算结果

3. 多贝叶斯估计法

贝叶斯估计法是融合静环境中多传感器高层信息的常用方法，它将传感器信息依据概率原则进行组合，测量不确定性以条件概率表示，当传感器组的观测坐标一致时，可以直接对传感器的数据进行融合，但大多数情况下，传感器测量数据要以间接方式采用贝叶斯估计法进行数据融合。

多贝叶斯估计将每一个传感器作为一个贝叶斯估计，将各个单独物体的关联概率分布合成一个联合后验概率分布函数，让联合分布函数的似然函数为最小，生成多传感器信息的最终融合值，融合信息则与环境的先验模型联合提供整个环境的特征描述。

关于贝叶斯分类理论已在第二章中论述，在此不再赘述。

4. D－S 证据推理法

利用概率论中贝叶斯条件概率来分析，需要知道先验概率，D－S 证据理论不需要知道先验概率，能够很好地表示“不确定”，被广泛用来处理不确定性数据。D－S 理论被认为是贝叶斯推理方法的推广。

D－S 证据推理三个基本要点包括基本概率赋值函数、信任函数和似然函数。一般情况下，D－S 方法的推理结构自上而下分三级。第一级为目标合成，其作用是把来自独立传感器的观测结果合成为一个总的输出结果；第二级为推断，其作用是获得传感器的观测结果并推理，将传感器观测结果扩展成目标报告；第三级为更新，各种传感器一般都存在随机误差，因此在时间上独立来自同一传感器的一组连续数据比任何单一数据可靠，因此在推理和多传感器合成之前，要先组合（或更新）传感器的观测数据。

5. 模糊逻辑理论

模糊逻辑理论的具体内容在第二章已经阐述过，不再赘述。用于传感器信息融合时，与概率统计方法相比，模糊逻辑推理存在许多优点，由于它对信息的表示和处理更加接近人类的思维方式，因此在一定程度上克服了概率论所面临的问题，比较适合于在高层次上的决策应用，但是，逻辑推理本身还不够成熟和系统化。而且由于逻辑推理对信息的描述存在很大的主观性，导致信息的表示和处理缺乏客观性。

模糊集合理论对于数据融合的实际价值在于它外延到模糊逻辑，模糊逻辑是一种多值逻辑，隶属度可视为一个数据真值的不精确表示。在信息融合过程中，存在的不确定性可

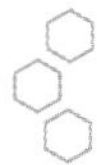

以直接用模糊逻辑表示，然后使用多值逻辑推理，根据模糊集合理论的推理规则对各种命题进行合并，进而实现数据融合。

3.3 车辆位置信息融合

3.3.1 GNSS定位原理

GNSS指全球导航卫星系统，具有全球、全天候、高精度、实时定位等优点，但是其动态性能和抗干扰能力较差。当前，全球卫星导航系统主要有美国的GPS、苏联的GLONASS（全球轨道导航卫星系统）、欧盟的Galileo-ENSS（伽利略计划），以及中国的北斗导航系统。不管哪种类型的导航系统，其定位原理均类似，下面主要以GPS为例加以论述。

卫星导航定位技术中应用最广泛的是全球定位系统（Global Positioning System，GPS）。GPS可以向全球用户提供连续、实时、高精度的三维位置、三维速度和时间信息，能够进行全球、全天候和实时的导航，且其定位误差与时间无关，具有较高的定位和测速精度。

GPS由空间卫星系统、地面监控网和用户接收系统组成。空间卫星系统是指GPS卫星星座，由21颗工作卫星和3颗在轨备用卫星组成，分布在6个轨道平面中，相邻轨道之间的卫星彼此呈30°角，每个轨道面上都有4颗卫星。在GPS信号进行定位导航时，为了计算车辆的三维坐标，必须至少观测4颗卫星；如欲实现实时动态差分定位技术，则基准站和移动站至少要同步观测5颗卫星。GPS系统的组成原理如图3-17所示。

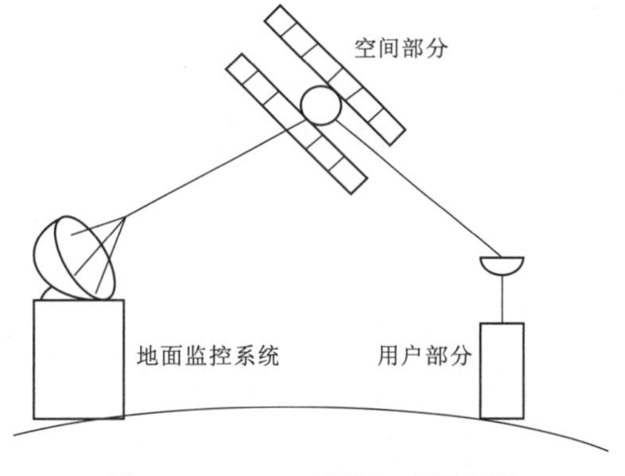

图3-17　GPS系统组成原理图

GPS基于到达时间测距原理来确定用户的位置。首先测量信号从卫星发出至到达用户所经历的时间段，该时间段乘以信号的传输速度便得到了从卫星到接收机的距离，而卫星的位置是已知的，于是通过测量与3个以上卫星的距离便可以解算得到接收机的三维坐标。

设卫星j发射信号时GPS时刻和卫星钟时刻分别用t_G^j和t^j表示，而接收机收到该卫星信号时的GPS时刻和接收机时钟时刻分别用T_G和T表示，则卫星信号的传播时间为$\tau^j = T_G - t_G^j$。但由于实际上测得的量只有$T - t^j$，故计算得到卫星时钟偏差Δt^j和接收机的时钟偏差Δt为

$$\begin{cases} \Delta t^j = t^j - t_G^j \\ \Delta t = T - T_G \end{cases} \tag{3-34}$$

进一步推导得到下式：

$$\tau^j = (T_G - t_G^j) + \Delta t - \Delta t^j \tag{3-35}$$

由于信号实际传播过程中存在电离层时间误差$\Delta t_{\mathrm{ion}}^j$、对流层时间误差$\Delta t_{\mathrm{tro}}^j$和多路径延迟时间误差$\Delta t_{\mathrm{mp}}^j$，式（3-35）改写为

$$\tau^j=(T_G-t_G^j)+\Delta t-\Delta t^j+\Delta t_{\mathrm{ion}}^j+\Delta t_{\mathrm{tro}}^j+\Delta t_{\mathrm{mp}}^j \tag{3-36}$$

对上式两边同乘以光速 c，得到 GPS 位置基本观测方程式，即

$$\begin{cases}\rho^j=R^j+c\Delta t-c\Delta t^j+c\Delta t_{\mathrm{ion}}^j+c\Delta t_{\mathrm{tro}}^j+c\Delta t_{\mathrm{mp}}^j \\ R^j=\sqrt{(x-x^j)^2+(y-y^j)^2+(z-z^j)^2}\end{cases} \tag{3-37}$$

其中，R^j 为接收机与观测卫星 j 之间的几何距离；$(x,\ y,\ z)$、$(x^j,\ y^j,\ z^j)$ 分别为接收机和卫星 j 在地心空间直角坐标系中的三维坐标；ρ^j 为测量得到的 R^j 的观测量，其不同于真实距离 R^j，称为“伪距”。由于可以通过地面监控系统对卫星钟差 Δt^j 进行测定，同时通过卫星播发导航电文的方式将卫星钟差、电离层和对流层传播延迟等数据传输给用户，可知式（3－37）仅有 x、y、z、Δt 4 个未知量需要求解，故至少需要同时拥有 4 颗卫星的观测数据，才能解算出定位信息。

为了提高定位的精度，通常采用差分 GPS 技术推算车辆精确位置。差分 GPS 系统由基准站、数据传输和移动站组成，其工作过程可以描述为：在用户 GPS 接收机附近设置一个已知精度坐标的差分基准站，基准站的 GPS 接收机连续接收 GPS 卫星信号，将测得的位置与该固定位置的真实位置的差值作为公共误差校正量，然后通过无线网络将该校正量传送给移动站的接收机，接收机用该校正量对本地位置进行校正，最后可实现厘米级的定位精度。

（1）位置差分是最简单的差分方法，适用于所有 GPS 接收机。位置差分要求基准站与移动站观测完全相同的一组卫星，校正系数为位置校正系数，即基准站上的接收机对 GPS 卫星进行观测，确定出观测站的观测坐标，观测站的已知坐标与观测坐标之差即为位置校正系数。

（2）伪距差分是目前用途最广的一种技术。校正系数为距离校正系数，即利用基准站坐标和卫星星历可计算出站星之间的空间距离，用该距离减去观测距离即为距离校正系数。差分定位原理如图 3－18 所示。

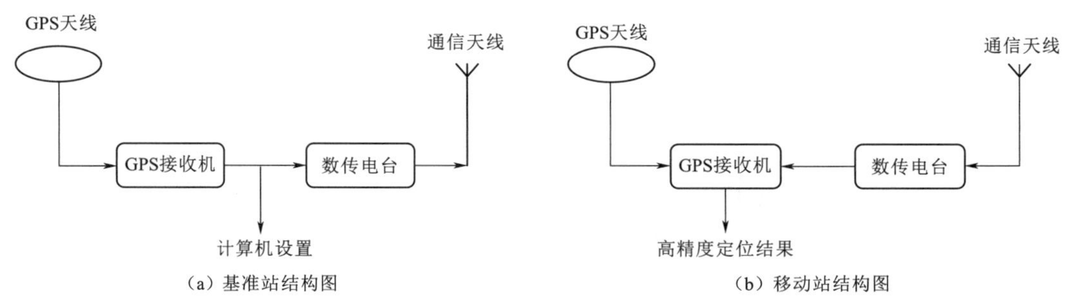

（a）基准站结构图　　（b）移动站结构图

图 3－18　差分定位原理

3.3.2　INS 定位原理

INS 是指利用惯性测量元件（如陀螺仪、加速度计等）测量载体相对惯性空间的角运动参数和线运动参数，在给定运动初始条件下，经导航解算得到载体速度、位置及姿态和航向的一种导航方法。惯性导航系统基本组成如图 3－19 所示。

从组成上看，包括一组惯性测量单元（Inertial measurement unit，IMU）、导航处理器。IMU 通常由三个相互正交配置的加速度计和与之对应安装的陀螺仪组成。基本工作

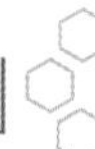

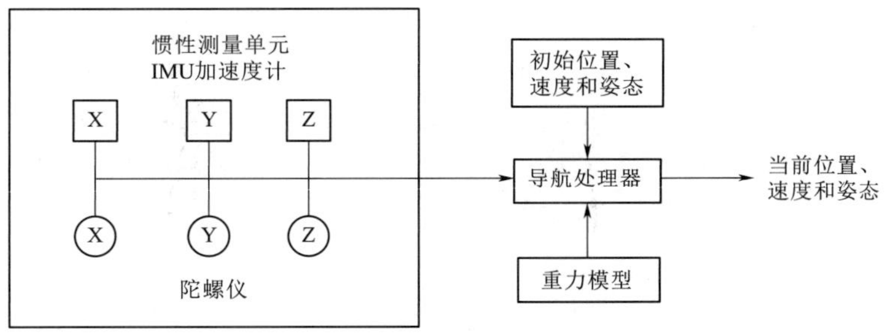

图 3-19 惯性导航系统基本组成

原理为：导航处理器根据陀螺仪测量的角速率，保持惯性导航系统的姿态参数，加速度计测量除引力之外所有外力引起的加速度（或称比力），根据位置参数，基于引力模型从比力中获取加速度值，对其积分运算产生速度值，再对速度值积分运算得到位置参数。

根据牛顿第二定律，物体的位移、速度、加速度之间存在如下关系式：

$$\begin{cases} X(t)=X_0+\int v(t)\mathrm{d}t \\ v(t)=v(t_0)+\int_{t_0}^{t} a(t)\mathrm{d}t \end{cases} \tag{3-38}$$

设以 INS 系统平面为基准，建立东北天坐标系，即在此空间直角坐标系中，三个坐标轴分别指向东、北和天顶方向。在此三个轴上分别对应安装加速度计，东西加速计测量载体沿东西方向的加速度、北向加速度计测量南北方向加速度，垂直加速度计测量天顶方向加速度，分别对此三个方向上加速度分量执行积分运算，得到三个方向上速度分量如下：

$$\begin{cases} v_{ew}(t)=v_{ew}(t_0)+\int_{t_0}^{t} a_{ew}(t)\mathrm{d}t \\ v_{ns}(t)=v_{ns}(t_0)+\int_{t_0}^{t} a_{ns}(t)\mathrm{d}t \\ v_{tb}(t)=v_{tb}(t_0)+\int_{t_0}^{t} a_{tb}(t)\mathrm{d}t \end{cases} \tag{3-39}$$

地球上的载体一般以经纬度和高度（程）来表示，设 λ、φ、h 分别表示其经度、纬度和高度，且初始值为 λ_0、φ_0、h_0。经度、纬度和高度与加速度之间的关系式如下：

$$\begin{cases} \dot{\lambda}=\dfrac{v_{ew}}{(N+h)\cos\varphi} \\ \dot{\varphi}=\dfrac{v_{ns}}{M+h} \\ \dot{h}=v_{tb} \end{cases} \tag{3-40}$$

据牛顿第二定律推导得到下式：

$$\begin{cases} \lambda=\lambda_0+\int_{t_0}^{t} \dot{\lambda}\mathrm{d}t \\ \varphi=\varphi_0+\int_{t_0}^{t} \dot{\varphi}\mathrm{d}t \\ h=h_0+\int_{t_0}^{t} \dot{h}\mathrm{d}t \end{cases} \tag{3-41}$$

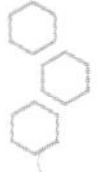

结合上两式，得到载体（智能车）的瞬时位置计算式如下：

$$\begin{cases}\lambda=\lambda_0+\int_{t_0}^{t}\dfrac{v_{ew}}{(N+h)\cos\varphi}\mathrm{d}t\\ \varphi=\varphi_0+\int_{t_0}^{t}\dfrac{v_{ns}}{M+h}\mathrm{d}t\\ h=h_0+\int_{t_0}^{t}v_{tb}\mathrm{d}t\end{cases}\tag{3-42}$$

式中的 M、N 分别表示地球椭圆的子午面、卯酉面曲率半径。一般情况下，若地球半径取为 R，可令 $M=N=R$。

由此，计算求得智能车的实时惯性导航位置。

3.3.3 导航信息的卡尔曼滤波融合

1. 融合模式

具体而言，GNSS 与 INS 的融合方式可分为集中式和分布式两种。

集中式卡尔曼滤波模式，是指 GNNS 数据和 INS 采集得到的数据由同一卡尔曼滤波器处理，即量测输入直接取自 GNSS 接收机的观测值。滤波推算方程中的状态向量为 INS 系统误差值（X_I）和 GNSS 系统误差（ΔX_G）的线性组合，即 $\Delta X=\alpha\Delta X_I+\beta\Delta X_G$，$\alpha$、$\beta$ 为对应权值，则卡尔曼滤波的最优误差估计（$\Delta\hat{X}_I$，$\Delta\hat{X}_G$）即可对原系统进行校正，以获得精确的综合导航参数。具体实现上，从控制理论角度来分析，此种融合模式又可分为开环校正（输出校正）和闭环校正（反馈校正）两种，集中式融合模式如图 3-20 所示。

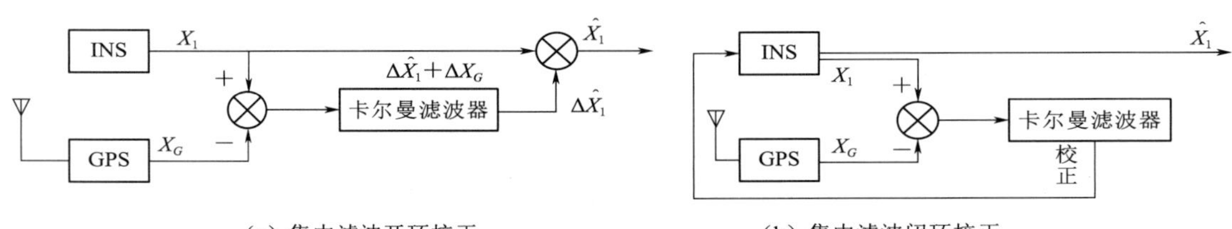

（a）集中滤波开环校正　　（b）集中滤波闭环校正

图 3-20　集中式融合模式

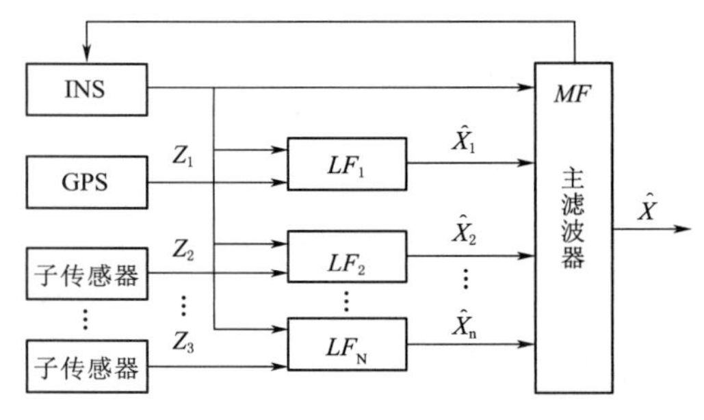

图 3-21　分布式卡尔曼滤波模式

分布式卡尔曼滤波模式如图 3-21 所示，从融合实现流程上而言，每个子系统按照一定算法首先自主处理采集得到的数据，进行局部最优估计，然后局部滤波器分别并行输入到主滤波器中，由其统一运算获得状态向量的最优估计值。

2. 系统建模

设无人车运动状态向量为

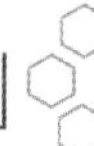

$$X(k)=[d_e(k),d_n(k),v_e(k),v_n(k),e_e(k),e_n(k),\theta_c(k)] \tag{3-43}$$

式中 d_e——无人驾驶汽车的东向位移，m；

d_n——无人驾驶汽车的北向位移，m；

v_e——无人驾驶汽车的东向速度，m/s；

v_n——无人驾驶汽车的北向速度，m/s；

e_e——GPS 东向定位误差；

e_n——GPS 北向定位误差；

θ_c——GPS 航迹与 INS 航迹间的夹角，rad。

观测向量表达式为

$$Z(k)=[gx(k),gy(k),dx(k),dy(k)] \tag{3-44}$$

式中 gx——GPS 信号坐标变换后的东向位移，且其观测噪声为 $mv1$；

gy——GPS 信号坐标变换后的北向位移，且其观测噪声为 $mv2$。

由此，dx 和 dy 分别为航迹推算得到的无人驾驶汽车在某一采样周期内的东向位移和北向位移，dx、dy 的观测噪声分别为 nv_3、nv_4，表达式为

$$\begin{cases} dx(k)=d(k)\sin[\varphi(k)] \\ dy(k)=d(k)\cos[\varphi(k)] \end{cases} \tag{3-45}$$

式中 $d(k)$——无人驾驶汽车在一个采样周期内的实际位移，m；

φ——罗盘输出的磁航向。

系统噪声向量为

$$W(k)=[0,0,w_3(k),w_4(k),w_5(k),w_6(k),w_7(k)] \tag{3-46}$$

式中 w_3——噪声处理的东向加速度，m/s^2；

w_4——噪声处理的北向加速度，m/s^2；

w_5、w_6——GPS 滤波器的激励白噪声；

w_7——引起 GPS 航迹与 INS 航迹间夹角 θ_c 缓慢变化的噪声。

各系统噪声分量概率独立，得到系统噪声协方差阵为

$$Q=\mathrm{diag}(0,0,q_3,q_4,q_5,q_6,q_7) \tag{3-47}$$

观测噪声向量表示观测向量的随机白噪声，表达式为

$$V(k)=[nv_1(k),nv_2(k),nv_3(k),nv_4(k)] \tag{3-48}$$

各观测噪声分量概率独立，观测噪声协方差阵为

$$R=\mathrm{diag}(r_1,r_2,r_3,r_4) \tag{3-49}$$

得到系统状态方程为

$$\begin{cases} d_e(k+1)=d_e(k)+v_e(k)\times T \\ d_n(k+1)=d_n(k)+v_n(k)\times T \\ v_e(k+1)=v_e(k)+w_3(k) \\ v_n(k+1)=v_n(k)+w_4(k) \\ e_e(k+1)=a_e\times e_e(k)+w_5(k) \\ e_n(k+1)=a_n\times e_n(k)+w_6(k) \\ \theta_c(k+1)=\theta_c(k)+w_7(k) \end{cases} \tag{3-50}$$

式中　a_e、a_n——对 GPS 误差信号谱估计；

T——融合周期，s。

系统观测方程为

$$\begin{cases} gx(k)=d_e(k)+e_e(k)+nv_1(k) \\ gy(k)=d_n(k)+e_n(k)+nv_2(k) \\ dx(k)=v_e(k)\cos(\theta_c(k))-v_n(k)\sin(\theta_c(k)) \\ dy(k)=v_e(k)\sin(\theta_c(k))+v_n(k)\cos(\theta_c(k)) \end{cases} \tag{3-51}$$

得到矩阵表达式为

$$\begin{cases} X(k+1)=AX(k)+W(k) \\ Z(k+1)=MX(k)+V(k) \end{cases} \tag{3-52}$$

由于系统观测方程为非线性方程，扩展卡尔曼滤波计算方程为

$$X(k+1)=AX(k)+K(k+1)\{Z(k+1)-C[AX(k)]\} \tag{3-53}$$

式中，各参数计算式见式（3-54）～式(3-56)。

$$X(0)=X_0 \tag{3-54}$$

$$A=\begin{bmatrix} 1 & 0 & T & 0 & 0 & 0 & 0 \\ 0 & 1 & 0 & T & 0 & 0 & 0 \\ 0 & 0 & 1 & 0 & 0 & 0 & 0 \\ 0 & 0 & 0 & 1 & 0 & 0 & 0 \\ 0 & 0 & 0 & 0 & a_e & 0 & 0 \\ 0 & 0 & 0 & 0 & 0 & a_n & 0 \\ 0 & 0 & 0 & 0 & 0 & 0 & 1 \end{bmatrix}$$

$$C(k)=\begin{bmatrix} 1 & 0 & 0 & 0 & 1 & 0 & 0 \\ 0 & 1 & 0 & 0 & 0 & 1 & 0 \\ 0 & 0 & \cos(\theta_c(k)) & -\sin(\theta_c(k)) & 0 & 0 & -v_e(k)\sin(\theta_c(k))-v_n(k)\sin(\theta_c(k)) \\ 0 & 0 & \sin(\theta_c(k)) & \cos(\theta_c(k)) & 0 & 0 & v_e(k)\cos(\theta_c(k))-v_n(k)\sin(\theta_c(k)) \end{bmatrix} \tag{3-55}$$

$$\begin{cases} K(k+1)=M(k)C^{\mathrm{T}}(k)(C(k)M(k)C^{\mathrm{T}}(k)+R)^{-1} \\ M(k)=AB(k)A^{\mathrm{T}}+Q \\ B(k+1)=(I-K(k+1)C(k))M(k);B(0)=B_0 \end{cases} \tag{3-56}$$

至此，推算得到导航信息的卡尔曼滤波公式。

3.4　超声波与视觉传感器融合

3.4.1　融合框架与原理

超声波与视觉传感器融合框架如图 3-22 所示。

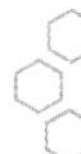

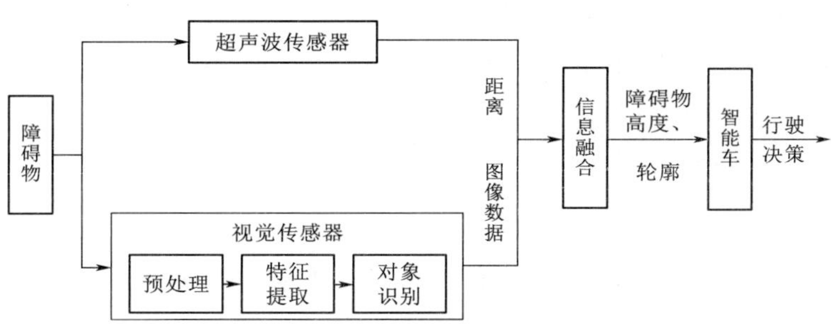

图 3-22 超声波与视觉传感器融合框架

障碍物高度与宽度计算原理如图 3-23 所示。设 L_z 为超声波传感器测得的障碍物的距离，H、W 为障碍物的实际高度和宽度，β 为视觉传感器的垂直视场角，α 为视觉传感器的水平视场角，X_I 为采集得到的图像的宽度，Y_I 为采集得到的图像的长度，w 为障碍物在采集图像中的宽度，h 为障碍物在采集图像中的高度。根据三角形相似原理求得高度计算式为

$$\begin{cases} \dfrac{H}{h}=\dfrac{2H_c}{Y_I} \\ H_c \approx L_z \tan\dfrac{\beta}{2} \end{cases} \tag{3-57}$$

解得，$H=\dfrac{2L_z\tan\dfrac{\beta}{2}}{Y_I}h$；同理推导得到，$W=\dfrac{2L_z\tan\dfrac{\alpha}{2}}{X_I}w$。

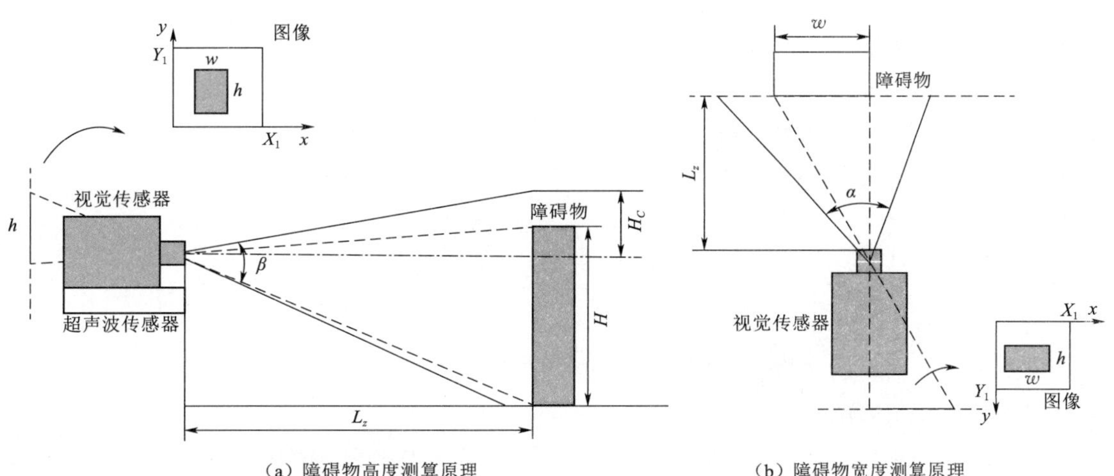

图 3-23 高度与宽度计算原理

由此计算得到待检测物体（障碍物）的实际高度和宽度。

3.4.2 超声波传感器

超声波传感器的原理前面已经论述。简言之，即利用其在空气中传播的速度（近似等

于声音速度)，测量声波在发射后遇到障碍物反射回来的时间，根据发射和接受的时间差计算出发射点到障碍物的实际距离，其计算式如下：

$$L=\frac{ct}{2} \tag{3-58}$$

式中 L——测量的距离，m；

c——超声波在空气中的传播速度，m/s，一般取 $c=340$；

t——超声波传播的时间差，s。

3.4.3 视觉图像处理

1. 预处理

图像预处理包括亮度变换与空间滤波（或图像增强)、图像复原、彩色图像处理等操作。

以图像增强为例加以分析。图像增强按照作用域可分为空域法和频域法两类。空域法是直接对图像的像素灰度值进行操作，常用的空域法包括图像的灰度变换、直方图修正、图像空域平滑和锐化处理、彩色增强等。频域法是在图像的变换域中，对图像的变换值进行操作，然后经逆变换获得所需的增强结果，常用的方法包括低通滤波、高通滤波以及同态滤波等。

(1) 灰度变换增强。灰度变换增强法主要包括灰度直接变换、直方图灰度变换、直方图均衡化等。

直方图均衡化（Histogram Equalization，HE）是一种常用的图像增强算法。设给定数字图像灰度级范围为 $[0, L-1]$，则其直方图可以表示为离散函数 $h(r_k)=n_k$，其中 r_k 表示第 k 级灰度值，而 n_k 为图像中灰度值为 r_k 的像素个数。显然，图像的灰度直方图表征图像中灰度（值）分布。实际应用中，一般先对直方图进行归一化处理，如设灰度图像维数为 $M\times N$，则归一化运算公式为

$$p(r_k)=n_k/MN \tag{3-59}$$

其中，$k=0,1,2,\cdots,L-1$；$p(r_k)$ 为灰度级 r_k 在该图像中出现的概率值。显然，归一化直方图所有分量之和为 1。

大量研究表明，暗图像直方图的分量集中在灰度较低端，而亮图像直方图分量偏向于灰度较高端，图像明暗与直方图间关系如图 3-24 所示。

如果图像的灰度值近似于均匀分布，则图像具有较大灰度范围和较高的对比度，图像更为清晰。这为图像增强提供了思路，即对其进行灰度值的均衡化，可改变图像的清晰度。

设待处理的图像为灰度图像（如果是彩色图像，可先将其转换为灰度图像)，r 表示待处理图像的灰度，则 $r=0$ 表示黑色，$r=L-1$ 表示白色，直方图均衡化函数为 T，得到下式：

$$s=T(r)\ (0\leqslant r\leqslant L-1) \tag{3-60}$$

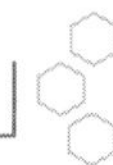

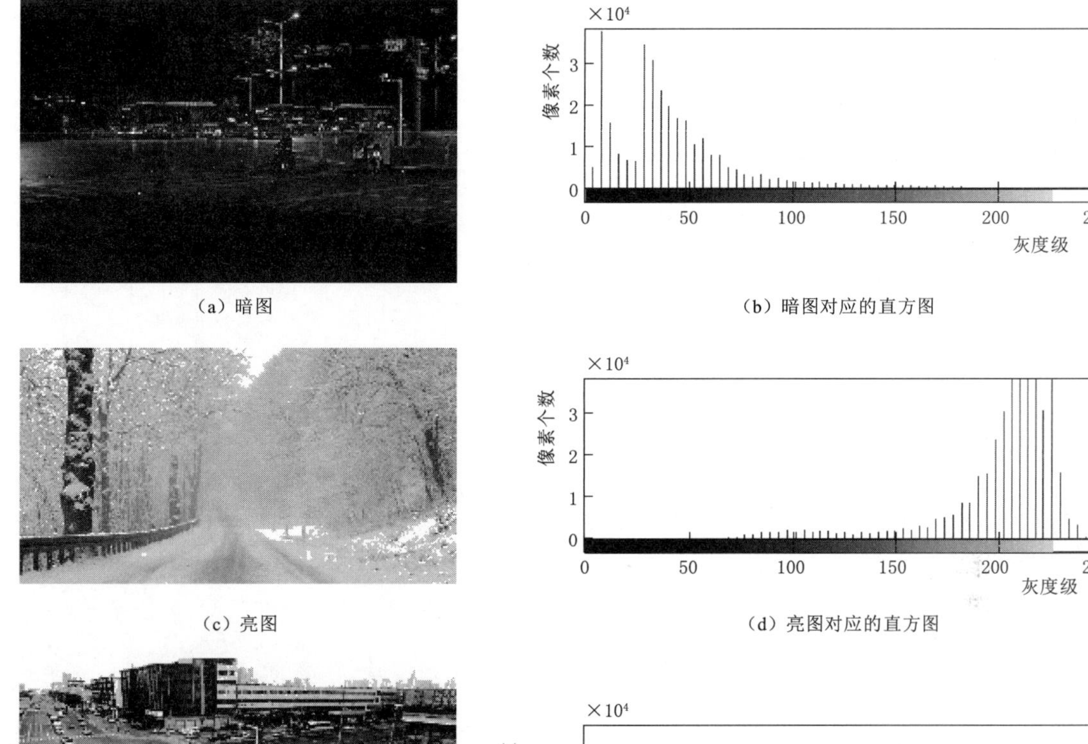

（a）暗图 （b）暗图对应的直方图

（c）亮图 （d）亮图对应的直方图

（e）明暗适中 （f）明暗适中对应的直方图

图 3-24 图像明暗与直方图间关系

其中，变换 T 满足如下条件：$T(r)$ 在 $[0, L-1]$ 上严格单调递增；当 $0 \leqslant r \leqslant L-1$ 时，$0 \leqslant T(r) \leqslant L-1$。

Matlab 中，绘制直方图的函数为 imhist()、bar()、stem()等；直方图均衡化函数为 histeq()。

（2）滤波。滤波是对数字图像所执行的特定操作，目的在于模糊或平滑图像的质量。滤波分为空间域滤波和频域滤波两大类。

1）空间域滤波。空间域滤波器首先确定一个邻域，对该领域内的图像像素执行卷积操作，滤波产生新像素，新像素坐标等于邻域中心的坐标，值即为滤波操作的结果。滤波器依次运算图像中的每个像素，便产生滤波后的图像。如果卷积操作为线性，则该滤波器称作线性空间滤波器，如均值滤波器；否则，称为非线性空间滤波器，如中值滤波器。卷积操作过程如图 3-25 所示。

一般而言，以 $m \times n$ 滤波器对尺度为 $M \times N$ 的数字图像进行线性空间滤波，其计算

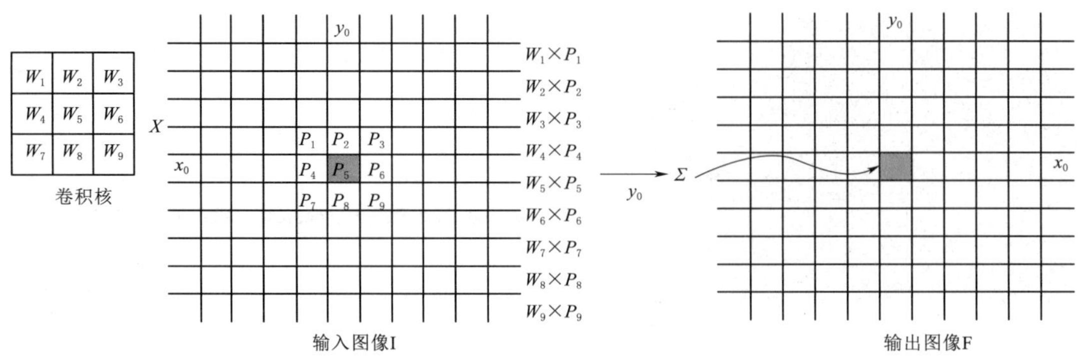

图 3-25　卷积操作过程

式如下：

$$g(x,y)=\sum_{s=-a}^{s=a}\sum_{t=-b}^{t=b}w(s,t)f(x+s,y+t) \tag{3-61}$$

式中　$g(x,y)$——滤波后图像在点 (x,y) 值；

$f(x,y)$——滤波前图像在点 (x,y) 值；

$w(s,t)$——卷积算子。

Matlab 中实现空间域滤波的算子包括均值（average）、索贝尔（Sobel）、高斯（Gaussian）、拉普拉斯（Laplacian）、高斯-拉普拉斯（LOG）、Prewitt 掩模等。以高斯滤波为例，即为对整幅图像进行加权平均的过程，每一个像素点的值，都由其本身和邻域内的其他像素值经过加权平均后得到。由于高斯滤波器是带有权重的平均值（加权平均），中心的权重比邻近像素的权重更大，一定程度上可克服边界效应。高斯滤波采用 3×3 掩模的具体公式如下：

$$g(x,y)=\frac{\left\{\begin{array}{l}f(x-1,y-1)+f(x-1,y+1)+f(x+1,y-1)+\\ f(x+1,y+1)+\begin{bmatrix}f(x-1,y)+f(x,y-1)+\\ f(x+1,y)+f(x,y+1)\end{bmatrix}\times 2+f(x,y)\times 4\end{array}\right\}}{16} \tag{3-62}$$

式中　$f(x,y)$——原图像中 (x,y) 像素点的灰度值：

$g(x,y)$——经过高斯滤波后的值。

空间域各种线性滤波效果如图 3-26 所示。

非线性滤波算法中，中值滤波器对处理椒盐噪声非常有效。对一幅图像进行中值滤波处理时，先将邻域内像素分类排序，确定中间值，并将其赋予滤波后图像中的相应像素点。当邻域中数值均相等时，所有值均可以作为中值。中值滤波效果如图 3-27 所示。

2）频率域滤波。傅里叶变换的频率分量和图像空间特征之间的关系为频率成分（$u=v=0$）对应图像的平均灰度级。当从变换的原点移开时，低频对应着图像的慢变化分量，如图像的平滑部分；离原点较远时，较高的频率对应图像中变化越来越快的灰度级，如边缘或噪声等尖锐部分。频率域滤波一般步骤如图 3-28 所示。

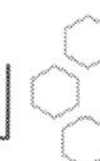

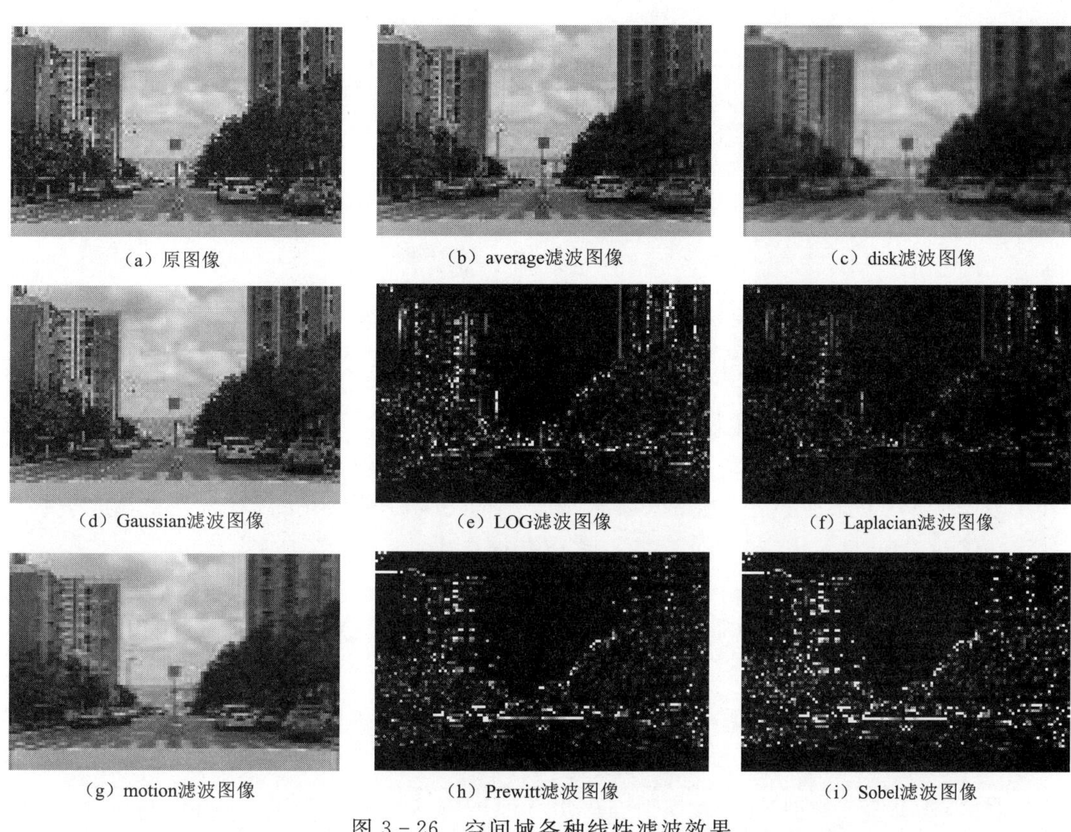

（a）原图像　（b）average滤波图像　（c）disk滤波图像

（d）Gaussian滤波图像　（e）LOG滤波图像　（f）Laplacian滤波图像

（g）motion滤波图像　（h）Prewitt滤波图像　（i）Sobel滤波图像

图 3－26　空间域各种线性滤波效果

（a）原图　（b）加入椒盐噪声后图像

（c）3×3核中值滤波后图像　（d）16×16核中值滤波后图像

图 3－27　中值滤波效果

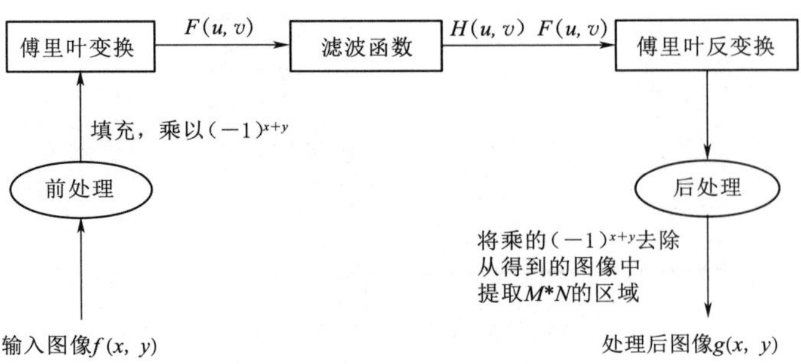

图 3-28 频率域滤波一般步骤

频率域图像具体处理过程描述如下：

a. 给定一幅大小为 $M\times N$ 的输入图像 $f(x,y)$，选择填充参数 $P=2M$，$Q=2N$。

b. 对 $f(x,y)$ 添加必要数量的 0，形成大小为 $P\times Q$ 的填充图像 $f_P(x,y)$。

c. 执行$(-1)^{x+y}\times f_P(x,y)$ 运算，移至其变换中心。

d. 执行傅里叶变换操作，得到 $F(u,v)$。

e. 生成一个对称的滤波函数 $H(u,v)$，其大小为 $P\times Q$，中心在（$P/2$，$Q/2$）处。计算乘积 $G(u,v)=H(u,v)\times F(u,v)$。

f. 执行傅里叶反变换操作，得到处理后的图像计算式为

$$g_P(x,y)=\{real[F^{-1}[G(u,v)]]\}(-1)^{x+y} \tag{3-63}$$

其中，$real$ 表示选择实部，下标 p 指的是填充后的图像。

g. 从 $g_P(x,y)$ 的左上象限提取 $M\times N$ 区域，得到最终处理结果 $g(x,y)$。

$H(u,v)$ 称为滤波器，它在滤波中抑制或除去了频谱中的某些分量，而保留其他的一些频率不受影响，从而达到滤波的目的。类似于日常生活中的筛子，它可以严格按照尺寸使一些物体通过而同时阻止其他物体。

下面分析几类常用的频率域滤波器。

第一类为理想高/低通滤波器。在以原点为圆心，以 D_0 为半径的圆内，无衰减地通过所有频率，而在该圆外"阻断"所有频率的二维低通滤波，称为理想低通滤波器，由函数式（3-64）、式（3-65）确定。

$$H(u,v)=\begin{cases}1 & [D(u,v)\leqslant D_0]\\ 0 & [D(u,v)>D_0]\end{cases} \tag{3-64}$$

$$D(u,v)=\sqrt{(u-M/2)^2+(v-N/2)^2} \tag{3-65}$$

式中 D_0——带通半径；

$D(u,v)$——到频谱中心的距离（欧式距离）；

M、N——频谱图像的大小，（$M/2$，$N/2$）即为频谱中心。

理想的高通滤波器与此相反，用 1 减去低通滤波模板即可。理想低通滤波效果如图 3-29 所示。

第二类为 Butterworth 高/低通滤波。Butterworth 低通滤波器函数为

$$H(u,v)=\frac{1}{1+[D(u,v)/D_0]^{2n}} \tag{3-66}$$

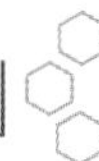

（a）原图

（b）D_0=20时滤波图像

（c）D_0=120时滤波图像

（d）D_0=250时滤波图像

（e）原图对应的频谱

（f）D_0=20时图像对应的频谱

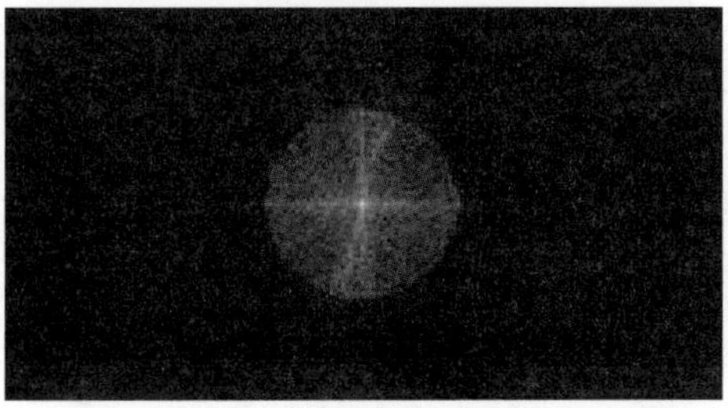

（g）D_0=120时图像对应的频谱

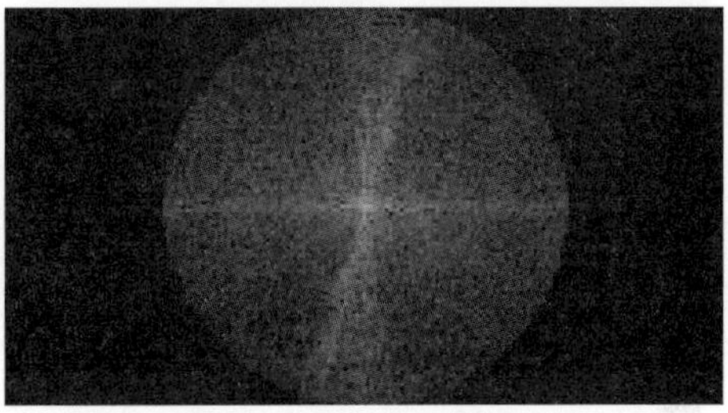

（h）D_0=250时图像对应的频谱

图 3-29　理想低通滤波效果

Butterworth 高/低通滤波器函数如图 3-30 所示。可见，函数曲线更圆滑。幂系数 n 可以改变滤波器的形状，n 越大，则该滤波器越接近于理想滤波器。用 1 减去低通滤波模板即可得到高通滤波模板。

Butterworth 高/低通滤波效果如图 3-31 所示。

第三类为 Gaussian 低通滤波器，函数式为式（3-67），相应滤波器函数图如图 3-32 所示。

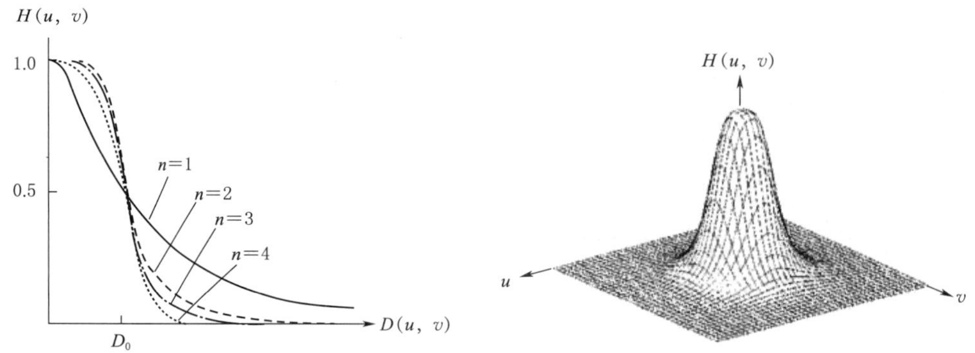

图 3-30 Butterworth 高/低通滤波器

(a) 原图

(b) $D_0=20$、$n=2$的滤波图像

(c) $D_0=20$、$n=5$的滤波图像

(d) $D_0=80$、$n=2$的滤波图像

(e) $D_0=80$、$n=5$的滤波图像

(f) $D_0=200$、$n=5$的滤波图像

(g) 原图对应的频谱

(h) $D_0=20$、$n=2$的频谱

(i) $D_0=20$、$n=5$的频谱

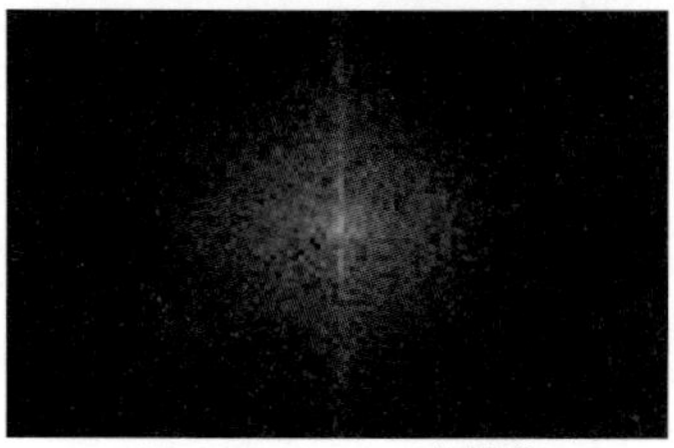

(j) $D_0=80$、$n=2$的频谱

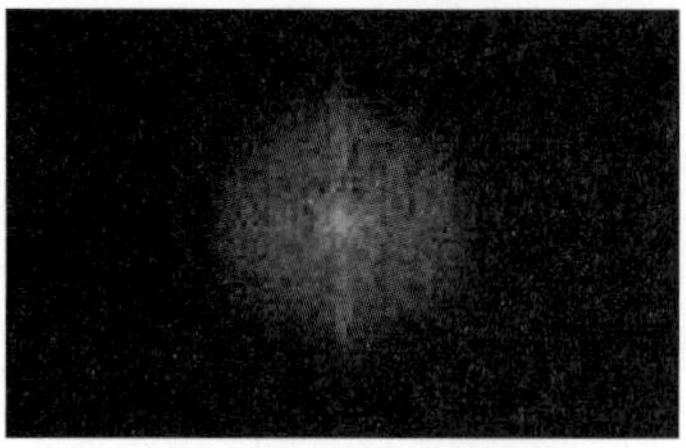

(k) $D_0=80$、$n=5$的频谱

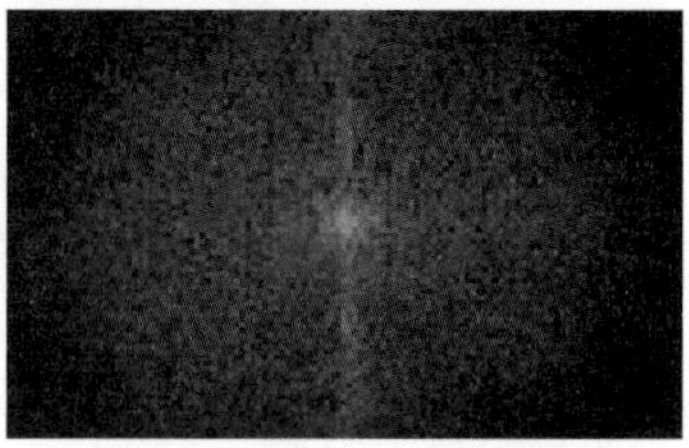

(l) $D_0=200$、$n=5$的频谱

图 3-31 Butterworth 高/低通滤波效果

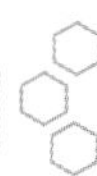

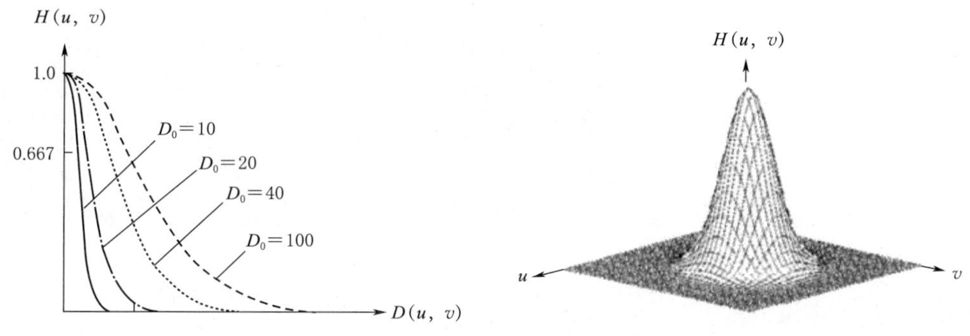

图 3-32　Gaussian 高/低通滤波器

$$H(u,v)=e^{-\frac{D^2(u,v)}{2D_0^2}} \tag{3-67}$$

2. 特征提取

(1) 边缘检测。边缘检测是一种基本的图像处理操作，目的在于找到一幅图像或场景中的边缘。图像的边缘被定义为两个根据某种特征（如灰度、彩色或纹理）存在显著差异的图像区域之间的边界。边缘检测的数学基础为一阶导数和二阶导数，其中一阶导数计算结果确定边缘的存在性，而二阶导数则能够确定像素的具体分布（如在边缘的具体侧）。

一阶导数的边缘检测是通过离散化梯度函数来实现，如在像素点（x，y）的梯度可以离散化表示为

$$\begin{cases} g_x(x,y)\approx f(x+1,y)-f(x-1,y) \\ g_y(x,y)\approx f(x,y+1)-f(x,y-1) \end{cases} \tag{3-68}$$

式中　$f(\cdot,\cdot)$——原始图像像素值；

$g_x(x,y)$——x 轴方向梯度；

$g_y(x,y)$——y 轴方向梯度。

常用的一阶边缘检测算法有 Robert 边缘检测算子、Sobel 边缘检测算子、Prewitt 边缘检测算子、Canny 边缘检测算子等。

二阶微分边缘检测算子是利用图像在边缘处的阶跃性导致图像二阶微分在边缘处出现零值这一特性实现边缘检测的，因此该算法又称零点算子或拉普拉斯算子。

不同算法边缘检测效果如图 3-33 所示。

(2) 图像分割。图像分割定义为将一幅图像分为一组互不相重叠的区域的过程。现有的图像分割方法主要分以下几类：基于阈值的分割方法、基于区域的分割方法、基于边缘的分割方法以及基于特定理论的分割方法等。从数学角度分析，图像分割是将数字图像划分成互不相交的区域或集合的运算。图像分割的过程也是一个标记过程，即把属于同一区域的像素赋予相同的编号。

1) 阈值分割方法。通常情况下，可把一张图片分为前景和背景，感兴趣或有意义的部分是前景部分，故一般使用阈值将前景和背景分割开来，令前景图像的像素值为 1，背景图像像素为 0。有时一张图会有几个不同的感兴趣区域（不在同一个灰度区域），则可

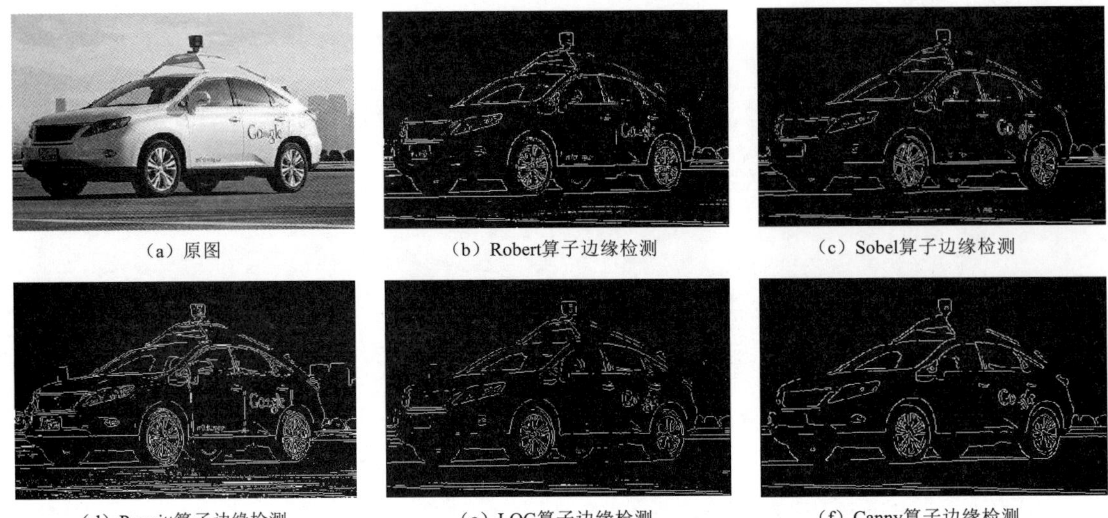

(a) 原图　(b) Robert算子边缘检测　(c) Sobel算子边缘检测

(d) Prewitt算子边缘检测　(e) LOG算子边缘检测　(f) Canny算子边缘检测

图 3-33 不同算法边缘检测效果图

用多个阈值进行分割，即为阈值处理。

单个阈值分割计算式为

$$(x,y)=\begin{cases}a & [f(x,y)>T]\\ b & [f(x,y)\leqslant T]\end{cases} \tag{3-69}$$

式中 T——阈值。

两个阈值分割计算式为

$$g(x,y)=\begin{cases}a & [f(x,y)>T_2]\\ b & [T_1<f(x,y)\leqslant T_2]\\ c & [f(x,y)\leqslant T_1]\end{cases} \tag{3-70}$$

式中 T_1、T_2——阈值。

两种类型阈值分割示意图如图 3-34 所示。

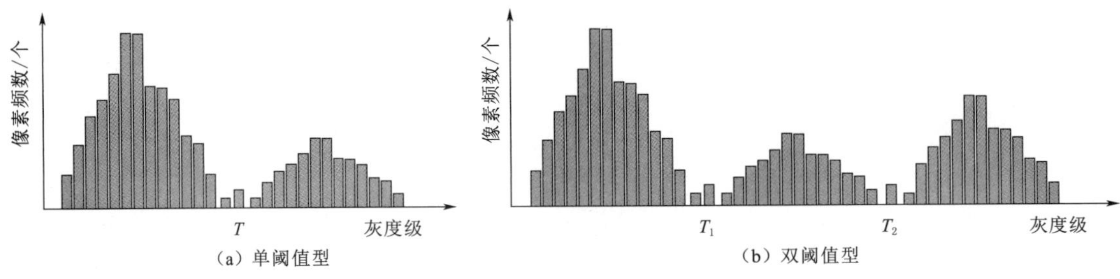

(a) 单阈值型　(b) 双阈值型

图 3-34 两种类型阈值示意图

具体算法实现如下：

a. 针对全局阈值选择初始估计值 T，用 T 分割图像，G_1 是所有灰度值大于 T 的像素组成，G_2 是所有灰度值小于等于 T 的像素组成。

b. 分别计算 G_1 和 G_2 区域内的平均灰度值 m_1 和 m_2。

c. 取其 m_1 和 m_2 平均值，计算出新的阈值。

d. 重复步骤 b～d，直到在连续的重复中，T 的差异比预先设定的参数小为止。

e. 使用函数 *im2bw* 分割图像：$g=im2bw(f,T/den)$，对 8 比特灰度图像，den=255。

直方图分割效果如图 3-35 所示。

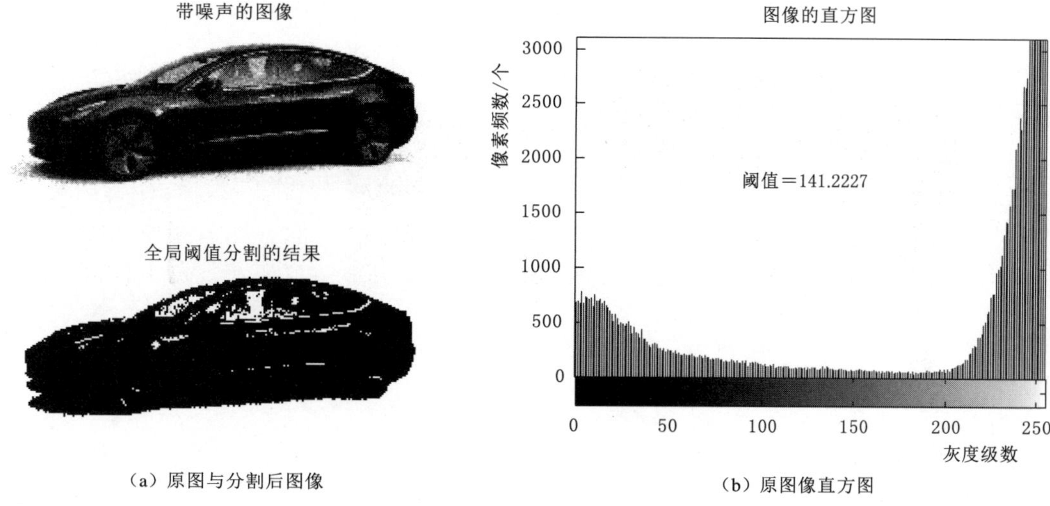

（a）原图与分割后图像　　（b）原图像直方图

图 3-35　直方图分割效果

2）区域分割法。令 R 表示整个图像区域，分割是把 R 分成 n 个子区域的处理过程，分割必须满足以下原则：$i=1,2,\cdots,n$；$\bigcup_{i=1}^{n} R_i=R$；R_i 是连接区域；$R_i \cap R_j=\Phi, i\neq j$；$P(R_i)=TRUE$；$P(R_i \cap R_j)=FALSE$。

区域生长（Region Growing，RG）是指将成组的像素或区域发展成更大区域的过程。一般从种子点的集合开始，通过将与每个种子点有相似属性（如强度、灰度级、纹理颜色等）的相邻像素合并到此区域的过程。

区域生长中的主要问题如下：

a. 区域初始化种子的选择。区域生长过程中，不同区域点如何应选择合适的属性执行生长操作。

b. 基于图像具体属性的像素生长不一定是好的分割。区域生长过程中，不应使用连通性或邻接信息。

c. 相似性。相似性表示在灰度级中观察在两个空间邻接像素之间或像素集合的平均灰度级间的最小差分，将产生不同的区域。如果这个差分比相似度阈值小，则像素属于相同的区域。

d. 区域面积。最小面积阈值与像素中的最小区域大小有关，分割的图像中，若没有区域比这个阈值小，需由用户自行定义。

在 Matlab 中使用函数 regiongrow 进行区域生长的操作。

区域生长算法效果如图 3-36 所示。

(a) 原始图像

(b) 种子点的图像

(c) 所有通过阈值测试的像素

(d) 对种子点进行8连通分析后的结果

图 3-36 区域生长算法效果

3.4.4 目标识别

1. 概述

目标识别属于典型的模式识别问题。设有一个 n 维模式向量 $X=(x_1,x_2,\cdots,x_n)^{\mathrm{T}}$，现有 W 个模式分类 $Y=(\omega_1,\omega_2,\cdots,\omega_W)^{\mathrm{T}}$，决策理论模式识别问题即为寻优 W 个决策函数 $d_1(X),d_2(X),\cdots,d_W(X)$。若模式 X 属于 ω_i 类，则应满足下式要求：

$$d_i(X)>d_j(X)(j=1,2,\cdots,W;\ j\neq i) \tag{3-71}$$

式（3-71）表明决策函数 $d_i(X)$ 值最大，则称模式 X 属于第 i 个模式。

分割类 ω_i 和 ω_j 的决策边界由下式确定：

$$d_i(X)-d_j(X)=0 \tag{3-72}$$

交通标志检测与识别属于典型的目标识别问题，一般包含色彩分割、形状检测和验证、象形识别三个方面内容。

(1) 色彩分割。假定交通标志的颜色数据和负样本数据在 RGB 色彩空间线性分离，构建每个目标颜色划分的超平面思路为：根据线性回归理论，求解式（3-73）线性函数的最优值和式（3-74）岭回归函数。

$$f(x)=\langle w\cdot x\rangle+b,x=(v_1,v_2,v_3,1) \tag{3-73}$$

$$L(w,b)=v\langle w,w\rangle+\sum_{n=1}^{N}(y_n-\langle w\cdot x_n\rangle-b)^2 \tag{3-74}$$

式中 v_i——R（红）、G（绿）、B（蓝）3个颜色通道，$i=1$，2，3；

w、b——分割超平面的系数；

v——调整因子；

N——样本总数；

n——样本标号；

y_n——相关性，且 $y_n>0$ 表示正相关，而 $y_n<0$ 表示负相关。

当 $L(w, b)$ 最小时，即可得到满足条件的 w 值和 b 值。一般情况下，正样本训练数据选用采样图像中获取交通标志的颜色，负样本训练数据则通过随机选取图像中不含有交通标志的部分颜色得到。

（2）形状检测和验证。通常情况下，交通标志与驾驶方向并非完全符合垂直关系，因在摄像机捕捉的图像中，圆形交通标志更像是一个椭圆而非圆。因此，往往采用基于随机连续性采样的椭圆检测，而非 Hough 圆检测，来判断是否为圆形交通标志以并确定圆心位置。

检测交通标志时，首先清除非交通标志的候选区，之后计算分析每个检测区域的属性，包括区域的长宽比例以及边界范围，最后基于模板匹配原理对检测的形状进行验证，并完成分类。

（3）象形识别。为实现象形识别，对于每一类交通标志，均需分别设计分类器。

1）预处理候选标志。为了获得交通标志内部的二值性象形图的准确分布，该二值化图像同时满足不受光照、阴影以及遮挡的影响，选用 OTSU 阈值法，即最大类间差法或大津算法。该法属于非参数化和非监督算法，能够自动地得到图像分割的阈值，特别适合于前景与背景相差不大的二分问题。因而，在特征提取操作之前，可先应用此种算法预处理候选标志。

由于大部分交通标志图案无法填充整个候选区域块，因而分割结果极易受到背景图案的影响。为了解决这个问题，对于每一种图形应当设计单独的模板。

2）特征提取。矩运算被广泛应用于计算机视觉，特别是图形识别领域。矩运算的结果可以表达整个图像的特征，并作为一个特征向量用于图形识别。考虑到具体的应用和典型的图案分布，运用矩运算十分有效。图像的直方图特征也多被广泛应用于图形识别中，作为分类器的输入特征或者直接用于模板匹配。

设 OTSU 算法分割得到的二值化图像，综合考虑矩特征和直方图特征提取辐射状的直方图特征思路如下：首先，将均一化的二值化图像等分成 N 份；然后，计算每一部分的有效图案区域作为特征向量，注意整个象形图案的质心位置也是一个特征向量。另外，对于三角形为主的交通标志图案，其几何中心指的是标志区域，而不是候选区域，否则会引起计算误差。

对均一化图像的二值图，统计第 k 部分的有效像素点数量 n_k，求得整个象形图案中心点位置，见式（3-75）。

$$x_c = \frac{1}{N}\sum_{i=1}^{N_P} x_i ; y_c = \frac{1}{N}\sum_{i=1}^{N_P} y_i \tag{3-75}$$

式中　x_c、y_c——中心坐标；

N_P——象形图案有效像素点的总个数。

同理，类似得到每一区域的质心坐标，则每一区域的质心与图像总的质心距离计算式为

$$d_{\text{is}} = \sqrt{(x_c - x_{ck})^2 + (y_c - y_{ck})^2} \tag{3-76}$$

式中　x_{ck}、y_{ck}——图像总的质心坐标。

以此类推，可计算出交通标志图案的所有部分，得到特征向量式为

$$F=\{d_{c1},\cdots,d_{ck},x_c,y_c\}^{\mathrm{T}}(k=1,\cdots,K) \tag{3-77}$$

3）目标识别。提取特征之后，设计多层感知器实现识别内核。最简单的感知器为只包含输入层和输出层的多输入多输出结构，若想提高感知能力，可增加一个或者多个隐含层。多层感知器在特征维数不高的情况下能被有效地用于交通标志识别。设计思路如下：以实现简单性以及高效性为目标，选取受监督的反馈神经网络为分析对象，其输入层包含多个神经元，对应从前两步中提取出的矩特征；输出层的神经元个数对应于包含的交通标志的数量；隐含层的层数以及每一个的神经元个数可通过实验优化得到。每一个输出神经元的预测值表示交通标志的相似程度，相似程度高的输出作为最终输出结果。

2. 深度学习的应用

目前，深度学习的方法有几种，如深度神经网络、卷积神经网络、深度置信网络和递归神经网络。卷积神经网络（Convolutional Neural Network，CNN）则是深度学习方法中一种经典且广泛应用的网络结构。

对于交通标志检测，本质即为建立交通标志和对应类别之间的映射或关联关系。交通标志信息（每一个像素）即为神经网络的输入，输出为类别标签。神经网络的中间层会自动提取特征，即给定方程 $Y=F(X)$ 中的 X 与 Y，求解泛函 F 的问题。此泛函数一般为非线性，且往往不能通过确定的方程就加以表达。由于神经网络相邻层神经元之间以权重相连，如果某一部分的输入对输出影响较大，或者输出直接依赖于该部分输入，那么神经元和这部分正相关，其权重相应大，而和其他部分连接的权重则会小。

对于交通标志的识别问题，普通神经网络计算能力还远达不到性能要求，需一种更高级的网络来提高运算能力。为此，交通标志的检测和识别选用卷积神经网络，通过构建具有多隐层的机器学习模型和训练数据，自发地学习更高层次的特征，从而提升分类或预测的准确性和效率。

CNN 进行图像识别的流程包括数据预处理、建立模型、训练模型、测试等。下面以检测限速标志为例进行简要分析。

（1）数据预处理。数据预处理包括数据获取、数据增强以及数据标记。数据来源于真实交通场景，因为训练一个深度神经网络模型需要大量数据，而在真实场景下采集足够数量的样本数据难度大，故用数据增强方法扩展样本数量。数据增强就是对原图像进行裁剪、放大、变形、翻转或调整色调、饱和度、对比度、亮度等操作，把一张图片生成大量新图片，从而增加样本数量。数据标记即为给出每个样本的标签值（神经网络的输出）。最后将所有的数据分为训练集和测试集，分别为神经网络训练和测试所用。

（2）建立模型。神经网络的输入一般为原始图像的像素值，若原始图像尺寸过大，则所需神经网络层数变多、参数增多，可能导致计算内存不足或者影响训练效率。

首先考虑卷积层，为了增加提取到的特征的丰富性，采用多种不同的卷积核分别进行卷积，卷积核相当于一个滑动窗，在原图上进行卷积操作。一般借助经验选取卷积核的数目，选取原则是随着层数的增多，卷积核的数量也会增多。不过第一层卷积核的数目不能过大，如选取卷积核大小为 3×3，步长设为 1。卷积核进行卷积操作如图 3-37 所示。

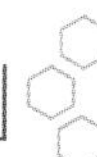

$1_{\times 1}$	$1_{\times 0}$	$1_{\times 1}$	0	0
$1_{\times 0}$	$1_{\times 1}$	$1_{\times 0}$	1	0
$1_{\times 1}$	$1_{\times 0}$	$1_{\times 1}$	1	1
0	0	1	1	0
0	1	1	0	0

（a）原图

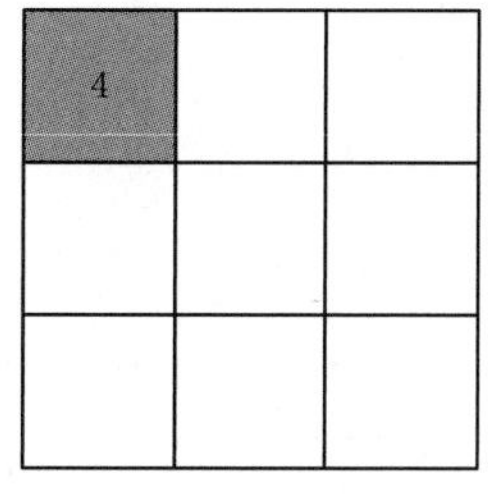

（b）卷积结果

图 3-37　卷积核进行卷积操作

下一层为采样层，也称为池化层，该层进一步减小图像尺寸，同时进行特征提取。例如采样层采用 2×2 的核对输入（56×56）进行卷积，步长参数为 2，采样后的图像尺寸变为 28×28(56/2)，再进行 2 次卷积过程和 2 次池化过程，最后得到的特征图的大小为 4×4，生成 20 个这样的特征图。接着进行拉伸操作，每张图上有 16 个特征值，对应于 16 个神经元，20 张总共有 320 个神经元。最后一层是输出层，设包含 10 个类别（如 10～90 限速标志对应 9 个类别，背景对应第 10 个类别），则输出对应 10 个神经元。

（3）训练模型。训练模型的流程如下：

1）初始化所有的参数（卷积核的参数和偏置，全连接层的权重和偏置）以及手动设置超参数（学习率、迭代次数、迭代轮数）。

2）前向传播。用训练数据集（如每次取 100 张图片）进行训练，通过前向传播计算得到输出 $y_{\text{predicted}}$，$y_{\text{predicted}}$ 与真值 y 之间有一定的误差。定义损失函数为

$$J(W,b)=\frac{1}{2}\sum_{n=1}^{N}(y_{\text{predicted}}-y)^2 \tag{3-78}$$

3）反向传播。采用 BP 算法对所有的参数进行更新，更新公式如下：

$$\begin{aligned} W_{ij}^{(l)} &= W_{ij}^{(l)}-\alpha\frac{\partial}{\partial W_{ij}^{(l)}}J(W,b) \\ b_i^{(l)} &= b_i^{(l)}-\alpha\frac{\partial}{\partial b_i^{(l)}}J(W,b) \end{aligned} \tag{3-79}$$

式中　α——学习率，训练过程中需手动设置。

（4）用测试集进行测试。所有的训练数据集训练结束后，模型收敛至稳态值，最后以测试数据集来验证模型的准确度。

3. 道路环境检测

无人驾驶汽车行驶过程中需要时刻检测并判决障碍物相对于车辆的位置。下面分析以视觉为主的行人和车辆支持向量机检测方法。

给定一个训练样本集合：$(x_i,y_i),\cdots,(x_l,y_l)$，每一个训练样本 $x_i\in R^n$ 的类别为 y_i

$\in\{1, -1\}$，其中 $i=1, \cdots, l$。基于支持向量机（Support Vector Machines，SVM）优化算法，求解分类决策面公式如下：

$$w\phi(x)+b=0 \tag{3-80}$$

$$f(x_i)=\operatorname{sign}[w\cdot\phi(x_i)+b]=\begin{cases}1 & (y_i=1)\\ -1 & (y_i=-1)\end{cases} \tag{3-81}$$

式中　$\phi(\cdot)$——映射函数，将低维特征空间 R^n 映射到高维 Z 特征空间；

w、b——分类决策超平面参数，其中 $w\in Z$，且 $b\in R$。

至此，优化问题转化为求极小值问题，即

$$\min_{w,b,\xi}\left(\frac{1}{2}w^{\mathrm{T}}w+C\sum_{i=0}^{l}\xi_i\right) \tag{3-82}$$

$$\begin{cases}y_i[w^{\mathrm{T}}\phi(x_i)+b]\geqslant 1-\xi_i\\ \xi_i\geqslant 0\end{cases} \tag{3-83}$$

式中　C——常量，一般称作惩罚因子。

式（3-83）是一个典型二次规划问题，可通过构造拉格朗日方程将其转化为式（3-84）二次凸面最优问题。

$$\begin{aligned}&\max W(a)=\sum_{i=0}^{l}a_i-\frac{1}{2}\sum_{i=1}^{l}\sum_{j=1}^{l}a_ia_jy_iy_j\phi(x_i)\phi(x_j)\\ &s.t.\ \sum_{i=1}^{l}y_ia_i=0,0\leqslant a_i\leqslant C,i=1,\cdots,l\end{aligned} \tag{3-84}$$

其中　$a=(a_i,\cdots,a_l)$，为拉格朗日乘子向量。

基于 Kuhn-Tucker 理论，约束方程式为

$$\begin{cases}\overline{a}_i(y_i(\overline{w}\phi(x_i)+\overline{b})-1+\overline{\xi}_i)=0\\ (C-\overline{a}_i)\overline{\xi}_i=0\end{cases},i=1,\cdots,l \tag{3-85}$$

求得分类式为

$$f(x_i)=\operatorname{sign}[w\phi(x)+b]=\operatorname{sign}\left[\sum_{i=1}^{l}a_iy_i\phi(x_i)\phi(x)+b\right] \tag{3-86}$$

SVM 算法优点之一是无需预知映射函数 $\phi(\cdot)$ 具体形式，而只需由核函数 $K(\cdot,\cdot)$ 通过卷积计算的方式实现特征空间映射，见式（3-87）。

$$z_iz_j=\phi(x_i)\phi(x_i)=K(x_i,x_j) \tag{3-87}$$

将最优问题转化为求最大值问题，见式（3-88）、式（3-89）。

$$\max W(a)=\sum_{i=0}^{l}a_i-\frac{1}{2}\sum_{i=1}^{l}\sum_{j=1}^{l}a_ia_jy_iy_jK(x_i,x_j) \tag{3-88}$$

$$\sum_{i=1}^{l}a_iy_i=0,0\leqslant a_i\leqslant C,i=1,\cdots,l \tag{3-89}$$

最终的决策函数式为

$$f(x_i)=\operatorname{sign}(w\phi(x)+b)=\operatorname{sign}\left(\sum_{i=1}^{l}a_iy_iK(x_i,x)+b\right) \tag{3-90}$$

至此，目标识别过程结束。

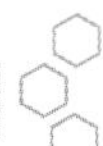

3.5　多源图像融合

3.5.1　概述

图像融合是多源信息融合的一个重要方向，一般指将源自同一场景的两幅或者多幅图像合并成一幅图像的过程，且此新生成的图像或者图像序列所综合得到的信息是从单一图像无法获取的。图像融合技术应用领域广阔，如图像处理、遥感、计算机视觉以及军事领域等。

1. 一般模型

图像融合可以分为三种形式：多传感器不同时获取的图像的融合、多传感器同时获取的图像的融合和单一传感器不同时间或不同环境条件获取的图像的融合。图像融合示意图如图 3－38 所示。

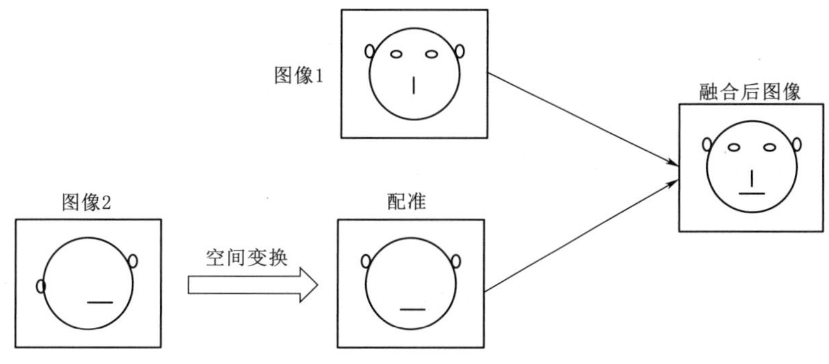

图 3－38　图像融合示意

图像融合算法应满足三个方面的基本要求：一是融合后的图像应尽量保留原始输入图像中的显著特征（如边缘信息、纹理信息等）；二是融合过程中不应引入任何与原始图像无关或不一致的信息；三是原始输入图像中的噪声和配准误差等不合理信息应在融合后得到抑制或消除。

2. 融合层次与步骤

图像融合可以分为像素级融合、特征级融合和决策级融合三个层次，如图 3－39 所示。像素级图像融合是目前应用最广泛方法。

像素级融合属于初级或原始级融合算法，其操作处理对象是未做任何处理的多幅原始图像。融合过程一般分为预处理、变换、综合和重构图像（反变换）四个阶段。首先对原始图像进行预处理和空间配准，然后采用相应算法对图像像素信息进行融合处理。像素级图像融合精度高，但处理的数据量大、实时性差。

特征级融合属于中间层次融合算法。算法先对不同来源的原始图像进行特征抽取，然后在对多特征采用一定的算法进行综合分析处理，实现对多传感器数据的分类和汇总。特征级图像融合分为目标状态数据融合和目标特征融合两类。目标状态数据融合首先对传感器采集得到的图像数据进行预处理，实现图像配置，再估计系统的状态向量；目标特征融

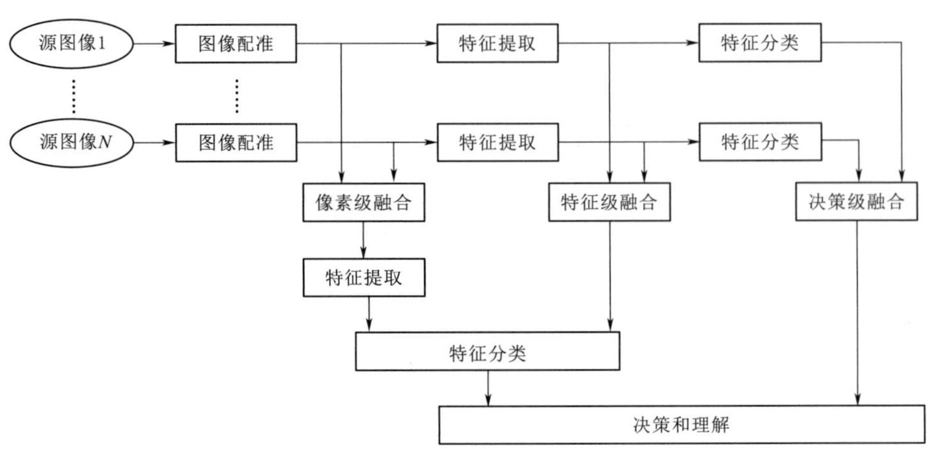

图 3-39 图像融合的三个层次

合采用模式识别等技术，在融合前对特征进行相关处理，将特征向量融合成目标特征。特征级融合模式能实现可观测信息的压缩，便于实时处理。

决策级图像融合是更高层次的信息融合，融合的结果可为各种决策或控制提供依据。该模式利用融合所抽取或测量的有关目标的特征信息，根据一定准则将分类后的图像特征重新融合。决策级图像融合数据量相对小，抗干扰能力强。

梳理各种模式的融合处理算法，主要融合步骤可概括为三个阶段：

(1) 预处理阶段。对原始图像数据进行去噪、图像增强、滤波等处理，统一图像数据格式（如 RGB、HIS 等），并对序列断层图像做三维重建和显示，建立目标特征的数学模型。

(2) 图像配准阶段。即指同一目标的两幅或多幅图像在空间位置的校准，待融合的两幅或几幅图像完成坐标系的转换，确保其对应点或对象区域在空间上坐标一致。

(3) 融合生成新图像阶段。以融合目标或目的为导向，实现图像在同一坐标系下信息的互补与重构，进而生成一幅信息更为全面、丰富的新图像。

3.5.2 图像融合典型方法

以像素级图像融合为例，图像融合方法主要包括空间域算法、变换域算法和智能融合算法等。空间域指对图像像素直接处理；变换域则针对多尺度变换的变换系数进行处理；智能算法也称作仿生算法，是模仿生物界演化过程的算法，如后续第 4 章将要提及的蚁群算法、遗传算法等。

1. 空间域算法

空间域算法常用的方法包括加权平均法和主成分分析法（Principal Component Analysis，PCA）。

加权平均法是对多幅图像对应的像素点进行加权处理，计算式如下：

$$F(i,j)=\sum_{n=1}^{N}\alpha_n f_n(i,j) \tag{3-91}$$

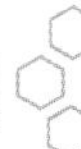

式中 α_n——第 n 幅图像对应的权值，且 $\sum_{n=1}^{N}\alpha_n=1$；

$f_n(*)$——待融合的源图像；

N——源图像总数。

PCA 法以三个相互独立的主成分分类代表图像，图像融合处理过程主要对包含了图像主要信息的第一主成分分量进行融合，计算式如下：

$$F(i,j)=\sum_{n=1}^{N}\frac{\lambda_n}{\sum_{n=1}^{N}\lambda_n}f_n(i,j) \tag{3-92}$$

式中 λ_n——第 n 幅图像对应的第一主成分分量。

2. 变换域算法

变换域算法是在对图像进行图像变换基础上，融合变换域系数得到融合图像的变换系数，再执行逆变换操作重构融合图像。常用有基于金字塔变换、基于小波变换及基于多尺度几何变换等算法。

基于金字塔变换的图像融合算法是将待融合的源图像进行金字塔变换，选用融合规则对图像相应的金字塔层系数进行融合，得到融合后金字塔系数，再对此系数进行逆金字塔生成，重构得到新图像。

小波变换是一种介于函数的时间域（空间域）表示和频率域表示之间的方法。图像经二维小波变换分解后，可得到图像的低频分量、水平高频分量、垂直高频分量和对角分量。图像融合时先对多源图像进行二维小波分解，在小波域内比较图像的细节信息，实现不同尺度上的图像融合，提取小波系数，最后执行小波反变换，得到融合之后的图像。

3. 智能融合算法

智能融合算法主要指蚁群算法、鱼群算法、遗传算法、蜂群算法、神经网络等模仿自然界群体智慧的算法。

3.5.3 PCA 在图像融合中的应用

1. 降维思路

PCA 是一种多变量统计方法，也是最常用的降维方法之一。设有样本量大小为 M，特征（维度）为 N 的数据集 A，即 $A=(x_1,x_2,\cdots,x_M)^{\mathrm{T}}$，$x_i=(x_{i1},x_{i2},\cdots,x_{iN})^{\mathrm{T}}$，其中 x_i 表示第 i 个样本，x_{ij} 表示第 i 个样本的第 j 个特征的数值，且 $i=1,2,\cdots,M;j=1,2,\cdots,N$。

（1）基于最小距离的降维形式。设新坐标系为 $U_{(K)}=\{u_1,u_2,\cdots,u_K\}$，其满足 $|u_m\|=1$，且 $u_m^{\mathrm{T}}u_n=0(m\neq n)(m=1,2,\cdots,K;n=1,2,\cdots,K)$，可知 $U_{(K)}^{T}\ U_{(K)}=I$，I 为单位阵。数据集中的样本由 N 维降至 K 维（$K<N$），对于给定的已知样本 x_i，得到其在特征向量空间 $U_{(K)}$ 下的投影式为

$$y_i=U_{(K)}^{\mathrm{T}}x_i \tag{3-93}$$

反之，若已知投影后的样本 y_i，则得到 x_i 的复原样本 x_i'，见下式：

$$x_i'=U_{(K)}x_i \tag{3-94}$$

由此，降维的目标在于最小化下式：

$$\min\sum_{i=1}^{M}\|x_i'-x_i\|_2^2 \tag{3-95}$$

对其拉格朗日乘数求偏导得到下式：

$$\begin{cases}A^{\mathrm{T}}AU_{(K)}-\lambda U_{(K)}=0\\U_{(K)}^{\mathrm{T}}U_{(K)}-I=0\end{cases} \tag{3-96}$$

根据上式即可求得 $U_{(K)}$ 和 λ。

(2) 基于最大方差降维形式。与基于最小距离类似，对于给定的样本 x_i，在新坐标系中投影为$U_{(K)}^{\mathrm{T}}\ x_i$，且投影方差为$U_{(K)}^{\mathrm{T}}\ x_i x_i^{\mathrm{T}}U_{(K)}$，降维目标在于使得投影方差和最大，见下式：

$$\max\sum_{i=1}^{M}U_{(K)}^{\mathrm{T}}x_i x_i^{\mathrm{T}}U_{(K)} \tag{3-97}$$

对式 (3－97) 拉格朗日乘数求偏导得到下式：

$$\begin{cases}A^{\mathrm{T}}AU_{(K)}+\lambda U_{(K)}=0\\U_{(K)}^{\mathrm{T}}U_{(K)}-I=0\end{cases} \tag{3-98}$$

在提取 k 个特征向量构成的特征向量空间代替原空间时，PCA 算法一般取前 k 个最大特征值对应的特征向量。

2. 算法步骤

PCA 用数学降维的方法，以不相关的少量变量代替原来众多的变量，以少量变量代替多变量系统，在保证原图像品质的前提下，降低图像维数，提高运算效率。主成分分析思路如图 3－40 所示。

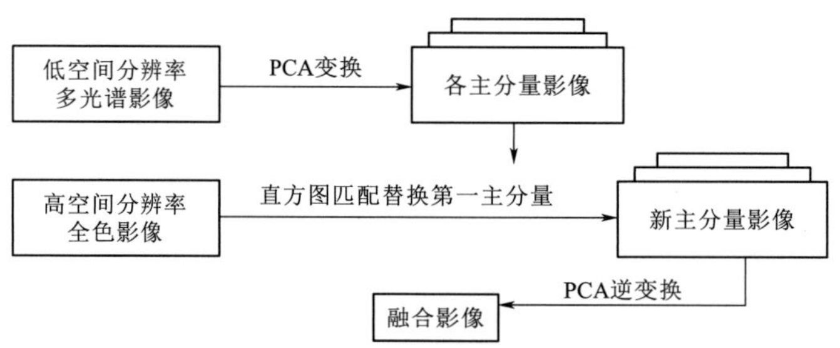

图 3－40 主成分分析思路

设图像样本数据矩阵为下式：

$$X=\begin{bmatrix}x_{11}&x_{12}&\cdots&x_{1p}\\x_{21}&x_{22}&\cdots&x_{2p}\\\vdots&\vdots&\vdots&\vdots\\x_{n1}&x_{n2}&\cdots&x_{np}\end{bmatrix} \tag{3-99}$$

(1) 依下式进行原始图像数据标准化处理：

$$x_{ij}^{*}=\frac{x_{ij}-\overline{x}_j}{\sqrt{\mathrm{var}(x_j)}}(i=1,2,\cdots,n;j=1,2,\cdots,p) \tag{3-100}$$

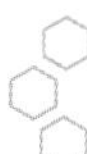

其中，平均值 $\overline{x}_j=\frac{1}{n}\sum_{i=1}^{n}x_{ij}$， 方差 $\mathrm{var}(x_j)=\frac{1}{n-1}\sum_{i=1}^{n}(x_{ij}-\overline{x}_j)^2$。

（2）计算样本相关系数矩阵为

$$R=\begin{bmatrix} r_{11} & r_{12} & \cdots & r_{1p} \\ r_{21} & r_{22} & \cdots & r_{2p} \\ \vdots & \vdots & \vdots & \vdots \\ r_{p1} & r_{p2} & \cdots & r_{pp} \end{bmatrix},\ r_{ij}=\frac{1}{n-1}\sum_{t=1}^{n}x_{ti}x_{tj},\ i,j,=1,2,\cdots,p \tag{3-101}$$

（3）求相关系数矩阵 R 的特征值 $\lambda=(\lambda_1,\lambda_2,\cdots,\lambda_p)$ 和对应特征向量 $a_i=(a_{i1},a_{i2},\cdots,a_{ip})(i=1,2,\cdots,p)$。

（4）依式（3－102）计算各个主成分的方差与全部主成分方差和之比重 w_i，并进行排序；根据各个主成分累计贡献率的大小选择前 k 个主成分，一般要求累计贡献率达到85％以上，以确保综合变量涵盖原始变量的绝大部分信息。

$$w_i=\frac{\lambda_i}{\sum_{j=1}^{n}\lambda_j} \tag{3-102}$$

（5）根据标准化的原始数据，代入主成分表达式，得到如下主成分得分矩阵式：

$$\begin{bmatrix} F_{11} & F_{12} & \cdots & F_{1k} \\ F_{21} & F_{22} & \cdots & F_{2k} \\ \vdots & \vdots & \vdots & \vdots \\ F_{n1} & F_{n2} & \cdots & F_{nk} \end{bmatrix} \tag{3-103}$$

（6）依据主成分得分数据，选用主成分回归、综合评价等方法做进一步的统计分析。

3. 应用算例

给定两幅分辨率不同、内容与大小相同的图，以主成分分析法实现两幅图的融合。具体 M 脚本程序如下：

```
%%%%%主成分 PCA 图像融合算法%%%%%%%%%
high_Pic = imread('car1.jpg');%读入第一幅正常分辨率图
low_Pic= imread('lowCar1.jpg');%读入低分辨率图
figure(1);%绘图句柄
set(gcf,'color','w')%设置图片白色底色
subplot(2,2,1);%两行两列第一个图像
imshow(high_Pic);title('高分辨率图像');
subplot(2,2,2); %两行两列第二个图像
imshow(low_Pic);title('低分辨率图像');
[high_Pic_R] = double(high_Pic(:,:,1));%高分辨率 R 通道分量
[high_Pic_G] = double(high_Pic(:,:,2));%高分辨率 G 通道分量
[high_Pic_B] = double(high_Pic(:,:,3));%高分辨率 B 通道分量
[low_Pic_R] = double(low_Pic(:,:,1));%低分辨率 R 通道分量
[low_Pic_G] = double(low_Pic(:,:,2));%低分辨率 G 通道分量
[low_Pic_B] = double(low_Pic(:,:,3));%低分辨率 B 通道分量
```

```
[M_Num,N_Num,color] = size(high_Pic);
high_Matrix = 0;
low_Matrix = 0;
for i = 1:M_Num
    for j = 1:N_Num
        high_Total = [high_Pic_R(i,j),high_Pic_G(i,j),high_Pic_B(i,j)]; %生成由 RGB 组成的三维列向量
        high_Matrix = high_Matrix + high_Total; % 叠加计算 RGB 各列向量的总和
        low_Total = [low_Pic_R(i,j),low_Pic_G(i,j),low_Pic_B(i,j)];
        low_Matrix = low_Matrix + low_Total;
    end
end
high_Matrix = high_Matrix/(M_Num * N_Num);  %计算高分辨率三维列向量的平均值
low_Matrix = low_Matrix/(M_Num * N_Num); %计算低分辨率三维列向量的平均值
high_Covx = 0;
low_Covx = 0;
for i = 1:M_Num
    for j = 1:N_Num
        high_Total = [high_Pic_R(i,j),high_Pic_G(i,j),high_Pic_B(i,j)]';  %矩阵转置
        high_Covx = high_Covx + high_Total * high_Total';  %计算协方差
        low_Total = [low_Pic_R(i,j),low_Pic_G(i,j),low_Pic_B(i,j)]'; %矩阵转置
        low_Covx = low_Covx + low_Total * low_Total';
    end
end
high_Covx = high_Covx/(M_Num * N_Num) - high_Matrix * high_Matrix'; %协方差矩阵
low_Covx = low_Covx/(M_Num * N_Num) - low_Matrix * low_Matrix';
[high_A_Matrix,high_latent] = eigs(high_Covx); % 协方差矩阵的特征向量组成的矩阵
[low_A_Matrix,low_latent] = eigs(low_Covx); % 即 PCA 变换的系数矩阵,特征值
for i = 1 : M_Num
    for j = 1 : N_Num
      high_X_Col = [high_Pic_R(i,j),high_Pic_G(i,j),high_Pic_G(i,j)]'; %RGB 三维列
      high_Y_Col = high_A_Matrix'* high_X_Col; % 每个象素点进行 PCA 变换正变换
      high_Y_Col = high_Y_Col';%转置
      high_Pic_R(i,j) = high_Y_Col(1); % 高分辨率图片的第 1 主分量
      high_Pic_G(i,j) = high_Y_Col(2); % 高分辨率图片的第 2 主分量
      high_Pic_B(i,j) = high_Y_Col(3); % 高分辨率图片的第 3 主分量
      low_X_Col = [low_Pic_R(i,j),low_Pic_G(i,j),low_Pic_G(i,j)]';
      low_Y_Col = low_A_Matrix'* low_X_Col;
      low_Y_Col = low_Y_Col';
      low_Pic_R(i,j) = low_Y_Col(1); % 低分辨率图片的第 1 主分量
      low_Pic_G(i,j) = low_Y_Col(2); % 低分辨率图片的第 2 主分量
      low_Pic_B(i,j) = low_Y_Col(3); % 低分辨率图片的第 3 主分量
```

```
    end
end
for i = 1 : M_Num
    for j = 1 : N_Num
        high_Y_Col = [high_Pic_R(i,j),high_Pic_G(i,j),high_Pic_B(i,j)]';%RGB列向量
        high_X_Col = high_A_Matrix * high_Y_Col; % 每个象素点进行PCA变换反变换
        high_X_Col = high_X_Col';
        high_r(i,j) = high_X_Col(1);
        high_g(i,j) = high_X_Col(2);
        high_b(i,j) = high_X_Col(3);
        low_Y_Col = [high_Pic_R(i,j),low_Pic_G(i,j),low_Pic_B(i,j)]';
        low_X_Col = low_A_Matrix * low_Y_Col;
        low_X_Col = low_X_Col';
        low_r(i,j) = low_X_Col(1);
        low_g(i,j) = low_X_Col(2);
        low_b(i,j) = low_X_Col(3);
    end
end
RGB_high(:,:,1)=high_r;
RGB_high(:,:,2)=high_g;
RGB_high(:,:,3)=high_b;
RGB_low(:,:,1)=low_r;
RGB_low(:,:,2)=low_g;
RGB_low(:,:,3)=low_b;
subplot(2,2,3);imshow(uint8(RGB_high));title('高分辨率PCA变换图像');
subplot(2,2,4);imshow(uint8(RGB_low));title('低分辨率PCA变换图像');
%%高分辨率图像观察单一主分量
figure(2)
set(gcf,'color','w')
subplot(321)
plot(uint8(high_Pic_R(:,[1:20:500])));
title('高分辨率图像第1主分量')
subplot(322)
plot(uint8(low_Pic_R(:,[1:20:500])));
title('低分辨率图像第1主分量')
subplot(323)
plot(uint8(high_Pic_G(:,[1:20:500])));
title('高分辨率图像第2主分量')
subplot(324)
plot(uint8(low_Pic_G(:,[1:20:500])));
title('低分辨率图像第2主分量')
```

```
subplot(325)
plot(uint8(high_Pic_B(:,[1:20:500])));
title('高分辨率图像第3主分量')
subplot(326)
plot(uint8(low_Pic_B(:,[1:20:500])));
```

PCA 图像融合效果如图 3-41 所示。

(a) 高分辨率图像

(b) 低分辨率图像

(c) 高分辨率PCA变换图像

(d) 低分辨率PCA变换图像

图 3-41 PCA 图像融合效果

3.5.4 小波变换在图像融合中的应用

近年来，随着小波理论及其应用的发展，已将小波多分辨率分解用于像素级图像融合。小波变换的固有特性使其在图像处理中有如下优点：

(1) 完善的重构能力，保证信号在分解过程中没有信息损失和冗余信息。

(2) 把图像分解成平均图像和细节图像的组合，分别代表了图像的不同结构，因此容易提取原始图像的结构信息和细节信息。

(3) 二维小波分析提供了与人类视觉系统方向相吻合的选择性图像。

1. 小波分析

小波变换是图像的多尺度、多分辨率分解，可以聚焦到图像的任意细节，被称为数学上的显微镜。小波函数的确切定义为：设 $y(t) \in L^2(R)$ 为实数空间的平方可积函数，傅

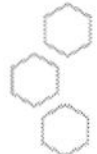

里叶变换函数为 $F(w)$，当 $F(w)$ 满足式（3－104）条件时，称 $y(t)$ 为一个基本小波或母小波。

$$C_{\psi}=\int_{R}\frac{|F(w)|^{2}}{|w|}\mathrm{d}w<\infty \tag{3-104}$$

将母函数执行伸缩或平移操作，可得到一个小波序列。

对于连续系统，小波序列表达式为

$$y_{a,b}(t)=\frac{1}{\sqrt{|a|}}y\left(\frac{t-b}{a}\right)(a,b\in R;a\neq 0) \tag{3-105}$$

式中 a——伸缩因子；

b——平移因子。

给定任意函数 $f(t)$ 在小波基下的连续小波变换表达式为

$$WT_{f}(a,b)=<f(t),y_{a,b}(t)>=\frac{1}{\sqrt{|a|}}\int_{R}f(t)y^{*}\left(\frac{t-b}{a}\right)\mathrm{d}t \tag{3-106}$$

式中 $y^{*}(*)$——$y(*)$ 的共轭函数。

2. 算法步骤

下面以两幅图像的融合为例，简要论述小波变换融合过程。

设 A、B 为两幅原始图像，F 为融合后的图像。若对二维图像进行 N 层小波分解，最终将有（$3N+1$）个不同频带，其中包含 $3N$ 个高频子图像和 1 个低频子图像，融合处理的基本步骤如下：

（1）对每一原图像分别进行小波变换，建立图像的小波塔型分解集。

（2）对各分解层分别进行融合处理。各分解层上的不同频率分量可采用不同的融合算子进行融合处理，最终得到融合后的小波金字塔。

（3）对融合后所得小波金字塔进行小波重构，所得到的重构图像即为融合图像。

小波变换图像融合原理如图 3－42 所示。

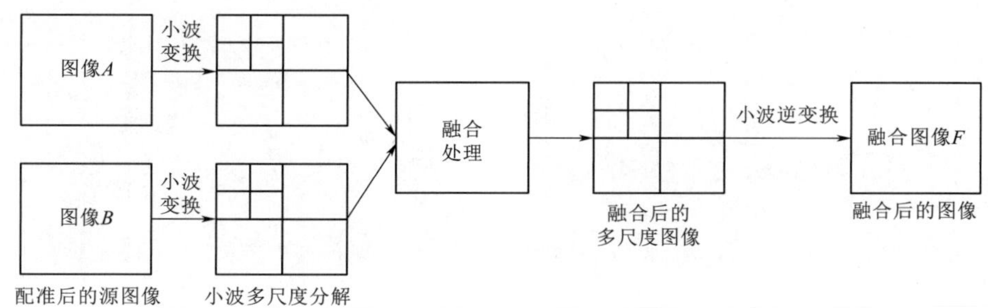

图 3－42 小波变换图像融合原理

3. 应用算例

Matlab 工具箱中内嵌有小波分析工具箱，在命令行窗口输入“Wavemenu”即可调出该工具箱，小波分析工具箱如图 3－43 所示。

选用“Image Fusion”子菜单，调用图像融合模块。依次读入两幅待融合的图片，导入图像如图 3-44 所示。

图 3-43　小波分析工具箱

(a) 原始高分辨率图像

(b) 原始低分辨率图像

图 3-44　原始图像

选择小波类型及层数，此处选择 Haar 小波变换，层数为 5，小波参数设置如图 3-45 所示。

执行小波分解操作，得到每幅图像的小波分解效果图如图 3-46 所示。

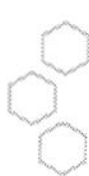

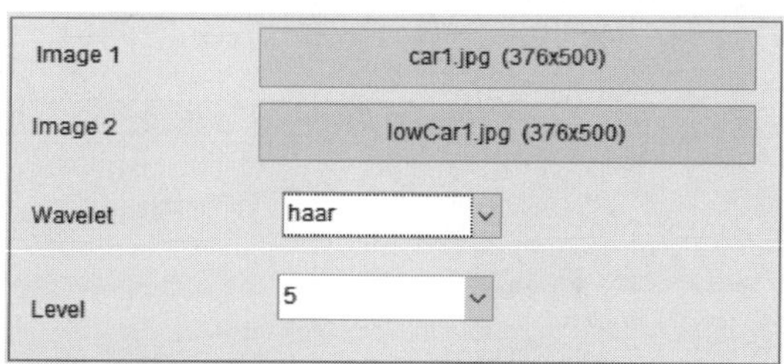

图 3-45　小波参数设置

(a) 高分辨率图像小波分解图

(b) 低分辨率图像小波分解图

图 3-46　小波分解效果

选择融合算法（图 3-47），得到融合后的效果图，如图 3-48 所示。

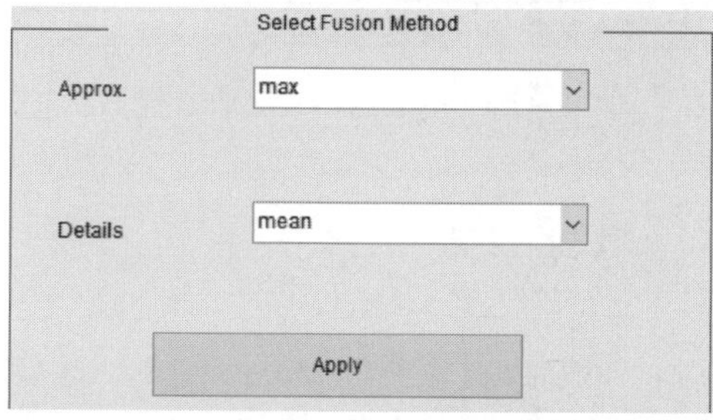

图 3-47　选择融合方法

(a) 经小波反变换得到融合图像

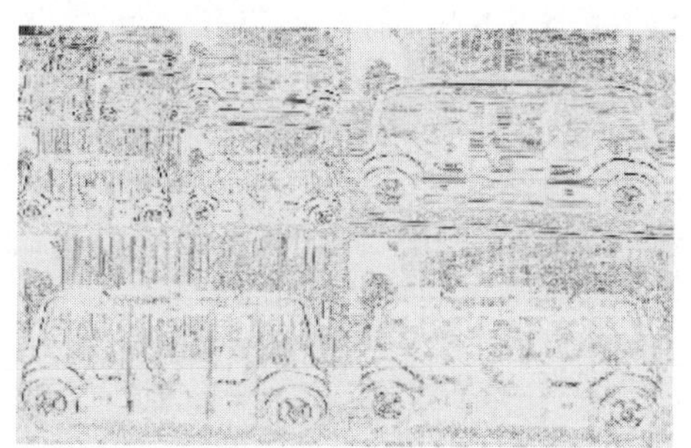

(b) 融合后的小波分解图

图 3-48　融合效果

可查看小波分解树，如第 5 层小波分解合成图如图 3-49 所示、

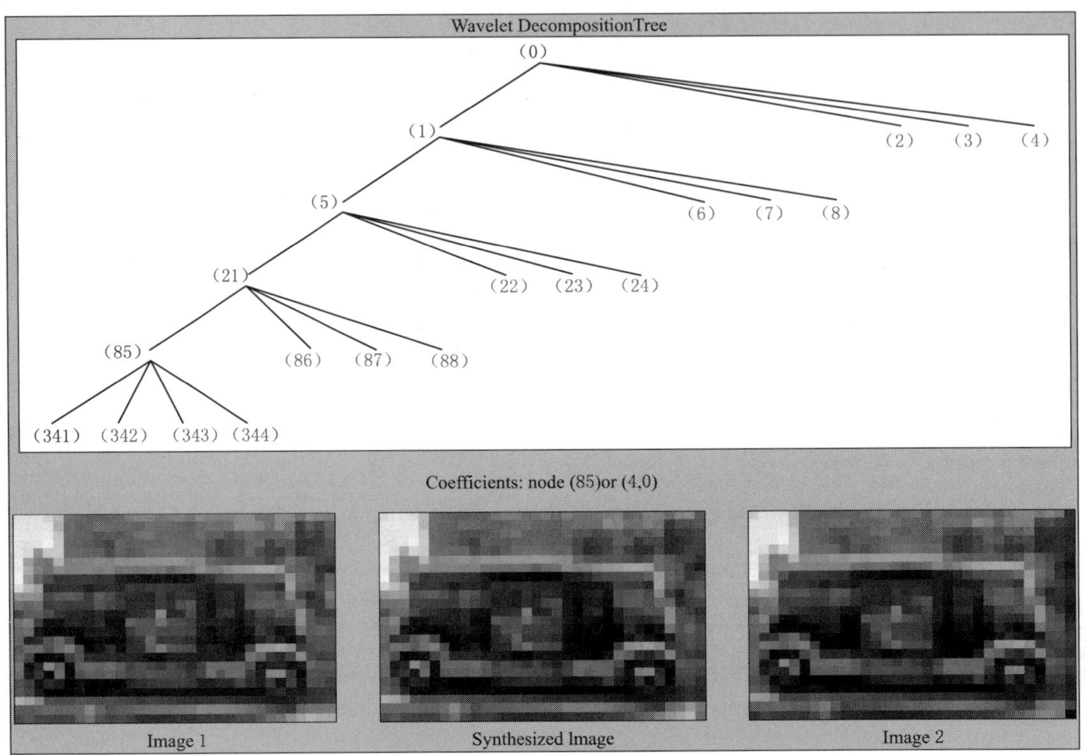

图 3-49　第 5 层小波分解合成图

3.6 本 章 小 结

传感器是实现无人驾驶的“眼睛和耳朵”，单个传感器既有其优点，也有其不足，多个传感器的融合应用是必然发展趋势。本章先论述了常用传感器及标定方法，探讨了信息融合的结构层次；然后就具体的车载位置信息融合、超声波与视觉传感器的融合，以及多源图像的融合算法分别进行了深入探讨，并给出了部分应用算例。

第4章　群体智能与车队控制

群体智能（Swarm Intelligence，SI）是指在集体层面表现的分散的、去中心化的自组织行为。例如，蚁群、蜂群构成的复杂类社会系统，鸟群、鱼群为适应空气或海水而构成的群体迁移，以及微生物、植物在适应生存环境时候所表现的集体智能。通常情况下，群体中的生物体在运动过程中表现出显著邻近、品质、多样性反应、稳定性、适应性等优化原则。在新一代智能交通系统中，网联环境下车辆队列的控制是群体智能的典型应用场景。基于此，本章在系统阐述基因优化性、觅食导向型和迁徙导向型三类群体智能的基础上，探讨了车联网（Vehicle to Everything，V2X）环境下车辆运动及控制的相关问题。

4.1　基因优化型群体智能

4.1.1　概述

基因优化型群体智能的代表性算法为遗传算法（Genetic Algorithm，GA）。遗传算法是模拟达尔文的"物竞天择，适者生存"生物进化原则的计算模型，由 Holland 教授首先提出。GA 在仿生过程中通常抛开要解决问题的具体表现形式，直接将求解问题的参数，按照一定规则编排在一起作为染色体，代表"生物个体"，并在待求解问题的参数空间内，随机选择一定数量的染色体作为参与遗传进化的初始群体，即父代个体群。然后根据具体问题设计评价规则，即构造适应度函数，来评价初始群体中的个体，选择出有资格繁衍后代者，且经过交叉、变异等操作后生成新的个体，然后以大概率保留适应度高的"优秀"个体，继续参与下一轮次遗传变异操作，优选优生后代。循环往复，直至选出最优个体，即待求解问题的最优解。染色体遗传操作示意图如图 4－1 所示。

4.1.2　算法分析

1. 术语

算法主要涉及的专业术语论述如下：

染色体/位串（Chromosome）：个体的表示形式，是 GA 算法处理的基本单元。

群体（Population）：数个个体组成群体，群体中个体数量为群体大小。

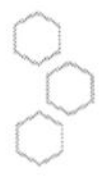

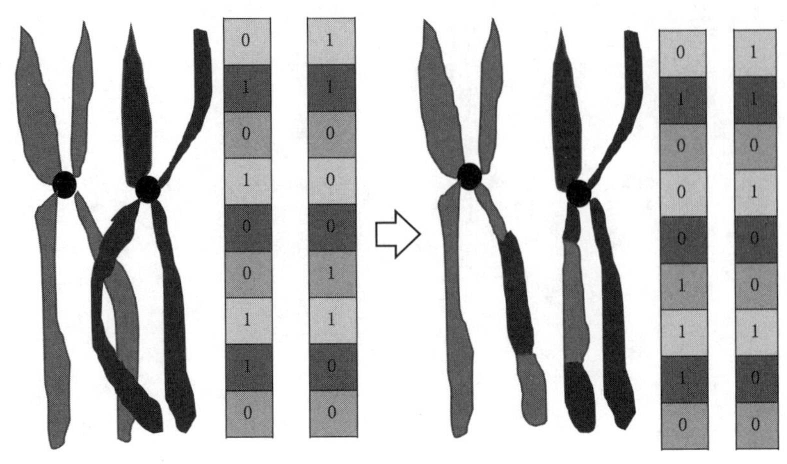

(a) 变异前染色体　　　　(b) 变异后染色体

图 4-1　染色体遗传操作示意图

基因（Gene）：位串中的元素，以 DNA 序列形式编译遗传信息。

基因位：一个基因在染色体中位置。

遗传算子：一般都包括选择（Selection）或复制（Reproduction）、交叉（Crossover）或重组（Recombination）和变异（Mutation）。

选择（Selection）：从当前群体中选择适应值高的个体生成交配池（Mating pool）的过程。

交叉（Crossover）：模仿自然界有性繁殖的基因重组过程，将优良基因遗传给下一代个体，并生成包含更复杂基因结构的新个体。

变异（Mutation）：模拟自然界生物体进化中染色体上某位基因发生的突变现象。

特征值：二进制位串转换为十进制整数时对应的值。如 S=1101 中，基因位 3 处的 0，对应十进制 0；基因位 4 处的数字 1，对应十进制数值 1。

适应度（Fitness）：个体对环境的适应程度，也称适应度函数，一般为 GA 优化的主要目标函数。

2. 基本思想

GA 算法是基于群体智能搜索技术的优化算法，其通过对当前基因群体进行选择、交叉、变异等一系列遗传操作，产生新一代群体，再逐步使群体进化到接近最优解的状态。

设用 n 维向量 $X=[x_1,x_2,\cdots,x_n]^{\mathrm{T}}$ 表示一个基因，则用 n 个 X_i 来表示基因群体，见下式：

$$X=[x_1,x_2,\cdots,x_n]^{\mathrm{T}}\rightarrow X=X_1X_2\cdots X_n \tag{4-1}$$

式（4-1）中，每一个 X_i 作为一个遗传基因，令其各位值与等位基因取值等价，则 X 可以看作由 n 个遗传基因组成的染色体。染色体的长度既可以是固定的，也可以是变化的，简单的等位基因是由 0 或 1 组成的符号串，对应的染色体可表示为一个二进制的符号串，这种符号串就是个体的基因型。对于每个染色体 X，根据适应度函数计算其适应度值。当 X 越接近目标函数的最优值，个体适应度就越大；反之，适应度越小。

在遗传算法中，每个 X 即为问题的解，搜索问题的最优解也就是对染色体的搜索。

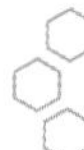

因此，全部染色体 X 就是问题的搜索空间。

生物的进化过程主要通过染色体之间的交叉和基因的变异来实现。类比可知，遗传算法最优解的搜索过程其实就是模仿生物的代际进化过程，经过反复迭代，群体不断地进行遗传和进化，且每次都按照优胜劣汰的规则将适应度较高的个体遗传至下一代，经过多次迭代之后，得到最优个体 X。

GA 算法的基本操作详述如下：

(1) 选择算子。根据个体的适应度值，按照某些规则或方法，从本代中选择一些优良的个体遗传到下一代。"轮盘赌"选择法是遗传算法中的一种选择方法，因为它简单、实用，而被广泛采用。基本思想为个体后代子孙保留的概率取决于各个个体的适应度所占比例的大小。设染色体 i 在第 t 次迭代时的适应度为 $f_i(t)$，种群大小为 M，则其保留至下一代的概率计算式为

$$p_i(t)=\frac{f_i(t)}{\sum_{k=1}^{M} f_k(t)} \tag{4-2}$$

由式 (4-2) 可知，适应度值越大，被选中的概率就越大。

(2) 交叉算子。选择一对个体，以设定的交叉概率交换它们之间的染色体，进而由父代个体生成新的子代个体的操作即为交叉。交叉算子有重组和交叉两种算法，重组算法包括离散重组、中间重组等，交叉算法包括单点交叉、多点交叉等。单点交叉为最常用的交叉算子，交叉概率一般在 0.4～0.99 之间。

(3) 变异算子。对于群体中的每一个个体，以设定好的变异概率将某个基因变为其等位基因。判断每个个体是否要进行变异，对需要变异的个体随机选择一个基因位进行变异。变异概率一般选在 0.001～0.1 之间。

(4) 终止条件。系统停止迭代进化的条件，一般从如下几个方面考虑：一是最优个体的适应度值达到给定的阈值；二是最优个体适应度值和群体适应度值不再显著上升；三是迭代次数达到预设值，则算法终止，通常迭代次数一般设置在 100～500 之间。

3. 算法步骤

GA 是一种典型的群体智能优化算法，其实现步骤简述如下：

(1) 初始化基因种群。设置种群代数计数器，初始为 $g=0$，最大进化代数为 G，随机生成 M 个染色体作为初始种群 $p(0)$。

(2) 依据目标函数 $f(x)$，依据式 (4-2) 计算第 g 代适应度 $p(g)$，评价每个个体的遗传度。目标函数 $f(x)$ 和适应度函数 $F(x)$ 之间一般采用如下两种映射关系：

1) 极大值优化问题，表达式如下：

$$F(x)=\begin{cases} f(x)+F_{\min} & [f(x)+F_{\min}\geqslant 0] \\ 0(\text{其他}) \end{cases} \tag{4-3}$$

式中 $F_{\min}$——一个小确数，满足 $F(x)$ 非负。

2) 极小值优化问题，表达式如下：

$$F(x)=\begin{cases} F_{\max}-f(x) & [f(x)\leqslant F_{\min}] \\ 0(\text{其他}) \end{cases} \tag{4-4}$$

式中　F_{max}——一个大确数，且 $F(x) \geqslant 0$。

（3）选择运算。使用选择算子，并根据每个个体的适应度，按照一定的规则或方法，选择一些优良个体遗传到下一代群体。

（4）交叉运算。将交叉算子作用于群体，对选中的成对个体，以某一概率交换它们之间的染色体基因位，产生新的个体。

（5）变异运算。对选中的个体，以某一概率改变某一个或某一些基因位值改为其他等位基因。群体 $p(t)$ 经过选择、交叉和变异运算之后得到下一代群体 $p(g+1)$。计算其适应度值，并根据适应度值进行排序，准备进行下一次遗传操作。

（6）判断是否满足终止条件。若 $g \leqslant G$，则 $g=g+1$，转到步骤（2）；若 $g>G$，则此进化过程中所得到的具有最大适应度值的个体作为最优解输出，终止计算。

4. 算法实例

遗传算法在 Matlab 中有两种实现方式，一种是自编 M 脚本文件；另一种为调用 GA 工具箱，下面主要介绍前一种方法。

【例 4-1】　设最优化问题如下，试用遗传算法求函数极值点。

$$\max f(x)=15+2x\cos(3\pi x)(x \in [-3,3])$$

解　该函数曲线如图 4-2 所示，问题分析思路如下：

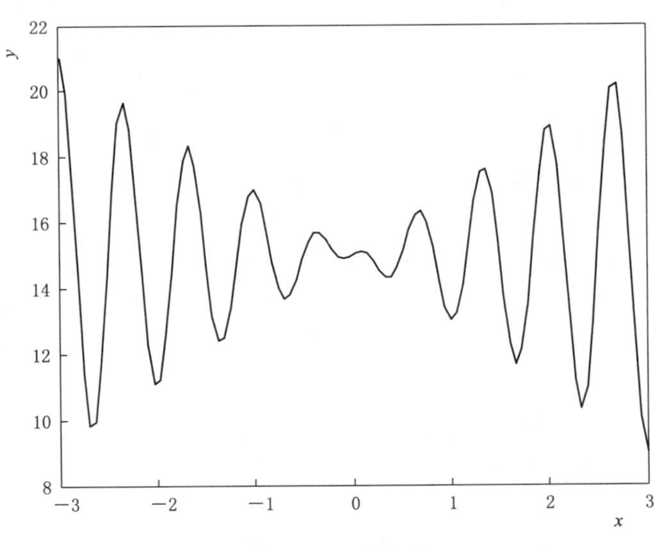

图 4-2　函数曲线

（1）编码。编码工作即将变量转换为二进制数串。此处设精度为 10^{-4}，则位串长度 $bitnum=\sup\{\log_2[3-(-3)/10^{-4})]\}=16$，计算得到染色体位数为 16，即任一染色体数组均为 16 位，如 0011001011111111，生成 20 个染色体二进制数组及对应的整数值，见表 4-1。

（2）评价个体适应度。对每个染色体二进制数组进行十进制反变换，以目标函数为适应度计算函数，对种群中的每个染色体逐一计算适应度值。为了确保各种情况下染色体的遗传概率计算准确，应保证所有个体的适应度值非负。此处，设 $F_{min}=0$，得适应度值，见表 4-2。

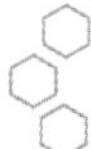

表 4-1 编 码 表

染色体序号	二进制数组	十进制值	实际值 [−3，3]
1	0001110110000111	7559	−2.3079
2	0111100010110111	30903	−0.1707
3	0111110010110011	31923	−0.0773
4	0010000110110110	8630	−2.2099
5	0001110001110110	7286	−2.3329
6	0111111110110110	32694	−0.0067
7	0010010111000110	9670	−2.1147
8	0101100010000111	22663	−0.9251
9	0110110110110011	28083	−0.4289
10	0001110110110111	7607	−2.3035
11	0101100010100110	22694	−0.9223
12	0101100010010011	22675	−0.9240
13	0101000010110011	20659	−1.1086
14	0001100010100110	6310	−2.4223
15	0110000010100110	24742	−0.7348
16	0001100010110111	6327	−2.4207
17	0010010010110110	9398	−2.1396
18	0110000111000111	25031	−0.7083
19	0001110010000010	7298	−2.3318
20	0111100110110110	31158	−0.1474

表 4-2 适 应 度 值 表

染色体序号	染色体种群（二进制）	染色体种群（十进制）	适应度值
1	0001110110000111	7559	19.4838
2	0111100010110111	30903	15.0130
3	0111110010110011	31923	14.8846
4	0010000110110110	8630	16.7515
5	0001110001110110	7286	19.6658
6	0111111110110110	32694	14.9866
7	0010010111000110	9670	13.0104
8	0101100010000111	22663	16.4080
9	0110110110110011	28083	15.5328
10	0001110110110111	7607	19.4261

续表

染色体序号	染色体种群（二进制）	染色体种群（十进制）	适应度值
11	0101100010100110	22694	16.3717
12	0101100010010011	22675	16.3939
13	0101000010110011	20659	16.1537
14	0001100010100110	6310	18.2390
15	0110000010100110	24742	13.8231
16	0001100010110111	6327	18.2908
17	0010010010110110	9398	13.9202
18	0110000111000111	25031	13.6911
19	0001110010000010	7298	19.6631
20	0111100110110110	31158	14.9468

（3）执行选择运算。在计算各个染色体适应度值的基础上，求解每代种群的总适应度值 F_{Total}，根据此值计算每个染色体被复制的概率 P_k 和累积概率 Q_k，选择操作过程见表 4-3；根据轮盘赌产生 0～1 区间的随机数 s，求 $\sum_k Q_k \geqslant s$ 的最小 k，即为被选中的个体；重复执行轮盘赌操作，得到 20 个个体，形成新一代种群。

表 4-3　　　选择操作表

染色体序号	适应度值	P_k	Q_k
1	19.4838	0.059646233	0.059646233
2	15.013	0.045959664	0.105605897
3	14.8846	0.04556659	0.151172487
4	16.7515	0.051281777	0.202454263
5	19.6658	0.060203394	0.262657658
6	14.9866	0.045878845	0.308536503
7	13.0104	0.039829056	0.348365559
8	16.408	0.050230212	0.39859577
9	15.5328	0.04755094	0.446146711
10	19.4261	0.059469595	0.505616305
11	16.3717	0.050119086	0.555735391
12	16.3939	0.050187047	0.605922438
13	16.1537	0.049451717	0.655374155
14	18.239	0.055835497	0.711209651
15	13.8231	0.042316994	0.753526645
16	18.2908	0.055994073	0.809520719

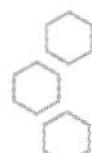

续表

染色体序号	适应度值	P_k	Q_k
17	13.9202	0.042614249	0.852134967
18	13.6911	0.041912899	0.894047867
19	19.6631	0.060195129	0.954242995
20	14.9468	0.045757004	1.000000000

假设通过轮盘赌方法产生的 20 个随机数分别为：0.4267、0.2800、0.3335、0.3669、0.7948、0.0387、0.7267、0.8727、0.2858、0.6568、0.2319、0.6220、0.0751、0.9668、0.6100、0.3837、0.0306、0.8576、0.6035、0.8478。

可知，第一个随机数为 0.4267，大于 Q_8、小于 Q_9，故 9 号染色体被选中。

第二个随机数为 0.2800，大于 Q_5、小于 Q_6，故 6 号染色体被选中。

…………

以此类推，选择产生的新种群见表 4-4。

表 4-4　选择产生的新种群

子代染色体序号	随机数	父代染色序号	新染色体种群（二进制代码）
1	0.4267	9	0110110110110011
2	0.2800	6	0111111110110110
3	0.3335	7	0010010111000110
4	0.3669	8	0101100010000111
5	0.7948	16	0001100010110111
6	0.0387	1	0001110110000111
7	0.7267	15	0110000010100110
8	0.8727	18	0110000111000111
9	0.2858	6	0111111110110110
10	0.6568	14	0001100010100110
11	0.2319	5	0001110001110110
12	0.6220	13	0101000010110011
13	0.0751	2	0111100010110111
14	0.9668	20	0111100110110110
15	0.6100	13	0101000010110011
16	0.3837	8	0101100010000111
17	0.0306	1	0001110110000111
18	0.8576	18	0110000111000111
19	0.6035	12	0101100010010011
20	0.8478	17	0010010010110110

子代和父代染色体之间的代际更替关系较为复杂，染色体选择替代过程如图 4－3 所示。

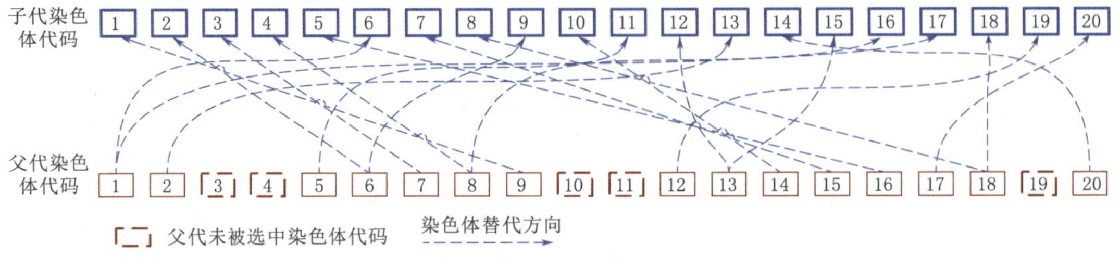

图 4－3　染色体选择替代过程

(4) 执行交叉运算。交叉运算也称为染色体交配。首先确定执行交叉操作的染色体数量，一般以染色体总量乘以交配概率。设交叉概率为 P_c，染色体总数量为 N，则执行交叉操作的染色体数量计算式为

$$N_c = P_c N \tag{4-5}$$

选定执行交叉操作的染色体时，要以低于交叉率 P_c 的染色体为主要考虑对象，以保证参加交叉运算的染色体数量与交叉概率成正比。

确定哪几个染色体执行交叉操作的基础上，染色体具体的起始交叉点位的确定方法有单点交叉和多点交叉等多种方式。以单点交叉为例，随机生成一个介于 0～*bitnum* 之间的整数，则自该整数位（含）右侧开始交叉运算而生成新的子代染色体。

设随机数为 3，交叉的两个染色体为 19 号和 20 号，则两个染色体自 3 位置开始执行如下交叉互换操作：

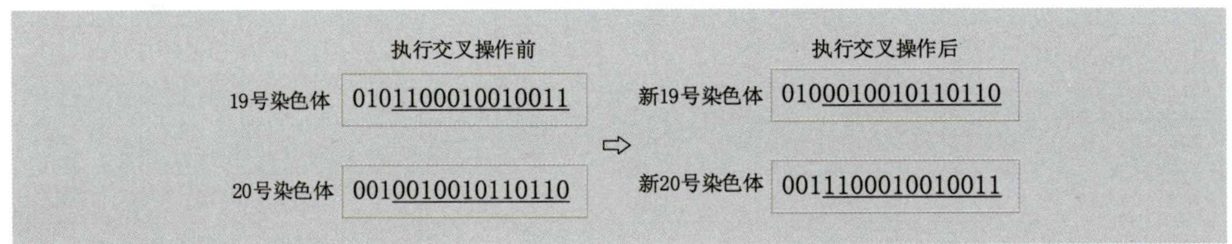

(5) 执行变异运算。设染色体基因突变概率 $p_m = 0.09$，产生 320 个标记编号的随机数，则随机数小于变异概率的随机数编号选出，编号值除以染色体基因长度值 16，商即为染色体的代号，余数则为待变异的基因位数（自左至右计数）。如有第 155 号随机数为 0.0262，小于给定突变概率，计算 155÷16＝9…11，表示第 9 号染色体第 11 基因位发生突变（注：由 1 变 0/由 0 变 1），即由“0111111110110110”变异为“0111111110100110”。

经上述运算，种群完成一个代际的遗传操作流程。反复迭代优化后，本次仿真实验中，第 3 次迭代时得到最大目标函数值 20.9937。

最终，计算得到进化代数和最大及平均适应度值之间变化趋势，其优化过程中的适应度变化趋势如图 4－4 所示。由图 4－4 可知，进化过程中种群的平均适应度与最大适应度在曲线上有类似的变化趋势，表明算法收敛效果好，无振荡。

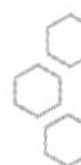

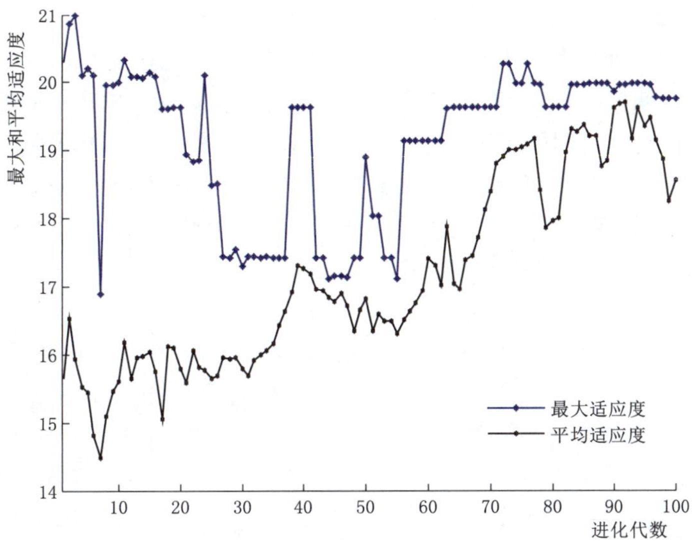

图 4-4　优化过程中的适应度变化趋势

4.2　觅食导向型群体智能

4.2.1　细菌觅食算法

细菌觅食运动示意图如图 4-5 所示。

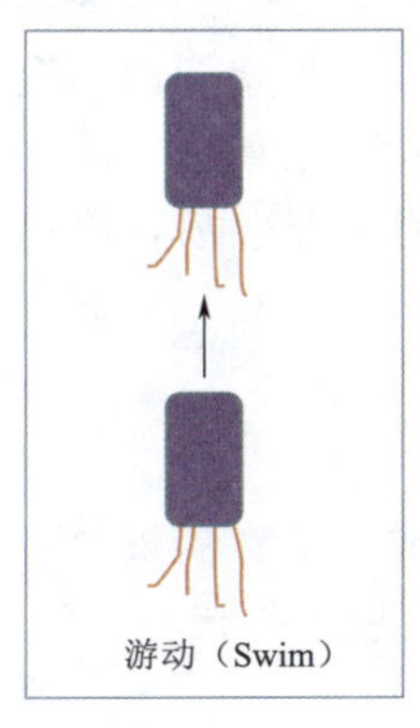

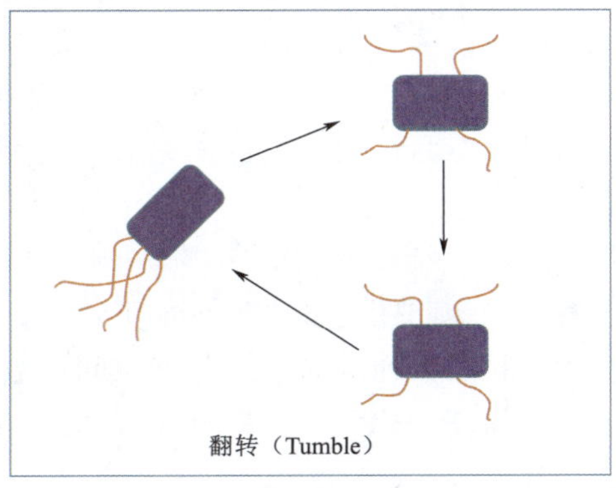

图 4-5　细菌觅食运动示意图

1. *术语*

算法主要涉及的专业术语论述如下：

细菌个体：每个细菌称为一个单独的个体，在算法中作为问题的一个解。

细菌群体：一定数量的细菌个体组合在一起构成细菌群体，细菌是群体中最基本的单位。

群体规模：群体中个体数目的总和称为群体规模，又叫群体大小。

食物源：食物源是细菌要搜索的目标，在算法中体现为细菌位置的最优解。

趋化算子：细菌向食物源区域聚集并躲避有害区域的行为在算法中称为细菌的趋化算

子，细菌向食物源靠近，在算法中表现出细菌位置的改善。

繁殖算子：细菌达到最大趋化算子次数后，将执行繁殖算子。适应环境的细菌繁殖自身，在算法中表现为适应度高，适应度低的细菌个体死亡，以保证种群向高适应度解集逼近。

迁徙算子：细菌生活区域的环境可能会发生突变，导致生活在这个区域的细菌种群死亡或迁徙到一个新的适宜生活区域。在细菌觅食优化算法中模拟这种现象的行为在算法中称为细菌的迁徙算子，在算法中表现为某些细菌以一定的概率死亡并随机产生新位置的细菌。在环境恶化的情况下，细菌死亡并产生另一个新个体。

2. 基本思想

细菌觅食优化算法（Bacterial foraging optimization algorithm，BFOA），由 K. M. Passino 于 2002 年基于 Ecoli 大肠杆菌在人体肠道内吞噬食物的行为而提出，该算法因具有群体智能算法并行搜索、易跳出局部极小值等优点，成为生物启发式计算研究领域的热点。

一般而言，BFOA 算法包括趋化（Chemotaxis）、繁殖（Reproduction）和驱散（Elimination-dispersal）三个步骤。

（1）细菌向富养区域聚集的行为称为趋化。细菌趋化过程中，运动模式包括翻转（Tumble）和前进（Swim）两种。细菌向任意方向移动单位步长定义为翻转。当细菌完成一次翻转后，若适应值得到改善，将沿同一方向继续移动若干步，直至适应值不再改善，或达到预定的移动步数临界值。

（2）一旦生命周期结束，即达到临界趋化次数，细菌将进行繁殖。细菌的繁殖过程遵循自然界“优胜劣汰，适者生存”原则。趋化过程中各细菌适应度值累加和为标准，较差的半数细菌死亡，较好的半数细菌分裂成两个子细菌。子细菌将继承母细菌生物特性，具有与母细菌相同的位置及步长。为简化计算，可以规定复制过程中细菌总数保持不变。

（3）趋化过程可确保细菌的局部搜索能力，复制过程能加快细菌的搜索速度，但对于复杂的优化问题，趋化和复制无法避免细菌陷入局部极小值问题。BFOA 算法引入驱散过程以加强算法全局寻优能力，即细菌群体完成一定次数的复制后，将以一定概率被驱散到搜索空间中任意位置。

3. 算法步骤

BFOA 算法求解最优化问题的基本过程如下：

（1）算法参数约定。参数约定如下：搜索空间维数或待求解变量数 p、细菌种群规模 S、细菌趋化步数 N_C、前进长度 N_s、繁殖代数 N_{re}、消散事件代数 N_{ed}、消散概率 P_{ed}，以及细菌随机翻转过程步数 $C(i)$。

（2）设定目标函数。设种群 S 中每个细菌的位置空间函数为 $P(j,k,l)=\{\theta^i(j,k,l)\mid i=1,2,\cdots,S\}$，其中 j 为趋化步数，k 为繁殖代数，l 为消散事件。令函数 $J(i,j,k,l)$ 表示第 i 个细菌的以 $\theta^i(j,k,l)$ 为输入的代价函数。

基于上述假设，BFOA 算法步骤如下。

（1）初始化参数：p、S、N_C、N_s、N_{re}、N_{ed}、P_{ed}，$C(i)$、$\theta^i(j,k,l)$。

（2）设计三层迭代循环：第一层（最外层）为驱散迭代步数 $l(l=l+1)$，第二层为繁殖迭代步数 $k(k=k+1)$，第三层为趋化迭代步数 $j(j=j+1)$。

（3）从第三层趋化操作开始，执行如下计算。

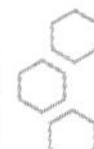

1）轮询菌群 S 中的每个细菌，以第 i 个细菌为例，执行 2）。

2）以下式计算细菌 i 的适应度值 $J(i,j,k,l)$：

$$J(i,j,k,l)=J(i,j,k,l)+J_{cc}[\theta^i(j,k,l),P(j,k,l)] \tag{4-6}$$

$$\begin{aligned}J_{cc}[\theta,P(j,k,l)]&=\sum_{i=1}^{S}J_{cc}[\theta,\theta^i(j,k,l)]\\&=\sum_{i=1}^{S}\left(-d_a\mathrm{e}^{-w_a\sum_{m=1}^{P}(\theta_m-\theta_m^i)^2}\right)+\sum_{i=1}^{S}\left(-h_r\mathrm{e}^{-w_r\sum_{m=1}^{P}(\theta_m-\theta_m^i)^2}\right)\end{aligned} \tag{4-7}$$

式中 $J_{cc}(\cdot)$——$J(\cdot)$ 的增量，种群中细菌个体间信号传递强度；

d_a——细菌个体间吸引剂数量系数；

w_a——细菌个体间吸引剂释放速度系数；

h_r——细菌个体间排斥剂数量系数；

θ——P 维搜索域，$\theta=[\theta_1,\theta_2,\theta_3,\cdots,\theta_p]^{\mathrm{T}}$；

w_r——细菌个体间排斥剂释放速度系数，一般取值为 0～0.5。

3）赋值 $J_{last}=J(i,j,k,l)$，临时存储当前适应度值。

4）针对细菌 i，产生一个 p 维随机向量 $\Delta(i)\in R^p$，且 $\Delta(i)\in[-1,1]$，即 $\Delta(i)=[\Delta_1(i),\Delta_2(i),\cdots,\Delta_p(i)]$。

5）依据下式计算趋化结果（位置更新）：

$$\theta^i(j+1,k,l)=\theta^i(j,k,l)+C(i)\frac{\Delta(i)}{\sqrt{\Delta^{\mathrm{T}}(i)\Delta(i)}} \tag{4-8}$$

6）依下式计算细菌 i 的新位置：

$$J(i,j+1,k,l)=J(i,j,k,l)+J_{cc}[\theta^i(j+1,k,l),P(j+1,k,l)] \tag{4-9}$$

7）群集过程更新如下：

a. 设置群集计数器 $m=0$。

b. 若 $m<N_s$ 条件下，若 $J(i,j+1,k,l)<J_{last}$，则令 $J_{last}=J(i,j+1,k,l)$，且重新按下式计算 $\theta^i(j+1,k,l)$：

$$\theta^i(j+1,k,l)=\theta^i(j,k,l)+\Delta\theta^i(j,k,l) \tag{4-10}$$

且以 $\theta^i(j+1,k,l)$ 重新计算适应度值 $J(i,j+1,k,l)$。

8）轮询 S 菌群中所有细菌，重复 1）～7）步计算过程。

（4）重复执行细菌趋化过程，直至 $j>N_c$。

（5）趋化操作完成后，执行繁殖操作：

1）针对给定的 k 和 l，对菌群中每一个细菌 $i(i=1,2,\cdots,S)$，依下式计算其健康度：

$$J_{health}^i=\sum_{j=1}^{N_c+1}J(i,j,k,l) \tag{4-11}$$

2）对所有细菌按健康度升序排列，健康值小的一半细菌死亡，健康值大的另一半细菌一分为二，繁殖下一代。

（6）每繁殖一次，执行趋化操作循环一次；直至达到繁殖次数边界 N_{re}。

（7）消散操作。菌群中的每个细菌个体按照消散概率 P_{ed} 消亡，并被随机放置到新位置。判断消散操作次数是否小于临界值 N_{ed}，如果小于则返回步骤（2）继续运算，否则结束运算。

4. 算法实例

【例 4-2】 已知 Shaffer 函数如下，试以 Matlab 程序编制 BFOA 算法求其最优值，其中变量取值范围 x_1，$x_2 \in [-5.12, 5.12]$。

$$y = 0.5 - \frac{\sin^2\sqrt{x_1^2 + x_2^2} - 0.5}{[1 + 0.001(x_1^2 + x_2^2)]^2}$$

解　设定相关参数值为：搜索范围维度 $p=2$，细菌种群个数 $S=30$，趋化次数 $N_c=50$，趋化操作中单向运动的最大步数 $N_s=4$，驱散（迁移）操作数 $N_{ed}=2$，细菌驱散（迁移）概率 $P_{ed}=0.25$，吸引剂值 $d_a=0.05$，吸引剂释放速率 $w_a=0.05$，排斥剂值 $h_r=0.05$，排斥剂的释放速率 $w_r=0.05$。

Shaffer 函数曲线如图 4-6 所示。

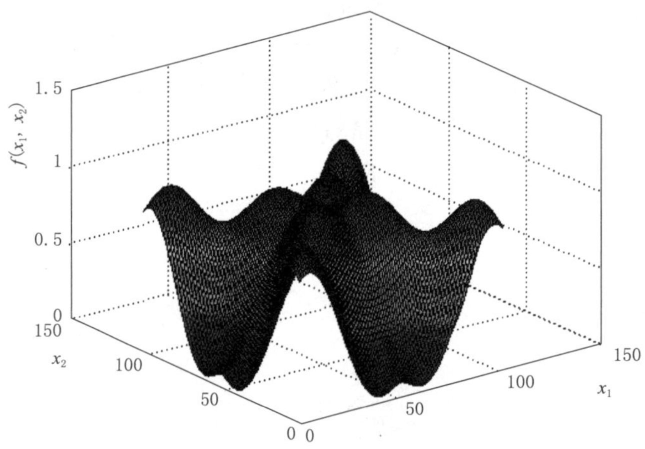

图 4-6　Shaffer 函数曲线

编制 M 脚本文件核心代码如下：

```
% ********************** 细菌觅食算法(BFOA)核心代码 ***********************
%(Step1)初始化参数
for iS = 1:s_Num     % 产生初始细菌个体位置
    Position(1,iS,1,1,1) = var_Range(1,1) + rand*(var_Range(1,2)-var_Range(1,1));
    Position(2,iS,1,1,1) = var_Range(1,1)+ rand*(var_Range(1,2)-var_Range(1,1));
end
%算法开始
% (Step2)迁移操作
for lNed = 1:Ned_Num
    %(Step3)复制操作
    for kNre = 1:Nre_Num
        %(Step4)趋化操作
        for jNc = 1:Nc_Num
            %(Step4.1)逐个细菌分别执行如下操作
            for iS = 1:s_Num
```

```
                %(Step4.2)计算函数 J(iS,jNc,kNre,lNed)
                %复制第 j 次趋化时的适应度值
                J_Fit(iS,jNc,kNre,lNed) = CostFunction(Position(:,iS,jNc,kNre,lNed));
                %(Step4.3)细菌间互影响
                Jcc_Fit = sum(-d_attract * exp(-oma_attract * ((Position(1,iS,jNc,kNre,lNed)-...
Position(1,1:26,jNc,kNre,lNed)).^2+(Position(2,iS,jNc,kNre,lNed)-Position(2,1:26,jNc,kNre,lNed)).^2)))
+sum(h_repel * exp(-oma_repel * ((Position(1,iS,jNc,kNre,lNed)-...
Position(1,1:26,jNc,kNre,lNed)).^2+(Position(2,iS,jNc,kNre,lNed)-Position(2,1:26,jNc,kNre,lNed)).^2)));
                J_Fit(iS,jNc,kNre,lNed) = J_Fit(iS,jNc,kNre,lNed) + Jcc_Fit;
                %(Step4.4)保存细菌目前适应度值,直至被更好的适应度值取代
                Jlast_Position = J_Fit(iS,jNc,kNre,lNed);
                %(Step4.5)翻转
                Delta_Way(:,iS) = (2 * round(rand(p_Dim,1))-1). * rand(p_Dim,1);
                % PHI_Step 表示翻转后选择的一个随机方向上前进
                PHI_Step = Delta_Way(:,iS)/sqrt(Delta_Way(:,iS)' * Delta_Way(:,iS));
                %-----(Step4.6)移动,移动一个步长,且改变位置-----
                Position(:,iS,jNc+1,kNre,lNed) = Position(:,iS,jNc,kNre,lNed) + way_Step(iS,kNre) * PHI_Step;
                %-----(Step4.7)计算细菌适应度值-----
                J_Fit(iS,jNc+1,kNre,lNed) = CostFunction(Position(:,iS,jNc+1,kNre,lNed));
                %(Step4.8)游动运算
                m_Swim = 0; %赋初始值
                while(m_Swim < Ns_Step) % 小于游动 max 长度,继续循环
                    m_Swim = m_Swim + 1;
                    %为细菌 i 存储目前最好的适应度值
                    if(J_Fit(iS,jNc+1,kNre,lNed) < Jlast_Position)
                        Jlast_Position = J_Fit(iS,jNc+1,kNre,lNed);  %存储更优适应度值
                        % 随机方向继续游动,修改位置
                          Position(:,iS,jNc+1,kNre,lNed) = Position(:,iS,jNc+1,kNre,lNed) + way_
Step(iS,kNre) * PHI_Step;
                        % 重新计算适应度值
                        J_Fit(iS,jNc+1,kNre,lNed) = CostFunction(Position(:,iS,jNc+1,kNre,lNed));
                    else
                        %结束游动
                        m_Swim = Ns_Step;
                    end
                end
                J_Fit(iS,jNc,kNre,lNed) = Jlast_Position; %更新适应度值
            end  % 若 i<N,进入下一个细菌的趋化循环
        %(Step5)若 j<Nc_Num,细菌尚处于活跃状态,进行下一次趋化,jNc=jNc+1
        Jlast_Position;
        x = Position(1,:,jNc,kNre,lNed);
        y = Position(2,:,jNc,kNre,lNed);
        clf
        set(gcf,'color','w')
        plot(x,y,'d') % d 菱形
      str = ['第 ',num2str(kNre),'次复制的第',num2str(jNc),'次趋化运算',',适应度值为',num2str(Jlast_Position)];
        title(str);
```

```
        axis([-5 5 -5 5]); % 设置图的坐标图
        xlabel('X_{1}维');ylabel('X_{2}维');
        pause(.1) % 动画更新时间 0.1 秒
        end
        %复制操作
        % (Step6)复制
        %(Step6.1)根据 kNre 和 lNed 值,对细菌按适应度值升序排列
        Jhealth_Value = sum(J_Fit(:,:,kNre,lNed),2);  % 细菌设健康函数值
        [Jhealth_Value,s_Indice] = sort(Jhealth_Value); % 按健康函数值升序排列
        Position(:,:,1,kNre+1,lNed) = Position(:,s_Indice,Nc_Num+1,kNre,lNed);
        way_Step(:,kNre+1) = way_Step(s_Indice,kNre);
        % (Step6.2)分裂或消亡
        for iS = 1:Sr_Generation
            % 健康值较差的 Sr_Generation 个细菌分裂成两个子细菌
            Position(:,iS+Sr_Generation,1,kNre+1,lNed) = Position(:,iS,1,kNre+1,lNed);
            way_Step(iS+Sr_Generation,kNre+1) = way_Step(iS,kNre+1);
        end
    % (Step7)如果 k<Nre_Num,转到(Step3),进行下一代细菌趋化
    end
% (Step8)趋散,对于每个细菌都以 Ped_BFA 的概率进行驱散
%细菌群体总数保持不变,细菌被驱散后,将被随机设置于新的位置
    for m_Swim = 1:s_Num
        if(Ped_BFA > rand)
            Position(1,m_Swim,1,1,1) = var_Range(1,1) + rand * (var_Range(1,1)-var_Range(1,1));
            Position(2,m_Swim,1,1,1) = var_Range(1,1)+ rand * (var_Range(1,1)-var_Range(1,1));
        else
            Position(:,m_Swim,1,1,lNed+1) = Position(:,m_Swim,1,Nre_Num+1,lNed);  % 没有执行驱散
操作的细菌
        end
    end
end % 如果满足 l 小于 Ned_Num 条件,转到(Step2),否则结束
%生成报告
reprod = J_Fit(:,1:Nc_Num,Nre_Num,Ned_Num);
% 最小适应度值
[J_LasRreprod,min_Index] = min(reprod,[],2);
%计算得到最优细菌
[y_Best,opIndex] = min(J_LasRreprod);
%最优位置
Position_best = Position(:,opIndex,min_Index(opIndex,:),kNre,lNed);
```

求解结果为最优值 $= 7.6776\times10^{-11}$，最优位置 = [−0.0008, 0.0029]。仿真结果曲线如图 4 - 7 所示。

4.2.2　蚁群算法

蚁群算法（Ant Colony Optimization，ACO）由意大利学者 M. Dorigo 等在 20 世纪 90 年代初提出。ACO 算法引入正反馈并行机制，具有较强鲁棒性、优良的分布式计算机制、易与其他方法结合等优点。蚂蚁觅食寻路动态过程如图 4 - 8 所示。

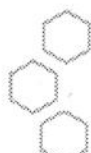

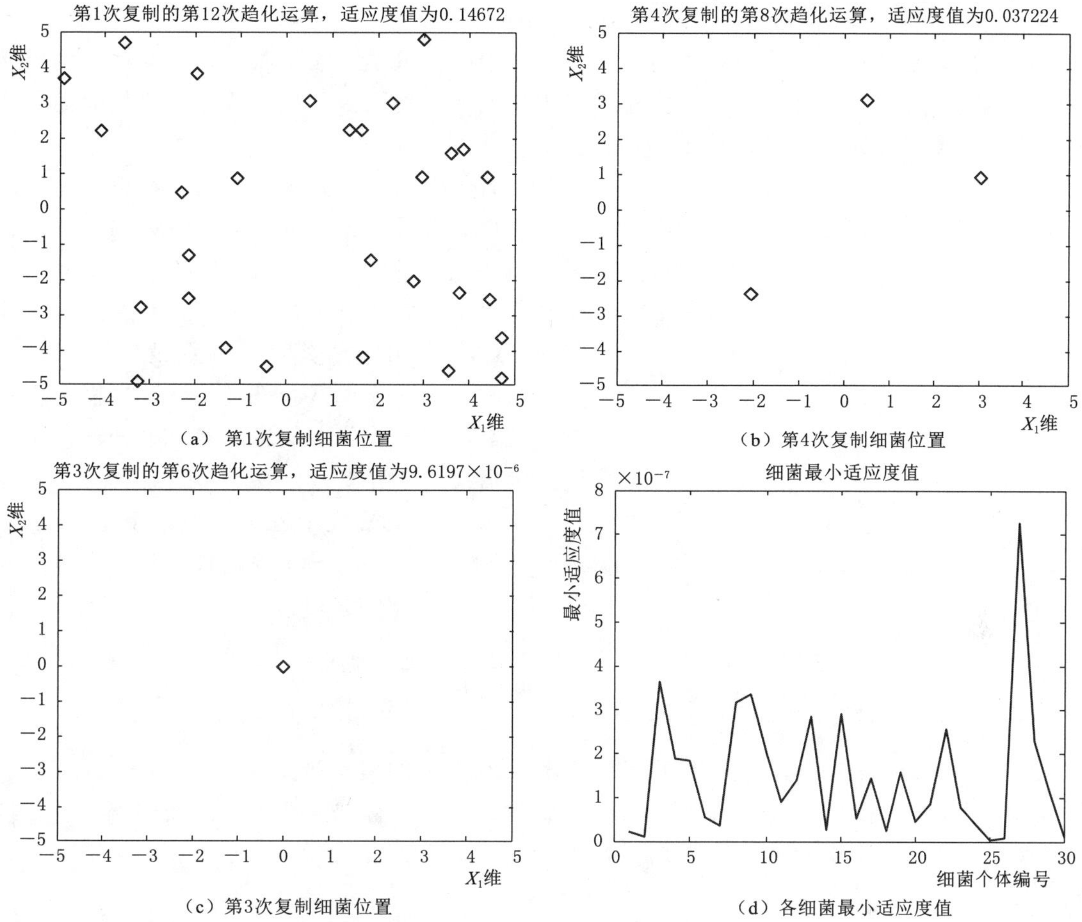

第1次复制的第12次趋化运算，适应度值为0.14672
X_2维
X_1维
（a） 第1次复制细菌位置
第4次复制的第8次趋化运算，适应度值为0.037224
X_2维
X_1维
（b）第4次复制细菌位置
第3次复制的第6次趋化运算，适应度值为9.6197×10^{-6}
X_2维
X_1维
（c）第3次复制细菌位置
×10^{-7}
细菌最小适应度值
最小适应度值
细菌个体编号
（d）各细菌最小适应度值

图 4-7 仿真结果曲线

食物
方向一
方向二
蚂蚁
蚁巢
1初始状态
2中间状态
3最终状态

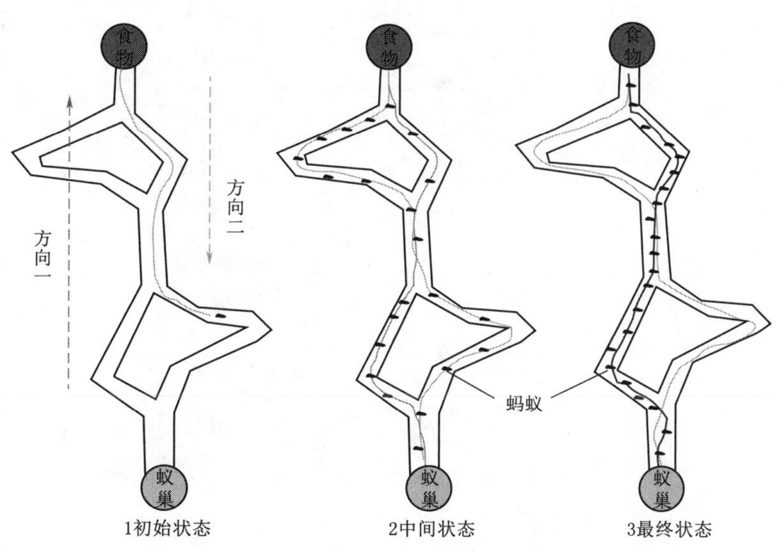

图 4-8 蚂蚁觅食寻路动态过程

1. 基本思想

觅食行为是蚁群的一个重要而有趣的行为。根据昆虫学家的观察和研究发现，生物世界中的蚂蚁有能力在没有任何可见提示下找出从蚁穴到食物源的最短路径，并且能随环境的变化而动态地搜索新路径，作出新选择。

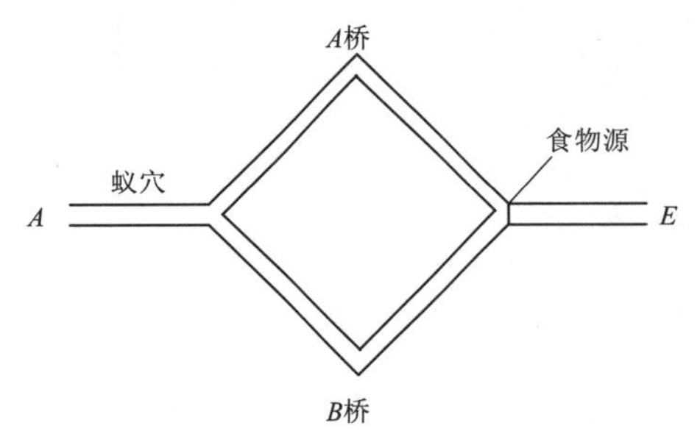

图 4-9　觅食过程中的对称二元桥

下面分析几个常见的蚂蚁觅食实验。

(1) 二元桥实验。觅食过程中对称二元桥如图 4-9 所示，蚂蚁从蚁穴经过对称二元桥到食物源觅食。起初两个桥上没有信息素，走两个分支的蚂蚁概率相同。实验中有意设定上分支 A 的蚂蚁数多于下分支 B，蚂蚁在行进过程中要释放信息素，因此上分支信息素多于下分支，从而使更多蚂蚁走上分支。

Deneubourg 开发了一个信息素模型：设 A_i 和 B_i 是第 i 只蚂蚁过桥后已经走过分支 A 和 B 的蚂蚁数，第 $i+1$ 只蚂蚁选择分支 A（或 B）的蚁穴概率为

$$P_A=\frac{(K+A_i)^n}{(K+A_i)^n+(K+B_i)^n}=1-P_B \tag{4-12}$$

式中　n、K——路径选择系数。

式（4-12）表明，走分支 A 的蚂蚁越多，选择 A 的概率越高。

(2) 不对称二元桥实验。下面给出一个蚁群通过不对称二元桥觅食路线的例子。觅食过程中的不对称二元桥如图 4-10 所示，A 为蚁穴，E 为食物源，由于存在障碍物蚂蚁只能分两路到达 E。

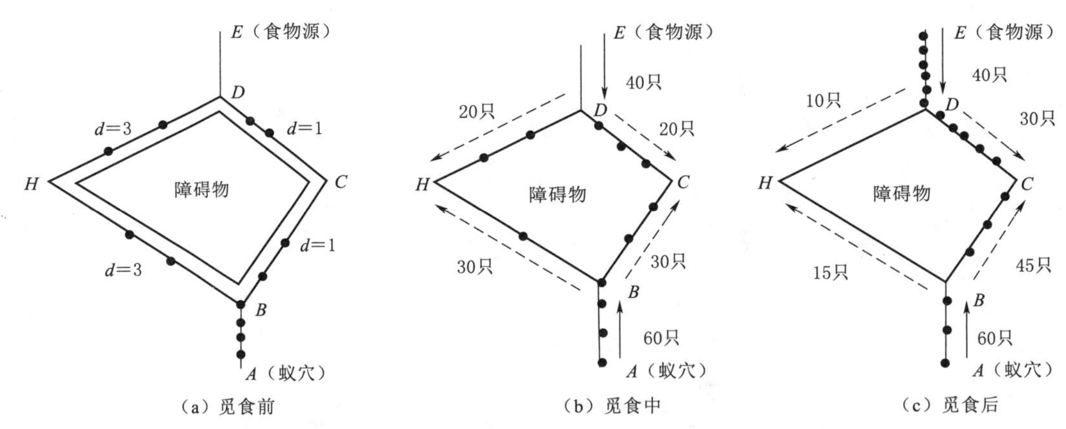

图 4-10　觅食过程中的不对称二元桥

设单位时间有 60 只蚂蚁从 $A \rightarrow B$，又有 40 只蚂蚁从 $E \rightarrow D$，蚂蚁经过相应路段后留下的信息素设为 1，实验结果表明，在短路径上蚂蚁分泌信息素沉积越多，吸引越多蚂蚁选择该路径。

(3) 蚂蚁觅食过程的优化机理。蚂蚁的觅食行为实质上是一种通过简单个体的自组织

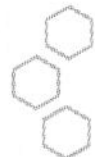

行为所体现出来的一种群体行为，具有两个重要特征：

1）蚂蚁觅食的群体行为具有正反馈特性，反馈的信息是全局信息，通过反馈机制进行调整，可对系统的较优解起到自增强作用，从而使问题的解向着全局最优的方向演变，最终获得全局最优解。

2）具有分布并行计算能力，可使算法在全局多点同时进行解搜索，有效避免陷入局部最优解的可能性。

2. *算法原理*

考虑到蚁群觅食过程与旅行商问题（Traveling Salesman Problem ，TSP）的求解十分相似，下面通过 n 个城市 TSP 问题来进一步阐述基本蚁群算法的原理。

设有 n 个城市集 $C=\{c_1,c_2,\cdots,c_n\}$，任意两个城市 i、j 之间的距离为 d_{ij}，求一条经过每个城市仅一次的路径最小。$b_i(t)$ 表示 t 时刻位于城市 i 的蚂蚁的个数，$m=\sum_{i=1}^{n}b_i(t)$ 为蚂蚁的总数。$\tau_{ij}(t)$ 表示 t 时刻边 ij 上的信息素量，$\tau_{ij}(0)=\tau_0$（τ_0 为常数）。随着时间的推移，新产生信息素更迭，旧信息素要挥发，$1-\rho$ 表示信息索挥发的快慢。当所有蚂蚁完成一次遍历后，各条边上的信息素按式（4-13）~式(4-16）调整。

$$\tau_{ij}(t+n)=(1-\rho)\tau_{ij}(t)+\Delta\tau_{ij}(t) \tag{4-13}$$

$$\Delta\tau_{ij}(t)=\sum_{k=1}^{m}\Delta\tau_{ij}^{k} \tag{4-14}$$

$$\Delta\tau_{ij}^{k}=\begin{cases}\dfrac{Q}{L_k}(\text{若第 } k \text{ 只蚂蚁在本次周游中经过边 } ij)\\ 0(\text{其他情况})\end{cases} \tag{4-15}$$

$$p_{ij}^{k}=\begin{cases}\dfrac{\tau_{ij}^{\alpha}\eta_{ij}^{\beta}}{\sum\limits_{s\in \text{allowed}_k}\tau_{is}^{\alpha}\eta_{is}^{\beta}} & (j\in \text{allowed}_k)\\ 0 & (\text{其他情况})\end{cases} \tag{4-16}$$

$$\text{allowed}_k=\{C-\text{tabu}_k\}$$

式中 $\Delta\tau_{ij}(t)$——本次遍历中路径 ij 上的信息素增量，$\Delta\tau_{ij}(0)=0$；

$\Delta\tau_{ij}^{k}$——第 k 只蚂蚁在遍历过程中释放在边 ij 上的信息素；

Q——常数；

L_k——本次遍历第 k 只蚂蚁所形成的回路的长度；

p_{ij}^{k}——蚂蚁在遍历路径时，路径转移概率；

allowed_k——蚂蚁 k 当前能选择城市集合；

tabu_k——禁忌表，记录蚂蚁 k 已路过的城市，说明蚂蚁记忆性；

η_{ij}——某种启发信息，在 TSP 问题中，$\eta_{ij}=1/d_{ij}$；

α、β——信息素和启发信息对蚂蚁决策的影响。

蚁群算法的基本运行过程如下：m 只蚂蚁同时从某个城市出发，根据信息素计算公式选择下一次旅行的城市，已去过的城市放入 tabu_k 中，一次循环完成后，由式（4-13）~式（4-16）更新每条边上的信息素，反复重复上述过程，直到终止条

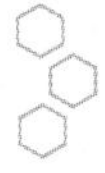

件成立。

3. 改进的蚁群算法

(1) 蚁群系统。人工蚁群系统(Artificial Ant Colony System,AACS)是由 Dorigo 和 Gambardella 引入用来改进蚂蚁系统的一种算法。AACS 能对小规模问题在合理时间内找到最优解,AACS 在传统 ACO 基础上进行了改进。

1) 状态转移规则。在 AACS 中,状态转移规则如下:一只位于节点 i 的蚂蚁依式(4-17)~式(4-18)设定的规则选取下一个将要到达的城市 j。

$$j=\begin{cases}\underset{s\in J_k^{(i)}}{\operatorname{argmax}}\{[\tau(i,s)]^{\alpha}[\eta(i,s)]^{\beta}\} & (q\leqslant q_0)\\ p_{ij}^{k} & (\text{其他})\end{cases} \tag{4-17}$$

$$p_{ij}^{k}=\begin{cases}\dfrac{[\tau(i,j)]^{\alpha}[\eta(i,j)]^{\beta}}{\sum\limits_{s\subset J_k^{(i)}}[\tau(i,s)]^{\alpha}[\eta(i,s)]^{\beta}} & (j\in \text{allowed}_k)\\ 0 & (\text{其他})\end{cases} \tag{4-18}$$

式中 q——[0,1] 服从均匀分布的随机数;

q_0——参数,$q_0\in[0,1]$;

$J_k^{(i)}$——可选城市集合。

上述规则称为伪随机比例状态转移规则(Pseudo Random Proportional State Transition Rule,PRPSTR)。此状态转移规则,与式(4-13)给出的随机状态转移规则(Random Proportional State Transition Rule,RPSTR)一样,均倾向于选择较短且有较多信息素的边作为移动方向。

可知,当 $q>q_0$ 时,ACS 算法的转移规则与蚁群系统的转移规则相同,但当路线上 $q\leqslant q_0$ 时,转移规则就有所不同。更准确地说,$q\leqslant q_0$ 相当于利用问题的已知信息,即城市间距离的启发式信息和已经信息素痕迹存储的学习信息;而 $q>q_0$ 路线上的蚂蚁更偏重于随机搜索。因此通过调整 q_0 减少搜索可以使系统行为集中在优秀路径上,而不用不断重新探索。显然这里调整 q_0 与模拟退火算法中的调整温度极为相似:当 q_0 接近1时,蚂蚁只会选中局部最优路径(但是局部最优解未必是全局最优解),而当 q_0 接近于0时,尽管局部最优解有更大的权值(这与模拟退火方法不同,退火方法中高温下的所有状态具有相似权值),所有局部解都要被测试。因此通过在[0,1]间调整参数 q_0 来逐步稳定系统在原则上是可行的,在算法的最初,更大程度地支持探索,以后则更大程度地支持对已知信息的应用。

2) 全局信息素更新规则。蚁群系统中,所有的蚂蚁在完成搜索后,都要留下信息素。相反,在 AACS 系统中,只允许当前找到最优路径的蚂蚁更新全局信息素浓度,因此蚂蚁更容易在目前的最优解附近来搜索路径,换言之,这种搜索更加直接。另一个差异为:蚁群系统中的信息素痕迹更新规则应用在所有路径,而在 AACS 系统中,全局信息素痕迹更新规则只应用在目前搜索到的最优路径上。信息素更新规则如下式:

$$\tau(i,j)\leftarrow 1-\rho\tau(i,j)+\rho\Delta\tau(i,j) \tag{4-19}$$

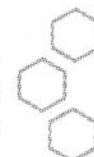

$$\Delta\tau(i,j)=\begin{cases}\dfrac{1}{L_{gb}} & [(i,j)\in \text{全局最优路径且 } L_{gb} \text{ 为最短路径}]\\ 0 & [\text{其他情况}]\end{cases} \tag{4-20}$$

式中 ρ——信息素挥发参数，且 $0<\rho<1$；

L_{gb}——全局最优路径长度。

由式（4-19）和式（4-20）可知，只有那些属于全局最优路径的弧段上的信息素才得到增强。

3）局部信息素更新规则。在 AACS 中，引入了局部边的信息素的更新，使得较好的路线更快收敛。在构造解时，蚂蚁依据式（4-21）给出的局部更新规则对其所经过的边更新信息素。

$$\tau(i,j)\leftarrow(1-\rho)\cdot\tau(i,j)+\rho\cdot\Delta\tau(i,j) \tag{4-21}$$

研究表明，当 $\Delta\tau(i,j)=\tau_0$ 时（其中 τ_0 为一常数），算法能在较短的时间内获得较好的解。特别地，在 TSP 问题中，$\tau_0=(nL_{nn})^{-1}$，其中 L_{nn} 是由最近邻域启发算法求得路径的长度，n 为城市的数目。

当一只蚂蚁访问了一条路径时，局部更新规则的应用使得这条路径上的信息素痕迹减少，目的在于：使得被访问过的边被选中的概率比访问前要小，可间接地促使蚂蚁搜索尚未访问过的路径，如此可避免蚂蚁总趋同选择同一路径。大量实验表明，此种更新策略是合理的，因为只有蚂蚁持续搜索不同的路径，找到更优解的概率才更大，而不是都收敛到相同选择路径（这样将会使得采用多个蚂蚁搜索没有任何意义）。换句话说，AACS 局部更新规则的作用就是打乱循环路径，以至于在一只蚂蚁搜索路径上的最先选择的城市有可能被其余蚂蚁最后选中。因此，局部更新作用就是使每条边上的学习信息动态改变，每次蚂蚁选中了一条路径后，降低这条路径二次或多次被选的概率。基于这种策略，蚂蚁可以更好地利用信息素信息寻找全局最优解，避免限于局部极值。

（2）等级蚂蚁系统。Bullnheimer 等曾建议对 ACO 算法进行另一种改进，称作等级蚂蚁系统，其改进思路如下：

1）基于精英蚂蚁更新策略。

2）通过所得的循环路径长度$[L^1(t),L^2(t),\cdots,L^m(t)]$把 m 只蚂蚁分出等级并且使蚂蚁根据其等级来更新其边的浓度。在算法运行的过程中只使用 σ 只精英蚂蚁，并且只允许 $\sigma-1$ 只最优的蚂蚁留下信息素。给定蚂蚁的更新权值设为最大值$\{0,\sigma-\mu\}$，此处 μ 为蚂蚁等级。采用该方法，精英蚂蚁比普通蚂蚁信息素浓度更新得多。

由此重新得出在边（i，j）上的动态信息素浓度 $\tau_{ij}(t)$计算式为

$$\tau_{ij}(t)\leftarrow(1-\rho)\tau_{ij}(t)+\rho\Delta\tau_{ij}^{*}(t)+\tau'_{ij}(t) \tag{4-22}$$

其中，$\tau_{ij}^{*}(t)=Q/L^{*}(t)$，$L^{*}$ 同样是到目前为止找到的最优路径长度，且若蚂蚁 μ 访问过路径（i，j），则 $\Delta\tau'_{ij}(t)=\sum\limits_{\mu=1}^{\sigma-1}\Delta\tau_{ij}^{\mu}(t)$，$\Delta\tau_{ij}^{\mu}(t)=(\sigma-\mu)Q/L^{\mu}(t)$，否则 $\Delta\tau_{ij}^{\mu}(t)=0$，式中 $L^{\mu}(t)$是在第 t 次迭代过程中，由蚂蚁 μ 生成的循环路径长度，一般设 $Q=100$。

4. 算法实例

【例 4-3】 设待求解的地图如图 4-11 所示，图中黑灰色方格表示障碍物，白色方格表示可通路径。给定初始条件为：网格规模为 20×20，蚁群规模为 $m=100$，$\alpha=1$ 表征信息素重要度，$\beta=8$ 表征启发式因子重要度，$\rho=0.4$ 表征信息素挥发系数，$Q=1$。试以蚁群算法求自第一个方格（左上方格 S）至最末（右下方格 E）的最短路径。

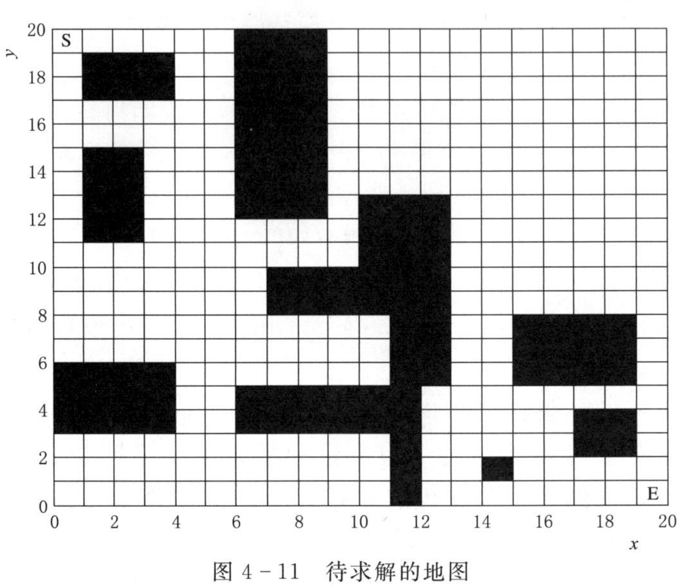

图 4-11　待求解的地图

解　根据所给信息，基于 Matlab 编制蚁群算法程序，部分核心代码如下：

```
%%%蚁群算法 ACO 解决路径寻优问题核心代码%%%%%%
%启动 K 轮蚂蚁觅食循环,每循环生成 M 只蚂蚁
for k=1:kNum
for m=1:antNum
%状态初始化
W_Point=Start;        %当前节点初始化为起始点
Path=Start;           %初始化爬行路线
PLkm=0;              %初始化爬行路线长度
Tabukm_Table=ones(Dimension);%初始化禁忌表
Tabukm_Table(Start)=0;   %已在初始点了则排除
D_Matrix=Distance; %邻接矩阵初始化
%下一步可以前往的节点
DW_Matrix=D_Matrix(W_Point,:);
DW1_Matrix=find(DW_Matrix);
for j=1:length(DW1_Matrix)
   if Tabukm_Table(DW1_Matrix(j))==0
       DW_Matrix(DW1_Matrix(j))=0;
  end
end
```

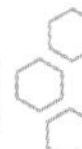

```
LJD_Matrix=find(DW_Matrix);
Len_LJD_Matrix=length(LJD_Matrix);%可选节点个数
%停止条件
while W_Point~=End&&Len_LJD_Matrix>=1
%轮盘赌算法选择
PP_Zeros=zeros(Len_LJD_Matrix);
  for i=1:Len_LJD_Matrix
PP_Zeros(i)=(Tau_Table(W_Point,LJD_Matrix(i))^Alpha_Value)*((Eta(LJD_Matrix(i)))^Beta_Value);
  end
sumpp=sum(PP_Zeros);
PP_Zeros=PP_Zeros/sumpp;%计算概率分布
Pcum(1)=PP_Zeros(1);
for i=2:Len_LJD_Matrix
Pcum(i)=Pcum(i-1)+PP_Zeros(i);
end
Select=find(Pcum>=rand);
to_Visit_Matrix=LJD_Matrix(Select(1));
%状态更新
Path=[Path,to_Visit_Matrix];           %路径数量记录
PLkm=PLkm+D_Matrix(W_Point,to_Visit_Matrix);    %路径长度记录
W_Point=to_Visit_Matrix;                    %移至 next 节点
   for kk=1:Dimension
       if Tabukm_Table(kk)==0
       D_Matrix(W_Point,kk)=0;
       D_Matrix(kk,W_Point)=0;
       end
   end
Tabukm_Table(W_Point)=0;% 已访问过的节点从禁忌表中删除
DW_Matrix=D_Matrix(W_Point,:);
DW1_Matrix=find(DW_Matrix);
for j=1:length(DW1_Matrix)
     if Tabukm_Table(DW1_Matrix(j))==0
        DW_Matrix(j)=0;
     end
  end
LJD_Matrix=find(DW_Matrix);
Len_LJD_Matrix=length(LJD_Matrix);%可选节点个数
end
%记录每代每只 Ant 的觅食路线和路线长度
Routes_Cell{k,m}=Path;
   if Path(end)==End
       PL_Zeros(k,m)=PLkm;
       if PLkm<minkl
```

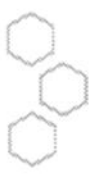


```
                mink=k;minl=m;minkl=PLkm;
            end
        else
            PL_Zeros(k,m)=0;
        end
end
%下面执行更新信息素操作
Delta_Tau=zeros(Dimension,Dimension);% 信息素初始化赋值
    for m=1:antNum
        if PL_Zeros(k,m)
            ROUT=Routes_Cell{k,m};
            TS=length(ROUT)-1;
            PL_km=PL_Zeros(k,m);
            for s=1:TS
                x=ROUT(s);
                y=ROUT(s+1);
                Delta_Tau(x,y)=Delta_Tau(x,y)+Q_Value/PL_km;
                Delta_Tau(y,x)=Delta_Tau(y,x)+Q_Value/PL_km;
            end
        end
    end
Tau_Table=(1-Rho_Value).*Tau_Table+Delta_Tau;%信息素更新
end
```

经由蚁群算法求解，得到最优路径，算法结果曲线如图 4-12 所示。

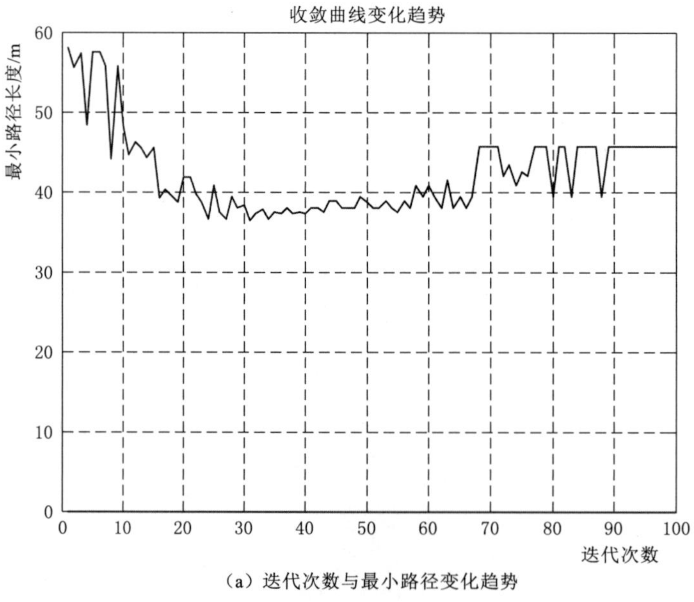

(a) 迭代次数与最小路径变化趋势

图 4-12　算法结果曲线（一）

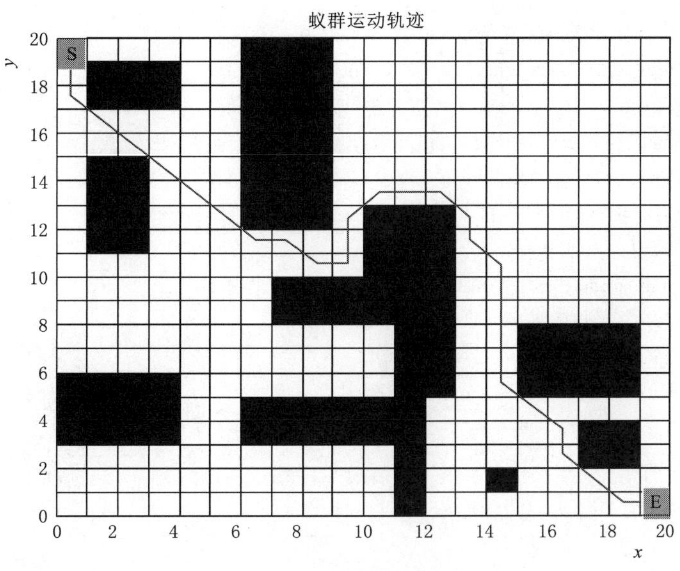

(b) 最短路径求解曲线

图 4－12　算法结果曲线（二）

【例 4－4】 设各个城市坐标点（x，y）如图 4－13 所示，坐标单位为 m，相关参数设置如下：蚁群规模为 $m=50$，$\alpha=1$ 表征信息素重要度，$\beta=5$ 表征启发式因子重要度，$\rho=0.1$ 表征信息素挥发系数，常数 $Q=1$。试以蚁群算法求解 TSP 问题。

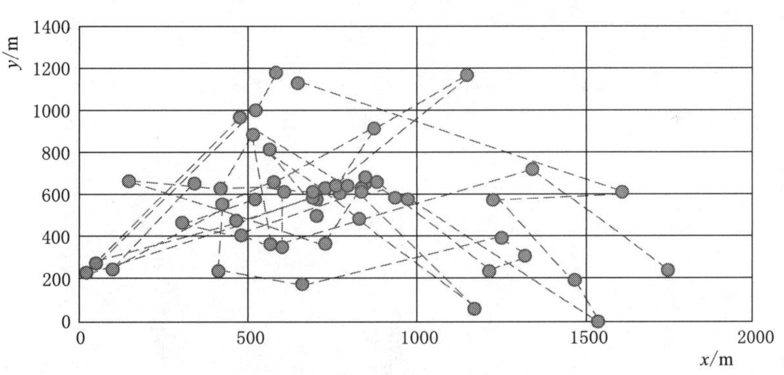

图 4－13　各个城市坐标点

解　编制核心 Python 代码如下：

```
#核心 Python 代码如下：
iterNum = 0# 当前迭代次数
while iterNum < self－maxIter：
self－random_seed( ) # 使整个蚁群产生随机的起始点
delta_phero_mat = np－zeros((self－cities_num，self－cities_num))        # 初始化每次迭代后信息素矩阵的增量
for i in range(self－ants_num)：
city_index1 = self－path_seed[i] # 每只蚂蚁访问的第一个城市下标
ant_path = Path(self－cities[city_index1]) # 记录每只蚂蚁访问过的城市
```

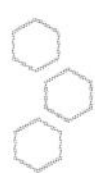


```
tabu = [city_index1] # 记录每只蚂蚁访问过的城市下标,禁忌城市下标列表
non_tabu = list(set(range(self－cities_num)) － set(tabu))
for j in range(self－cities_num－1)：# 对余下的城市进行访问
up_proba = np－zeros(self－cities_num－len(tabu)) # 初始化状态迁移概率的分子
for k in range(self－cities_num－len(tabu))：
up_proba[k]=np－power(self－phero_mat[city_index1][non_tabu[k]], self－alpha) * \
np－power(self－eta_mat[city_index1][non_tabu[k]], self－beta)
proba = up_proba/sum(up_proba) # 每条可能子路径上的状态迁移概率
while True：# 提取出下一个城市的下标
random_num = np－random－rand( )
index_need = np－where(proba > random_num)[0]
if len(index_need) > 0：
city_index2 = non_tabu[index_need[0]]
break
ant_path－add_path(self－cities[city_index2])
tabu－append(city_index2)
non_tabu = list(set(range(self－cities_num)) － set(tabu))
city_index1 = city_index2
self－ants_info[iterNum][i] = Ant(ant_path－path)－length
if iterNum == 0 and i == 0：# 完成对最佳路径城市的记录
self－best_cities = ant_path－path
else：
if self－ants_info[iterNum][i] < Ant(self－best_cities)－length：self－best_cities= ant_path－path
tabu－append(tabu[0]) # 每次迭代完成后,使禁忌城市下标列表形成完整闭环
for l in range(self－cities_num)：
delta_phero_mat[tabu[l]][tabu[l+1]] += self－Q/self－ants_info[iterNum][i]
self－best_path[iterNum] = Ant(self－best_cities)－length
self－update_phero_mat(delta_phero_mat)  # 更新信息素矩阵
iterNum += 1
def update_phero_mat(self, delta)：
self－phero_mat = (1 － self－rho) * self－phero_mat + delta
def random_seed(self)：# 产生随机的起始点下表,尽量保证所有蚂蚁的起始点不同
if self－ants_num <= self－cities_num：# 蚂蚁数 <= 城市数
self－path_seed[：]=np－random－permutation(range(self－cities_num))[：self－ants_num]
else：#蚂蚁数 > 城市数
self－path_seed[：self－cities_num]=np－random－permutation(range(self－cities_num))
temp_index = self－cities_num
while temp_index + self－cities_num <= self－ants_num：
self－path_seed[temp_index：temp_index + self－cities_num] =np－random－permutation(range(self－cities_num))
temp_index += self－cities_num
temp_left = self－ants_num % self－cities_num
if temp_left ! = 0：
self－path_seed[temp_index：]=np－random－permutation(range(self－cities_num))[：temp_left]
```

得到最短路径连线如图 4－14 所示，可见较好实现了路径寻优。

4.2.3 蛙跳算法

1. 术语

青蛙池塘觅食跳跃示意图如图 4－15 所示。算法主要涉及的专业术语论述如下：

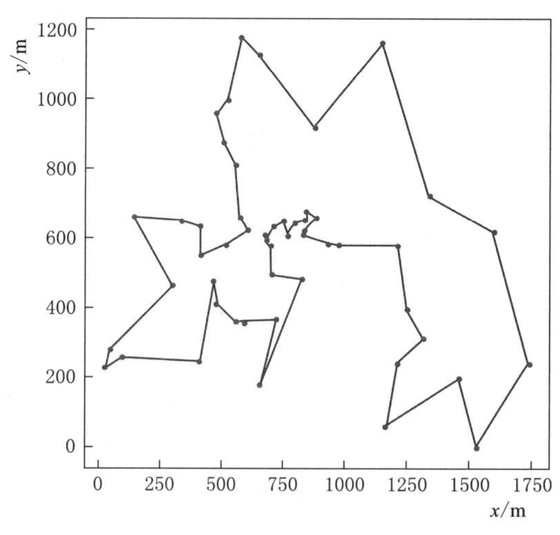

图 4－14 最短路径连线

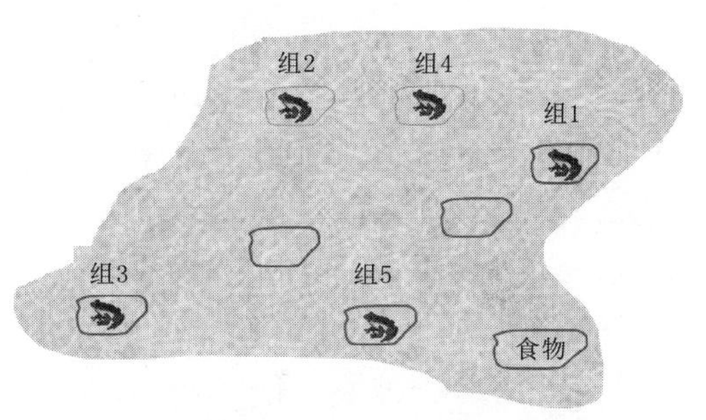

图 4－15 青蛙池塘觅食跳跃示意图

青蛙个体/模因（Meme）：每只青蛙为一个单独个体，在算法中作为问题一个解。

记忆体（Memetype）：也称模因型，为每只青蛙在可行解中的状态向量，类似于遗传算法中的染色体。

虚拟青蛙群体：一定数量的青蛙个体组合在一起构成群体。

模因分组（Memeplexes）：每个青蛙子群体称为模因分组。

食物源：算法中为青蛙位置的最优解。

适应度：青蛙对环境的适应程度，在算法中表现为青蛙距离目标解的远近。

2. 基本思想

混合蛙跳算法（Shuffled Frog Leaping Algorithm，SFLA），简称蛙跳算法，是根据青蛙在池塘中石块上觅食时种群分布演化而提出的算法。

蛙跳算法基本思想如下：在一片湿地中生活着一群青蛙，湿地内离散的分布着可供青蛙驻留的石头，青蛙通过寻找不同的石头进行跳跃去找到食物较多的地方。每只青蛙个体之间通过文化的交流实现信息的交换。每只青蛙都具有自己的模因型或记忆体。每只青蛙的模因型被定义为问题的一个解。湿地的整个青蛙群体被分为不同的子群体，每个子群体有着自己的模因，执行局部搜索策略。在子群体中的每个个体有着自己的模因型，并且影响着其他个体，也受其他个体的影响，并随着子群体的进化而进化。当子群体进化到一定阶段以后，各个子群体之间再进行思想的交流（全局信息交换）实现子群体间的混合运算，一直到所设置的条件满足为止。

蛙跳算法中，每个青蛙的位置代表了一个可行解。青蛙所在池塘中有数块石块，每一代青蛙们会被分配到石块上。在这一代中，只有石块上位置最差的青蛙会跳动。该青蛙首先会向着同一个石块上的最优位置的青蛙跳动，如果新位置比原位置差则向则全局最优位置跳动，若该位置仍比原位置差，则在解空间内随机跳动一次。由此可知，每只跳动青蛙在每代中至少跳动一次，至多跳动三次，但由于每次跳动的青蛙数量等于石块数，故当石块数小于青蛙数/3 时，每代总跳动次数小于青蛙总数。

3. *算法原理*

（1）参数设定：蛙群的规模 F、族群（模因复合体）的数量 m、每个模因分组（模因复合体）中青蛙的数量 n、最大允许跳动步长 $D_{\max}$、全局最优解 P_x、子族群（submemeplex）中青蛙的数量 q、局部进化次数 N 等，则有 $F=mn$。

（2）全局寻优更新过程如下。

1）生成虚拟蛙群：设可行性解空间维度为 d（也是每个青蛙的模因型或记忆体），即 $\Omega\in R^d$，随机生成 F 个虚拟蛙 $F=\{U(1),U(2),\cdots,U(F)\}$；对第 i 个青蛙，定义其模因向量为 $U(i)=(U_i^1,U_i^2,\cdots,U_i^d)$，并计算其性能值 $f[U(i)]$；

2）根据每个虚拟蛙的性能值 $f(i)$，按降序排序，生成新的蛙群序列 $X=\{U(i)\mid f[U(i)]>f[U(j)](i=1,\cdots,F-1;j=i+1)$；记录蛙群中最优蛙的位置 P_X，此时 $P_X=U(1)$。

3）将序列 X 中所有青蛙分配至 m 个模因复合体 $Y^1,Y^2,\cdots,Y^m$ 中，表达式如下：

$$\begin{aligned}&Y^k=[U(j)^k,f(U(j))^k\mid U(j)^k=U(k+m(j-1)),\\&f[U(j)]^k=f\{U[k+m(j-1)]\}(j=1,\cdots,n;k=1,\cdots,m)\end{aligned}\tag{4-23}$$

青蛙与模因复合体间分配关系见表 4-5。

表 4-5　青蛙与模因复合体间分配关系

分配次数＼模因复合体编号	Y^1	Y^2	…	Y^m
1	$U(1)$	$U(2)$	…	$U(m)$
2	$U(m+1)$	$U(m+2)$	…	$U(2m)$
…	…	…	…	…
m^2+1	$U(m^2+1)$	$U(m^2+2)$	…	$U(n)$

4）对每一个模因复合体 $Y^k(k=1,\cdots,m)$，根据下述局部优化算法，计算其演化过程：

a. 初始化并构建子模因复合体。设模因复合体序号 $i_m=0$，$i_m\leqslant m$；设局部进化计数器 $i_N=0$，进化运算次数最大值为 N；在当前模因复合体 Y^{im} 中选择 q 个青蛙形成子模因复合体序列 Z，并对其按降序排列，得到子模因复合体中最佳个体位置和最差个体位置分别为 P_b 和 P_w。

b. 设外层模因复合体计数循环 $i_m=i_m+1$，内层模因计数循环 $i_n=i_n+1$。

c. 基于如下位置计算策略更新当前模因复合体中最差青蛙位置：

$$step=\begin{cases}\min\{\text{int}[rand(\ )\times(P_b-P_w)],S_{\max}\} & (P_b-P_w\geqslant 0)\\ \max\{\text{int}[rand(\ )\times(P_b-P_w)],-S_{\max}\} & (P_b-P_w<0)\end{cases}\tag{4-24}$$

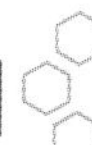

式中 $rand(\ )$——随机数生成函数，且 $rand(\ )\in[0,1]$；

int——取整数；

S_{max}——最大允许位置变化步长。

根据上述步长，更新最差位置青蛙的位置，$U(q)=P_w+step$。

计算更新后性能指标 $f[U(q)]$，若此值优于更新前值，则转 f 步，否则转第 d 步。

d. 针对青蛙 $U(q)$，在局部不能获得最优位置情况下，与全局最优位置比较，按下式计算位置更新步长：

$$step=\begin{cases}\min\{\text{int}[rand(\ )\times(P_X-P_w)],S_{max}\} & (P_X-P_w\geqslant 0)\\ \max\{\text{int}[rand(\ )\times(P_X-P_w)],-S_{max}\} & (P_X-P_w<0)\end{cases} \tag{4-25}$$

再次计算性能指标 $f\ [U(q)\ ]$，若此值优于更新前值，则转 f 步，否则转第 e 步。

e. 如果通过 c 和 d 两步仍未寻优最佳位置，则在全局搜索范围内随机生成一个位置。

f. 经过上述寻优过程，更新最差位置青蛙在当前模因复合体 Y^{im} 中的位置，并按性能值再次降序排列。

g. 若 $i_n<N$，返回 b。

h. 若 $i_m<m$，返回 a；否则，继续下一步 5)。

5）以新生成的模因复合体 $Y^k(k=1,\cdots,m)$，重构序列 $X=\{Y^k,k=1,\cdots,m\}$，并再次对重构后 X 按降序排列，同时更新重构后的最优蛙位置 P_X。

6）判断收敛条件是否满足，如果满足则停止运算，否则回到步骤 3）再次循环运算。

4. 算法实例

【例 4-5】 试用蛙群算法求解 DeJong's F5 函数，也称倒立 Shekel's 散兵坑函数，该函数含有 25 个深度不一的散兵坑。函数式如下：

$$F(x)=\frac{1}{500}+\sum_{j=1}^{25}\frac{1}{j+\sum_{i=1}^{2}(x_i-a_{ij})^6}(-66\leqslant x_1,x_2\leqslant 66)$$

其中，a_{ij} 是序对 {−32,−16,0,16,32} 中第 j 个序对的第 i 个坐标。

解 设模因数 100，每个模因中青蛙数 30，进化次数 40，子模因数 20，全局最大循环次数 120 次。编制部分核心 Python 代码如下：

```
def    globalSearch(func, dimension=2, low_limit=-66, up_limit=66, accuracy=0-0001):
    #初始
    populations = initialPopula(dimension, low_limit, up_limit)
    #初始化
    memeplexes = np-zeros((memeplexes_number, frog_n, dimension))
    #初始化社群适应度
    mem_fitness = np-zeros((memeplexes_number, frog_n))
    evalution = 0
    show_fitness = []
    while(evalution < total_eval):
```

```
    #适应度数组  适应度越小越好
    fitness = calculateFitness(fn5, populations)
    #将蛙群以适应度降序,并记录全局最好青蛙的位置
    populations =  populations[np-argsort(fitness)]
    fitness-sort( )
    #全局最好青蛙的位置
    frog_g = populations[0]
    #print("The best frog's position and fitness: ", frog_g, fitness[0])
    print("最佳青蛙位置及适应度值: ", frog_g, fitness[0])
    #画图
    show_fitness-append(fitness[0])
    #绘图
    #plot(populations, show_fitness,evalution)
    #绘图
    if evalution%2==0:
        plot(populations, show_fitness,evalution)
    # print(global_best_position)
    #分群
    for j in range(frog_n):
        for k in range(memeplexes_number):
                memeplexes[k][j] = (populations[k + memeplexes_number * j])
                mem_fitness[k][j] = (fitness[k + memeplexes_number * j])
    memeplexes = localSearch(memeplexes, mem_fitness, frog_g)
    populations = memeplexes-reshape(total, dimension)
    evalution += 1
```

青蛙池塘觅食优化过程示意图如图 4-16 所示，通过分析可知，经过多次迭代，系统逐渐寻得最优值。

4.2.4 蜂群算法

1. 算法思想

蜜蜂是一种群居生物，根据分工的不同，蜜蜂可分为三个工种：采蜜蜂、观察蜂、侦察蜂。采蜜蜂，也称雇佣蜂，为蜜源的发现者，发现蜜源后会去招募观察蜂一同开采这个蜜源；观察蜂，也称非雇佣蜂、跟随蜂等，在等来数只采蜜蜂来招募时，观察蜂会在众多的采蜜蜂中选择一只跟随去开采采蜜蜂所发现的蜜源，直到该蜜源被开采完；侦察蜂，不跟随任何其他蜜蜂，自己寻找蜜源，找到之后则会转变为采蜜蜂去招募观察蜂。蜜蜂觅食示意图如图 4-17 所示。

蜜蜂采蜜具体过程可以描述如下：

采蜜蜂寻得蜜源后，以跳舞的方式向同伴传递蜜源信息，此时部分观察蜂就会沿着采蜜蜂指明的方向去寻找食物，此过程属于招募蜜蜂行为。

当采蜜蜂寻找了多次蜜源后，发现再也找不到更优质的蜜源后，采蜜蜂供给信息的信

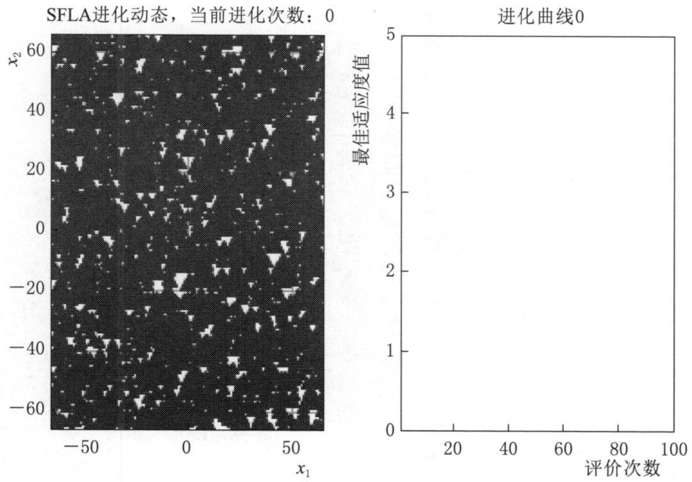

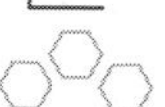

SFLA进化动态，当前进化次数：0
进化曲线0
x_2
x_1
最佳适应度值
评价次数

（a）第0次迭代

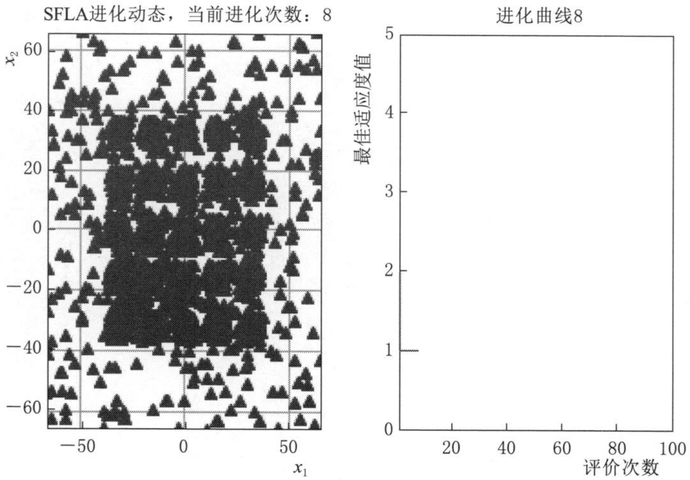

SFLA进化动态，当前进化次数：8
进化曲线8
x_2
x_1
最佳适应度值
评价次数

（b）第8次迭代

SFLA进化动态，当前进化次数：66
进化曲线66
x_2
x_1
最佳适应度值
评价次数

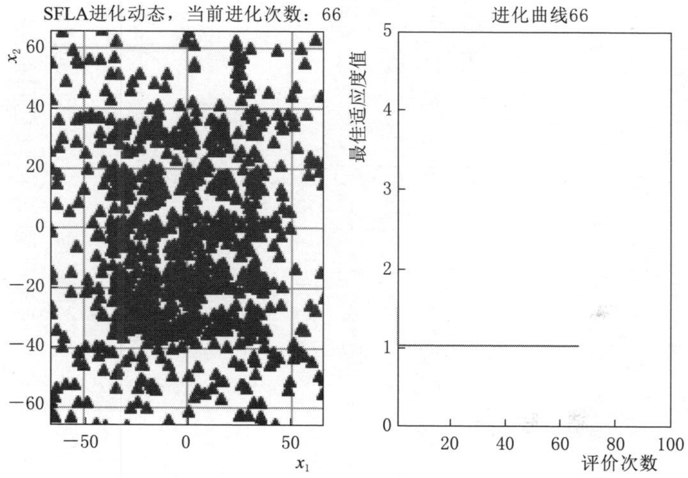

（c）第66次迭代（最优值0.998，$x_1=-32$，$x_2=-32$）

SFLA进化动态，当前进化次数：118
进化曲线
x_2
x_1
最佳适应度值
评价次数

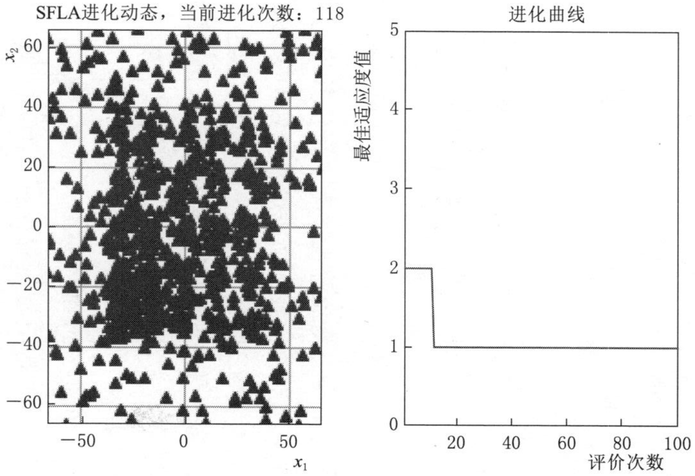

（d）第118次迭代（最优值0.998，$x_1=-32$，$x_2=-32$）

图 4-16　青蛙池塘觅食优化过程示意图

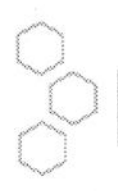

图 4-17　蜜蜂觅食示意图

服力则会降低，导致观察蜂也逐渐不采信其传递的信息。此种情况下，采蜜蜂只能转变角色，变为侦察蜂，直到再次找到高质量蜜源后，变为采蜜蜂，此过程属于放弃蜜源行为。

综上，蜂群实现群体智慧的最小搜索模型包括蜜源、采蜜蜂、观察蜂和侦察蜂共四个组成要素，蜜蜂觅食过程包括搜索（Search）蜜源、招募蜂群（Recruit）、放弃（Abandon）蜜源 3 种基本行为。

2. 算法描述

设待求解问题空间维数为 D，蜜源位置向量记为 $X=(x_1, x_2, \cdots, x_D)$，第 t 次迭代时第 i 个蜜源位置向量记为 $x_i(t)=[x_{i1}(t),x_{i2}(t),\cdots,x_{iD}(t)]$，其中 $x_{id}(t)\in[L_d,U_d](d=1,2,\cdots,D;i=1,2,\cdots,S)$，$L_d$、$U_d$ 分别为搜索空间的下限值和上限值。

按下式计算蜜源空间中第 i 个蜜源的初始位置：

$$x_{id}(0)=L_d+rand(0,1)(U_d-L_d) \tag{4-26}$$

采蜜蜂对第 i 个蜜源位置更新式（4-27），

$$x_{id}(t+1)=x_{id}(t)+\varphi(x_{id}(t)-x_{jd}(t)) \tag{4-27}$$

式中　j——当前蜜源 i 的任选邻居蜜源编号，且 $j\neq i$；

$\varphi(\cdot)$——区间 $[-1, 1]$ 上均匀分布的随机数。

同时，计算新蜜源向量 $x_i(t+1)=[x_{i1}(t+1),x_{i2}(t+1),\cdots,x_{iD}(t+1)]$ 的适应度值，如果优于原蜜源向量 $x_i(t)$，则以新蜜源向量代替原蜜源向量；反之，则保留原蜜源向量。

采蜜蜂轮询更新蜜源位置后，飞回蜂巢交流蜜源信息，观察蜂根据采蜜蜂传递的蜜源信息，按下式计算跟随概率：

$$p_i(t)=p_{\text{low}}+p_{\text{high}}\times\frac{fit_i(t)}{\max(fit_i(t))} \tag{4-28}$$

式中　p_{low}——概率下限值，一般取 $p_{\text{low}}=0.1$；

P_{high}——概率上限值，一般取 $P_{\text{high}}=0.9$。

基于轮盘赌算法，在 $[0, 1]$ 区间产生一个均匀分布随机数 r，若该随机数 $r<p_i(t)$，则在蜜源 i 附近继续产生新蜜源，且基于采蜜蜂同样的贪婪选择算法确定保留的蜜源。

此处 $fit_i(t)$ 与代价函数 $f_i(t)$ 之间的关系由式（4-29）确定，

$$fit_i(t)=\begin{cases}1/f_i(t)(f_i(t)\geqslant 0)\\1+|f_i(t)|(f_i(t)<0)\end{cases} \tag{4-29}$$

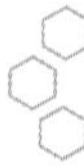

搜索过程中，如果蜜源 X_i 经一定迭代次数（$trial_i$）后未找到更好的蜜源，即 $trial_i \geq limit$，则该蜜源将被放弃，与之对应的采蜜蜂转变为侦察蜂，同时在搜索空间按下式再随机产生一个新的蜜源：

$$X_i(t+1)=\begin{cases}L_d+rand(0,1)(U_d-L_d) & (trial_i \geq limit)\\ X_i(t) & (trial_i < limit)\end{cases} \tag{4-30}$$

如此循环，直至达到最大迭代次数。

3. 算法实例

【例 4-6】 设蜜源数量为 $S=20$，采蜜上限为 $limit=100$，最大循环次数 $Maxcycle=1000$ 次，空间维数 $D=20$，变量搜索空间为［－4.25，4.25］，求优化函数为 $f(x)=\sum_{i=1}^{N}3x_i^2$ 的最优解。

解 编写蜂群算法的 M 脚本文件进行问题求解，核心代码如下：

```
%%%%%%%蜂群算法 ABC 核心代码%%%%%%
cycle_Num=1;%循环次数
while((cycle_Num<=maxCycle_Num))
    %%雇佣蜂阶段 EMPLOYED BEE PHASE%
        for iFood=1:(Food_Num)%轮询食物源
[solution,Obj_Val_Solution,Fitness_Solution]=GenerateNewSolution(Foods_Rand,iFood,objfun,lowerValue,upperValue);
            %/贪心算法/
            if(Fitness_Solution>Fitness_Old(iFood))
                Foods_Rand(iFood,:)=solution;
                Fitness_Old(iFood)=Fitness_Solution;
                Obj_Value(iFood)=Obj_Val_Solution;
                trial_Counter(iFood)=0;%尝试次数清零
            else
                trial_Counter(iFood)=trial_Counter(iFood)+1;
            end
            if iFood==10 %记录雇佣蜂适应度值
               FitallEmp(cycle_Num,1)= Fitness_Solution;
            end
        end
    %%Calculate Probabilities%计算旁观蜂的跟随概率
    prob_Observer=(0.9.*Fitness_Old./max(Fitness_Old))+0.1;
    Prob_AllBee(cycle_Num,1)=prob_Observer(:,10);%计算第 cycle 次迭代第 10 个蜜源的跟随概率
    %%旁观蜂阶段 ONLOOKER BEE PHASE%
    iFood=1;
    tOnlook=0;%计数清零
    while(tOnlook<Food_Num)
        if(rand<prob_Observer(iFood))
            tOnlook=tOnlook+1;
[solution,Obj_Val_Solution,Fitness_Solution]=GenerateNewSolution(Foods_Rand,iFood,objfun,lowerValue,upperValue);
```

```
            %/? greedy selection? /
            if(Fitness_Solution>Fitness_Old(iFood))
                Foods_Rand(iFood,:)=solution;
                Fitness_Old(iFood)=Fitness_Solution;
                Obj_Value(iFood)=Obj_Val_Solution;
                trial_Counter(iFood)=0;
            else
                trial_Counter(iFood)=trial_Counter(iFood)+1;
            end
        end
        if tOnlook==10 %第 10 个蜜源旁观蜂的适应度
            FitallLook(cycle_Num,1)=Fitness_Solution;
        end
        iFood=iFood+1;
        if(iFood==(Food_Num)+1)
            iFood=1;
        end
    end
[globalMin,GlobalParams]=MemorizeBestSolution(Foods_Rand,Obj_Value,globalMin,GlobalParams);
    %%招募蜜蜂阶段 SCOUT BEE PHASE%
    ind_Scout=find(trial_Counter==max(trial_Counter));
    ind_Scout=ind_Scout(end);
    if(trial_Counter(ind_Scout)>limit_Food)%判断是否达到放弃食物源采蜜行为上限
        trial_Counter(ind_Scout)=0;
        Foods_Rand(ind_Scout,:)=(upperValue-lowerValue).*rand(1,param_D)+lowerValue;
        Obj_Value(ind_Scout)=feval(objfun,solution);
        Fitness_Old(ind_Scout)=calculateFitness(Obj_Val_Solution);
    end
    fprintf('Cycle=%d Obj_Value=%g\n',cycle_Num,globalMin);
  %%每次迭代的全局最小值
    globalMinData(cycle_Num,1)=globalMin;
    cycle_Num=cycle_Num+1;
end
%ABC 算法结束
```

计算结果如图 4-18 所示。

4.2.5 人工鱼群算法

1. 基本思想

水域中的鱼往往能自行或尾随其他鱼找到营养物质多的区域，因而鱼生存数目最多的地方一般就是本水域中营养物质最多的地方，人工鱼群算法就是根据这一特点，通过构造人工鱼来模仿鱼群的觅食、聚群及追尾行为，从而实现寻优。鱼群觅食示意图如图 4-19 所示。

简言之，人工鱼是真实鱼抽象化、虚拟化的类实体，其封装了鱼觅食过程中的自身数据和一系列行为，可以接受环境的刺激信息，做出相应的活动，其所在环境为问题的解空

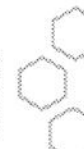

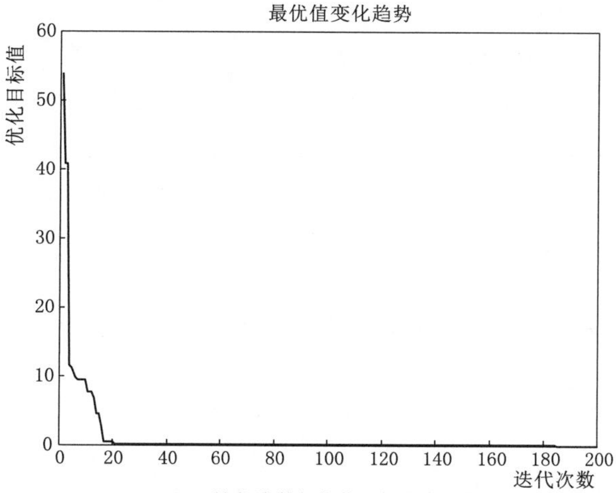

最优值变化趋势

优化目标值

0 10 20 30 40 50 60

0 20 40 60 80 100 120 140 160 180 200

迭代次数

（a）迭代次数与优化目标值变化曲线

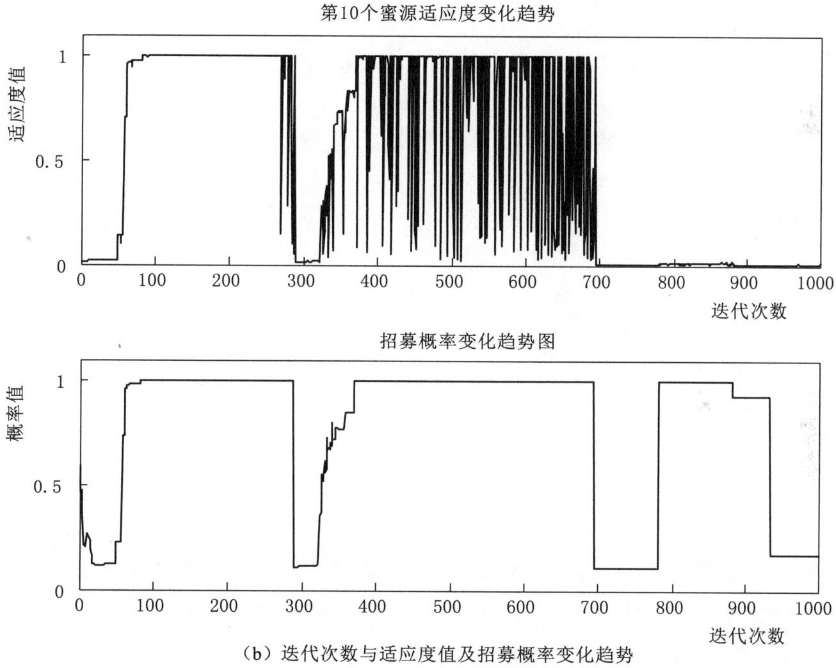

第10个蜜源适应度变化趋势

适应度值

0 0.5 1

0 100 200 300 400 500 600 700 800 900 1000

迭代次数

招募概率变化趋势图

概率值

0 0.5 1

0 100 200 300 400 500 600 700 800 900 1000

迭代次数

（b）迭代次数与适应度值及招募概率变化趋势

图 4-18　优化结果

间和其他人工鱼的状态，它在下一时刻的行为取决于自身的状态和环境的状态，并且它还通过自身的活动来影响环境，进而影响其他人工鱼的活动。人工鱼在其视野（*Visual*）范围内搜索食物并趋近进食。人工鱼在当前位置（状态 X）下，若在其视野范围（*Visual*）内寻优得到目标点（X_v），则考虑向目标点趋近（*Step*），

图 4-19　鱼群觅食示意图

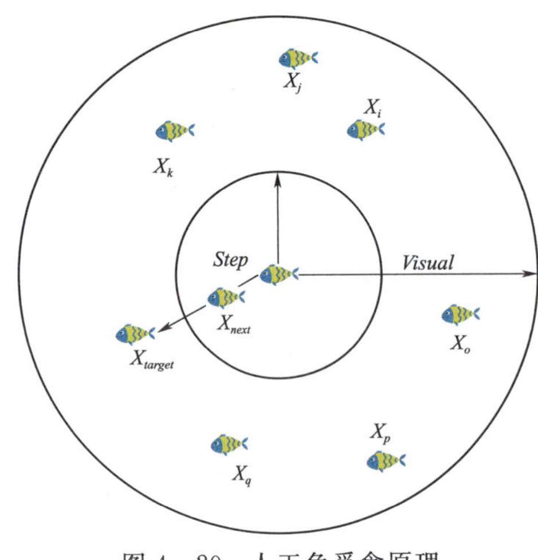

图 4－20 人工鱼觅食原理

到达状态（X_{target}）；若此状态（X_{target}）非最优，则继续巡视新视野内的其他状态，获取周围环境中的全局最优点。人工鱼觅食原如图 4－20 所示。

人工鱼拥有以下几种典型行为。

（1）觅食行为。一般情况下鱼在水中随机地自由游动，当发现食物时，则会向食物逐渐增多的方向快速游去。

（2）聚群行为。鱼在游动过程中为了保证自身的生存和躲避危害会自然地聚集成群，鱼聚群时遵守三条规则。

1）分隔规则：尽量避免与临近伙伴过于拥挤。

2）对准规则：尽量与临近伙伴的平均方向一致。

3）内聚规则：尽量朝临近伙伴的中心移动。

（3）追尾行为。当鱼群中的一条或几条鱼发现食物时，其临近的伙伴鱼会尾随其快速到达食物点。

（4）随机行为。单独的鱼在水中通常都是随机游动，是为了更大范围地寻找食物点或身边的伙伴。

2. 算法流程

（1）初始化。在 t 时刻，人工鱼个体 i 在 t 时刻状态向量 $X_i(t)=[x_i^1(t),x_i^2(t),\cdots,x_i^n(t)]$，其中 $i=1,2,\cdots,N$，N 为鱼群规模，其当前所在位置的食物浓度为 $Y_i(t)=f[X_i(t)]$，$Y_i(t)$ 为目标函数值；人工鱼 i、j 之间的距离为 $d_{ij}(t)=\|X_i(t)-X_j(t)\|$；*Visual* 表示人工鱼的视野范围半径；*TryNum* 表示一个循环内觅食重复次数；*Step* 表示人工鱼每次移动步长；δ 为鱼群拥挤度因子。

（2）计算初始鱼群各个体的适应值，取最优人工鱼状态及其值赋予公告牌。

（3）对每个个体进行评价，对其将执行的行为进行决策，包括觅食（Pray）、聚群（Swarm）、追尾（Follow）和评价行为（Bulletin）。

1）觅食行为。鱼群中的单体鱼觅食的过程即为搜索寻优的过程。在觅食重复次数 *TryNum* 内，每次在其感知范围内随机选择一个状态 $X_j(t)$，计算器适应值 $Y_j(t)$，若 $Y_j(t)$ 优于当前位置，则趋向移动一个 *Step*；反之，则再次寻优新位置，若寻优次数大于 *TryNum*，则向随机方向移动 *Step*。

觅食行为算法伪代码如下：

```
for i = 1:N
    for j = 1:Try_number
      Xj=x(i)+Visual. * rand( );%人工鱼在其视野内随机选择一个状态 Xj
      if f(Xj)<f(x(i))   %比较 Xj 和 Xi 的适应度
```

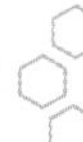

```
            X_next= x(i)+rand( ) * step * (Xj-x(i))/norm(Xj-x(i)); % norm( )函数表示 2-范数
            break;
        else
            X_next=x(i)+step * rand( );
        end
    end
end
```

2）聚群行为。设第 i 条人工鱼在搜索其领域内的伙伴鱼数目 n_f 及中心位置 X_c，如果 $Y_c/Y_i>\delta n_f$，说明鱼群中伙伴鱼中心有较多食物且不太拥挤，该个体鱼则向伙伴鱼 X_j 的方向以 $Step$ 为单位趋近；否则继续执行觅食行为。

聚群行为算法伪代码如下：

```
nf=0;X_inside=0;
for i = 1:N
    for j = 1:N
        if norm(x(j)-x(i))<Visual % 求人工鱼与其他人工鱼之间的距离
            nf = nf+1;  %统计在视野范围内的鱼数量
            X_inside= X_inside+x(j);%将视野范围内的鱼进行累加
        end
         X_inside=X_inside-x(i);
         nf=nf-1;
         Xc = X_inside/nf; %Xc 表示 Xi 感知范围其他伙伴的中心位置;
         if  f(Xc)/nf < δ * f(x(i))
            x_next=x(i)+rand * Step * (Xc-x(i))/norm(Xc-x(i));
        else
            进行觅食行动
        end
    end
end
```

3）尾随行为。设第 i 条人工鱼在搜索其领域内的伙伴鱼中适应度值 Y_j 最大的伙伴为 X_j，如果 $Y_j/Y_i>\delta n_f$，表明伙伴鱼 X_j 周围具有较高食物浓度且其周围不太拥挤，则向伙伴鱼 X_j 的方向以 $Step$ 为单位趋近；否则继续执行觅食行为。

尾随行为算法伪代码如下：

```
Y_max=inf;nf=0;
for i = 1:N
    %搜索人工鱼 Xi 视野范围内的最高适应度个体 Xj
    for j = 1:N
        if norm(x(j)-x(i))<Visual && f(x(j))<Y_max % 求人工鱼与其他人工鱼之间的距离
            X_max=x(j);
```

```
            Y_max=f(x(j));
        end
    end
    %搜索人工鱼 Xj 视野范围内的伙伴数量
    for j = 1:N
        if(norm(x(j)-X_max)<Visual)
            nf=nf+1;
        end
    end
    nf=nf-1;
    if Y_max/nf<delta * f(x(i))
        x_next= x(i,:)+rand * Step. * (temp_maxX-x(i,:)). /norm(temp_maxX-x(i,:));
    else
        进行觅食行为;
    end
end
```

（4）执行人工鱼行为操作，更新自身状态，生成新鱼群。

（5）评价鱼群中所有个体适应度。若某个体优于公告牌，则将公告牌更新为该个体。

（6）当公告牌上最优解满足误差要求或者达到迭代次数上限时，则结束算法，否则转步骤（3），继续下一次循环。

3. 算法实例

【例 4-7】 设有行向量 $X=[x_1, x_2, \cdots, x_N]$，其中 N 为向量的维数，计算其二范数的最优平方值，即计算下式

$$f=(\|X\|_2)^2 \text{ 或 } f=XX^{\mathrm{T}}$$

解 编写鱼群算法 M 文件求解上式，部分核心代码如下：

```
%% 聚群行为
        nf_swarm=0;
        Xc=0;
        label_swarm =0;  %群聚行为发生标志
        %确定视野范围内的伙伴数目与中心位置
        for j = 1:N
            if norm(x(j,:)-x(i,:))<VisDis
                nf_swarm = nf_swarm+1;  %统计在感知范围内的鱼数量
                Xc = Xc+x(j,:);         %将感知范围内的鱼进行累加
            end
        end
        Xc=Xc-x(i,:);  %需要去除本身;因为在 一开始计算时,i=j,把中心的鱼也进行了一次计算
        nf_swarm=nf_swarm-1;
        Xc = Xc/nf_swarm; %此时 Xc 表示视野范围其他伙伴的中心位置;
        %判断中心位置是否拥挤
```

```
        if  (f(Xc)/nf_swarm < delta*f(x(i,:))) && (f(Xc)<f(x(i,:)))
            x_swarm=x(i,:)+rand*Step.*(Xc-x(i,:))./norm(Xc-x(i,:));
            %边界处理
            ub_flag=x_swarm>ub;
            lb_flag=x_swarm<lb;
x_swarm=(x_swarm.*(~(ub_flag+lb_flag)))+ub.*ub_flag+lb.*lb_flag;
              x_swarm_fitness=f(x_swarm);
          else
            %觅食行为
        label_prey =0;    %判断觅食行为是否找到优于当前的状态
        for j = 1:Try_number
            %随机搜索一个状态
            x_prey_rand = x(i,:)+VisDis.*(-1+2.*rand(1,dim));
            ub_flag2=x_prey_rand>ub;
            lb_flag2=x_prey_rand<lb;
x_prey_rand=(x_prey_rand.*(~(ub_flag2+lb_flag2)))+ub.*ub_flag2+lb.*lb_flag2;
                %判断搜索到的状态是否比原来的好
                if f(x(i,:))>f(x_prey_rand)
                    x_swarm = x(i,:)+rand*Step.*(x_prey_rand-x(i,:))./norm(x_prey_rand-x(i,:));
                    ub_flag2=x_swarm>ub;
                    lb_flag2=x_swarm<lb;
x_swarm=(x_swarm.*(~(ub_flag2+lb_flag2)))+ub.*ub_flag2+lb.*lb_flag2;
                    x_swarm_fitness=f(x_swarm);
                    label_prey =1;
                    break;
                end
            end
            %随机行为
            if label_prey==0
                x_swarm = x(i,:)+Step*(-1+2*rand(1,dim));
                ub_flag2=x_swarm>ub;
                lb_flag2=x_swarm<lb;
x_swarm=(x_swarm.*(~(ub_flag2+lb_flag2)))+ub.*ub_flag2+lb.*lb_flag2;
                x_swarm_fitness=f(x_swarm);
            end
```

运算结果如下：

```
迭代次数:50 最优适应度:7603.2976
最优人工鱼:-16.0859    42.384    -5.94378    40.6675    16.4898    23.3976
-17.5842    -32.5125    9.38073    -39.8163
迭代次数:100 最优适应度:1137.1708
```

```
最优人工鱼:-5.98932	20.5673	-1.59134	12.1686	6.46117	9.80165
-6.15835	-12.8148	4.76173	-12.8469
迭代次数:150 最优适应度:26.2884
最优人工鱼:-0.12315	3.3188	0.46578	-0.67071	-1.8109	-1.9062	-0.71456
1.8688	-1.583	1.0818
迭代次数:200 最优适应度:0.49199
最优人工鱼:0.13281	0.069596	0.30517	-0.087788	0.10295	-0.27064	-0.29549
-0.37469	-0.239	6.2496e-05
迭代次数:250 最优适应度:0.039557
最优人工鱼:-0.0088165	-0.004551	0.0067311	-0.075671	-0.022029	-0.1145
-0.13147	-0.009395	0.045822	-0.024863
迭代次数:300 最优适应度:0.02215
最优人工鱼:0.032346	-0.067999	0.02478	-0.061906	0.013351	0.03895	0.0078812
0.065684	0.068355	-0.035911
迭代次数:350 最优适应度:0.012662
最优人工鱼:0.013355	-0.015007	0.077971	-0.008736	-0.047456	-0.01259
-0.0074666	-0.046356	0.038472	-0.0027659
迭代次数:400 最优适应度:0.012662
最优人工鱼:0.013355	-0.015007	0.077971	-0.008736	-0.047456	-0.01259
-0.0074666	-0.046356	0.038472	-0.0027659
迭代次数:450 最优适应度:0.0091851
最优人工鱼:0.018129	0.012859	0.015256	0.052688	-0.0032751	0.015698	-0.0097972
-0.04637	-0.028504	-0.048647
迭代次数:500 最优适应度:0.0091851
最优人工鱼:0.018129	0.012859	0.015256	0.052688	-0.0032751	0.015698	-0.0097972
-0.04637	-0.028504	-0.048647
```

鱼群算法优化结果如图 4－21 所示，图中 x_1、x_2 为待优化函数的两个变量。

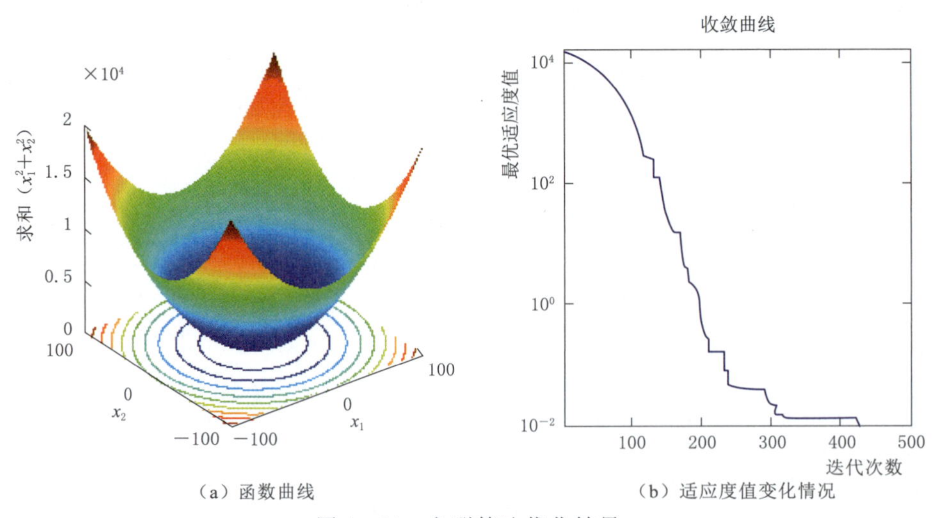

（a）函数曲线　　（b）适应度值变化情况

图 4－21　鱼群算法优化结果

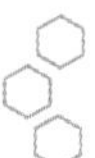

4.3 迁徙导向型群体智能

4.3.1 概述

迁徙导向型群体智能的代表性算法为粒子群优化算法（Particle Swarm Optimization，PSO），是美国学者 J. Kennedy 和 R. Eberhart 在 1995 年对鸟类群体行为进行研究分析后提出的一种群体智能算法。PSO 算法以一种无质量的粒子来模拟鸟群中的鸟个体，把每个寻优对象设计成一只鸟，食物的位置是寻优问题的最优解。PSO 算法容易实现、无须梯度信息、参数少，适于处理实际优化问题，同时具有强大的智能背景，适于科学研究。鸟群飞翔示意图如图 4－22 所示。

图 4－22　鸟群飞翔示意图

4.3.2 算法分析

1. 基本思想

PSO 算法将鸟类的飞行空间抽象成求解问题的搜索空间，将每只鸟抽象成仅有速度和位置两个属性的粒子，代表一个问题的可能解，将寻找问题最优解的过程视为鸟类寻找食物的过程，从而求解复杂的优化问题。

在 PSO 算法中，每个个体称为一个“粒子”，也代表着一个潜在的解。在 D 维搜索空间中，一个由若干个粒子组成的群体以一定的速度飞行，每个粒子包含一个 D 维位置向量 $x_i=(x_{i1},x_{i2},\cdots,x_{iD})$ 和速度向量 $v_i=(v_{i1},v_{i2},\cdots,v_{iD})$，$1\leqslant d\leqslant D$。每个粒子在搜索时，记住其搜索到的最优位置 $p_i=(p_{i1},p_{i2},\cdots,p_{id},\cdots,p_{iD})$ 和群体内所有粒子搜索到的最优位置 $p_g=(p_{g1},p_{g2},\cdots,p_{gd},\cdots,p_{gD})$。在每次迭代中，粒子根据自身惯性、个体经验和群体最优经验调整自己的速度向量，进而调整自身的位置向量。根据事先设定的适应度函数计算当前位置的适应值，衡量粒子位置的优劣。

一般来说，粒子的位置和速度都是在连续的实数空间内进行取值。在每次迭代中，依下式更新粒子的速度和位置：

$$\begin{cases}v_{id}^{k+1}=\omega v_{id}^{k}+c_1\xi(p_{id}^{k}-x_{id}^{k})+c_2\eta(p_{gd}^{k}-x_{id}^{k})\\x_{id}^{k+1}=x_{id}^{k}+v_{id}^{k+1}\end{cases}\tag{4-31}$$

式中　ω——惯性因子；

c_1、c_2——学习因子或加速系数，一般取 $c_1=c_2=2$；

ξ、$\eta \in U[0, 1]$——在 [0，1] 区间内均匀分布的伪随机数，这两个参数用来保持群体的多样性。

学习因子使粒子具有自我总结和向群体中优秀个体学习的能力，从而向自己的历史最优点以及群体内或邻域内的历史最优点靠近。由于粒子群算法中没有实际的机制来控制粒子速度，所以需要对粒子的速度范围进行限制，设为 $V_{\min} \sim V_{\max}$。此外，粒子的位置 x_i 的取值范围为 $X_{\min} \sim X_{\max}$。

2. 算法流程

选定相关初始条件如下：m 为粒子群种群规模，x_i 为种群中第 i 个粒子的位置向量，v_i 为第 i 个粒子的速度向量，$fitness(x_i)$ 为求第 i 个粒子的适应值函数，p_i 为第 i 个粒子自身搜索到的最优位置向量，p_g 为种群中适应度最高的位置向量。

基本 PSO 算法流程具体如下：

（1）初始化粒子群，对于每一个种群中的粒子 $i(i=1,2,\cdots,m)$，随机初始化 x_i 和 v_i。

（2）计算适应度函数 $fitness$（x_i），对每个粒子进行性能评估。

（3）搜索粒子自身最优位置 p_i，若 $fitness(x_i) < fitness(p_i)$，则 $p_i = x_i$。

（4）搜索群体最优位置 p_g，若 $fitness(p_i) < fitness(p_g)$，则 $p_g = p_i$。

（5）对每个粒子，根据式（4-31）更新位置 x_i 和速度 v_i。

（6）返回步骤（2），直至满足终止条件。

一般将终止条件设定为足够好的适应值或达到预设的最大迭代次数。

3. 算法实例

【例 4-8】 设有函数如下，试用 PSO 算法求此函数极小值。

$$f(x) = \sum_{i=1}^{5} (x_i^2 + 5x_i - 10)$$

解　设种群个数 $N=6$，惯性权值 $w=0.5$，学习因子 $c_1=c_2=2.0$，搜索维数 $D=5$，迭代步数 $M=200$。

第一步，初始化粒子群初始位置和初始速度，此处生成 6 个 5 维粒子种群，初始化结果见表 4-6。

表 4-6　初始化结果

编号	初始位置 P	初始速度 V
1	{1.652，4.674，1.012，7.021，8.73}	{0.5142，0.2474，0.004979，0.9026，0.5618}
2	{0.5394，3.682，3.938，6.231，1.629}	{0.7172，0.2442，0.9677，1.033，0.7331}
3	{4.074，3.181，4.636，8.444，3.819}	{0.3935，0.9261，0.8106，1.157，0.646}
4	{3.304，1.456，9.923，4.57，0.7499}	{1.462，1.346，1.768，1.673，1.624}
5	{7.57，4.516，2.907，2.126，4.58}	{0.2545，1.504，0.738，0.4514，1.648}
6	{5.875，2.326，5.933，6.44，6.417}	{1.029，1.084，1.747，1.468，1.532}

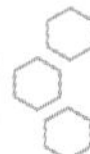

第二步，计算各个粒子自适应度值，计算粒子的局部最优值和初始化全局最优值。将上述初始值代入目标函数中，得到适应度计算值，见表 4－7。

表 4－7　适应度计算值

编　号	初始位置 P	适应度值
1	{1.652，4.674，1.012，7.021，8.73}	216.615
2	{0.5394，3.682，3.938，6.231，1.629}	100.942
3	{4.074，3.181，4.636，8.444，3.819}	204.857
4	{3.304，1.456，9.923，4.57，0.7499}	182.963
5	{7.57，4.516，2.907，2.126，4.58}	170.157
6	{5.875，2.326，5.933，6.44，6.417}	242.746

令全局最优初始值 *Gbest*＝{5.875，2.326，5.933，6.440，6.417}。

第三步，比较各粒子的适应度值，取其最小者为全局最优粒子，得全局最优位置和最优值，此时得 *Gbest*＝ {0.539，3.682，3.938，6.231，1.629}，*fitness*（*Gbest*）＝100.942。

第四步，根据位置公式和速度公式，更新每个粒子的位置和速度，得到一步更新结果，见表 4－8。

表 4－8　一步更新结果

编号	一步更新速度值	一步更新位置值
1	{1.513，1.453，4.657，0.805，11.018}	{0.139，3.221，5.669，6.216，2.284}
2	{0.7172，0.2442，0.9677，1.033，0.7331}	{0.5394，3.682，3.938，6.231，1.629}
3	{0.3935，0.9261，0.8106，1.157，0.646}	{4.074，3.181，4.636，8.444，3.819}
4	{ 1.462，1.346，1.768，1.673，1.624}	{3.304，1.456，9.923，4.57，0.7499}
5	{0.2545，1.504，0.738，0.4514，1.648}	{7.57，4.516，2.907，2.126，4.582}
6	{1.029，1.084，1.747，1.468，1.532}	{5.875，2.326，5.933，6.44，6.417}

第五步，计算新的适应度值，更新后的适应度值见表 4－9。

表 4－9　更新后的适应度值

编　号	一步更新位置值	新适应度值
1	{0.139，3.221，5.669，6.216，2.284}	101.188
2	{0.5394，3.682，3.938，6.231，1.629}	123.683
3	{0.2021，4.279，4.158，6.222，1.37}	105.367
4	{0.1126，5.469，1.829，7.898，2.88}	143.772
5	{0.3346，4.395，4.356，6.651，2.314}	128.240
6	{3.181，3.684，5.607，7.049，4.304}	192.454

第六步，比较新的适应度值与原适应度值的大小，如果小于原适应度值，则以新位置代替粒子原来位置；否则，维持不变。此时，得全局最优值：*Gbest*＝ {0.139，3.221，5.669，6.216，2.284}。

PSO 迭代优化过程中相关参数变化趋势如图 4－23 所示。

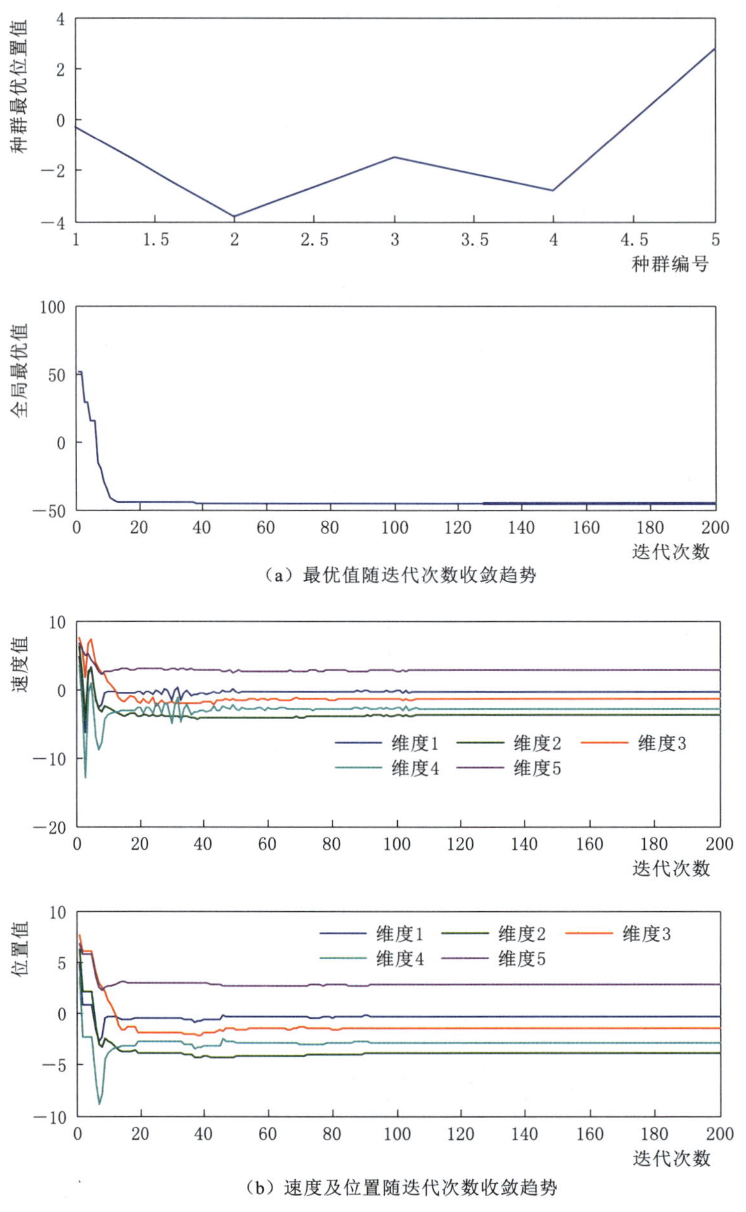

图 4-23　PSO 迭代优化过程中相关参数变化趋势

4.4　车辆运动学

4.4.1　转向模型

运动学是从几何学的角度研究物体的运动规律，包括物体的空间位置、速度等参量。车辆路径规划算法中应用运动学模型，以确保规划路径的切实可行，并满足行驶过程中的运动学约束条件。

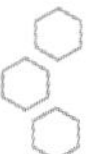

车辆运动模型如图 4-24 所示。惯性坐标系 XOY 中，(X_r, Y_r) 和 (X_f, Y_f) 分别为车辆后轮和前轮轴心的坐标，φ 为车体的横摆角（航向角），δ_f 为前轮偏角，v_r 为车辆后轴中心速度，v_f 为车辆前轴中心速度，l 为轴距。图 4-25 所示为车辆转向过程示意图，R 为后轮转向半径，P 为车辆的瞬时转动中心，M 为车辆后轮轴心，N 为前轮轴心。假设转向过程中车辆质心侧偏角保持不变，即车辆瞬时转向半径与道路曲率半径相同。

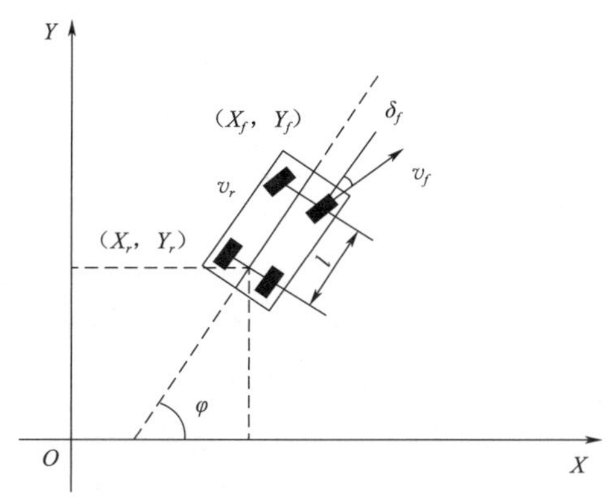

图 4-24 车辆运动模型

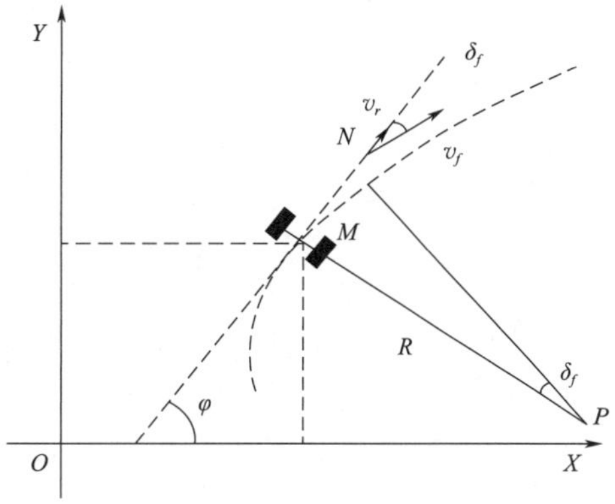

图 4-25 车辆转向过程示意图

由此可知，后轮行驶轴心 (X_r, Y_r) 处速度计算式为

$$v_r = \dot{X}_r \cos\varphi + \dot{Y}_r \sin\varphi \tag{4-32}$$

同时，前、后轮的运动学约束条件表达式为

$$\begin{cases} \dot{X}_f \sin(\varphi+\delta_f) - \dot{Y}_f \cos(\varphi+\delta_f) = 0 \\ \dot{X}_r \sin\varphi - \dot{Y}_r \cos\varphi = 0 \end{cases} \tag{4-33}$$

由式（4-32）和式（4-33）联立可得下式：

$$\begin{cases} \dot{X}_r = v_r \cos\varphi \\ \dot{Y}_r = v_r \sin\varphi \end{cases} \tag{4-34}$$

根据以下前后轮的几何关系式：

$$\omega = \frac{v_r}{l} \tan\delta_f \tag{4-35}$$

联立上述各式，解得横摆角速度为

$$\omega = \frac{v_r}{l} \tan\delta_f \tag{4-36}$$

式中 ω——车辆横摆角速度，rad/s。

再者，由车辆的横摆角速度 ω 和车速 v_r 得转向半径和前轮偏角计算式为

$$\begin{cases} R = v_r / \omega \\ \delta_f = \arctan(l/R) \end{cases} \tag{4-37}$$

联立式（4-34）和式（4-36）可得车辆运动学模型表达式为

$$\begin{bmatrix} \dot{X}_r \\ \dot{Y}_r \\ \dot{\varphi} \end{bmatrix} = \begin{bmatrix} \cos\varphi \\ \sin\varphi \\ \tan\delta_f / l \end{bmatrix} v_r \tag{4-38}$$

最终，得到的车辆运动学模型状态空间表达式为

$$\begin{bmatrix} \dot{X}_r \\ \dot{Y}_r \\ \dot{\varphi} \end{bmatrix} = \begin{bmatrix} \cos\varphi \\ \sin\varphi \\ 0 \end{bmatrix} v_r + \begin{bmatrix} 0 \\ 0 \\ 1 \end{bmatrix} \omega \tag{4-39}$$

4.4.2　转向动力学分析

忽略道路坡道影响的情况下，车辆行驶速度将会对速差转向车辆的转向性能产生较大的影响，当车辆以一定的速度在水平地面上匀速转向时，产生离心力 J，在不忽略离心力的情况下，离心力将作于车辆整体重心上，方向则由重心指向外侧履带。

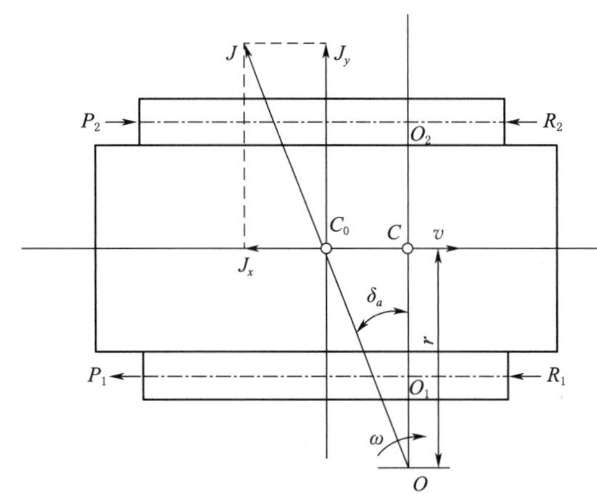

图 4-26　车辆转向所受外力示意图

车辆转向所受外力示意图如图 4-26 所示，图中 C_0 为车辆平面中心，C 为离心运动时的车体运动中心，O 为车辆转向中心，O_1、O_2 分别为车辆在离心运动下内、外侧履带的接地段中心，r 为车辆的转向半径，ω 为车辆横摆运动的角速度，v 为车辆速度，δ_a 为车辆转过的角度，J 为车辆所受离心力，R_1、R_2 分别为内、外侧履带受到的地面阻力，P_1 为内侧履带受到的制动力，P_2 为外侧履带受到的牵引力。

离心力的大小与车辆质量 M、车辆转向半径 r 以及横摆运动角速度 ω 有关，其计算式为

$$J = \frac{1}{10} M\omega^2 / r \tag{4-40}$$

将离心力 J 分解为纵向分力 J_x 和横向分力 J_y，如图 4-26 所示，则各分量力的计算值为

$$\begin{cases} J_x = J \sin\delta_a \\ J_y = J \cos\delta_a \end{cases} \tag{4-41}$$

离心力的横向分力方向由瞬时转向中心指向外侧履带，所以导致瞬时转向中心向车前侧偏移，偏移量计算式为

$$X = \frac{L_m J_y}{2\mu_L G} \tag{4-42}$$

式中　X——偏移量；

L_m——履带接地长，m；

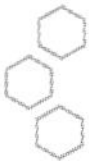

μ_L——车辆的横向附着系数；

G——车辆的重力，N。

近似假设离心力的纵向分力不影响接地段的法向负荷和转向阻力，只考虑离心力的横向分力对法向负荷 Q_1 和横向阻力 Q_2 的影响，见式（4－43）。

$$\begin{cases} Q_1=\dfrac{G}{2}-\dfrac{J_y h_g}{B_m} \\ Q_2=\dfrac{G}{2}+\dfrac{J_y h_g}{B_m} \end{cases} \tag{4-43}$$

式中 h_g——车辆中心高度，m；

B_m——两侧履带接地段宽度，m。

横向分力对转向的影响即为对转向阻力矩大小的影响，计算得到的转向驱动力矩 M_1 和转向阻力矩 M_2 为

$$\begin{cases} M_1=\dfrac{1}{4}\mu_L G L_m\left[1+\left(\dfrac{2X}{L}\right)^2\right] \\ M_2=\dfrac{1}{4}\mu_L G L_m\left[1-\left(\dfrac{2X}{L}\right)^2\right] \end{cases} \tag{4-44}$$

为保证车辆匀速转向，转向时纵向力和力矩的平衡方程如下：

$$\begin{cases} P_2-P_1=R_1+R_2+J_x \\ (P_2+P_1)\dfrac{B_m}{2}=(M_2-J_x X)+(R_2-R_1)\dfrac{B_m}{2} \end{cases} \tag{4-45}$$

最终可求得转向所需的牵引力 P_2 和制动力 P_1 为

$$\begin{cases} P_1=-\left(\dfrac{G}{2}-\dfrac{J_y h_g}{B_m}\right)f+\dfrac{\mu_L G L_m}{4B_m}\left[1-\left(\dfrac{2X}{L}\right)^2\right]-\dfrac{J_x}{2} \\ P_2=\left(\dfrac{G}{2}+\dfrac{J_y h_g}{B_m}\right)f+\dfrac{\mu_L G L_m}{4B_m}\left[1-\left(\dfrac{2X}{L}\right)^2\right]+\dfrac{J_x}{2} \end{cases} \tag{4-46}$$

通过上述分析可知，为使车辆按一定速度匀速转向，外侧需要 P_2 的牵引力，内侧需要 P_1 的制动力。同时，随着离心力的增加，外侧履带所需的驱动力与内侧履带所需的制动力都减小。因此，速差转向车辆的行驶速度与转向特性密切相关。

离合器转向的速差转向车辆从直驶运动到转向运动过程中，离合器在传递转矩的同时，逐渐分离产生摩滑，最终使单侧主动轮转速降低。离合器的分离和结合过程均为摩滑过程，制动带在部分制动转向工况下同样处于摩滑状态，转向过程中存在摩擦损失，发动机到主动轮之间的传动比为变化的，所以通过转向离合器控制车辆转向存在不确定性。

车辆真实的转向过程中，松软土地上履带接地段某一点的转向阻力包含了滑动摩擦阻力 F_{hd}、剪切阻力 F_{jq} 和刮土阻力 F_{gt} 等，履带接地段受力示意图如图 4－27 所示。滑动摩擦阻力和履带与地面的摩擦系数有关，并且与接地段的法向负荷成正比；剪切阻力和刮土阻力与地面性质、法向负荷、履带板结构、转向半径等多因素有

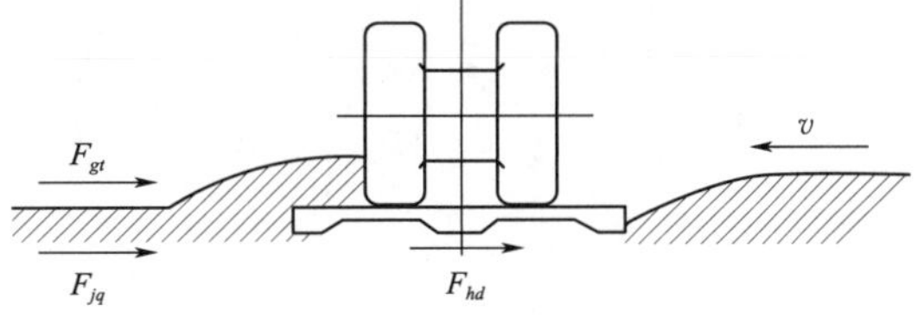

图 4－27 履带接地段所受转向阻力的示意图

关，同时刮土阻力还和车辆旋转角度有关。由于地面和车辆关系的复杂性和多因素影响，很难建立精确数学模型，在此不再展开论述。

4.4.3　预瞄自适应控制

1. 控制模型

预瞄自适应控制模型借助控制力逐渐消除横向误差，使得车辆向期望路径收敛。这种方法忽略车辆自身的转向模型，图 4－28 所示为预瞄控制模型的示意图。图 4－28 中 v 表示车速，Δx_i 为第 i 个期望路径点与车辆实际位置的横向距离偏差，φ_i 为第 i 个期望路径点的航向与车辆行驶方向的夹角。预瞄控制模型的基本控制计算式为

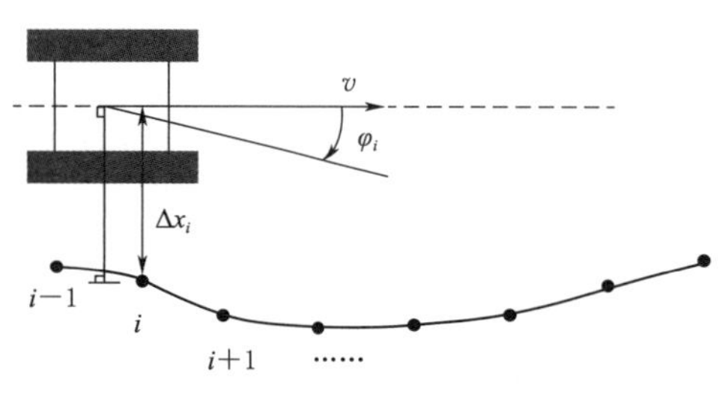

图 4－28　预瞄控制模型示意图

$$\delta_i=\varphi_i+\arctan\frac{k_u\Delta x_i}{v} \tag{4-47}$$

其中，k_u 是一个增益参数，用来调节航向校正角度 δ，使输出的角度（非线性）正比于横向偏差 x，偏差越大，输出的 δ 也越大。δ 的符号代表车辆航向校正的期望方向，负为左，正为右。模值代表期望转向强度值，其值越大说明期望的转向程度越大，两侧履带的速差期望越大，反之则越小。

2. 选择预瞄点

传统路径跟踪算法通过单一变量 δ 对转向方式进行判断时，未考虑驾驶行为的预判断因素，往往容易导致车辆的动作延迟和行驶轨迹的振荡。为避免上述问题，在驾驶行为预测模型基础上，引入转向预测值 m，使得车辆转向受两个参量共同作用，重构车辆转向动力学方程。因此，选取合适的预瞄路点，产生合适的航向纠正偏差，协调转向预测值 m 与航向纠正偏差 δ 的关系，成为路径跟踪控制中的关键点。

选取预瞄路点过程如图 4－29 所示。具体过程描述如下：求解位于车辆行驶前方的期望路径上各点与车辆实际位置的距离，找到距车辆最近的路点作为目标点，读取该点上的转向预测值 m，并计算该点的航向纠正偏差 δ，若 m 与 δ 的值符合映射关系，则选取该点作为最佳预瞄路点；否则，继续向后搜寻符合映射关系的路点。若在距离车辆实际位置最近的 n 个（如 $n=20$）路点范围内，均没有符合映射关系的路点，说明驾驶行为模型预测结果与实际情况不符，应对目标点的转向预测值 m 进行修正，然后从目标点开始重新搜寻最佳预瞄点；如果目标点之后的 n 个路点内，均没有符合 $f_{\delta,m}$ 映射关系的路点，修正目标点转向预测值的流程如图 4－30 所示。通过计算每个路点对应的航向纠正偏差 δ，生成每个路点的期望转向状态 m'，统计其中发生频次最高的 m'，将其赋值给目标点的转向预测状态，并从该目标点重新开始搜寻预瞄点，计算式如下：

$$f_{\delta,m}:\delta\rightarrow m:m=\begin{cases}0(|\delta|<\delta_1)\\1(\delta_1\leqslant|\delta|<\delta_2)\\2(\delta_2\leqslant|\delta|<\delta_3)\\3(|\delta|\geqslant\delta_3)\end{cases} \tag{4-48}$$

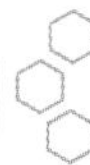

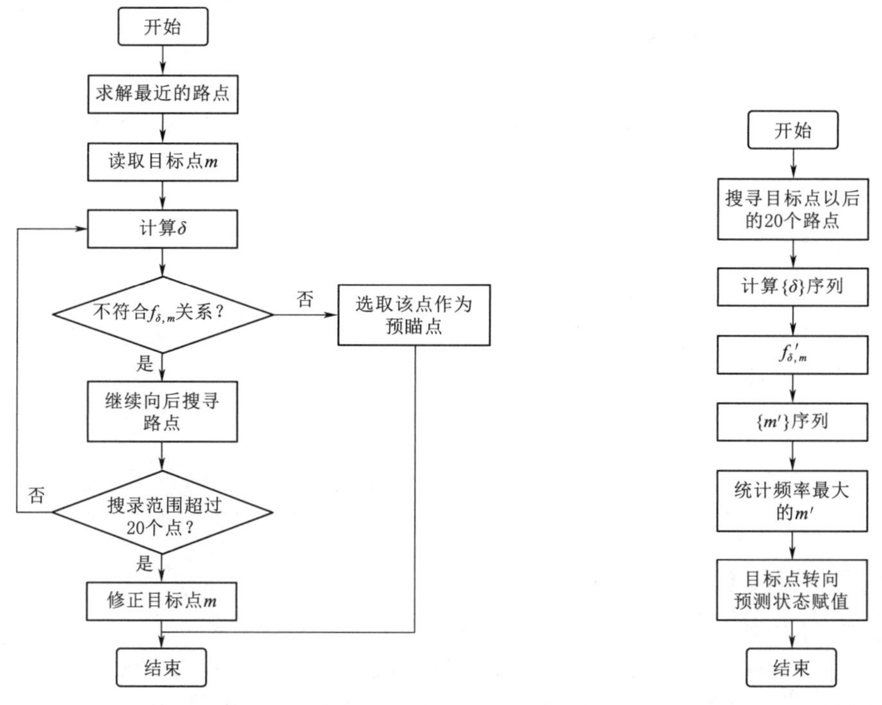

图 4-29　选取预瞄路点过程

图 4-30　修正目标点转向预测值流程

4.5　V2X 环境下车辆跟驰与信息交互

4.5.1　车辆跟驰模型

交通流理论借助现代科学理论揭示各种交通现象的机理，依据刻画系统的粒度层次，交通流模型一般分为宏观模型、中观模型和微观模型。宏观交通流模型研究始于 20 世纪 30 年代，已经形成运动学模型、动力学模型、各向异性模型和格子流体模型等，典型的运动学模型有 LWR 模型等；中观交通流模型包括 Integration 模型、DynaCHINA 模型等；微观交通流模型包括跟驰模型、元胞自动机模型等。跟驰模型在微观交通仿真、通行能力分析、自巡航控制、交通安全评价等领域都有广泛应用价值。

跟驰模型可追溯回 1953 年，Pipes 提出考虑前后车辆安全间距的微观交通流模型，该模型能较好刻画车辆运动动态特性及与前车运动状态间相互影响关系，其表达式为

$$\frac{\mathrm{d}v_n(t+\tau)}{\mathrm{d}t}=\alpha\Delta v_n(t) \tag{4-49}$$

式中　$v_n(t+\tau)$——第 n 辆车在时刻 $t+\tau$ 速度，m/s；

τ——驾驶员反应延迟时间，s；

$\Delta v_n(t)$——前后两辆车速度差，且 $\Delta v_n(t)=v_{n+1}(t)-v_n(t)$，m/s；

α——驾驶员灵敏度系数，1/s。

1961 年，Newell 提出微观最优速度模型，将交通流视为相互作用粒子群，车辆间以车间距为变量函数的跟驰运动模型如下：

$$v_n(t+\tau)=V[\Delta x_n(t)] \tag{4-50}$$

之后直至 1995 年，Bando 通过 Taylor 展开式，建立了交通流最优速度模型（Optimal Velocity Model，OVM），其表达式如下：

$$\frac{\mathrm{d}^2(x_n(t))}{\mathrm{d}t^2}=a\left[V(\Delta x_n(t))-\frac{\mathrm{d}x_n(t)}{\mathrm{d}t}\right] \tag{4-51}$$

式中　$x_n(t)$ ——第 n 辆车在时刻 t 所在位置，m；

$\Delta x_n(t)$ ——第 n 辆在时刻 t 与前车车头间距，且 $\Delta x_n(t)=x_{n+1}(t)-x_n(t)$，m/s；

$V(\Delta x_n)$——队列中第 n 辆车最优速度函数。

常用的 $V(\Delta x_n)$的表达式如下：

$$V(\Delta x_n(t))=\frac{V_{\max}}{2}\times\{\tanh[\Delta x_n(t)-h_c]+\tanh(h_c)\} \tag{4-52}$$

$$V(\Delta x_n(t))=V_1+V_2\times\tanh[C_1\Delta x_n(t)-C_2] \tag{4-53}$$

一般取值为：$V_1=6.75\mathrm{m/s}$，$V_2=7.91\mathrm{m/s}$，$C_1=0.13\mathrm{m}^{-1}$，$C_2=1.57$。

之后，国内外众多专家学者基于 Bando 提出的 OVM 开展了多方位、多角度研究，提出了众多改良的 OVM 模型。典型代表性成果包括最优速度模型差分模型、GF 模型、全速度差 FVD 模型、带加速度项的 FVD 模型、SOVF 模型、离散耦合映射模型 CMC 等。研究突破点主要集中于改进最优速度函数或改良加速度项等，大致分为前向观测模型和后视效应模型两类，扩展项主要为多车速度差项、多车车头间距项及其速度差和车头间距共同作用项三大类。

网联环境下车辆获取信息更精确、更多元、范围更广，对交通流理论分析提出了新挑战。总结当前网联环境下交通流模型研究成果，大致可分为如下两个方向：

（1）方向 1：自适应巡航控制（Adaptive Cruise Control，ACC）和协同自适应巡航控制（Cooperative Adaptive Cruise Control，CACC）车辆跟驰模型研究。二者均为自动驾驶汽车纵向跟驰控制技术，其借助车载传感器获取前车加速度、速度等信息，并通过控制系统实现加速度优化控制。ACC 车辆跟驰模型代表性成果为德国学者 Treiber 等提出的智能车辆模型（Intelligent Driver Model，IDM），表达式如下：

$$\begin{cases}\dot{v}_n=a_n\left[1-\left(\dfrac{v_n}{v_n^0}\right)^{\delta}-\left(\dfrac{s^*(v_n,\Delta v_n)}{s_n}\right)^2\right]\\ s^*(v_n,\Delta v_n)=s_n^0+Tv_n+\dfrac{v_n\Delta v_n}{2\sqrt{a_nb_n}}\end{cases} \tag{4-54}$$

式中　n——车辆编号；

$\dot{v}_n$——加速度，m/s²；

v_n——速度，m/s；

Δv_n——与前车的速度差，m/s；

v_n^0——自由流速度，m/s；

s^*——期望车间距离，m；

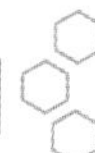

s_n——实际车间距离，m；

s_n^0——静止安全间距，m；

T——安全车头时距，m；

a_n——最大加速度，m/s²；

b_n——舒适减速度，m/s²；

δ——速度幂系数，一般取为4。

CACC模型实现车辆之间的协同控制，通常可与前车碰撞警告（Forward Collision Warning，FCW）系统模型协作，协调网联车辆间的安全跟驰行为，从而描述形成网联车队的协调行为量化情景。CACC选用较多的模型是PATH实验室测试标定的模型，表达式如下：

$$\begin{cases}v_n=v_{nprev}+k_p e_n+k_d\dot{e}_n\\e_n=x_{n-1}-x_n-t_{hw}v_n\end{cases}\tag{4-55}$$

式中 v_{nprev}——前一时刻速度值，m/s；

x_n——当前n车位置，m；

x_{n-1}——前车$n-1$位置，m；

t_{hw}——期望车间时距，s；

e_n——实际车间距与期望车间距误差，m；

其他符号同式（4-54），且一般取$k_p=0.45$，$k_d=0.25$。

（2）方向2：OVM模型的改进及与ACC或CACC模型的结合。信息物理融合系统在交通流系统中的应用可以视为传统跟驰模型向智能车辆跟驰模型过渡的代表性模型，信息物理系统引入到交通系统后，在信息空间中由传输网络通信带来的传输时延和丢包等不可靠性因素下的建模问题与CACC中通信稳定性研究类似。另外，信息物理系统视角下，交通物理对象的运行将受广域多维交通信息调控，各类信息对车辆协同系统稳定性的影响各异，也类似于V2V/V2I通信中的不安全因素。大量研究集中于传统OVM模型的改良上，如将全局平均最优速度效应引入FVD模型构建新的跟驰模型；引入可调整灵敏度系数和平滑因子，构建HDV和CV混合交通流模型，以求取交通流基本图；构建基于无人驾驶环境多信息融合跟驰模型并进行参数标定等。在系统稳定性分析方面，常用方法有特征方程法、李雅普诺夫判据法、直接传递函数法及拉普拉斯变换法等稳定性分析方法。

4.5.2 信息传播机制

与有人驾驶（Human-driving Vehicle，HDV）车辆相比，无人驾驶车辆（Connected Vehicle，CV）具有全息感知能力，其通过以下三个主要子系统实现：感知子系统、推理子系统和执行子系统。感知子系统从与车辆（On-Board Unit，OBU）集成的不同传感器收集上下文信息。传感器的类型根据车辆的要求而有所不同，例如视频、红外或超声波。推理子系统处理原始数据以提取高级上下文信息，例如驾驶员的情况，可以从定义特定上下文信息的单个传感器中提取信息，也可以从定义不确定上下文信息的多个传感器中提取上下文信息。执行子系统代表应用程序执行者（如车载警报和智能停车辅助系统），该执行者为用户或其他驱动程序提供服务、传播警告消息等。CV与HDV信息传播机制的差异，显然将改变交通流模型建模的思路和方法。

从信息流传递角度，传统 HDV 交通流与 CV 交通流之间信息传递存在显著差异。以当前第 i^{th} 车为分析对象，表征其运动状态的方程为 $S_i(t)=\{p_i(t),v_i(t),a_i(t)\}$，其中 $p_i(t)$ 表示该车辆在 t 时刻的位置，$v_i(t)$ 表示其在 t 时刻的速度，$a_i(t)$ 表示 t 时刻的加速度。

HDV 车辆队列信息交互拓扑示意如图 4－31 所示。可见，HDV 交通流中车辆信息传递具有模糊性、一维性、单向性特点，其中模糊性是由驾驶员生心理特征决定。根据传统交通流跟驰理论，以当前车 i 车为例，HDV 车辆作为一维信息接受者，信息主要来自前导车 $(i+1)^{th}$ 车，故其加速度为其与前导车运动参数的函数，即 $a_i^{HPV}(t)=F^{HPV}(\Delta p,\Delta v,\Delta a)$。

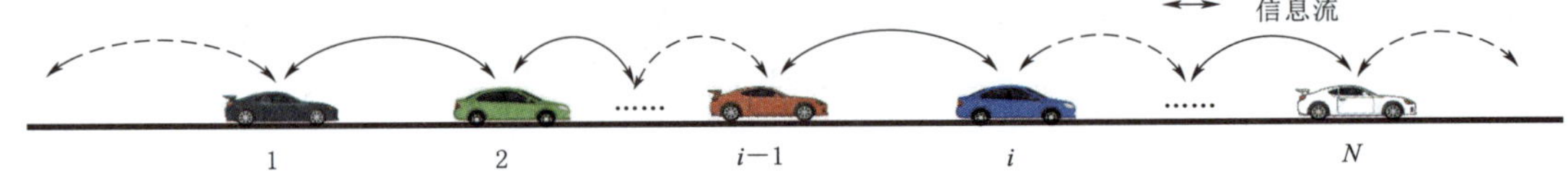

图 4－31　HDV 车辆队列信息交互拓扑示意

CV 车辆队列信息交互拓扑示意图如图 4－32 所示。全部由 CV 车辆组成的交通流，信息传导和有效作用范围显著扩大。以当前车 i^{th} CV 车为例，作为多维信息接受者，接受的信息一方面基于 V2V 网络来自整个 CV 车队，另一方面借助 V2I 网络接收路侧设备信息。基于牛顿第二定律，则每辆 CV 加速度可表达为泛函数 $a_i^{ICV}(t)=F^{ICV}(f_1(\cdot),f_2(\cdot))$，其中 $f_1(\cdot)$ 为基于 V2V 网络信息流的运动函数，$f_2(\cdot)$ 为基于 V2I 网络信息流运动函数。

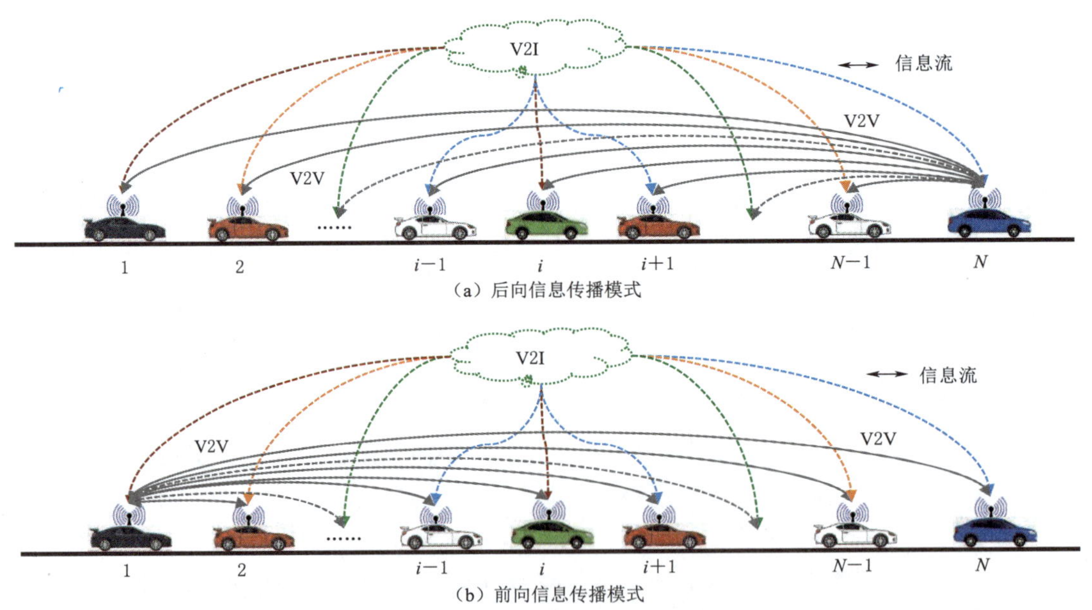

图 4－32　CV 车辆队列信息交互拓扑示意

由 HDV 和 CV 组成的混合车流情形，从车道数上可分为单车道、两车道及多车道；从混合模式分为车队级混合、车辆级混合等多种模式，以其中单车道车队级混合模式分析，如图 4-33 所示。车队运动状态的描述可分为三部分：一是 CV 车辆描述函数，二是 HDV 车辆描述函数，三是 CV 与 HDV 临界交互描述函数。此时车辆运动泛函数为 $a_i(t)=F[f_1(\cdot),f_2(\cdot),f_3(\cdot)]$，其中 $f_1(\cdot)$ 为 CV 车队运动描述函数，$f_2(\cdot)$ 为 HDV 车队运动描述函数，$f_3(\cdot)$ 为 HDV 和 CV 交互作用描述函数。

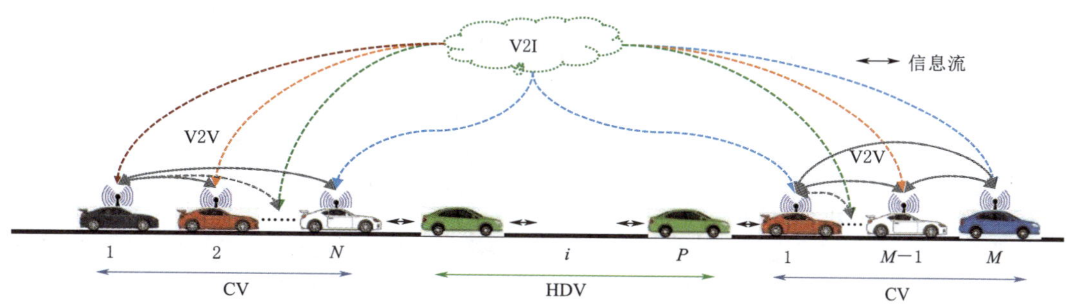

图 4-33　单车道 CV 与 HDV 混行信息交互拓扑示意

由此可见，从信息影响的时间维和空间维上分析，网联环境 CV 车队和 HDV 车队间信息传递存在显著差异，这种差异正改变着网联环境交通流建模的思路。

4.6　V2X 环境下的车队控制

4.6.1　建模思路与稳定性泛论

1. 泛化建模

现有研究中的交通流可概括为：交通流队列中仅有 CV，或由同质 HDV（即驾驶员类型单一）和同质 CV（即 CV 类型单一）组成的异质交通流，显然与实际有差距。为贴近实际，研究中再对 CV 或 HDV 进行泛化，即 CV 或 HDV 的类型再做划分，使其更贴近现实交通流。

针对跟驰模型，泛化参数拟定为驾驶员灵敏度系数（a），最优速度函数［$V(\Delta x_n)$］中的最大速度（$V_{\max}$）、安全车头间距（h_c），相关项加权系数（λ）等；在式（4-54）所建立智能车辆模型（IDM）中，泛化参数拟定为车辆 n 的核心参数，包括与前车的速度差（Δv_n）、自由流速度（v_n^0）、期望车间距离（s^*）、静止安全间距（s_n^0）、安全车头时距（T）、最大加速度（a_n）、舒适减速度（b_n）、速度幂系数（δ）等；在式（4-55）CACC 模型中，泛化参数拟定为期望车间时距（t_{hw}）。

再以 CV 交通流在两车道行驶情况为例，车队级混合拓扑如图 4-34 所示，其运动加

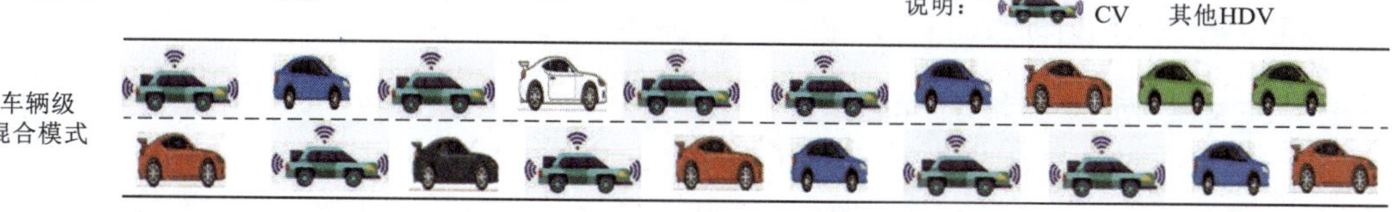

图 4-34　车队级混合拓扑

速度泛函方程表示为 $a_n(t)=F[f_1(\cdot),f_2(\cdot),f_3(\cdot)]$，其中 $f_1(\cdot)$ 为前导车运动函数，$f_2(\cdot)$ 为跟驰车运动函数，$f_3(\cdot)$ 为并行车道车辆运动函数。运动加速度方程 $f_i(\cdot)(i=1,2,3)$ 函数可设定的参变量包括 $a_i(t)$、$v_i(t)$、$p_i(t)$，即 $f_i(\cdot)=F_i[a_i(t),v_i(t),p_i(t)]$，且 $f_i(\cdot)$ 可设定为 $a_i(t)$、$v_i(t)$，$p_i(t)$ 三个函数中的单个函数或其函数组合，在 Bando 最优速度模型的基础上，可建立当前车辆运动的加速度泛函数为 $a_n(t)=F\{f_1[a_1(t),v_1(t),p_1(t)],f_2[a_2(t),v_2(t),p_2(t)],f_3[a_3(t),v_3(t),p_3(t)]\}$。确定该泛函数是重难点，可从线性和非线性两个角度开展研究。从线性角度而言，可建立 $a_n(t)$ 方程如式（4－56），从非线性角度而言，可建立 $a_n(t)$ 方程如式（4－57），其中 $m_i(i=1,2,3)$ 为函数幂指数。当 $m_i\equiv1(i=1,2,3)$ 时，则非线性转变为线性关系，

$$\begin{aligned}a_n(t)=&c_1f_1(a_1(t),v_1(t),p_1(t))\\&+c_2f_2(a_2(t),v_2(t),p_2(t))+c_3f_3(a_3(t),v_3(t),p_3(t))\end{aligned}\tag{4-56}$$

$$\begin{aligned}a_n(t)=&c_1f_1^{m_1}(a_1(t),v_1(t),p_1(t))\\&+c_2f_2^{m_2}{}_2(a_2(t),v_2(t),p_2(t))+c_3f_3^{m_3}(a_3(t),v_3(t),p_3(t))\end{aligned}\tag{4-57}$$

确定加速度函数后，若应用经典力学，依据牛顿第二定律，推演车辆运动过程表达式为

$$v_n(t+\Delta T)=v_n(t)+a_n(t)\Delta T,p_n(t+\Delta T)=v_n(t)\Delta T+\frac{1}{2}a_n(t)(\Delta T)^2$$

也可从流体力学和空气动力学角度在宏观和微观模型衔接方面做相关理论探索工作。

2. 稳定性判据

根据控制系统动态性分析方法，若对交通流系统在其稳定状态时施加微小扰动，则可构建其动态方程，针对此动态方程可利用经典控制理论（如 *Routh* 判据等）或现代控制理论（状态空间法、李雅普诺夫法第一法或第二法等）判断系统稳定条件。

李雅普诺夫第二法（也称直接法）判断交通流系统的稳定性的基本思路如下：首先，对处于稳态时的交通流施加微小扰动，得其失稳动态方程，该方程可抽象为函数 $\dot{x}=G(x)$，x 为描述车队系统动态特性的向量，且 $G(0)=0$；然后构造普适李雅普诺夫函数 $V(x)=ax_1^2+bx_2^2+2cx_1x_2$，将交通流动态方程代入后，判定函数 $V(x)$ 及其导数的正定性和负定性，进而判别车队系统稳定性。

若以典型 OVM 模型为例，线性稳定性理论分析基本思路如下：设初始状态车辆队列平均车头间距为 b，对应优化速度为 $V(b)$，可得系统定态解，再对系统施加以微小扰动后，在系统平衡态附近展开求得傅里叶级数，令 $z=z_1(ik)+z_2(ik)^2+\cdots$，后得到关于 ik 的一阶项和二阶项，依据线性系统稳定性原理，长波模式微小扰动情况下，若 z_2 为负值，则车队系统将在微小扰动下失稳；反之，则系统稳定。

可以预见，随着 CV 和 HDV 混合程度的增加，系统变得越来越复杂，线性问题会演变为非线性问题，低阶非线性问题将演变为更高阶次非线性问题。

4.6.2　车辆队列协调控制策略

1. 概述

设定车辆队列系统控制目标为：面向未来网联车和人工驾驶车辆共存的新生态交通系

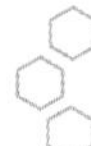

统，有效协同异质交通流中的异质元素，实现异质交通流的同质化运行。

针对所建立的车辆队列模型，在参数标定之后，利用泰勒级数等数理解析的方法，反向推导混行跟驰系统的传递函数，并绘制系统逻辑结构框图。首先，定义车辆队列系统的稳态向量值（零加速度、匀速度、非均匀车头距）；然后，以此稳态向量值建立其通用稳定性函数（包括 CV 和 HDV 交通流各自独立的稳定性函数）；最后，结合控制理论线性稳定性的基本分析方法推导并得到系统稳定性条件的通用表达式。

2. 反馈解耦控制策略

根据前述分析可知，从信息流角度分析，CV 交通流跟驰行为受控因素由有人驾驶交通流的一维转变为二维、三维，乃至四维，问题复杂度变大。初步分析可知，不同车道间交通流的控制存在一定的耦合性，从控制论角度而言，控制对象随着控制变量的增加而日益复杂，适宜执行解耦控制。将多维控制场景下交通流进行以下模型抽象：假设两输入（单车道）变量交通流控制模型框图如图 4－35 所示，其中，$R(s)$ 为交通流控制系统参考输入，$Y(s)$ 为交通流控制系统输出，$G_c(s)$ 为交通流系统控制器，$G_P(s)$ 为交通流系统，$l(s)$ 为交通流系统的外扰动，若无则为零。两输入条件下，各变量可表示为：$R(s)=[r_1(s) \quad r_2(s)]^{\mathrm{T}}$，$Y(s)=[y_1(s) \quad y_2(s)]^{\mathrm{T}}$，$u(s)=[u_1(s) \quad u_2(s)]^{\mathrm{T}}$，$G_c(s)=\begin{bmatrix} g_{c11}(s) & g_{c12}(s) \\ g_{c21}(s) & g_{c22}(s) \end{bmatrix}$，$G_p(s)=\begin{bmatrix} g_{11}(s) & g_{12}(s) \\ g_{21}(s) & g_{22}(s) \end{bmatrix}$，$G_d(s)=\begin{bmatrix} g_{d1}(s) \\ g_{d2}(s) \end{bmatrix}$。

对上述系统进一步抽象处理后，得到如图 4－36 所示的通用多变量控制系统，D 为解耦控制器。

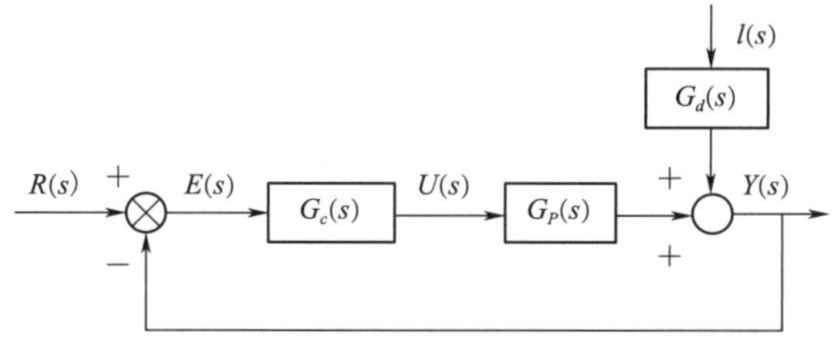

图 4－35 两输入（单车道）变量交通流控制模型框图

图 4－36 通用多变量控制系统

可求得交通流系统解耦控制示意图，如图 4－37 所示。从系统控制结构图 4－37 可知，$y(s)=G_P(s)D(s)u^*(s)$，对两输入交通流系统而言，$\begin{bmatrix} y_1(s) \\ y_2(s) \end{bmatrix}=G_P(s)D(s)\begin{bmatrix} u_1^*(s) \\ u_1^*(s) \end{bmatrix}$。根据解耦控制基本原理，设若 $G_P(s)D(s)=\begin{bmatrix} g_{11}^*(s) & 0 \\ 0 & g_{22}^*(s) \end{bmatrix}$，$D(s)=\begin{bmatrix} 1 & d_{12}(s) \\ d_{21}(s) & 1 \end{bmatrix}$，则可求得交通流控制系统的解耦函数 $D(s)$。

解耦后交通流控制系统如图 4－38 所示，即建立了耦合交通流系统的解耦控制系统。

3. 状态空间分析法

基于现代控制理论，前述图 4－35 所示交通流控制模型可以转化为状态空间表达式 $\dot{x}=Ax+Bu$，其中 x 为描述交通流状态的向量，A、B 分别为其系数，一般与驾驶员灵敏度、最优速度函数类型有关，u 为控制变量。先判断系统能控能观性，若满足条件

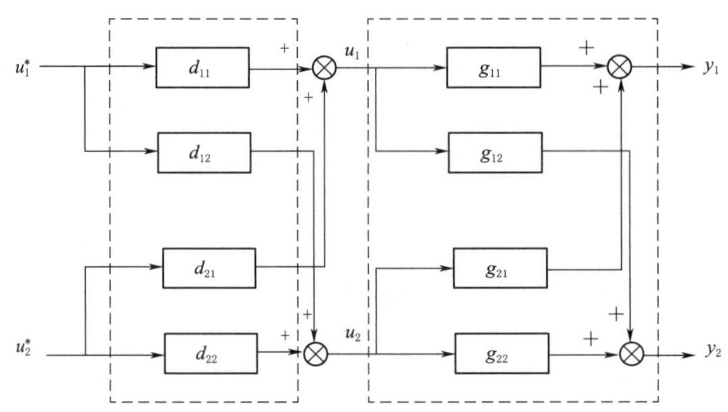

图 4-37　交通流系统解耦控制示意图

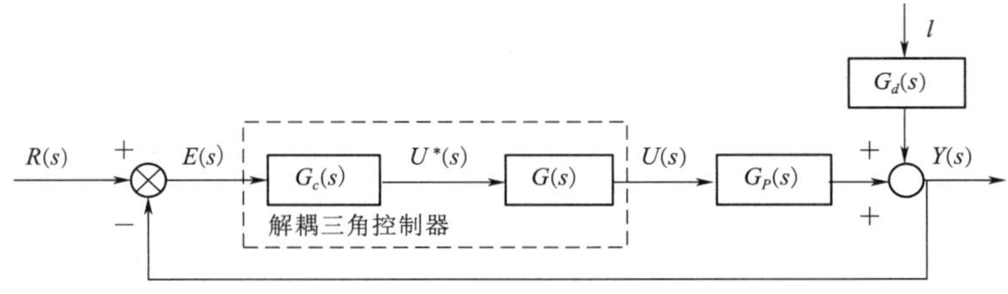

图 4-38　解耦后交通流控制系统

$rank[B\ AB\ A^2B\ \cdots\ A^{n-1}B]=n$（$n$ 为系统的维数），则系统可控制；否则，则不可控。

以一种二阶（$n=2$）全状态控制策略阐述研究思路，其他类推。

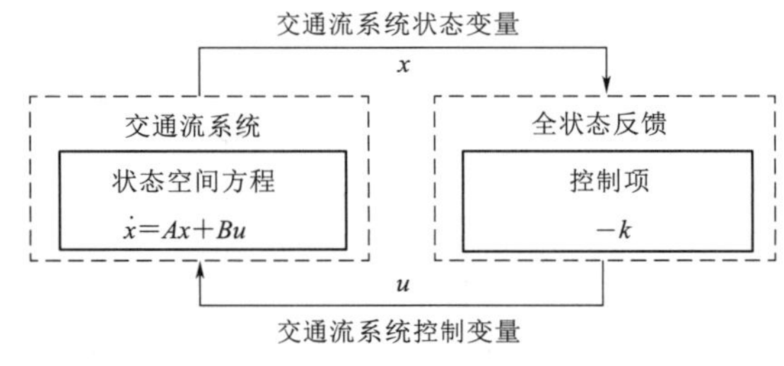

图 4-39　全状态反馈控制框图

假设对交通流系统施以全状态反馈，即令 $u=kx$，且 $k=[k_1\quad k_2]$，则得到新闭环系统为 $\dot{x}=(A-Bk)x$，得到全状态反馈控制框图控制原理框图，如图 4-39 所示。若系统的初始状态为 $x(t_0)$，且 $\lim\limits_{t\to\infty}x(t)=\lim\limits_{t\to\infty}[e^{(A-Bk)t}x(t_0)]\to 0$，则系统稳定；针对此稳定系统，得其状态反馈矩阵为 $[A-Bk]$ 和其特征方程为 $\Delta(\lambda)=\det[\lambda I-(A-Bk)]$，因 $n=2$，则可将其表达为通用公式 $\Delta(\lambda)=\lambda^2+k_1\lambda+k_2$。已知二阶系统特征方程规范表达式为 $\Delta(\lambda)=\lambda^2+2\xi\omega_n\lambda+\omega_n^2$，对比此两式系数项，可得到：$k_1=2\xi\omega_n$，$k_2=\omega_n^2$，则实现了系统的状态空间设计。

4.6.3　连续系统车队控制策略

设车辆队列中第 i 辆车在 t 时刻的位置为 $x_i(t)$，运动速度为 $v_i(t)$，加速度为 $a_i(t)$，相邻车辆间车头间距为 $\Delta x_i(t)=x_{i+1}(t)-x_i(t)$，最优速度函数为 $V(\Delta x_i(t))$，车辆长度为 l_i，最大行驶速度 $v_{\max}$，智能车对刺激反应灵敏度为 α。据牛顿运动定律可知，

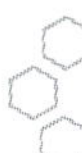

$v_i(t)=\dot{x}_i(t)$，$a_i(t)=\ddot{x}_i(t)$。

最优速度函数 $V[\Delta x_i(t)]$ 一般取为

$$V[\Delta x_i(t)]=\frac{v_{\max}}{2}[\tanh(0.13(\Delta x_i(t)-l_i)-1.57)+\tanh(0.13l_i+1.57)] \tag{4-58}$$

在此基础上，结合 OVM 模型，分析信息集中式和信息分布式两种典型的连续系统全信息车辆队列控制模型。

1. 信息集中式车队控制

(1) 车队系统建模。信息集中式车队的典型特点在于设定车队控制云信息中心，采集、存储、运算车队中每辆车的运动状态，并弥散发布、实时共享；同时，车队车辆沿直线跟驰行驶，不存在超车等行为。云中心车队控制模式如图 4-40 所示。

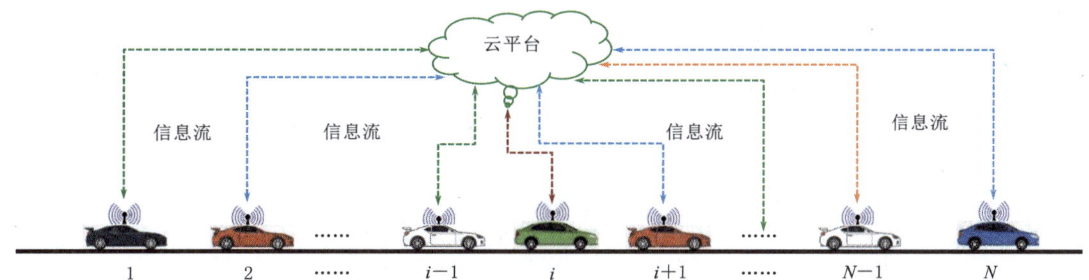

图 4-40 云中心车队控制模式

云平台的存在，使得跟驰车辆可实时获取前导车的运动状态改变信息。为此，引入张量参数 β ($\beta\in[0,0.5]$) 来表征车辆间最优速度动态变化的影响，构建两相邻车辆信息交互的车队运动模型，表达式如下：

$$\ddot{x}_i(t)=\alpha[V(\Delta x_i(t))+\beta\Delta V(\Delta x_i(t))-\dot{x}_i(t)] \tag{4-59}$$

$$\Delta V[\Delta x_i(t)]=V[\Delta x_{i+1}(t)]-V[\Delta x_i(t)] \tag{4-60}$$

对其推而广之，若当前车辆与其前导方向 γ 辆有信息交互，则得到通用期望平均速度场跟驰模型为

$$\ddot{x}_i(t)=\alpha[V(\Delta x_i(t))+\beta\Delta V_{\text{inf}}(\Delta x_i(t))-\dot{x}_i(t)] \tag{4-61}$$

$$\Delta V_{\text{inf}}[\Delta x_i(t)]=V_{mf}[\Delta x_i(t)]-V[\Delta x_i(t)] \tag{4-62}$$

$V_{mf}[\Delta x_i(t)]$ 称作平均期望速度场，其计算式为

$$V_{mf}[\Delta x_i(t)]=\frac{1}{\gamma}\sum_{l=1}^{\gamma}V_{i+1}[\Delta x_i(t)] \tag{4-63}$$

其中，$1\leqslant\gamma\leqslant n-i$，且当 $\gamma=1$ 时，则式 (4-61) 等效于式 (4-59)。

(2) 系统稳定性分析。基于线性系统理论，设系统的稳定性状态为，$x_{i,0}(t)=hi+v_0t$，其中，h 为稳定状态的平均车头间距，且 $h=L/N$，v_0 为车队稳态速度。现对系统引入微小扰动：

$$\delta_i(t)=\exp(j\varphi_k i+st),\varphi_k=k(2\pi/N),k=1,2,\cdots,N-1 \tag{4-64}$$

其中，$|\delta_i(t)| \ll 1$。

更新第 i 辆智能车在时刻 t 的位置函数为

$$x_i(t) = x_{i,0}(t) + \delta_i(t) \tag{4-65}$$

将式（4-65）代入式（4-64）整理后得到下式：

$$\dot{\delta}_i(t) = \alpha\left[V'(h)(\Delta\delta_i(t) + \beta\left(\frac{1}{\gamma}\sum_{l=1}^{\gamma}\Delta\delta_{i+l}(t) - \Delta\delta_i(t)\right)) - \dot{\delta}_i(t)\right] \tag{4-66}$$

进行拉氏变换后得复平面表达式为

$$s^2 + \alpha s - \alpha V'(h)\left\{(e^{j\varphi_k} - 1) + \beta\left[\frac{1}{\gamma}\sum_{l=1}^{\gamma}(e^{(l+1)\varphi_k} - e^{j\varphi_k}) - (e^{j\varphi_k} - 1)\right]\right\} = 0 \tag{4-67}$$

令 $s = s_1(j\varphi_k) + s_2(j\varphi_k)^2 + \cdots$，代入上式，合并同类项且略去高阶项后，取 $j\varphi_k$ 的一、二阶项系数，即

$$\begin{cases} s_1 = V'(h) \\ s_2 = \dfrac{V'(h)(1+\gamma\beta+\beta)}{2} - \dfrac{[V'(h)]^2}{\alpha} \end{cases} \tag{4-68}$$

根据线性系统稳定性理论，当 $s_2 > 0$ 时系统稳定，可求得稳定条件如下：

$$\alpha > \frac{2V'(h)}{1+\gamma\beta+\beta} \tag{4-69}$$

当 $\gamma = 1$ 时，得到 $\alpha > \dfrac{2V'(h)}{1+2\beta}$。

绘制系统稳定性条件曲线，如图 4-41 所示。

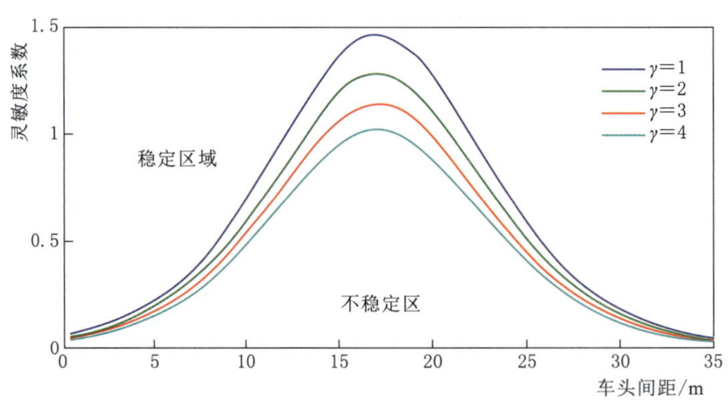

图 4-41　稳定性条件曲线

由图 4-41 可知，随着 γ 的增大（即信息共享范围的加大），系统稳定区域越大，车队系统越稳定。

（3）仿真验证。给定道路长度 $L = 1700\text{m}$，智能车数量 $N = 100$。

仿真场景一：设灵敏度系数分别为 $\alpha = 0.8$、1.2、1.6、2.0，参数 $\beta = 0$，$\gamma = 0$。车头时距剖面图如图 4-42 所示，由图显著可见，随着 α 的增大，系统稳定性加强。

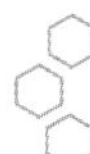

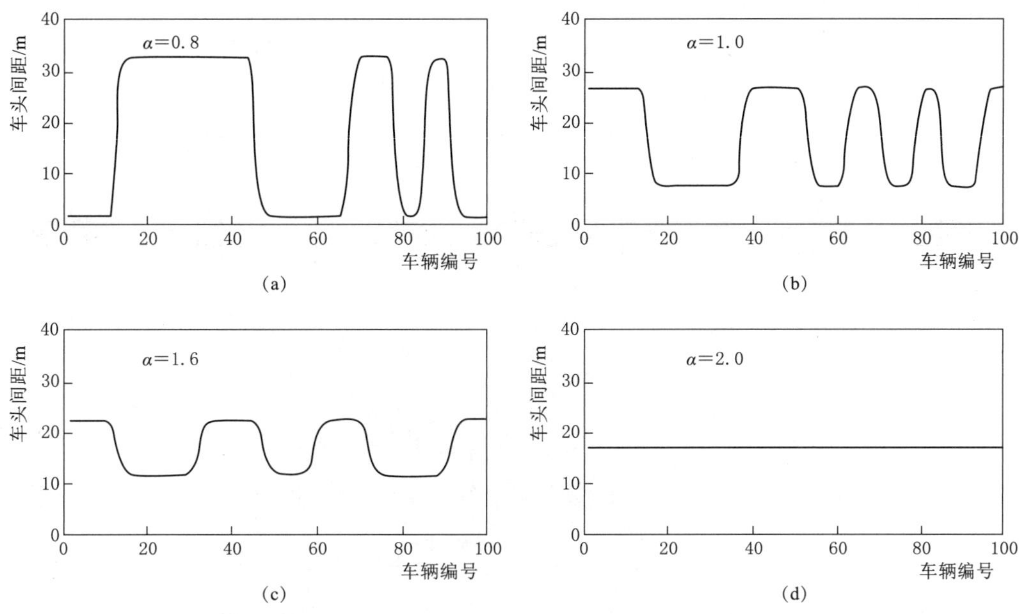

图 4-42 车头时距剖面图

注：断面时刻 t= 19000s，(a) ～ (d) 分别对应 α = 0.8、1.2、1.6、2.0。

仿真场景二：设置伸缩系数 β = 0.1、0.2、0.3、0.4，其他参数 α = 1.0，γ =1。此时，车头时距剖面图如图 4-43 所示，由图显著可见，随着 β 的增大，系统稳定性加强。

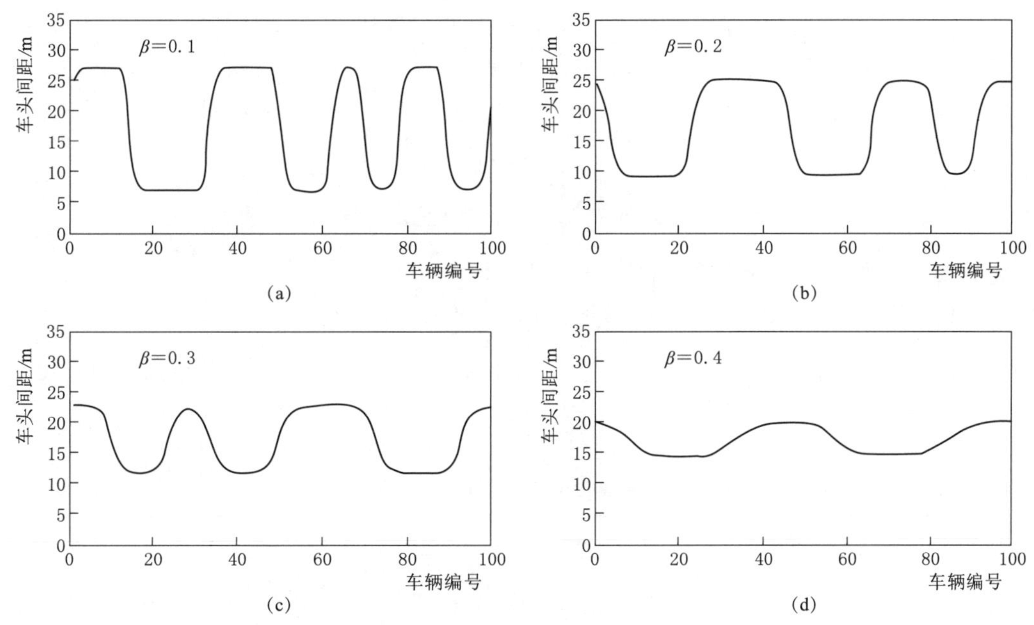

图 4-43 车头时距剖面图

注：断面时刻 t=19000s，(a) ～ (d) 分别对应 β =0.1、0.2、0.3、0.4。

2. 信息分布式车队控制

(1) 车队系统建模。分布式车队控制模式如图 4－44 所示，可见信息分布式车队不再设有云平台，而是车辆实现了车队内信息共享互通，其模型表达式如下：

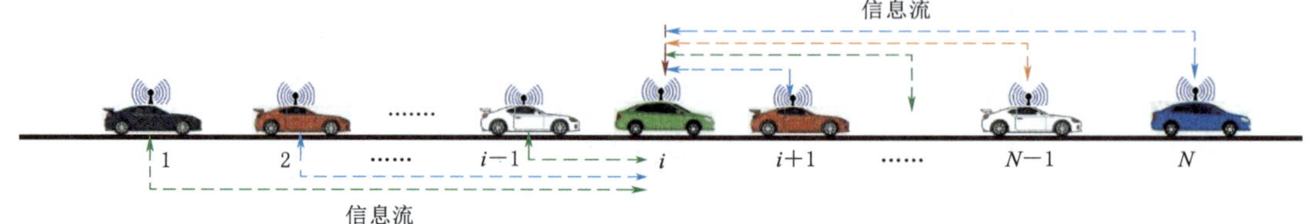

图 4－44　分布式车队控制模式

$$\ddot{x}_i(t)=\alpha[V_s[\Delta x_i(t)]-\dot{x}_i(t)]+\lambda\sum_{j=1}^{N-1}\beta_j[\dot{x}_{n+j+1}(t)-\dot{x}_{n+j}(t)] \tag{4-70}$$

其中，V_s [$\Delta x_i(t)$] 为多信息最优速度函数，定义式如下：

$$V_s[\Delta x_i(t)]=V[\Delta x_i(t)]+\sum_{m=1}^{l-1}p^m\{\Delta V[\Delta x_{i-1+m}(t)]\} \tag{4-71}$$

式中　$\Delta x_{i-1+m}(t)$ ——第 i 辆车前第 $(m-1)^{th}$ 辆车，用于表征车辆间在 t 时刻的相互影响；

m——与第 i 辆车存在信息交互共享的车辆数，且最大值为 l；

p——车辆间影响因子，一般 $0\leqslant p\leqslant 0.5$；

β_j——第 j 辆车对当前车影响权重系数，且 $\sum_j\beta_j=1$；

λ——具有信息交互的车辆间速度差量化系数，且 $0\leqslant\lambda\leqslant 1$。

(2) 系统稳定性分析。采用与信息集中式车队控制模式类似的稳定性分析方法，基于线性系统稳定性理论，求得信息分布式车队系统的稳定性条件，表达式如下：

$$\alpha>\frac{2V'(h)}{1+2\lambda\sum_{j=1}^{N-1}\beta_j+2\sum_{m=1}^{l-1}p^m} \tag{4-72}$$

绘制的系统稳定性条件曲线如图 4－45 所示。

(3) 仿真验证。仿真参数设置如下：$L=400\text{m}$，$p=0.2$，$N=100$，$x_1(0)=1\text{m}$，$x_i(0)=(i-1)\frac{L}{N}(i=2,3,4,\cdots,N)$，$\dot{x}_i(0)=0(i=1,2,3,\cdots,N)$。仿真参数组合及对应的 α 值见表 4－10。

表 4－10　　仿真参数组合及对应的 α 值

序号	p	λ	l	关键值 α
1	0.2	0.0	1	3.2
2	0.2	0.02	1	3.08
3	0.2	0.02	2	2.22
4	0.2	0.02	3	2.11
5	0.2	0.1	3	1.90

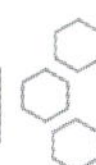

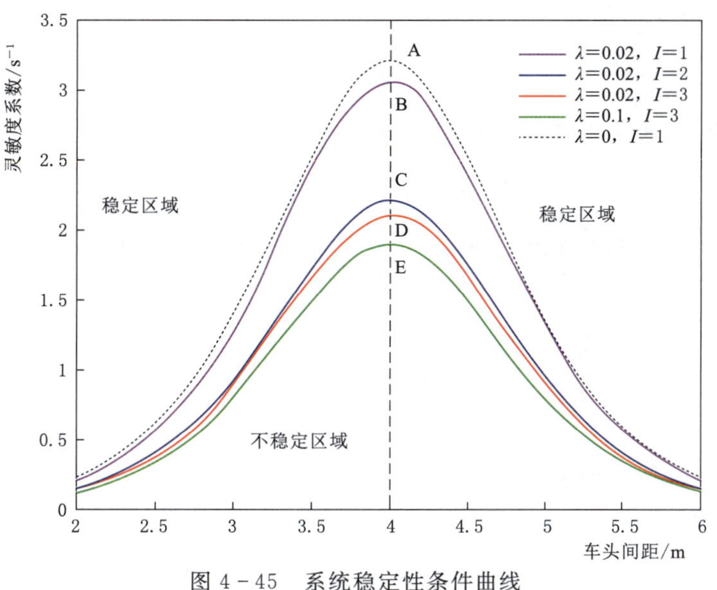

图 4-45　系统稳定性条件曲线

仿真得到的所有车辆车头时距随灵敏度系数 α 的变化趋势如图 4-46 所示，所有车辆车头时距随 p 的变化趋势如图 4-47 所示。

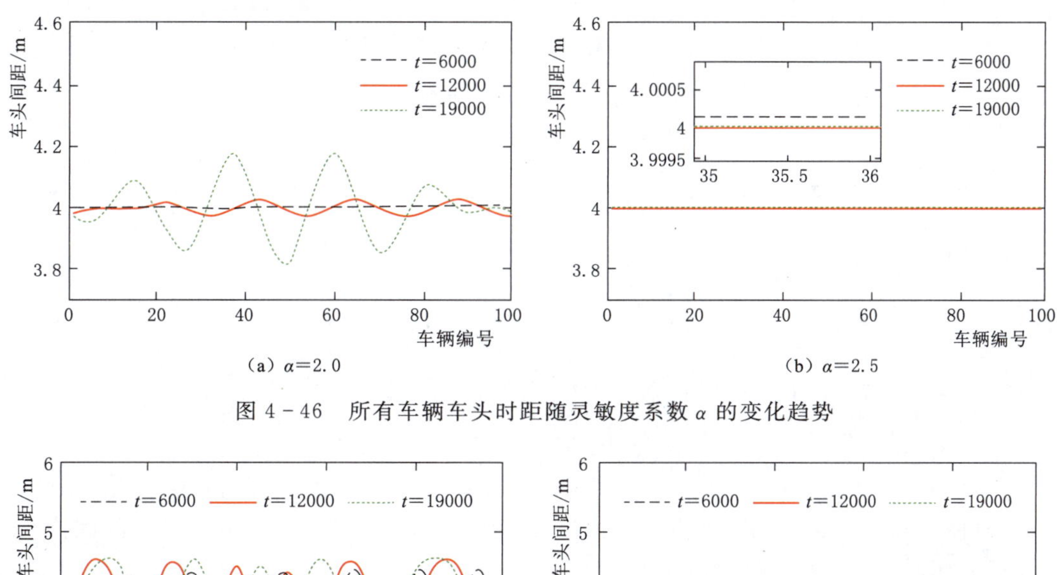

（a）$\alpha=2.0$　　（b）$\alpha=2.5$

图 4-46　所有车辆车头时距随灵敏度系数 α 的变化趋势

（a）$\alpha=2.3$、$p=1$　　（b）$\alpha=2.3$、$p=0.3$

图 4-47　所有车辆车头时距随 p 的变化趋势

从仿真图中可明显看出，系统由不稳定到稳定状态的变化过程。

4.6.4　离散系统车队控制策略

1. 智能车采样分析

智能车环境信息采样模式如图 4－48 所示。

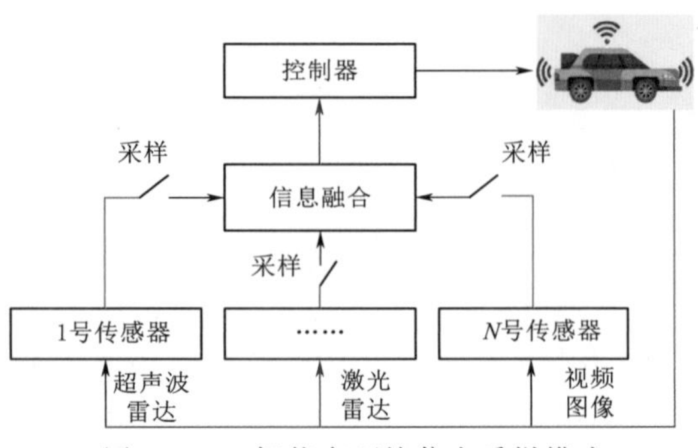

图 4－48　智能车环境信息采样模式

假设采样信号为 $\Delta V_n(t)$，采样信号序列为 $\Delta V_n^*(t)$，采样间隔为 T，幅值为 $\Delta V_n(kT)(k=0,1,2,\cdots)$，理想采样器如图 4－49 所示。

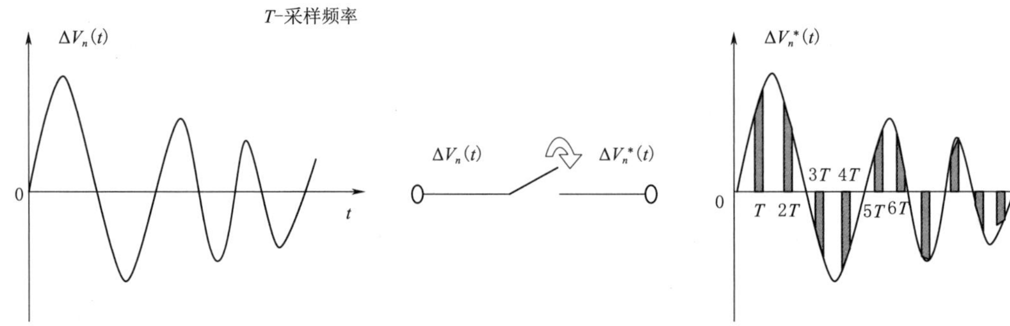

图 4－49　理想采样器

根据单位脉冲函数 $\delta_T(t)$ 定义，$\delta_T(t)=0(t\neq 0)$，且 $\int_{-\infty}^{+\infty}\delta_T(t)\mathrm{d}t=1$，得采样信号 $\Delta V_n^*(t)$ 为

$$\Delta V_n^*(t)\equiv\Delta V_n(t)\sum_{i=-\infty}^{+\infty}\delta_T(t-iT) \tag{4-73}$$

令 $z=\mathrm{e}^{sT}$，得 $\Delta V_n(t)$ 的 z 变换方程式为

$$Z\{\Delta V_n(t)\}=F(z)=\sum_{k=0}^{\infty}\Delta V_n(kT)z^{-k} \tag{4-74}$$

零阶保持器（Zero-order Hold，ZOH）的特性在于在 $kT\leqslant t<(k+1)T$ 区间内保持 $\Delta V_n(kT)$ 恒值。ZOH 示意图如图 4－50 所示。

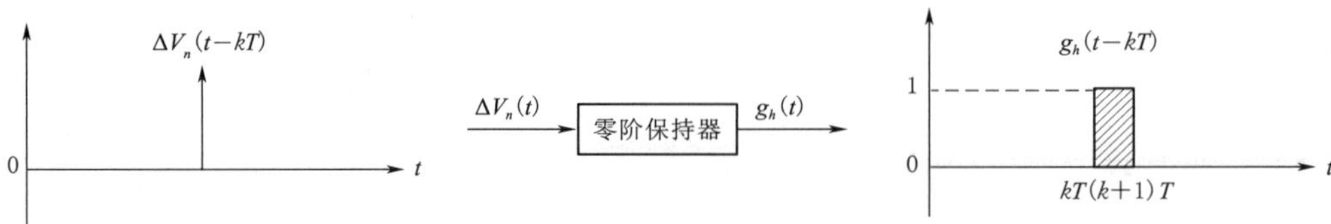

图 4－50　ZOH 示意图

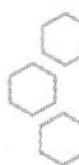

其中，信号 $g_h(t)$ 表达式如下：

$$\begin{aligned} g_h(t) &= \sum_{k=0}^{\infty} g_h(kT)\{1(t-kT)-1[t-(k+1T)]\} \\ &= \sum_{k=0}^{\infty} \Delta V_n(kT)\{1(t-kT)-1[t-(k+1T)]\} \end{aligned} \tag{4-75}$$

且 ZOH 的传递函数为

$$G_0(s)=\frac{1-\mathrm{e}^{-sT}}{s} \tag{4-76}$$

2. 通用离散化模型

基于 OVM 模型，将其转化为速度模型，表达式如下：

$$\frac{\mathrm{d}v_i(t)}{\mathrm{d}t}=\alpha\{V[\Delta x_i(t)]-v_i(t)\} \tag{4-77}$$

设定采样频率为 T，对上式离散化得到下式：

$$\frac{v_i(t+T)-v_i(t)}{T}=\alpha\{V[\Delta x_i(t)]-v_i(t)\} \tag{4-78}$$

更进一步，令 $t=kT$，得到离散化方程式（4-79）或式（4-80）。

$$v_i(kT+T)=\alpha T\{V[\Delta x_i(kT)]-v_i(kT)\}+v_i(kT) \tag{4-79}$$

或

$$v_i(k+1)=\alpha T\{V[\Delta x_i(k)]-v_i(k)\}+v_i(k) \tag{4-80}$$

此式即为通用离散化模型，以离散状态方程表示为

$$\begin{cases} v_i(k+1)=\alpha T\{V[\Delta x_i(k)]-v_i(k)\}+v_i(k) \\ y_i(k+1)=[v_{i+1}(k)-v_i(k)]T+x_i(k) \end{cases} \tag{4-81}$$

下面对该模型进行稳定条件的推导。

设系统稳定状态为 $[v_i^* \quad x_i^*]^{\mathrm{T}}=[v_0 \quad V^{-1}(v_0)]^{\mathrm{T}}$，转换为下式：

$$\begin{cases} \tilde{v}_i(k+1)=v_i(k+1)-v_0 \\ \tilde{v}_i(k)=v_i(k)-v_0 \\ \Delta\tilde{x}_i(k+1)=\Delta x_i(k+1)-V^{-1}(v_0) \\ \Delta\tilde{x}_i(k)=\Delta x_i(k)-V^{-1}(v_0) \\ \Lambda=\dfrac{\partial V(\Delta x_i(k))}{\Delta x_i(k)}\Big|_{\Delta x_i(k)=V^{-1}(v_0)} \end{cases} \tag{4-82}$$

得到离散系统的线性化表达式为

$$\begin{cases} \tilde{v}_i(k+1)=\alpha T(\Lambda\Delta\tilde{x}_i(k)-\tilde{v}_i(k))+\tilde{v}_i(k) \\ \Delta\tilde{x}_i(k+1)=[\tilde{v}_{i+1}(k)-\tilde{v}_i(k)]T+\Delta\tilde{x}_i(k) \end{cases} \tag{4-83}$$

转化为状态空间，表达式为

$$\begin{cases} \begin{bmatrix} \tilde{v}_i(k+1) \\ \Delta\tilde{x}_i(k+1) \end{bmatrix}=A\begin{bmatrix} \tilde{v}_i(k) \\ \Delta\tilde{x}_i(k) \end{bmatrix}+B\tilde{v}_{i+1}(k) \\ \tilde{v}_i(k)=C\begin{bmatrix} \tilde{v}_i(k) \\ \Delta\tilde{x}_i(k) \end{bmatrix} \end{cases} \tag{4-84}$$

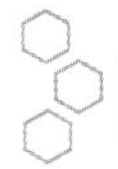

其中，$A=\begin{bmatrix}1-\alpha T & \alpha T\Lambda \\ -T & 1\end{bmatrix}$，$B=\begin{bmatrix}0 \\ T\end{bmatrix}$，$C=[1\quad 0]$。

最终求得系统的脉冲传递函数如下：

$$\Phi(z)=C(zI-A)^{-1}B=[1\quad 0]\begin{bmatrix}z-1+\alpha T & -\alpha T\Lambda \\ T & z-1\end{bmatrix}^{-1}\begin{bmatrix}0 \\ T\end{bmatrix}=\frac{\alpha\Lambda T^2}{d(z)} \tag{4-85}$$

式（4-85）中 $d(z)=z^2+(aT-2)z+1-aT+aLT^2$。根据离散系统稳定性准则，可知当 $\|\Phi(z)\|_\infty<1$ 时，系统稳定，得到稳定条件如下：

$$\frac{4\alpha T-\alpha^2T^2-4}{2\alpha T^2-\alpha^2T^3}<\Lambda<\frac{\alpha}{2+\alpha T} \tag{4-86}$$

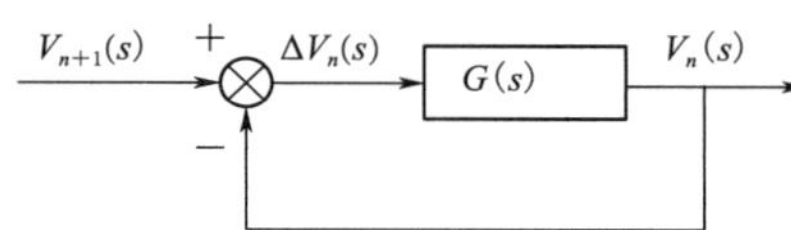

图 4-51　OVM 模型的方框图

3. 具有零阶保持器的离散控制系统

基于上述讨论，OVM 模型的方框图如图 4-51 所示。

对其施加 ZOH 后，得到离散化 ZOH OVM 模型如图 4-52 所示。

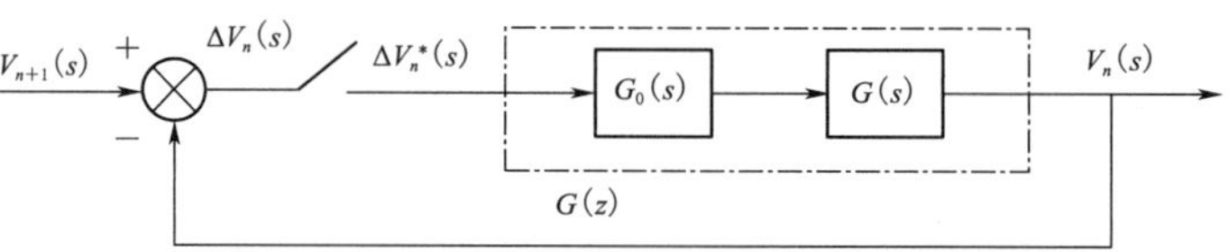

图 4-52　ZOH OVM 模型

求得该系统的闭环传递函数为

$$\Phi(z)=\frac{\Omega[(\alpha T+\mathrm{e}^{-\alpha T}-1)z+(1-\alpha T\mathrm{e}^{-\alpha T}-\mathrm{e}^{-\alpha T})]}{\alpha z^2+(\alpha T\Omega+\Omega\mathrm{e}^{-\alpha T}-\Omega-\alpha-\alpha\mathrm{e}^{-\alpha T})z+(1-\alpha T\mathrm{e}^{-\alpha T}-\mathrm{e}^{-\alpha T})\Omega+\alpha\mathrm{e}^{-\alpha T}} \tag{4-87}$$

$$V_i(s)=L[\tilde{v}_i(t)]=L[v_i(t)-v_0]$$
$$V_{i+1}(s)=L[\tilde{v}_{i+1}(t)]=L[v_{i+1}(t)-v_0]$$
$$\Delta X_i(s)=L[\Delta\tilde{x}_i(t)]=L[\Delta x_i(t)-V^{-1}(v_0)]$$
$$\Omega=\left.\frac{\mathrm{d}V(\Delta x_i(t))}{\mathrm{d}(\Delta x_i(t))}\right|_{\Delta x_i(t)=V^{-1}(v_0)}$$

其中，$L(\cdot)$ 为拉普拉斯算子。

根据离散系统稳定性判据，得到该系统稳定性条件如下：

$$\begin{cases}\alpha T=1 \\ \Omega<\dfrac{2}{T}\end{cases} \tag{4-88}$$

$$\begin{cases}0<\alpha T<1 \\ \Omega<\min\left\{\dfrac{2-\alpha T}{(1-\alpha T)T},\ \dfrac{8-4\alpha T+2(\alpha T)^2}{\alpha^2T^3}\right\}\end{cases} \tag{4-89}$$

$$\begin{cases}1<\alpha T<2 \\ \dfrac{2-\alpha T}{(\alpha T-1)T}<\Omega<\dfrac{8-4\alpha T+2(\alpha T)^2}{\alpha^2T^3}\end{cases} \tag{4-90}$$

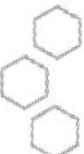

4.7 本 章 小 结

初步研究表明，车队级运动是典型的群体智能实现模式。本章先论述了基因优化型、觅食导向型和迁徙导向型三类群体智能实现模式，然后分析了车辆运动学的相关知识，接着探讨了 V2X 环境下车辆间的跟驰行为与信息交互机制，最后对 V2X 环境下车队控制的稳定性、协调控制策略、连续系统车队控制策略和离散系统车队控制策略进行了深入分析

第 5 章　自然语言处理与人机交互

自然语言处理（Natural Language Processing，NLP）是计算机科学与人工智能领域中的重要方向之一，主要研究如何处理及运用自然语言、自然语言认知、自然语言生成及理解的理论技术。自然语言范畴广泛，包含有汉语、英语、日语、韩语、德语等语言。为突出重点，本章中所论述的自然语言主要以汉语和英语为主要分析对象，不论述抽象的理论，同时结合人工智能编程语言 Python 实例讲述，力求以理论与实践相结合的方式，将自然语言处理的相关理论阐述得通俗易懂。最后论述了智能车辆设计中的人机交互理念。

5.1　基　础　理　论

5.1.1　隐马尔可夫模型

1. 基本概念

隐马尔可夫模型（Hidden Markov Model，HMM）是经典的机器学习模型，在语言识别、自然语言处理、模式识别等领域得到广泛应用。HMM 常用来描述一个含有隐含未知参数的马尔可夫过程，模型包括两个序列三个矩阵：观测序列、隐藏序列（或状态序列）、初始状态概率矩阵、状态转移概率矩阵、观测概率矩阵。一般情况下，要根据观测序列和三个矩阵，来求解隐藏序列。

HMM 模型数学定义如下：设 Q 为所有可能发生的状态序列集合，V 是所有可能的观测序列集合，表达式为

$$Q=\{q_1,q_2,\cdots,q_N\},V=\{v_1,v_2,\cdots,v_M\} \tag{5-1}$$

式中　N——状态变量数；

　　　M——观测变量数。

I 是长度为 T 的状态序列，O 是对应的观测数据序列，表达式为

$$I=\{i_1,i_2,\cdots,i_T\},O=\{o_1,o_2,\cdots,o_T\} \tag{5-2}$$

A 是状态转移概率矩阵，表达式为

$$A=[a_{ij}]_{N\times N} \tag{5-3}$$

其中，$a_{ij}=P(i_{t+1}=q_j\mid i_t=q_i)(i=1,2,\cdots,N;j=1,2,\cdots,N)$，是在时刻 t 处于状态

q_i 的条件下在时刻 $t+1$ 转移到状态 q_j 概率。

B 是观测概率矩阵，表达式为

$$B=[b_j(k)]_{N\times M} \tag{5-4}$$

其中，$b_j(k)=P(o_t=v_k|i_t=q_j)(k=1,2,\cdots,M;j=1,2,\cdots,N)$，是在时刻 t 处于状态 q_j 的条件下生成观测序列 v_k 的概率。

π 为初始状态概率向量（矩阵），其中 $\pi_i=P(i_1=q_i)$，$(i=1,2,\cdots,N)$，是 $t=1$ 时刻为状态 q_i 概率。

HMM 由初始状态概率向量 π、状态转移概率矩阵 A 和观测概率矩阵 B 决定，其中 π 和 A 决定状态序列，B 决定观测序列。因此，HMM 可用以下三元符号表达：

$$\lambda=(A,B,\pi) \tag{5-5}$$

HMM 主要解决三个方面的基本问题：

（1）观测序列概率计算问题，在给定模型 λ 和观测序列 O 的情况下，计算在模型 λ 下观测序列 O 出现的概率 $P(O|\lambda)$，一般用前向后向算法求解。

（2）预测问题，也称为解码问题。已知模型 λ 和观测序列 O，求给定观测序列条件概率最大的状态序列 I，求最有可能对应的状态序列。一般用维特比（Viterbi）算法求解（后面讲述该算法）。

（3）模型参数学习问题。已知观测序列 O，估计模型 λ 参数，使得在该模型下观测序列概率最大。一般用极大似然估计的方法来估计参数值。

2. 概率计算方法

(1) 前向算法。设 t 时刻部分观测序列为 o_1、o_2、…、o_t，定义状态 q_i 的前向概率 $\alpha_t(i)$ 为

$$\alpha_t(i)=P(o_1,o_2,\cdots,o_t,i_t=q_i|\lambda) \tag{5-6}$$

递推求出前向概率 $\alpha_t(i)$ 和观测序列 $P(o|\lambda)$ 的算法如下：

1）初值计算式为

$$\alpha_1(i)=\pi_i b_i(o_1) \tag{5-7}$$

2）递推过程计算式为

$$\alpha_{t+1}(i)=\Big[\sum_{j=1}^{N}\alpha_i(j)a_{ji}\Big]b_i(o_{t+1})(t=1,2,\cdots,N) \tag{5-8}$$

3）终止条件式为

$$P(O\mid\lambda)=\sum_{i=1}^{N}\alpha_T(i) \tag{5-9}$$

（2）直接计算法。所谓直接计算法是指给定模型 λ 和观测序列 O，按概率公式直接计算概率 $P(O|\lambda)$。基本思路是列举所有可能的长度为 T 的状态序列 I，求各个 I 与 O 的联合概率 $P(O,I|\lambda)$，再对所有状态求和即得到 $P(O|\lambda)$。

状态序列 I 的概率计算公式为

$$P(I|\lambda)=\pi_{i1}a_{i1i2}a_{i2i3}\cdots a_{i_{T-1}i_T} \tag{5-10}$$

状态序列 I 固定，得到观测序列 O 的概率 $P(O,I|\lambda)$ 计算式为

$$P(O|I,\lambda)=b_{i1}(o_1)b_{i2}(o_2)\cdots b_{iT}(o_T) \tag{5-11}$$

可知，O 和 I 同时出现的概率为

$$P(O,I|\lambda)=P(O|I,\lambda)P(I|\lambda)$$
$$=\pi_{i1}a_{i1i2}b_{i1}(o_1)a_{i2i3}b_{i2}(o_2)\cdots a_{i_{T-1}i_T}b_{iT}(o_T) \tag{5-12}$$

最后对所有状态序列 I 求和，得到 $P(O|\lambda)$ 计算式为

$$P(O\mid\lambda)=\sum_I P(O\mid I,\lambda)P(I\mid\lambda) \tag{5-13}$$

5.1.2　Viterbi 算法

维特比（Viterbi）算法针对给定模型 $\lambda=(A,B,\pi)$ 和观测序列 $O=\{o_1,o_2,\cdots,o_T\}$，求解最大概率的状态序列 $Q=\{q_1,q_2,\cdots,q_N\}$，其针对可能的每一个隐藏状态序列，运用向前算法求解最大似然度的隐藏状态序列，从而完成解码工作。

定义时刻 t 状态为 i 的所有单个路径（$i_1^*,i_2^*,\cdots,i_t^*$）概率最大值为 $\delta_t(i)=\max\limits_{i_1,i_2,\cdots,i_{t-1}} P(i_t=i,i_{t-1},\cdots,i_1,o_t,\cdots,o_1|\lambda)(i=1,2,\cdots,N)$；变量 $\delta_t(i)$ 的递推式为 $\delta_{t+1}(i)=\max\limits_{i_1,i_2,\cdots,i_t} P(i_{t+1}=i,i_t,\cdots,i_1,o_{t+1},\cdots,o_1|\lambda)=\max\limits_{1\leqslant j\leqslant N}[\delta_t(j)a_{ji}]b_i(o_{t+1})$（$i=1,2,\cdots,N;t=1,2,\cdots,T-1$）；则时刻 t 状态为 i 的所有单个路径（$i_1,i_2,\cdots,i_{t-1},i$）概率最大的路径的第 $t-1$ 个结点为 $\psi_t(i)=\arg\max\limits_{1\leqslant j\leqslant N}[\delta_{t-1}(j)a_{ji}](i=1,2,\cdots,N)$。

维特比算法描述如下：

> 算法输入：模型 $\lambda=(A,B,\pi)$ 和观测 $O=(o_1,o_2,\cdots,o_T)$。
>
> 算法输出：最优路径 $I^*=(i_1^*,i_2^*,\cdots,i_T^*)$。
>
> (1) 算法初始化条件设定
>
> $$\delta_1(i)=\pi_i b_i(o_1)(i=1,2,\cdots,N)$$
> $$\psi_1(i)=0(i=1,2,\cdots,N)$$
>
> (2) 算法过程递推。对 $t=2,3,\cdots,T$
>
> $$\delta_t(i)=\max_{1\leqslant j\leqslant N}[\delta_{t-1}(j)a_{ji}]b_i(o_t)(i=1,2,\cdots,N)$$
> $$\psi_t(i)=\arg\max_{1\leqslant j\leqslant N}[\delta_{t-1}(j)a_{ji}](i=1,2,\cdots,N)$$
>
> (3) 算法终止条件判定
>
> $$P^*=\max_{1\leqslant j\leqslant N}[\delta_T(i)],i_T^*=\arg\max_{1\leqslant j\leqslant N}[\delta_T(i)]$$
>
> (4) 最优路径回溯。对 $t=T-1,T-2,\cdots,1,i_t^*=\psi_{t+1}(i_{t+1}^*)$，求得最优路径 $I^*=(i_1^*,i_2^*,\cdots,i_T^*)$。

下面通过一个实际例子，解释维特比算法。

【例 5-1】 设现有 3 个盒子，每个盒子里都有红色（R）和白色（W）两种颜色的球，三个盒子里球的放置情况见表 5-1。现欲从盒子里随机抽球，条件描述如下：初始条件，从 *Box*1 抽球的概率是 0.2，从 *Box*2 抽球的概率是 0.4，从 *Box*3 抽球的概率是 0.4。按上述概率抽一次球后，将球放回原盒，继续下一次抽球。如果当前抽球的盒子是 *Box*1，则以 0.5 的概率仍然留在 *Box*1 继续抽球，以 0.2 的概率去 *Box*2 抽球，以 0.3 的概率去 *Box*3 抽球；如果当前抽球的盒子是 *Box*2，则以 0.5 的概率仍然留在 *Box*2 继续抽球，以 0.3 的概率去 *Box*1 抽球，以 0.2 的概率去 *Box*3 抽球；如果当前抽球的盒子是 *Box*3，则以 0.5 的概率仍然留在 *Box*3 继续抽球，以 0.2 的概率去 *Box*1 抽球，以 0.3 的概率去 *Box*2 抽球。如此循环抽取，直到重复三次，求一个球的颜色的观测序列 $O=\{R,W,R\}$ 的概率。注意在这个过程

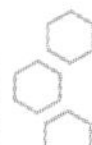

中，观察者只能看到球的颜色序列，却不能看到球是从哪个盒子里取出的。

表 5-1 盒子中球的放置情况

球数量 编号 / 球颜色	$Box1$	$Box2$	$Box3$
红球（R）	5	4	7
白球（W）	5	6	3

解 分析思路如下：

（1）根据题意可知，观测集合 $V=\{R,W\}$，$M=2$；状态集合 $Q=\{Box1,Box2,Box3\}$，$N=3$；初始状态分布为：$\pi_1=(0.2,0.4,0.4)^{\mathrm{T}}$；（盒子）状态转移概率矩阵为：$A=\begin{bmatrix}0.5 & 0.2 & 0.3\\0.3 & 0.5 & 0.2\\0.2 & 0.3 & 0.5\end{bmatrix}$；（球色）观测状态概率矩阵为：$B=\begin{bmatrix}0.5 & 0.5\\0.4 & 0.6\\0.7 & 0.3\end{bmatrix}$；球色的观测序列为：$O=\{R,W,R\}$。

（2）计算时刻 $t=1$ 是红色球，三个状态的前向概率，结果如下：

隐藏状态	前向概率
Box1	$\alpha_1(1)=\pi_1 b_1(o_1)=0.2\times0.5=0.1$
Box2	$\alpha_1(2)=\pi_2 b_2(o_1)=0.4\times0.4=0.16$
Box3	$\alpha_1(3)=\pi_3 b_3(o_1)=0.4\times0.7=0.28$

（3）计算递推时刻 $t=2$ 是白色球，三个状态的前向概率，结果如下：

隐藏状态	前向概率
Box1	$\alpha_2(1)=\left[\sum_{i=1}^{3}\alpha_1(i)a_{i1}\right]b_1(o_2)=[0.1\times0.5+0.16\times0.3+0.28\times0.2]\times0.5=0.077$
Box2	$\alpha_2(2)=\left[\sum_{i=1}^{3}\alpha_1(i)a_{i2}\right]b_2(o_2)=[0.1\times0.2+0.16\times0.5+0.28\times0.3]\times0.6=0.1104$
Box3	$\alpha_2(3)=\left[\sum_{i=1}^{3}\alpha_1(i)a_{i3}\right]b_3(o_2)=[0.1\times0.3+0.16\times0.2+0.28\times0.5]\times0.3=0.0606$

（4）计算递推时刻 $t=3$ 是红色球，三个状态的前向概率，结果如下：

隐藏状态	前向概率
Box1	$\alpha_3(1)=\left[\sum_{i=1}^{3}\alpha_2(i)a_{i1}\right]b_1(o_3)$ $=[0.077\times0.5+0.1104\times0.3+0.0606\times0.2]\times0.5=0.04187$
Box2	$\alpha_3(2)=\left[\sum_{i=1}^{3}\alpha_2(i)a_{i2}\right]b_2(o_3)$ $=[0.077\times0.2+0.1104\times0.5+0.0606\times0.3]\times0.4=0.03551$
Box3	$\alpha_3(3)=\left[\sum_{i=1}^{3}\alpha_3(i)a_{i3}\right]b_3(o_3)$ $=[0.077\times0.3+0.1104\times0.2+0.0606\times0.5]\times0.7=0.05284$

（5）求得观测序列 $O=\{R,W,R\}$ 的概率值，结果如下：

$$P(O\mid\lambda)=\sum_{i=1}^{3}\alpha_3(i)=0.13022$$

5.1.3　条件随机场

条件随机场（Conditional Random Field，CRF）是一种判别式模型，指的是给定随机变量 X 条件下，随机变量 Y 的马尔科夫随机场。线性链条件随机场是定义在线性链上特殊的条件随机场，可以用于自然语言处理过程中的词性标注等问题。

1. CRF 与线性链 CRF

CRF 的数学定义如下：设 X 与 Y 是随机变量，$P(Y|X)$ 是在给定 X 的条件下 Y 的条件概率分布。若随机变量 Y 构成一个由无向图 $G=(V,E)$ 表示的马尔可夫随机场，表示为 $P(Y_v|X,Y_w,w\neq v)=P(Y_v|X,Y_w,w\sim v)$，对于任意结点 v 成立，则称条件概率分布 $P(Y|X)$ 为条件随机场，式中 $w\sim v$ 表示在无向图 G 中与结点 v 有边连接的所有结点 w，而 $w\neq v$ 表示结点 v 以外的所有结点，为结点对应的随机变量。Y_v、Y_u、Y_w 分别表示结点 v、u、w 对应的随机变量。

下面给出线性链条件随机场数学定义：设 $X=(X_1,X_2,\cdots,X_n)$，$Y=(Y_1,Y_2,\cdots,Y_n)$均为线性链表示的随机变量序列，在给定 X 条件下，Y 的条件概率分布 $P(Y\mid X)$ 构成 CRF，且满足马尔可夫性，即：$P(Y_i|X,Y_1,\cdots,Y_{i-1},Y_{i+1},\cdots,Y_n)=P(Y_i|X,Y_{i-1},Y_{i+1})(i=1,2,\cdots,n)$，则称 $P(Y|X)$ 为线性链条件随机场。

2. CRF 的参数化形式

设 $P(Y|X)$ 为线性链条件随机场，则在随机变量 X 取值 x 的条件下，随机变量 Y 取值为 y 的条件概率为

$$P(y\mid x)=\frac{1}{Z(x)}\exp\Big(\sum_{i,k}\lambda_k t_k(y_{i-1},y_i,x,i)+\sum_{i,l}\mu_l s_l(y_i,x,i)\Big)\tag{5-14}$$

其中，$Z(x)=\sum_{y}\exp\Big(\sum_{i,k}\lambda_k t_k(y_{i-1},y_i,x,i)+\sum_{i,l}\mu_l s_l(y_i,x,i)\Big)$，式中 t_k 和 s_l 是特征函数，λ_k 和 μ_l 是对应的权值，$Z(x)$ 也称为规范化因子，求和操作针对所有可能输出序列。

3. CRF 的简化形式

为避免 CRF 中同一特征在各个位置重复定义，需对其进行简化表示。先将转移特征和状态特征及其权值符号表示统一，设转移特征数量为 K_1，状态特征数量为 K_2，记 $K=K_1+K_2$，得到

$$f_k(y_{i-1},y_i,x,i)=\begin{cases}t_k(y_{i-1},y_i,x,i)(k=1,2,\cdots,K_1)\\ s_l(y_i,x,i)(l=1,2,\cdots,K_2;k=K_1+l)\end{cases}\tag{5-15}$$

接着对转移特征与状态特征在各位置求和，记为

$$f_k(y,x)=\sum_{i=1}^{n}f_k(y_{i-1},y_i,x,i)(k=1,2,\cdots,K)\tag{5-16}$$

若以 w_k 表示特征 f_k（y，x）的权值，令 $w_k=\begin{cases}\lambda_k(k=1,2,\cdots,K_1)\\ \mu_l(l=1,2,\cdots,K_2;k=K_1+l)\end{cases}$，则条

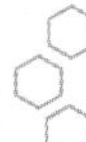

件随机场表达式为

$$\begin{cases} P(y \mid x)=\dfrac{1}{Z(x)}\exp\left[\sum_{k=1}^{K} w_k f_k(y,x)\right] \\ Z(x)=\sum_{y}\exp\left[\sum_{k=1}^{K} w_k f_k(y,x)\right] \end{cases} \tag{5-17}$$

更进一步，以 w 表示权值向量，即 $w=(w_1,w_2,\cdots,w_K)^{\mathrm{T}}$，且以 $F(y,x)$ 表示全局特征向量，即 $F(y,x)=[f_1(y,x),f_2(y,x),\cdots,f_K(y,x)]^{\mathrm{T}}$，则得到 CRF 以向量 w 与 $F(y,x)$ 内积简化式为

$$P_w(y|x)=\frac{\exp[wF(y,x)]}{Z_w(x)} \tag{5-18}$$

其中，$Z_w(x)=\sum_{y}\exp[wF(y,x)]$。

5.2 语料库解析

5.2.1 语料与语料库

自然语言是人类交流和思维的主要工具之一。根据百度百科的定义：自然语言通常是指一种自然地随文化演化的语言。汉语、英语、日语均为自然语言的例子，而世界语则为人造语言，即是一种由人有意为某些特定目的而创造的语言。不过，相较于以编程语言等为计算机而设的“人造”语言，有时所有人类使用的语言（包括自然地随文化演化的语言，以及人造语言）都会被视为“自然”语言。

1. 语料

语料通常指在统计自然语言处理中一定数量和规模的文本资源集合，是大规模的语言实例。一般用文本作为载体，把文本中的上下文关系作为现实世界中语言的上下文关系的替代品。

2. 语料库

语料库（Corpus）一词在语言学上意指经过整理、具有既定格式与标记的大量文本。语料库一般具备如下特点：语料库中存放的是在语言的实际使用中真实出现过的语言材料；语料库以电子计算机为载体承载语言知识的基础资源，但并不等于语言知识，真实语料需要经过分析和处理加工，才能成为有用的资源。

5.2.2 自然语言工具包

1. 简介

自然语言工具包（Natural Language Toolkit，NLTK）是 Python 语言实现的统计自然语言处理工具。NLTK 支持自然语言处理领域研究和教学相关的应用，其汇集的大量公开数据集提供了全面易用的接口，涵盖了分词、词性标注（Part-of-Speech tagging，POStagging）、命名实体识别（Named Entity Recognition，NER）、句法分析（Syntactic Parse）等各项 NLP 领域所需的功能，已在语言学、认知科学、人工智能、信息检索和机器学习等领域取得了广泛应用。NLTK 模块及功能描述见表 5-2。

表 5-2　**NLTK 模块及功能描述表**

自然语言处理任务 Language processing task	NLTK 模块 NLTK modules	模块功能描述 Functionality
获取语料库 Accessing corpora	nltk. corpus	standardized interfaces to corpora and lexicons
字符串处理 String processing	nltk. tokenize，nltk. stem	tokenizers，sentence tokenizers，stemmers
词语搭配 Collocation discovery	nltk. collocations	t-test，chi-squared，point-wise mutual information
词形标注 Part-of-speech tagging	nltk. tag	n-gram，backoff，Brill，HMM，TnT
机器学习 Machine learning	nltk. classify，nltk. cluster，nltk. tbl	decision tree，maximum entropy，naive Bayes，EM，k-means
分块 Chunking	nltk. chunk	regular expression，n-gram，named-entity
句法分析 Parsing	nltk. parse，nltk. ccg	chart，feature-based，unification，probabilistic，dependency
语义解释 Semantic interpretation	nltk. sem，nltk. inference	lambda calculus，first-order logic，model checking
指标评测 Evaluation metrics	nltk. metrics	precision，recall，agreement coefficients
概率与估计 Probability and estimation	nltk. probability	frequency distributions，smoothed probability distributions
应用 Applications	nltk. app，nltk. chat	graphical concordancer，parsers，WordNet browser，chatbots
语言学领域工作 Linguistic fieldwork	nltk. toolbox	manipulate data in SIL Toolbox format

2. 应用案例

关于 NLTK 工具包的安装及核心功能包的详细使用，读者可通过 NLTK 官方网站（https：//www. nltk. org/）及众多网站资料获取相关，本书在此不再赘述。下面仅通过几个例子对 NLTK 的应用给出实例性说明，相信读者完全可以在使用中熟能生巧，运用自如。

【例 5-2】 要求抓取给定网站（https：//www. nltk. org/book/ch01. html）内容，绘制网站内有效词频图谱，以供分析所用。

解　实现思路如下：抓取网站内容→数据清洗（去除 HTML 标签等）→分词（Tokens）→去停用词（如 of，a，an 等）→统计绘图。

Python 实现代码如下：

```
@author：
NLTK 抓取网页内容并统计词频且绘图展示
"""
```

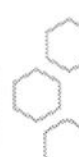

```
from bs4 import BeautifulSoup #内嵌去标签库
import urllib.request
import nltk
from nltk.corpus import stopwords #停止词
response=urllib.request.urlopen('https://www.gutenberg.org/')
#esponse=urllib.request.urlopen('https://www.nltk.org/book/ch01.html')
html=response.read()
soup=BeautifulSoup(html,"html5lib")
text=soup.get_text(strip=True)
tokens=text.split()
clean_tokens=list()
freq1=nltk.FreqDist(tokens) #
freq1.plot(25,cumulative=False,color='red') #去掉停用词之前绘图
sr=stopwords.words('english') #去除英文停用符,NLTK 暂不支持中文
for token in tokens:
    if not token in sr:
        clean_tokens.append(token)
freq=nltk.FreqDist(clean_tokens)
for key,val in freq.items():
    print(str(key)+':'+str(val))
freq.plot(20,cumulative=False,color='blue') #去除停用词之后绘图,以作比较
```

NLTK 词频统计结果如图 5-1 所示。

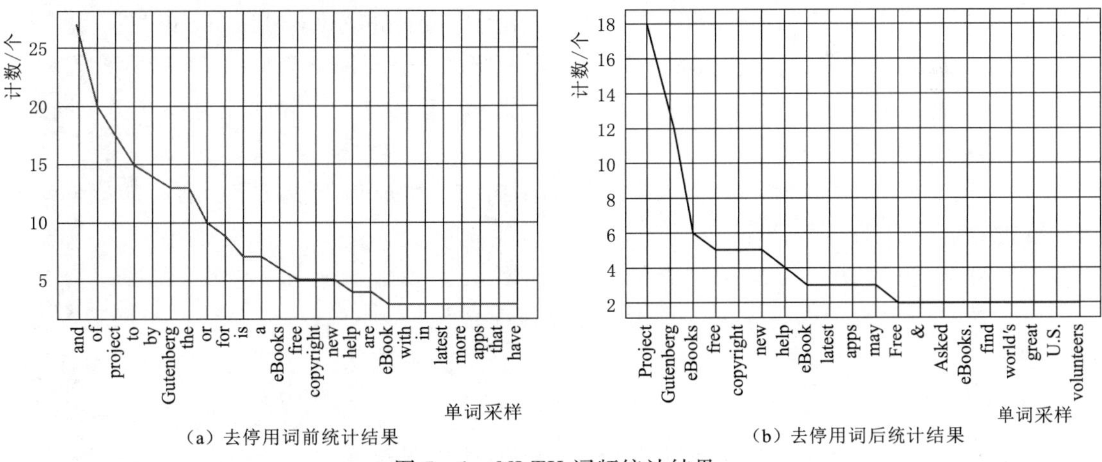

图 5-1 NLTK 词频统计结果

【例 5-3】 用布朗语料库做一个分布表，绘图统计各种文体中情态动词出现的频数。

解 基于布朗语料库编制 Python 代码如下：

```
@author:
"""
import nltk
```

```
from nltk.corpus import brown
cgw=nltk.ConditionalFreqDist((genre,word)
                    for genre in brown.categories()
                    for word in brown.words(categories=genre))
genres=['humor','romance','news','hobbies','science_fiction','religion']
modals=['can','could','may','might','must','will','would']
cgw.tabulate(conditions=genres,samples=modals)
```

统计分析结果如下：横轴表示情态动词，纵轴表示各类体裁文件中情态动词出现的次数。此结果表明，“will”在news（新闻）类中出现的次数最多（389次），“can”在hobbies（娱乐）类中出现的最多（268次），“would”在romance（浪漫史）和news（新闻）中出现的频次相同（244次）。

5.2.3　结巴工具包

1. 简介

结巴（Jieba）工具包是目前最好的Python中文分词组件之一，其可以支持四种分词模式：第一种为精确模式，即试图将句子最精确地切开，适合文本分析；第二种为全模式，即把句子中所有的可以成词的词语都扫描出来，速度非常快，但是不能解决歧义词；第三种为搜索引擎模式，即在精确模式的基础上，对长词再次切分，提高召回率，适合用于搜索引擎分词；第四种为paddle模式，即利用PaddlePaddle深度学习框架，训练序列标注（双向GRU）网络模型实现分词，同时支持词性标注。需注意的是，paddle模式使用需安装paddlepaddle-tiny库（安装语句示例：pip install paddlepaddle-tiny==1.6.1）。目前paddle模式支持jieba v0.40及以上版本，如jieba v0.40以下版本，需对其进行升级（pip install jieba--upgrade）。另外，Jieba工具包支持繁体分词和自定义词典。

2. 算法

（1）算法一：基于前缀词典实现高效的词图扫描，生成句子中汉字所有可能成词情况所构成的有向无环图（DAG）。

（2）算法二：采用了动态规划查找最大概率路径，找出基于词频的最大切分组合。

（3）算法三：对于未登录词，采用了基于汉字成词能力的HMM模型，使用了Viterbi算法。

Jieba库中NLP文分词词性对照表见表5-3。

表5-3　Jieba库中NLP文分词词性对照表

词性编码	词性名称	注　解
Ag	形语素	形容词性语素。形容词代码为a，语素代码g前面置以A
a	形容词	取英语形容词adjective的第1个字母
ad	副形词	直接作状语的形容词。形容词代码a和副词代码d并在一起
an	名形词	具有名词功能的形容词。形容词代码a和名词代码n并在一起
b	区别词	取汉字“别”的声母

续表

词性编码	词性名称	注　解
c	连词	取英语连词 conjunction 的第 1 个字母
dg	副语素	副词性语素。副词代码为 d，语素代码 g 前面置以 D
d	副词	取 adverb 的第 2 个字母，因其第 1 个字母已用于形容词
e	叹词	取英语叹词 exclamation 的第 1 个字母
f	方位词	取汉字“方”
g	语素	绝大多数语素都能作为合成词的“词根”，取汉字“根”的声母
h	前接成分	取英语 head 的第 1 个字母
i	成语	取英语成语 idiom 的第 1 个字母
j	简称略语	取汉字“简”的声母
k	后接成分	
l	习用语	习用语尚未成为成语，有点“临时性”，取“临”的声母
m	数词	取英语 numeral 的第 3 个字母，n，u 已有他用
Ng	名语素	名词性语素。名词代码为 n，语素代码 g 前面置以 N
n	名词	取英语名词 noun 的第 1 个字母
nr	人名	名词代码 n 和“人（ren）”的声母并在一起
ns	地名	名词代码 n 和处所词代码 s 并在一起
nt	机构团体	“团”的声母为 t，名词代码 n 和 t 并在一起
nz	其他专名	“专”的声母的第 1 个字母为 z，名词代码 n 和 z 并在一起
o	拟声词	取英语拟声词 onomatopoeia 的第 1 个字母
p	介词	取英语介词 prepositional 的第 1 个字母
q	量词	取英语 quantity 的第 1 个字母
r	代词	取英语代词 pronoun 的第 2 个字母，因 p 已用于介词
s	处所词	取英语 space 的第 1 个字母
tg	时语素	时间词性语素。时间词代码为 t，在语素的代码 g 前面置以 T
t	时间词	取英语 time 的第 1 个字母
u	助词	取英语助词 auxiliary
vg	动语素	动词性语素。动词代码为 v。在语素的代码 g 前面置以 V
v	动词	取英语动词 verb 的第一个字母
vd	副动词	直接作状语的动词。动词和副词的代码并在一起
vn	名动词	指具有名词功能的动词。动词和名词的代码并在一起
w	标点符号	
x	非语素字	非语素字只是一个符号，字母 x 通常用于代表未知数、符号
y	语气词	取汉字“语”的声母
z	状态词	取汉字“状”的声母的前一个字母
un	未知词	不可识别词及用户自定义词组。取英文 Unkonwn 首两个字母（非北大标准，CSW 分词中定义）

3. 实例

下面给出 Jieba 工具包分词的实例。

【例 5-4】 对语句“人工智能是研究使计算机来模拟人的某些思维过程和智能行为的学科”进行分词分析。

解 基于 Jieba 工具包编制 Python 代码如下：

```
# encoding=utf-8
import jieba
sentence = '人工智能是研究使计算机来模拟人的某些思维过程和智能行为的学科'
print('1-精准模式:', jieba.lcut(sentence))
print('2-全模式:', jieba.lcut(sentence, cut_all=True))
print('3-搜索引擎模式:', jieba.lcut_for_search(sentence))
```

精准模式、全模式和搜索引擎模式三种分词结果如下，可见均较好地实现了分词功能。

```
Building prefix dict from the default dictionary ...
Dumping model to file cache C:\Users\zhangld\AppData\Local\Temp\jieba.cache
Loading model cost 1.250 seconds.
Prefix dict has been built successfully.
1-精准模式:['人工智能', '是', '研究', '使', '计算机', '来', '模拟', '人', '的', '某些', '思维过程', '和', '智能', '行为', '的', '学科']
2-全模式:['人工', '人工智能', '智能', '是', '研究', '使', '计算', '计算机', '算机', '来', '模拟', '拟人', '的', '某些', '思维', '思维过程', '过程', '和', '智能', '能行', '行为', '的', '学科']
3-搜索引擎模式:['人工', '智能', '人工智能', '是', '研究', '使', '计算', '算机', '计算机', '来', '模拟', '人', '的', '某些', '思维', '过程', '思维过程', '和', '智能', '行为', '的', '学科']
```

5.2.4 常用语料库

给出一些常用语料库见表 5-4。

表 5-4 语料库网址

序号	语料库名称	网　址
1	宾州大学语料库	https://www.ldc.upenn.edu/
2	Wikipedia XML 语料库	http://www－connex.lip6.fr/～denoyer/wikipediaXML/
3	中英双语知识本体词网	http://bow.ling.sinica.edu.tw/
4	古腾堡语料库	http://www.gutenberg.org/
5	中文词向量语料库	https://github.com/Embedding/Chinese-Word-Vectors
6	自然语言处理与信息检索共享平台	http://www.nlpir.org/? action-category-catid＝28

5.3 文本数据获取与规范化

5.3.1 数据获取

一般而言，常见的文本形式包括TXT、HTML、XML、word、excel、PDF文件等，不同格式的文件由于其编码规则不同，在数据解析过程中所使用的方法各有差异，下面分类简述之。

1. 解析PDF文件

由于PDF文件格式特殊，现有Python语言处理PDF的库各自存在一定不足，尚无完美解决其格式问题的库。常见的库中PDFMiner3k主要用于读取PDF中的文本，对表格处理不够友好，能提取表格中文字，但无法处理格式；tabula是专门用来提取PDF表格数据的，同时支持PDF导出为CSV、Excel格式，但是由于是用java编写，较强依赖java7/8虚拟机；tabula-py库对它做了一层python封装，故也依赖java7/8；pdfplumber是按页来处理PDF文件，可以获得页面的所有文字，且提供单独的方法用于提取表格；英文PDF文件支持最好且只支持英文PDF是pyPDF2库，而对于多语言PDF文件支持最好的则是PDFMiner。PDFMiner读取PDF文件的应用示例如下：

```
#########PDF文件解析核心代码###########
path = "pdfTest.pdf"#待解析的PDF文档名称
# 创建pdf文档分析器;基于文件对象
pdf_Parser = PDFParser(open(path, 'rb'))
# 创建PDF文档对象
pdf_Doc = PDFDocument()
# 设计分析器与文档对象间的关联关系
pdf_Parser.set_document(pdf_Doc)
pdf_Doc.set_parser(pdf_Parser)
# if 文档有密码,then 应提供初始化密码;if 没有密码,then 创建空字符串 code
pdf_Doc.initialize()
# 下面判断文档是否提供 txt 转换,不提供就忽略
if not pdf_Doc.is_extractable:
    raise PDFTextExtractionNotAllowed
else:
    # PDf 资源管理器
    rcmgr = PDFResourceManager()
    # PDF 设备对象
    laparams = LAParams()
    dv = PDFPageAggregator(rcmgr, laparams=laparams)
```

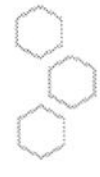


```
# PDF 解释器对象
pdf_Interpreter = PDFPageInterpreter(rcmgr, dv)
# 循环遍历列表中元素
for p in pdf_Doc.get_pages():
    pdf_Interpreter.process_page(p)
    # 接受该页面的 LTPage 对象
    lyt = dv.get_result()
    # layout 是 LTPage 对象存放 p 解析出的对象
    # LTTextBox, LTFigure, LTImage, LTTextBoxHorizontal 等
    for lx in lyt:
        if isinstance(lx, LTTextBox):
            print(lx.get_text().strip())
```

2. 解析 word 文件

word 文件一种是以 doc 结尾的，需要安装库 pypiwin32（安装语句：pip install pypiwin32）；另外一种是以 docx 结尾，需要安装库 python - docx（安装语句：pip install python - docx）。一般来说，解析的对象主要是 word 文档中的文字，涉及 python - docx 模块的几个概念，其中，Document 对象表示一个 word 文档，Paragraph 对象表示 word 文档中的一个段落，Paragraph 对象的 text 属性表示段落中的文本内容。

解析 word 文档的应用程序核心代码如下：

```
"""
from docx import Document
import win32com.client as wc
def doc2Docx( ):
    word = wc.Dispatch('Word.Application')
    path=r'D:\\研究成果\\出版专著与教材\\2021-Ai+无人驾驶\\program\\NLP\\wordTest.doc'
    doc = word.Documents.Open(path)  # 目标路径下的文件
    doc.SaveAs(r'wordTest1.docx', 12, False, "", True, "", False, False, False, False)  # 转化后路径下的
文件
    doc.Close( )
    word.Quit( )

def readDocx( ):
    path1 = r"wordTest1.docx"
    doc= Document(path1)
    for paragraph in doc.paragraphs:
        print(paragraph.text)
def main( ):
```

```
    doc2Docx( )# 先转换成 docx 文件 再进行上面第一步的读取
    readDocx( )
#执行函数
main( )
```

3. 解析 TXT 文件

TXT 文件是广泛使用的数据文件格式，一些 . csv、. xlsx 等格式文件完全可以转换为 . txt 文件进行读取。Python 语言中，可直接使用 Python 自带的 I/O 接口，将数据读取进来存放在 list 中，然后再用 numpy 科学计算包将 list 的数据转换为 array 格式，从而进行科学计算。

Python 常用读取文件函数有三种：read( )、readline( ) 和 readlines( )，其中 read( ) 一次性读取文本中全部内容，以字符串形式返回结果；readline( ) 读取文本第一行内容，以字符串形式返回结果；readlines( ) 读取文本所有内容，且以数列格式返回结果，一般配合 for in 使用。

解析 TXT 文件的核心 Python 代码如下：

```
"""
with open("txtTest. txt",encoding='utf-8',errors='ignore') as tx:
    data=tx. read( ). split( ) #读取文件
    print(data)
```

4. 解析 XML 文件

Python 主要有三种 XML 解析方式，分别为 SAX（simple API for XML）、DOM（Document Object Model）和 ElementTree。

（1）第一种为 DOM 方式。DOM 中文译为文档对象模型，是 W3C 组织推荐的标准编程接口，它将 XML 数据在内存中解析成一个树，通过对树的操作来操作 XML 文件。

（2）第二种为 SAX 方式。SAX 是一个用于处理 XML 事件驱动的模型，它逐行扫描文档，一边扫描一边解析，对于大型文档的解析拥有巨大优势，尽管不符合 W3C 标准，但它却得到了广泛认可。

（3）第三种为 ElementTree 方式。ElementTree 比 DOM 性能更好，且与 SAX 性能差不多，其 API 使用较为方便。

5.3.2 数据清洗

1. 基本思路

语料是自然语言处理任务研究的基础内容，一般一个文本集可作为一个语料库，语料可以通过已有数据、公开数据集、爬虫抓取等方式获取。在自然语言处理的过程中，通过上述方式获取的数据，往往存在大量的冗余或噪声信息，只有将此类干扰信息去除，才能更有效挖掘出其中包含的重要信息。在机器学习过程中，对文本而言，清洗的目的即排除

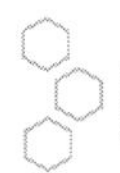

非关键信息，只需保留文本内容所阐述的文字信息即可，同时尽量降低这些信息对算法模型构建的影响。

以 HTML 文本为例，其含有多类 HTML 标签，如“body”“title”“p”等，它们与文本内容所要表达的主题关联度弱。不同的开发语言，提供了不同的专用功能包，如 Java 语言中的 Jsoup、HtmlParser、Apache tika、HtmlCleaner 以及 XPath 等功能包，Python 语言中的 BeautifulSoup、SGMLParser、HTMLParaer 等功能包。特殊情况下，可自写正则表达式来满足不同的分析需求。

2. 正则表达式

在编写处理字符串或网页的程序时，经常会有查找符合某些复杂规则的字符串的需要。正则表达式正是用于描述这些规则的工具。换句话说，正则表达式为记录文本规则的代码。

正则表达式是对字符串操作的一种逻辑公式，就是用事先定义好的一些特定字符及这些特定字符的组合，组成一个“规则字符串”，这个“规则字符串”用来表达对字符串的过滤逻辑。正则表达式常用算子见表 5－5。

表 5－5　　正则表达式常用算子（部分）

语法	说　明	表达式实例	完整匹配字符串
	字　符　类		
一般字符	匹配自身	abcd	abcd
.	匹配任意字符（除换行符”\n”）	a.c	abc，adc，
\	转义字符	a\.c a\\c	a.c a\c
[...]	字符类．对应位置可以是字符集中任意字符，可以逐个列出，也可以给出范围，如 [abc] 或 [a－c]；第一个字符如是^，表示取反，如 [^abc] 表示不是 abc 的其他字符	a [bcd] e	abe ace ade
	预 定 义 字 符 集		
\d	数字：[0－9]	a\dc	a1c、a2c、a9c
\D	非数字：[^\d]	a\Dc	abc、adc
\s	空白字符：[＜空格＞\t\r\n\f\v]	a\sc	a c
\S	非空白字符：[^\s]	a\Sc	abc、adc
\w	单词字符：[A－Za－z0－9]	a\wc	abc
\W	非单词字符：[^\w]	a\Wc	a c
	数　量　词		
*	匹配前一个字符 0 次或无限次	abcd*	abcd、abcdddd
＋	匹配前一个字符 1 次或无限次	abc＋	abcc、abccc
?	匹配前一个字符 0 次或 1 次	abc?	ab、abc
{m}	匹配前一个字符 m 次	ab {2} c	abbc

续表

语法	说　明	表达式实例	完整匹配字符串
数　量　词			
{m, n}	匹配前一个字符 m 至 n 次。M 和 n 可以省略，若省略 m，则匹配 0—n 次；若省略 n，则匹配 m 至无限次	ab {1, 2} c	abc abbc
…	…	…	…

5.3.3 特征构造

特征构造的主要任务是将分词表示成计算机识别的数学模型。常用模型有：词袋模型（Bag of Word，BOW），如 TF－IDF 算法；词向量模型，如 one－hot 算法、word2vec 算法等。

开始文本特征构造之前，应先了解“向量空间模型”（Vector Space Model，VSM）的概念。向量空间模型把文本内容的处理简化为向量空间中的向量运算，并且以空间上的相似度表达语义的相似度。自然语言处理中，几乎所有的特征构造方法都基于这个理念。

1. 词袋模型

词袋模型在文本分类中，将文档表示成特征向量。假定对于一个文本，忽略其词序和语法、句法，仅仅将其看作一些词汇集合，而文本中每个词汇均为独立。简言之，每篇文档都看成一个袋子（bag）（因为里面装的都是词汇，所以称为词袋），然后分析这个袋子里装的都是些什么词汇，将其分类。若文档中泥地、山坡、果园、溪水、农用车相关的词汇多，而马路、高楼、公交、轨道、公园相关的词汇少，则倾向于判断为一篇描绘乡村的文档，而非描述城镇的文档。

为帮助理解词袋模型，下面列举几个专业术语：

（1）词频。词频是单词在句子中出现的次数与句子的总词数之比，即一个单词在句子中出现的频率。词频相对于单词出现的次数可更加客观地评估单词对一句话的语义的贡献度，词频越高，代表当前单词对语义贡献度越大。

（2）文档频率。文档频率是指含有某个单词的文档样本数与总文档样本数之比。

（3）逆文档频率。逆文档频率是指总文档样本数与含有某个单词的文档样本数之比。单词的逆文档频率越高，代表当前单词对语义的贡献度越大。

（4）词频-逆文档频率。词频-逆文档频率是指词频矩阵中的每一个元素乘以相应单词的逆文档频率，其值越大，说明该词对样本语义的贡献度越大，进而可以根据每个单词的贡献力度，构建学习模型。

生成文本的词袋模型分为三步：分词（tokenizing）、统计词频（counting）、特征标准化（normalizing）。实现代码如下：

```
"""
词袋模型 WoB
@author:
"""
from sklearn.feature_extraction.text import CountVectorizer
```

```
import numpy as np
from nltk. corpus import stopwords
#step 去停用词
def word_extraction(st):
    words=st. split( )
    stop_words=set(stopwords. words(' english '))
    c_text=[wd. lower( ) for wd in words if not wd in stop_words]
    return c_text
#step2 分词
def tokenize(sts):
    words=[]
    for st in sts:
        wd=word_extraction(st)
        words. extend(wd)
    words=sorted(list(set(words)))
    return words
#step3 构建分词向量
def generate_wob(allSts):
    vob=tokenize(allSts)
    print("Word List for Document \n{0} \n". format(vob))
    for st in allSts:
        words=word_extraction(st)
        bag_vector=np. zeros(len(vob))
        for ww in words:
            for i, word in enumerate(vob):
                if word==ww:
                    bag_vector[i]+=1
        print("{0}\n{1}\n". format(st,np. array(bag_vector)))

cp = ["It's better to be alone than to be with someone you're not happy to be with",
    "If they throw stones at you, don't throw back, use them to build your own foundation instead",
    "Progress is the activity of today and the assurance of tomorrow",
    "Whatever is worth doing is worth doing well"]
#print(generate_wob(cp))
vectorizer=CountVectorizer( )
print(generate_wob(cp)) #
print("词频统计:")
print(vectorizer. fit_transform(cp))
print('词袋模型:')
print(vectorizer. fit_transform(cp). toarray( ))
```

2. N-gram 模型

N-Gram 算法是一种单词级别的窗口取词算法，有时也称为 N 元模型。N-Gram 可以

用来预计或评估一个句子是否合理，以及两个字符串之间的差异程度。概括而言，N-Gram 算法的实现流程包括三步：一是过滤掉文本数据中的标点符号和其他特殊符号；二是对所有单词执行小写转换，并删除单词之间的空格、换行符等标志位；三是使用长度为 N 的窗口对文本内容执行字符级滑动取词，并将结果存入有序列表。

滑动取词过程的 Python 核心代码如下：

```
def content_Filter(text: str) -> str:
    result = str( )
    for t in text:
        if t.isalnum( ):
            if t.isalpha( ):
                t = t.lower( )
            result += str(t)
    return result

def slide_Word(text: str, l: int = 4) -> list:
    tf = content_Filter(text)
    result = list( )
    if len(tf) <= l:
        result.append(tf)
        return result
    for i in range(len(tf)):
        word = tf[i:i + l]
        if len(word) < l:
            break
        result.append(word)
    return result
if __name__ == '__main__':
    banner = 'thisisatestprogramforustounderstandngram*^$%%$***    \r\n)021'
print(slide_Word(banner))
```

5.3.4 特征降维与选择

在数据特征构造完成后，往往存在一定冗余信息或维度过大的问题，因此需对特征数据集进行特征降维和特征选择操作。二者的目标都是要使数据集的特征维数减少，但二者又存在一定的区别。数据降维一般指的是维数约简（Dimensionality Reduction），是将原始高维特征空间里的点向一个低维空间投影，从而使新空间的维度低于原特征空间，从而达到减少维数的目的。在此过程中，特征发生了根本性的变化，虽然新的特征也保持了原特征的一些性质，但原始的特征已消失。特征选择是从 N 个特征中选择 d（$d<N$）个子特征，而舍弃 $N-d$ 个特征，因此新的特征只是原来特征的一个子集，没有被舍弃的 d 个特征无变化。

1. 特征降维

当特征数据集构造完成后，可能会出现特征矩阵过大的问题，从而导致计算量大、训练时间长，因此降低特征矩阵维度也是非常重要的。机器学习中常见的特征降维方法包括主成分分析法（PCA）、线性判别分析（LDA）等。PCA和LDA类似，原理均为将高维度原始样本映射到低维度样本空间中的操作。其中，PCA是一种无监督的降维方法，而LDA是一种有监督的降维方法。自然语言处理中常用的主题模型，同时具备了降维和语义表达的效果，比如LSI、LDA、PLSA、HDP等统计主题模型，这类模型解决文本低维空间上的表达模式，在降低维度的同时，尽可能保留原有文本的语义信息，主题模型在处理中长度文本分类任务时特别有效。

2. 特征选择

当特征数据集特征过多时，很有必要选择相对更有意义的特征来进行建模是。特征选择即为去掉无关特征、保留相关特征的过程。换言之，即为从所有的特征中选择一个最优特征子集的过程。特征选择本质上也可以视为降维过程。具体方法如下：

（1）Filter（过滤法）。按照发散性或者相关性对各个特征进行评分，根据设定阈值或者待选择阈值的个数来选择特征，常见如方差选择法、相关系数法、卡方检验法、互信息法等。

1）方差选择法。使用方差选择法，先要计算各个特征的方差，然后根据阈值，选择方差大于阈值的特征。

2）相关系数法。使用相关系数法，先要计算各个特征对目标值的相关系数以及相关系数的 P 值。

3）卡方检验法。经典的卡方检验主要是检验定性自变量对定性因变量的相关性。假设自变量有 N 种取值，因变量有 M 种取值，考虑自变量等于 i 且因变量等于 j 时样本频数的观察值与期望的差距，从而构建统计量。

4）互信息法。经典的互信息也是评价定性自变量对定性因变量的相关性的。

（2）Wrapper（包装法）。根据目标函数（通常是预测效果评分），每次选择若干特征或者排除若干特征。常用方法为递归特征消除法，该方法使用一个基模型来进行多轮训练，每轮训练后，消除若干权值系数的特征，再基于新的特征集进行下一轮训练。

（3）Embedded（嵌入法）。先使用某些机器学习的算法模型进行训练，得到各个特征的权值系数，再根据系数从大到小选择特征。类似于Filter方法，但其通过训练来确定特征的优劣。

1）基于惩罚项的特征选择法。使用带惩罚项的基模型，除了筛选出特征外，同时也进行了降维。使用feature _ selection库的SelectFromModel类结合带 L_1 惩罚项的逻辑回归模型。

2）基于树模型的特征选择法。树模型（随机森林、GBDT和Xgboost）也可作为基模型进行特征选择，使用feature _ selection库的SelectFromModel类构建树模型。

（4）深度学习方法。从深度学习模型中选择某一神经层的特征用来进行最终目标模型的训练。

5.4 预 处 理

5.4.1 分词

分词（tokenizer）是自然语言处理的基础，西方文字天然地通过空格来将句子分割成词语，因此一般不需要分词。但是东方文字往往没有天然形成的分隔符，因此需要将中文进行分词。

1. 英文分词

下面以 NLTK 库内置分词器为例，阐述英文文本的分词问题，相关示例内容均基于 nltk. tokenize 库。

（1）word _ tokenize 函数法。导入 nltk 的 tokenize 库后，利用 tokens＝nltk. word _ tokenize（sentence）语句进行分词操作，sentence 为待处理的字符串，结果返回一个列表。该方法要求被处理的字符串本身各个词语之间有空格，且能处理如 don't，they'll 等缩写词的情况。

（2）TweetTokenizer 函数法。Twitter-aware 实现按空格进行分词，同时针对文本一些特性，去除@用户名，保留表情等一些特殊符号。

分两种情况进行分析：

1）不带参数 token＝TweetTokenizer（ ）. tokenize(sentence）处理。示例代码如下：

```
输入"This is a coooool #dummysmiley：：－）：－P <3 and some arrows < > －> <－－"
输出['This', 'is', 'a', 'cooool', '#dummysmiley', ':', ':－)', ':－P', '<3', 'and', 'some', 'arrows', '<', '>
', '－>', '<－－']能够拆分无效用的标点符号。
```

2）带参数 token ＝ TweetTokenizer（strip _ handles＝True，reduce _ len ＝ True）处理。示例代码如下：

```
输入@remy：This is waaaaayyyy too much for you!!!!!!
输出[':', 'This', 'is', 'waaayyy', 'too', 'much', 'for', 'you', '! ', '! ', '! ']
```

比较可知，当一个词中相同字符连续出现 3 次以上，就只保留 3 个。设置 strip _ handles ＝ True 会删去@xxx。

（3）MWETokenizer 函数法。基本语法如下：tokenizer ＝ MWETokenizer（［（'a', 'little'），（'a', 'little', 'bit'），（'a', 'lot'）］）。示例代码如下：

```
输入 tokenizer. tokenize('In a litte or a litte bit or a lot in spite of'. split( ))；tokenizer. add_mwe(('in', 'spite',
'of'))
输出['In', 'a_little', 'or', 'a_little_bit', 'or', 'a_lot', 'in_spite_of']
```

该方法可对已经先保留的一些短语或者组合进行重组（对一些专有词可以先保留，如“F－16”，重组后可保留“－”）。

(4) RegexpTokenizer 函数法。使用正则表达式进行分词，如对一些金钱表示或者其他非空白序列。基本语法如下：tokenizer = RegexpTokenizer ('\ w+ | \ $ [\ d \ .] + | \ S+')。示例代码如下：

```
输入"Good muffins cost $3.88\n in New York. Please buy me\n two of them. \n\n Thanks. "
输出['Good', 'muffins', 'cost', '$3.88', 'in', 'New', 'York', '.', 'Please', 'buy', 'me', 'two', 'of', 'them', '.', 'Thanks', '.']
```

(5) StanfordTokenizer 函数法。按空格进行分词，对于“$4.28”之类句子，可将符号与数字分开。示例代码如下：

```
输入"Good muffins cost $3.88\n in New York. Please buy me\n two of them. \n Thanks. "
输出['Good', 'muffins', 'cost', '$', '3.88', 'in', 'New', 'York', '.', 'Please', 'buy', 'me', 'two', 'of', 'them', '.', 'Thanks', '.']
```

2. **中文分词**

(1) 难点。中文分词的困难主要来自于如下三个方面：分词规范、歧义切分和未登录词的识别。

1) 分词规范问题可以理解为人们并没有统一对汉语词的认识，对汉语词的认识的操作尺度很难把握，极易受到主观因素的影响，从而无法提供一个公认的、具有权威性的词表（例如普通说话人的语感与语言学家的标准就有较大的差异）。

2) 歧义切分问题可以举例说明，如“神经网络训练”分词有两种切分：“神经 \ 网络训练”和“神经网络 \ 训练”，“小学生”分词有两种切分：“小 \ 学生”和“小学 \ 生”。类似情况在汉语文本中非常普遍，显然处理这类问题往往复杂些。

3) 未登录词的识别（生词）可以有两种解释：一是指已有词典中没有收录的词；二是指已有的训练语料中未曾出现过的词。由此可知，生词对分词的影响是最容易处理的。

(2) 分词方法与模型。在 Python 编程语言中，常用的分词工具包包括 Stanford NLP 分词、Jieba 分词、中科院 NLPIR 汉语分词等。

常见的分词方法如下：

1) 基于词表的分词方法，如正向最大匹配法（forward maximum matching method，FMM）、逆向最大匹配法（backward maximum matching method，BMM）、N-最短路径方法等。

2) 基于统计模型的分词方法，如基于 N-gram 语言模型的分词方法。

3) 基于序列标注的分词方法，如基于 HMM 的分词方法、基于 CRF 的分词方法等。

4) 基于词感知机的分词方法以及基于深度学习的分词方法。

下面简单介绍 N-gram 语言模型的分词方法。

假设随机变量 S 为一个汉字序列，W 是 S 上所有可能的切分路径。对于分词，可理解为求解使条件概率 $P(W|S)$ 最大的切分路径 W^*，即

$$W^* = \underset{W}{\operatorname{argmax}} P(W|S) \tag{5-19}$$

根据贝叶斯理论得到下式：

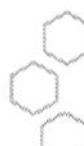

$$W^* = \underset{W}{\mathrm{argmax}} \frac{P(W)P(S|W)}{P(s)} \tag{5-20}$$

其中，$P(S)$ 为归一化因子，$P(S|W) \equiv 1$。

将其转化为求 P（W）的问题，以双词文法 Bi - gram 为例，给出 $P(W)$ 定义如下：

$$P(W) = P(w_0, w_0, \cdots, w_n) = P(w_0)P(w_1 \mid w_0)\cdots P(w_n \mid w_{n-1}) = P(w_0)\prod_{i=1}^{n} P(w_i \mid w_{i-1}) \tag{5-21}$$

至此，各切分路径［条件概率 $P(W|S)$］得以求解。

5.4.2 词干提取

词干是没有任何后缀的词的基本组成部分，词干提取（stemming）的作用是去除后缀并输出词的词干。

在语料库中执行词干提取可以将词语减少到词干或词根形式。说“词干或词根形式”的原因在于，词干提取的过程并不总是将词语简化为词根，有时只是将其简化为规范形式。

经过词干提取的词语被称为变形词。这些单词的形式与单词的根形式不同，以表示诸如数字或性别之类的属性。例如，“journalists”是“journalist”的复数形式。因此，词干提取将去掉“s”，将“journalists”变为其根形式。再如词干提取前的词为“Annoying、Annoyed、Annoys”三个词，则词干提取后的词为“Annoy”等。

词干提取有助于构建搜索应用程序，因为在搜索特定内容时，你可能还希望找到该事物的实例，即使它们的拼写方式不同。例如，读者如果在本书中搜索“练习”，则可能还需要在搜索中显示“Exercise”。但是词干提取并不总能提供所需的词干，因为它通过切断单词的末端起作用，如词干分析器会将“troubling”减少到“troubl”而不是“trouble”，因此词干提取不是常用的方法。

NLTK 中提供了三种最常用的词干提取算法，包括基于 Porter 词干提取算法、基于 Lancaster 词干提取算法以及基于 Snowball 词干提取算法。词干提取算法应用见表 5 - 6。

表 5 - 6　　词干提取算法应用

提取算法	算法应用代码
Porter	from nltk. stem. porter import PorterStemmer porter _ stemmer = PorterStemmer ( ) print (porter _ stemmer. stem ('playing'))
Lancaster	from nltk. stem. lancaster import LancasterStemmer lancaster _ stemmer = LancasterStemmer ( ) print (lancaster _ stemmer. stem ('poster'))
Snowball	from nltk. stem import SnowballStemmer snowball _ stemmer = SnowballStemmer (" english") print (snowball _ stemmer. stem ('logistics'))

5.4.3 词形还原

与词干提取作用类似，词干提取出的词干信息有时不利于人工二次处理，如不符合常规语法，而导致读不懂，词性还原可以把名词复数等形式恢复为单数形式，从而使其更有利于人工二次处理。

词形还原是一个类似于词干提取的过程，目的是将一个词简化为词根形式。与词干提取不同，它不仅仅删除单词的末尾以获取词根形式，而是遵循过程或规则，并且经常使用WordNet进行映射以将单词返回到其根形式。WordNet是一个英语语言数据库，由单词及其定义以及同义词和反义词组成，它被认为是词典和词库的复合体。例如，词形还原能够将“better”一词转换为根形式“good”，因为“better”是“good”的比较级形式。虽然这种词形还原的质量使其与词干相比具有极高的吸引力和效率，但缺点是由于词形化遵循有规则的过程，耗时多、效率低。因此，当使用大型语料库时，一般不建议使用词形还原。常用词形还原工具见表5-7。

表5-7　常用词形还原工具

词形还原工具	原理	词形标注器	拼写检查	语种	使用的词典	开发语言
European Language Lemmatizer	基于词典	有	有	英语、俄语	Turlem-english Turglem-russian	C\C++
CST's Lemmatizer	基于规则和词典	有	有	英语、丹麦语、俄语、德语、法语等	使用完整的词形列表	C++
Stanford CoreNLP	基于规则和词典	dTagger 标注器	有	英语	使用形态分析词典 morpha. lex	Java
NLTK	基于词典	Trigram Tagger、N-gram Tagger等	有	英语	WordNet 词典	Python

【例5-5】 给出一个词组列表：table、probably、wolves、footballs、tennis、lunch、shouting、calling、speaking，用NLTK工具包对其进行还原操作。

解　具体实现过程及结果如下：

代　码	还 原 结 果
import nltk. stem as ns words=['table','probably','wolves', 'footballs','tennis','lunch', 'shouting','calling','speaking'] lemmatizer=ns. WordNetLemmatizer( ) for wd in words: n_lemm=lemmatizer. lemmatize(wd,pos='n') v_lemm=lemmatizer. lemmatize(wd,pos='v')	table table table probably probably probably wolves wolf wolves footballs football footballs tennis tennis tennis lunch lunch lunch shouting shouting shout calling calling call speaking speaking speak

5.4.4 停用词

停用词是一种语义价值低，但语法价值高的单词。信息检索过程中，为节省存储空间

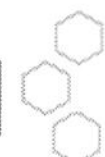

和提高搜索效率，在处理自然语言数据（或文本）之前或之后会自动过滤掉某些字或词，此类字或词即被称为停用词（Stop Words，SW）。一般而言，停用词均由人工输入，而非自动化生成，生成后的停用词应形成一个停用词表。

由于人类语言的复杂性，目前并没有一个完美的停用词表能够适用于所有的工具。甚至有一些工具是明确地避免使用停用词来支持短语搜索的。

根据自然语言处理的目的，任何一类的词语都可以被选作停用词。通常意义上，停用词大致分为两类：一类是人类语言中包含的功能词，这些功能词极其普遍，与其他词相比，功能词没有什么实际含义，比如“the”“is”“at”“which”“on”等。但是对于搜索引擎来说，当所要搜索的短语包含功能词，如“The Who”“The The”或“Take The”等复合名词时，停用词的使用则会使语句产生歧义；另一类词包括词汇词，比如“want”等，这些词应用十分广泛，但对这样的词搜索引擎无法保证能够给出密切相关的搜索结果，无法缩小搜索范围，同时还会降低搜索效率，所以通常需把该类词从句子中移除，从而提高搜索性能。

人类语言包含非常多功能词，这些词一般不具有实际含义。最普遍的功能词是限定词（“the”“a”“an”“that”和“those”），这些词在文本中有助于描述名词和表达概念，如地点或数量。还有介词如“over”“under”“above”等，表示两个词的相对位置。功能词具有的两个特征使其在搜索引擎的文本处理过程中需特殊对待：第一个特征为这些功能词极其普遍，记录这些词在每一个文档中的数量需要很大的磁盘空间；第二个特征是这些词很少单独表达文档相关程度的信息。如果在检索过程中考虑每一个词而不是短语，这些功能词基本没有什么帮助。信息检索中，此类功能词的另一个名称是停用词，称其为停用词是因为在文本处理过程中如果遇到它们，则立即停止处理并将舍弃。舍弃这些词既减少了索引量，又提高了检索效率和检索效果。

具体而言，停用词主要包括英文字符、数字、数学字符、标点符号及使用频率特高的单汉字等。Python 语言中的 NLTK 库中具有以 16 种不同语言存储的停用词列表。

下面通过例子阐述中文停用词的使用方法。

【例 5-6】 设有一段文字“人工智能是计算机科学的一个分支，它企图了解智能的实质，并生产出一种新的能以人类智能相似的方式做出反应的智能机器，该领域的研究包括机器人、语言识别、图像识别、自然语言处理和专家系统等。人工智能从诞生以来，理论和技术日益成熟，应用领域也不断扩大，可以设想，未来人工智能带来的科技产品，将会是人类智慧的‘容器’。人工智能可以对人的意识、思维的信息过程的模拟。人工智能不是人的智能，但能像人那样思考、也可能超过人的智能。”试利用 Jieba 库对给定的中文段落执行去停用词操作。

解 基于 Jieba 库编写 Python 代码如下：

```
##########jieba库中文去停用词代码##########
import jieba #导入 jieba 库
# 创建停用词列表函数 StopWordsList
def StopWordsList():
```

```
    stopWordsDic = [line.strip() for line in open('chineseStopWords.txt',encoding='UTF-8').readlines()]
    return stopWordsDic
# 定义执行中文分词操作函数 s-形参
def stopWords_Depart(s):
    print("正在分词") #给出分词操作提示
    stWords_depart = jieba.cut(s.strip())
    #创建停用词列表
    stopwords = StopWordsList()
    #输出结果存储在 outstr
    outputStr = ''
    ##轮询文档中的每一行句子,依次执行中文分词操作
    for word in stWords_depart:
        if w word not in stopwords:
            if word != '\t':
                outputStr += word #取词
                outputStr += " "
    return outputStr
# 设置输入输出文档路径;以及文件读写模式等
fileName = "test.txt" #待分词的文件 test.txt
outFileName = "outTest.txt"
inputsFile = open(fileName,'r',encoding='UTF-8') #r-读模式
outputsFile = open(outFileName,'w',encoding='UTF-8') #w-写模式
# 输出结果至 outTest.txt
for lineWord in inputsFile:
    lineWords_seg = stopWords_Depart(lineWord)
    outputsFile.write(lineWords_seg + '\n')
    print("-----正在分词和去停用词----")
outputsFile.close() #关闭文件流
inputsFile.close()
print("删除停用词和分词结束!") #结束操作提示
```

执行代码后，得到去停用词后的结果如下：

```
人工智能 计算机科学 一个 分支 智能 实质 生产 一种 新 人类 智能 方式 做出 智能 机器 领域 研究 包括 机器人 语言
识别 图像识别 自然语言 专家系统 人工智能 诞生 理论 技术 日益 成熟 应用领域 不断扩大 设想 未来 人工智能 带来
科技 产品 将会 人类 智慧 容器 人工智能 意识 思维 信息 过程 模拟 人工智能 智能 思考 超过 智能
```

5.5 词 性 标 注

词性标注（PoS tagging），又称为词类标注或者简称标注，是在词性标记已明确，并且词典中每个词都有确定词性的基础上，将一个输入字串转换为相应词性标记串的过程，即确定每个词是名词、动词、形容词或者其他词性的过程。汉语词语大多数情况只有一个

词性，相对简单。英语有九个主要的词性：名词、代词、动词、形容词、限定词、副词、介词、连词、感叹词，每个单词都属于一个特定的词性标签。

5.5.1 概述

词性标注作为NLP领域的一项基本任务，其与分词任务同等重要，是很多任务的基础，比如句法分析、命名实体识别等。命名实体识别在一定程度上也属于标注任务，不过，难度相比一般的词性标注而言，上升了不少。对于词性标注而言，不论是中文还是英文，其难点在于对于不同的语境，词性会发生多种变化；另一方面，随着社会的发展，很多词都会潜移默化地产生额外的词性。从技术实现角度来说，词性标注也依赖于分词，不同的分词，对于结果的标注也会不同，比如“读书”，如果分词结果为“/读/书/”，则显然是“动词+名词”的序列结构；如果是“/读书/”，则是“名词”的单个词性。因此在进行词性标注任务时，一般都需要先将句子进行分词，然后基于分词的结果再进行词性标注。

目前，词性标注的方法也较多，在人工智能领域，有很多词性标注方法（标注器），这些方法都已经嵌入到成型的自然语言处理工具包中，如Jieba、HanLP、NLTK等。如果从自然语言的层面上理解词性标注问题，不同语言的词性标注难度差异则较大。以英文和中文比较为例，对英文而言，分词不仅相比中文要简单，而且词性标注也相比中文要简单，即使单独通过词的形态学来处理也可以获得很高的标注准确率。此处词的形态学指的是词的结构，包括前缀、后缀、时态等，英文的时态丰富，前缀、后缀具有明显的区分标志，甚至不用考虑上下文，就可以获得很好的标注效果。相比而言，中文缺少形态变化，不能从词的形态来识别词性。另一个难点在于，对于不同的词性标注器，其拥有属于自己的一套标注符号集，换言之，使用不同的标注器，标注的词性可能相同，但符号不同、不统一，因为词类的划分粒度和标记符号不同。遗憾的是，目前还没有一个统一的标准，比如LDC标注语料中，将中文词性划分为33类，而北大语料库则分为26类。词类划分标准和标记符号的不统一，以及分词规范的含糊，都给词性标注带来了很大的困难。

5.5.2 基于规则的方法

基于规则的方法主要指的是基于字符串匹配的词典查找算法。主要过程如下：先对句子进行分词，然后从词典中查找每个词语的词性，对其进行标注即可。此种方法相对简单，但无法解决一词多词性等问题。

NLTK含有一个基于规则的词性标记器，下面给出一个实例。

【例5-7】 给出一段语句“onday marked the end of the three-day holiday. \ A total of 86.19 million passenger trips were expected to be \ made across China during the three-day holiday, a year-on-year \ drop of 18.2 percent, according to the Ministry of Transport.”。试着对其标注。

解 基于NLTK库编制Python代码如下：

```
import nltk
#nltk.download( )
#测试句子
sentence = "onday marked the end of the three－day holiday. \
    A total of 86.19 million passenger trips were expected to be \
    made across China during the three－day holiday, a year－on－year \
    drop of 18.2 percent, according to the Ministry of Transport. "
#分词
tokens = nltk.word_tokenize(sentence)#对指定的句子进行分词返回单词列表。
#词性标注
tagged = nltk.pos_tag(tokens)#对指定单词列表进行词性标记返回标记列表。
#句法分析
entities = nltk.chunk.ne_chunk(tagged)
print(tagged)
```

运行代码后，较好执行了分词功能，分析结果如下：

```
[('onday', 'NN'), ('marked', 'VBD'), ('the', 'DT'), ('end', 'NN'), ('of', 'IN'), ('the', 'DT'), ('three-day', 'JJ'), ('holiday', 'NN'), ('.', '.'), ('A', 'DT'), ('total', 'NN'), ('of', 'IN'), ('86.19', 'CD'), ('million', 'CD'), ('passenger', 'NN'), ('trips', 'NNS'), ('were', 'VBD'), ('expected', 'VBN'), ('to', 'TO'), ('be', 'VB'), ('made', 'VBN'), ('across', 'IN'), ('China', 'NNP'), ('during', 'IN'), ('the', 'DT'), ('three-day', 'JJ'), ('holiday', 'NN'), (',', ','), ('a', 'DT'), ('year-on-year', 'JJ'), ('drop', 'NN'), ('of', 'IN'), ('18.2', 'CD'), ('percent', 'NN'), (',', ','), ('according', 'VBG'), ('to', 'TO'), ('the', 'DT'), ('Ministry', 'NNP'), ('of', 'IN'), ('Transport', 'NNP'), ('.', '.')]
```

5.5.3　基于统计的方法

除上面提及的基于规则的方法，还有一类基于概率和频率的统计方法模型，此类模型也被称为随机模型。常见的随机模型包括单位法或词频法、N 元法以及隐马尔可夫法等，下面分别对其作一简单论述。

1. 单位法或词频法

此法是根据一个单词及标签共同出现的概率，对模糊或拼写不完整的单词进行词性标注的方法。换言之，标注器在训练过程中，对模糊不清的单词，根据其与某个已有词性标注的单词的相似度，判别其词性。如训练集中的单词“happy”被标注为形容词，当词性标注器遇到模糊新词“hap”时，标注器检查其分配给“happy”的词性标注频率满足要求，则将其视为“happy”的模糊形式，进而也将其标注为形容词。

2. N 元法

N 元法中的 N 来源于在确定一个单词的词性时需要考虑的单词数量。如 $N=1$ 时，则只考虑单词本身；如 $N>1$ 时，标注器需计算 N 个单词的特定序列出现的概率，进而根据该概率为单词分配标签。维特比算法（Viterbi）即为典型的 N 元标注器。

3. 隐马尔可夫模型

隐马尔可夫模型包含 3 个量，即初始状态概率向量、状态转移概率矩阵和观测概率矩

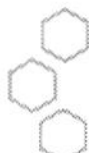

阵。在具体的词性标注问题上，观测序列为分词后的句子，状态序列（或者标记序列、隐状态序列）为经过标注后的词性标注序列，且模型的 3 个量可以通过大量的语料计算得到。这样，对于标注问题，很容易计算得到 HMM 模型参数，再结合分词后的原句子序列，便将问题转换为模型的预测问题，即已知模型和观测序列，来预测标记序列（或者说状态序列）。

5.6 命名实体识别

命名实体识别（NER）是信息提取过程中的第一步。信息提取是机器从非结构化或半结构化文本中提取结构化信息的过程。经过文本预处理和词性标注，语料库成为半结构化和机器可读的。因此，信息提取是在准备好语料库后执行的。

5.6.1 命名实体

NER 是信息提取、问答系统、句法分析、机器翻译等应用领域的重要基础工具，在自然语言处理技术走向实用化的过程中占有重要地位。一般来说，命名实体识别的任务就是识别出待处理文本中三大类（实体类、时间类和数字类）、七小类（人名、机构名、地名、时间、日期、货币和百分比）命名实体。评判一个命名实体是否被正确识别包括两个方面：实体的边界是否正确；实体的类型是否标注正确。

下面给出一些命名实体及其所属类别示例，如李小龙（人）、中国（国家）、桌子（物品）、1000 元人民币（钱）等。

命名实体可以被视为实体的实例。在前述的例子中，类别是它们自己的实体，命名实体是这些实体的实例。例如，伦敦是城市的一个实例，也是一个实体。

NLTK 和 Stanford NLP 中对命名实体识别分类见表 5-8。

表 5-8　实体分类表

命名实体类型	实　例	命名实体类型	实　例
PERSON	Liu Dehua，Yuan Longping	MONEY	200RMB，100dollars
ORGANIZATION	WHO，WTO，IEEE	PERCENT	40%
LOCATION	China，USA，Jinan	FACILITY	Qaancheng Square
DATE	January，December	GPE	ASIA，Europe
TIME	8：00AM	……	……

5.6.2 识别方法

1. 基于规则的命名实体识别

基于规则的命名实体识别利用手工构造规则模板，选用特征包括统计信息、标点符号、关键字、指示词和方向词、位置词（如尾字）、中心词等方法，结合命名实体库，对每条规则进行权重赋值，然后通过实体与规则的相符情况来进行类型判断，即将文本与规则进行匹配来识别出命名实体。例如，对于中文来说，“说”“老师”等词语可作为人名的下文，“大学”“医院”等词语可以作为组织机构名的结尾，还可以利用到词性、句法信息。

当提取的规则能够较好地反映语言现象时，该方法能明显优于其他方法。但在大多数

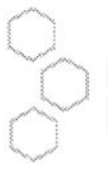

场景下，在构建规则的过程中往往需要大量的语言学知识，不同语言的识别规则不尽相同。规则的构建往往依赖于具体语言、领域和文本风格，其构建规则过程耗时多，且难以涵盖所有的语言现象，还有可移植性差、更新维护困难等缺点。

2. 基于模型的命名实体识别

目前常用的基于统计机器学习的命名实体识别方法有隐马尔可夫模型（HMM）、最大熵模型（ME）、支持向量机（SVM）、条件随机场（CRF）等。其主要思想如下：基于人工标注的大量语料，将命名实体识别作为序列标注问题，利用语料来学习标注模型，从而对句子的各个位置进行标注。

3. 混合方法

自然语言处理并不完全是一个随机的过程，单独使用基于规则的方法，状态搜索空间大，必须要借助规则提前进行过滤修剪处理。目前尚无单独使用统计模型而不使用规则知识的命名实体识别系统，多数情况下使用规则和统计结合的混合方法。常用的融合技术路线如下：

（1）统计学习方法之间或内部层叠可进行融合。

（2）规则、词典和机器学习方法之间的融合，其核心是融合方法技术。在基于统计的学习方法中引入部分规则，将机器学习和人工知识结合起来。

（3）将各类模型、算法结合起来，将前一级模型的结果作为下一级模型的训练数据，并用这些训练数据对模型进行训练，得到下一级模型。

目前较为常用的方法是序列标注方式，也称特征模板＋CRF 法。特征模板通常是人工定义的一些二值特征函数，试图挖掘命名实体内部以及上下文的构成特点。对于句子中的给定位置来说，其特征位置是一个窗口，即上下文位置。而且，不同的特征模板之间可以进行组合来形成一个新的特征模板。CRF 的优点在于其为一个位置进行标注的过程中可以利用到此前已经标注的信息，利用 Viterbi 解码来得到最优序列。对句子中的各个位置提取特征时，满足条件的特征取值为 1，不满足条件的特征取值为 0；然后把特征值向量输入 CRF 模型，训练模型参数并标注标签，进而在推理阶段为测试句子的相应位置做标注。

5.6.3　应用领域

命名实体识别是 NLP 中一项基本性的关键任务，是关系抽取、事件抽取、知识图谱、信息提取、问答系统、句法分析、机器翻译等诸多 NLP 任务的基础，被广泛应用在自然语言处理领域，同时在自然语言处理技术走向实用化的过程中占有重要地位。应用领域如下：

1. 事件检测

地点、时间、人物是事件的基本构成部分，在构建事件的摘要时，可以突出人物、地点、单位等主要特征。在事件搜索系统中，相关的人物、时间、地点可以作为索引关键词。通过事件的几个构成部分之间的关联关系，从语义层面更详细地描述事件。

2. 信息检索

命名实体可用以提高和改进检索系统的效果，当用户输入“重庆”时，可以发现用户更想检索的是“重庆大学”，而不是其对应的形容词含义。在建立倒排索引的时候，如果把命名实体切成多个单词，将会导致查询效率降低。此外，搜索引擎正向语义理解、计算答案的方向发展。

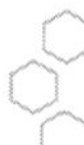

3. 语义网络

语义网络一般包括概念、实例及其对应的关系，例如“国家”是一个概念，中国是一个实例，“中国”是一个“国家”表达实体与概念之间的关系。语义网络中的实例有很大一部分是命名实体。

4. 机器翻译

命名实体的翻译（尤其像人名、专有名词、机构名等）常常会有某些特殊的翻译规则（例如中国的人名翻译成英文时要使用名字的拼音来表示，有名在前姓在后的规则），而普通的词语可直接翻译成对应的英文单词。准确识别出文本中的命名实体，对提高机器翻译的效果有直接的意义。

5. 问答系统

可以准确识别出问题的各个组成部分、问题的相关领域、相关概念是问答系统的重点和难点。目前，大部分问答系统都只能搜索答案，而不能计算答案。搜索答案执行的是关键词的匹配，用户根据搜索结果人工提取答案，而更加友好的方式是把答案计算好呈现给用户。问答系统中有一部分问题需要考虑到实体之间的关系，例如“美国第四十五任总统”，目前的搜索引擎会以特殊的格式返回答案“特朗普”。

5.6.4 应用实例

【例 5-8】 给出一段语句“FIFA was founded in 1904 to oversee international competition among the national associations of Belgium, Denmark, France, Germany, the Netherlands, Spain, Sweden, and Switzerland. Headquartered in Zürich, its membership now comprises 211 national associations. Member countries must each also be members of one of the six regional confederations into which the world is divided: Africa, Asia, Europe, North & Central America and the Caribbean, Oceania, and South America.”。试以 NLTK 和 Stanford NLP 结合对命名实体识别。

解 版本配置如下：stanford-ner-4.2.0；JDK：jdk-17.0.1。环境变量设置为：

```
java_path = r'C:\Program Files\Java\jdk-17.0.1\bin\java.exe'
os.environ['JAVAHOME'] = java_path
sn = StanfordNERTagger('D://ProgramData/stanford-ner-4.2.0/stanford-ner-2020-11-17/classifiers/english.muc.7class.distsim.crf.ser.gz', path_to_jar='D://ProgramData/stanford-ner-4.2.0/stanford-ner-2020-11-17/stanford-ner.jar')
```

编写 Python 代码如下：

```
# -*- coding: utf-8 -*-
"""
Created on Thu Dec 23 15:05:52 2021
  可以使用 Python 实现 Stanford NER
@author: zhangld
"""
```

```
import re
from nltk.tag import StanfordNERTagger
import os
import pandas as pd
import nltk
def parse_document(document):
    document = re.sub('\n', ' ', document)
    if isinstance(document, str):
        document = document
    else:
        raise ValueError('Document is not string! ')
    document = document.strip()
    sentences = nltk.sent_tokenize(document)
    sentences = [sentence.strip() for sentence in sentences]
    return sentences
# sample document
text = """
FIFA was founded in 1904 to oversee international competition among the national associations of Belgium,
Denmark, France, Germany, the Netherlands, Spain, Sweden, and Switzerland. Headquartered in Zürich, its
membership now comprises 211 national associations. Member countries must each also be members of one of
the six regional confederations into which the world is divided: Africa, Asia, Europe, North & Central America
and the Caribbean, Oceania, and South America.
"""
sentences = parse_document(text)
tokenized_sentences = [nltk.word_tokenize(sentence) for sentence in sentences]
# set java path in environment variables
java_path = r'C:\Program Files\Java\jdk-17.0.1\bin\java.exe'
os.environ['JAVAHOME'] = java_path
# load stanford NER
sn = StanfordNERTagger('D://ProgramData/stanford-ner-4.2.0/stanford-ner-2020-11-17/classifiers/
english.muc.7class.distsim.crf.ser.gz',
                       path_to_jar='D://ProgramData/stanford-ner-4.2.0/stanford-ner-2020-11-
17/stanford-ner.jar')
# tag sentences
ne_annotated_sentences = [sn.tag(sent) for sent in tokenized_sentences]
# extract named entities
named_entities = []
for sentence in ne_annotated_sentences:
    temp_entity_name = ''
    temp_named_entity = None
    for term, tag in sentence:
        # get terms with NE tags
        if tag != 'O':
```

```
            temp_entity_name = ''.join([temp_entity_name, term]).strip( ) #get NE name
            temp_named_entity = (temp_entity_name, tag) # get NE and its category
        else:
            if temp_named_entity:
                named_entities.append(temp_named_entity)
                temp_entity_name = ''
                temp_named_entity = None
# get unique named entities
named_entities = list(set(named_entities))
# store named entities in a data frame
entity_frame = pd.DataFrame(named_entities, columns=['Entity Name', 'Entity Type'])
# display results
print(entity_frame)
```

运行程序后，较好达到识别效果，识别结果如下：

```
              Entity Name    Entity Type
0                   Spain       LOCATION
1                 Germany       LOCATION
2                    Asia       LOCATION
3         the Netherlands       LOCATION
4                  Europe       LOCATION
5                 Oceania       LOCATION
6                    FIFA   ORGANIZATION
7                 Denmark       LOCATION
8  North & Central America  ORGANIZATION
9                  Africa       LOCATION
10                Belgium       LOCATION
11          South America       LOCATION
12                   1904           DATE
13              Caribbean       LOCATION
14                 Sweden       LOCATION
15                 France       LOCATION
16                 Zürich       LOCATION
17            Switzerland       LOCATION
```

5.7 语 义 理 解

5.7.1 概述

NLP 为机器学习模型和深度学习模型准备了文本数据。当提供数值数据作为输入时，

模型执行效率最高，因此自然语言处理的关键作用是将预处理的文本数据转换为数值数据，数值数据是文本数据的数字表示。

词嵌入为文本实值向量形式的数值表示转换，即具有相似含义的词映射到相似的向量，因此具有相似的表示。由于词嵌入是映射到单个单词的向量，有助于机器学习不同单词的含义和背景。因此，只有在语料库上执行了标记化后才能生成词嵌入。

词嵌入包含多种用于创建学习的数值表示技术，是表示文档词汇的最流行方式。词嵌入的优点在于，能够捕捉上下文、语义和句法的相似性，以及单词与其他单词的关系，从而有效地训练机器理解自然语言，形成与具有相似含义的单词相对应的相似向量簇。

使用词嵌入是为了让机器如同人类般正确理解同义词。以一个线上餐馆体验评价为例，其由描述食物、氛围和整体体验的形容词组成，这些词中兼杂正面词汇与负面词汇，机器学习的任务则为正确划分评论所属的类别，如通过分析评论语句，自动分类评论意图，让餐馆管理人员快速掌握需要改进的方面等。

词嵌入的意义要求机器不仅需要能够区分否定和肯定，还要具备学习和理解多个单词与同一个类别相关的内容。以餐饮服务收到的如下评论语句为例进行说明：

(1) Sentence A - The food here was great（句子 A—这里的食物很棒）。

(2) Sentence B - The food here was good（句子 B—这里的食物很好）。

通过分析可知，两个句子中“great”和“good”形容词不同，机器需要能够理解这两个评论都是正面且意思相近。通过创建词嵌入即可实现此功能，因为“good”和“great”两个词映射到两个独立但相似的实值向量，因此可以聚合理解。

5.7.2　词嵌入的生成

单词转换成实值向量的过程称为矢量化或向量化，是通过词嵌入技术实现的。目前有许多可用的词嵌入技术，下面讨论 Word2Vec 和 GloVe 两种主要技术。一旦创建词嵌入（矢量），它们组合形成一个向量空间，该空间是由遵循矢量加法和标量乘法规则的矢量所组成的代数模型。

1. Word2Vec

Word2Vec 是用于从单词生成向量的词嵌入技术之一，是一个两层神经网络，输入是一个文本语料库，它用来生成向量作为输出。这些向量被称为输入语料库中单词的特征向量，将语料库转换成可以被深层神经网络理解的数值数据。

Word2Vec 的目的是理解两个或更多单词一起出现的概率，从而将具有相似含义的单词组合在一起，在向量空间中形成聚类。如同其他机器学习或深度学习模型一样，通过从历史数据和以往出现的单词中学习，Word2Vec 变得越来越有效。因此，如果有足够的数据和上下文，它可以根据历史事件和上下文准确地推测一个单词的意思，如同人类理解语言的方式一样。

例如，一个人若理解了“男孩”和“男人”以及“女孩”和“女人”这几个词的含义，则会在它们之间建立关联关系。同样，Word2Vec 也可以形成这种连接，并为这些单词生成向量，有机的存储于关联簇中，从而确保机器能建构这些单词之间的关联关系。

一旦给了 Word2Vec 一个语料库，它就会产生一个词汇，其中每个单词都有一个自己

的向量，这就是所谓的神经词嵌入，简单地说，这个神经词嵌入是一个用数字写的单词。

Word2Vec 针对语料库中的单词训练，有两种方法：连续单词袋（CBOW）和 Skip-gram 方法。

（1）连续单词袋（CBOW）。该方法基于上下文预测当前单词。因此，它将单词的毗邻单词作为输入来产生新单词作为输出，并且它基于这个单词属于句子组成部分的概率来选择这个单词。

连续词袋算法如图 5－2 所示，如果算法被提供了单词 “the food was” 并且需要预测它后面的形容词，它最有可能输出单词 “good” 而不是输出单词 “delightful”，因为有更多的例子使用单词 “good”，且因此它已经知道 “good” 比 “delightful” 具有更高的概率。CBOW 算法 比 skip-gram 算法效率高，并且具有更高的准确性。

（2）Skip-gram。Skip-gram 算法如图 5－3 所示，此方法将单词作为输入，通过算法推理得出单词的含义，并将其分配给上下文来预测关联单词的含义。如果输入 “delightful” 这个词，则算法可从历史上下文中推理来预测与之关联的词包括 “the food was” 的概率最高，进而将其联想理解。从算法效率角度考虑，Skip-gram 在小语料库中效果最好。

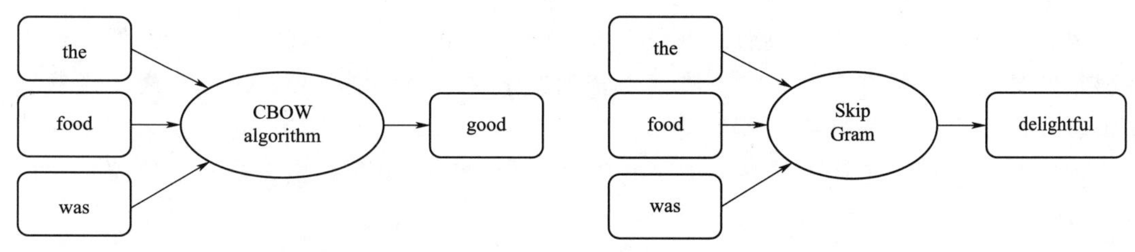

图 5－2　连续词袋算法　　　　图 5－3　Skip-gram 算法

虽然此两种方法看似以相反的推理方式工作，但其本质上是基于本地单词的上下文窗口理论来预测下一个单词，窗口长度可据实际需求配置参数。在实际应用中，具体选择使用哪种算法取决于所依赖的语料库。

CBOW 基于概率统计原理推理计算，故选择在特定上下文中出现概率最高的单词，也即其通常只预测常见和频繁出现的高频单词，而罕见和不频繁的单词则不会由 CBOW 推理产生；但对 Skip-gram 算法而言，当预测给定单词的上下文时，将该单词作为一个新的输入值，而不是将其与已有具有相似含义的单词进行比较。如此，低频率出现的词语将不会被避免或忽略。同时，这也意味着 Skip-gram 需要大量的训练数据做前期训练工作。理论上，此两种算法及模型，均需要高强度的学习训练阶段，在此阶段经过海量单词的训练，才具备更好地理解上下文含义的能力。因此，具体应用中，应根据已有的训练数据和语料库来决定选择使用哪种算法。

2. GloVe

GloVe 是 “Global Vector（全局向量）” 的缩写，是斯坦福大学开发的一种词嵌入技术，建立在 Word2Vec 基础上，属于无监督的学习算法。

在处理语料库时，需基于词频构造矩阵，矩阵中以行的形式表示文档中的单词，以列表示段落或单独的文档。矩阵的元素代表单词在文档中出现的频率。对于大语料库而言，由于矩阵规模太大，内存消耗高，因此需要执行降维操作，以减小矩阵尺寸，GloVe 中，此矩阵被称为共现计数矩阵，该矩阵包含一个单词在语料库的特定上下文中出现频次等信息。

虽然 Word2Vec 在生成词嵌入方面相当成功，但由于其存在一个小窗口，使它常常聚焦于本地单词和局部上下文来预测单词，导致其无法从全局语料库中分析单词出现的频率，而 GloVe 可以检索分析语料库中的所有单词。另外，Word2Vec 是一种通过学习向量来提高预测能力预测模型，而 GloVe 是一种基于计数分析的模型，其可通过对共现计数矩阵进行降维来构建学习向量。GloVe 能够建立的联系可这样描述：king－man＋woman＝queen（国王－男人＋女人＝王后）。可见，其能够理解“king”和“queen”之间的关系类似于“man”和“woman”之间关系。

5.8 人 机 交 互

5.8.1 语音处理

语音处理一般包括语音识别、语音合成及语音的自然语言处理等内容，此处自然语言主要指的是汉语。语音识别实现从汉语语音到汉字文本的识别过程，语音合成实现从汉字文本到汉语语音的合成过程。

在语音处理中需要用到大量的人工智能技术，包括知识与知识表示、知识库、知识获取等内容。

1. *语音识别*

语音识别是让机器通过一定模型或方法把语音信号转换为相应文本的技术。语音识别方法一般采用模式匹配法，包括特征提取、模式匹配及模型训练三方面。先对语音的特性作提取，形成一个特征向量。在训练阶段，用户将词汇表中的每一词依次读一遍，将其特征向量作为模式存入模式库。

具体而言，语音识别方法可分以下五个步骤：

（1）前端处理。前端处理是指在特征提取之前，对原始语音进行处理。最常用的前端处理有端点检测和语音增强。端点检测是指在语音信号中将语音和非语音信号时段区分开来，准确地确定语音信号的起始点。经过端点检测后，后续就可以只对语音信号进行处理，这对提高模型的精确度和识别正确率有重要作用。语音增强的主要任务就是消除环境噪声对语音品质的影响。

目前通用的方法为维纳滤波法，该方法在噪声较大的情况下效果好于其他滤波法。

（2）特征提取。语音特征抽取的原则是尽量保留发音内容的区分性信息，同时提高其他信息变量的鲁棒性。近年来的研究倾向于通过数据驱动学习适合某一指定应用场景的语音特征。

对于语音特征参数分析，目前比较常用的有 Mel 频率倒谱系数（Mel-Frequency Cestrum Coefficients，MFCC），MFCC 参数符合人耳的听觉特性，在有信道噪声和频谱失真

情况下，MFCC参数表现得比较稳性。由线性预测系数（Linear Prediction Coefficients，LPC）导出的倒谱系数也是一种常用的特征参数，在安静的环境下，线性预测倒谱系数与MFCC系数的性能相差不多。近来研究表明采用感觉加权的线性预测（Perceptual Linear Prediction，PLP）系数有更好的识别稳健性。在语音信号特征提取过程中，通常假设不同帧间的语音是不相关的。实际上由于发音的物理条件限制，语音的变化是连续的，不同帧间语音一定是相关的。因此一阶差分系数和二阶差分系数通常用来近似描述语音帧间的相关性。通常把语音信号的倒谱特征称为语音的静态特征，把静态特征的差分谱称为语音信号的动态特征，动静态信息相互补充，可最大程度提高系统的识别性能。汉语是有调语言，通常将归一化基因频率和它的差分作为代表音调信息的参数加入MFCC或PLP系数模型中。

（3）声学模型建立。语音识别的模型通常由声学模型和语言模型两部分组成。声学模型对应于语音到音节概率的计算，即对声音信号（语音特征）的特性进行抽象化。自20世纪80年代以来，声学模型基本上以概率统计模型为主，特别是隐马尔可夫模型/高斯混合模型（HMM/GMM）结构。近几年，深度神经网络和卷积神经网络模型以及LSTM长短时记忆模型成为声学模型的主流结构。

长短时记忆模块（Long-Short Term Memory，LSTM）的引入解决了传统简单循环神经网络梯度消失等问题，使得循环神经网络框架可以在语音识别领域实用化并获得了超越深度神经网络的效果，目前已经使用在业界一些比较先进的语音系统中。当前语音识别中的主流循环神经网络声学模型框架主要包含两部分：深层双向循环神经网络和序列短时分类输出层，其中深层双向循环神经网络对当前语音帧进行判断时，不仅可以利用历史的语音信息，还可以利用未来的语音信息，从而执行更加准确的决策；序列短时分类使得训练过程无须帧级别的标注，实现有效的端对端训练。

（4）语言模型建立。语言模型对应于音节到字概率的计算，即对语言中的词语搭配关系进行归纳，抽象成概率模型。此模型在解码过程中对解码空间形成约束，不仅减少计算量，而且可以提高解码精度。

近年来深度神经网络的语言模型发展很快，在某些识别任务中取得了比统计语言模型（N-Gram模型等）更好的结果，但其训练和推理速度都显著慢于N-Gram，所以在很多实际应用场景中，部分语言模型仍然采用N元文法的方式。N-Gram会计算词典中每个词对应的词频以及不同的词组合在一起的概率，用N-Gram可以很方便地得到语义得分。

另外，将N-Gram模型用加权有限状态转换机（Weighted Finite State Transducer，WFST）的形式定义，可获得规范的、可操作的语义网络。在WFST概念出现以后，对语义网络的优化、组合等操作都建立起了严格的数学定义，可以非常方便地将两个语义网络进行组合、串联、组合后再进行裁剪等。同时，将N-Gram词汇模型、发音词典串联后展开，可得到基本发音音素的语义搜索网络。

（5）解码搜索。解码是利用语音模型和语言模型中积累的知识，对语音信号序列进行推理，从而得到相应语音内容的过程。

现代的解码器多采用静态解码，即将各种知识源统一表达成有限状态转换机FST，并将各层次的FST嵌套组合在一起，形成解码图。解码时，一般采用Viterbi算法在解码图中实施路径搜索。为加快搜索速度，一般对搜索路径进行剪枝预处理，保留最有希望的路径。

一般的解码过程是通过统计分析大量的文字语料构建语言模型，得到音素与词、词与词之间的概率分布。语言解码过程综合声学打分及语言模型概率打分，寻找一组或若干组最优词模型序列以描述输入信号，从而得到词的解码序列。语音的解码搜索是一个启发式的局部最优搜索问题。早期的语音识别在处理有限词汇简单任务时，往往可以采用全局搜索。

综上分析可知，整个语音识别的过程如下：根据前端声学模型给出的发音序列，结合大规模语料训练得到的 N-Gram 模型，在 WFST 网络上展开，从 N-Gram 输出的词网络中通过 Viterbi 算法寻找最优结果，将音素序列转换成文本。

2. 语音合成

语音合成（Speech Synthesis，SS）又称文语转换（Text to Speech，ToS)，其功能是将文字实时转换为语音。为了合成高质量的语音，除了依赖于各种规则，包括语义学规则、词汇规则、语音学规则外，还必须对文字的内容有很好理解，也涉及自然语言理解问题。

人在发出声音前，经过大脑的高级神经活动，先形成说话的意向，然后根据这个意向组织成若干语句，最后通过声带输出。目前语音合成主要是以文本所表示的语句形式到语音的合成，实现这个功能的系统称为 ToS 系统。

文语转换是一个复杂的、由文字序列到音素序列的转换过程，包含文本处理、语言分析、音素处理、韵律处理和平滑处理等五个步骤。

（1）文本处理和语言分析。语音合成首先是处理文字，也就是文本处理和语言分析。工作过程分为以下三个主要步骤：

1）将输入的文本规范化。在这个过程中，要查找拼写错误，并将文本中出现的些不规范或无法发音的字符过滤掉。

2）分析文本中词或短语的边界，确定文字的读音，同时分析文本中出现的数字、姓氏、特殊字符、专有词语以及各种多音字的读音方式。

3）根据文本的结构、组成和不同位置上出现的标点符号，确定发音时语气的变换以及发音的轻重方式。文本分析模式将输入的文字转换成计算机能够处理的内部数据形式，便于后续模块进一步处理并生成相应的信息。

（2）音素处理。语音合成是一个分析-存储-合成的过程，一般是选择合适的基元，将基元用数据编码方式或波形编码方式进行存储，形成一个语音库。根据基元的选择方式以及其存储形式的不同，可将合成方式划分为波形合成方法和参数合成方法，其中波形合成方法是一种相对简单的语音合成技术，一般以语句、短句、词，或者音节为合成基元。该方法将人的发音波形直接存储或者进行简单波形编码后存储，组合成一个合成语音库；合成时，根据待合成的信息，在语音库中取出相应单元的波形数据，拼接或编辑到一起，经过解码还原成语音。

（3）韵律处理。人类的自然发音具有韵律节奏，主要通过韵律短语和韵律词来体现。与语法词相似，语音合成中存在着韵律词，多个韵律词又组成韵律短语，多个韵律短语构成语

调短语。韵律处理就是要进行韵律结构划分，判断韵律节奏，以及划分韵律特性，从而为合成语音规划出重音、语调等音段特征，使合成语音能正确表达语意，听起来更加平滑自然。

语言分析、文本处理和音素处理的结果能得到分词、注音和词性等基本信息，以及一定的语法结构。然而这些基本信息通常不能直接用来进行韵律处理，需要在前者的基础上引入韵律节奏的预测机制，从而实现文本处理和韵律处理的融合，并从更深层次上分析韵律特性。前律节奏主要通过重音组合和韵律短语等综合体现，可以利用规则或韵律模型对韵律短语节奏位置进行预测。

1）基于规则的韵律短语预测。利用韵律结构与语法结构的相似性研究韵律结构，使用人工的标注方法实现对汉语韵律短语的识别。基本思路为：从文本分析中获得外词信息并进行韵律组词，然后利用获得的句法信息，构建韵律结构预测树来预测文本的停顿位置分布和停顿等级，最后输出韵律结构。

利用规则的方法便于理解、实现简单，但是存在着缺陷。首先，规则的确定往往是由专家从少量的文本中总结归纳的，不能够代表整个文本；其次，由于人的个人意识和偏好，难免会受到经验及能力的限制，且规则的复用度低，可移植性差。因此，目前关于韵律短语预测主要集中在基于机器学习的预测模型方面。

2）基于机器学习的韵律短语预测。利用统计韵律模型计算概率出现的频度实现对韵律词边界的预测和韵律短语边界的识别，韵律模型可以从韵律的声学参数上直接建模，如基频模型、音长模型、停顿模型等。

通常情况下可以利用文本分析得到分词、注音和词性等结果，建立语法结构到韵律节奏的模型，包括韵律短语预测和重音预测等，然后进一步通过重音和韵律短语信息和韵律短语信息结合成统一的语境信息，最终实现韵律声学参数的预测和进行选音操作。

（4）平滑处理。一般相邻的语音基元之间会存在一定数量和程度的重叠部分，这样就需进行过渡性的平滑处理，来消除边界处的咔嗒声。对于不相邻的两段语音基元之间，要实现二者拼接，需在要拼接的两个基元之间人为地插入经过韵律参数调整过的语音过渡段，即可确保前后音节拼接点处的基频或幅度不会出现大波动，进而实现平滑连接。音节与音节之间可以分为两部分：一是来自同一音频文件的单元；二是来自不同音频文件的单元。第一种情况下拼接单元谱能量基本不变，所以一般只需重点处理第二种情况即可。

3. 语音处理

语音处理指语音形式的自然语言理解与语音形式的自然语言生成。

（1）语音形式的自然语言理解。语音形式的自然语言理解又称语音理解，是由语音到计算机中知识模型的转换过程，由语音识别与文本理解两部分组成。语音理解过程如图5-4所示。其实现步骤如下：

1）用语音识别将语音转换成文本。

2）用文本理解将文本转换成计算机中的知识模型。

经这两个步骤后，就可完成从语音到计算机中的知识模型的转换过程。

（2）语音形式的自然语言生成。语音形式的自然语言生成又称语音自然语言生成，它是由计算机中的知识模型到语音的转换过程。这个过程实际上就是由文本生成与语音合成两部分组成。语音自然语言生成过程如图5-5所示。

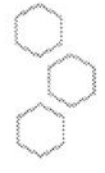

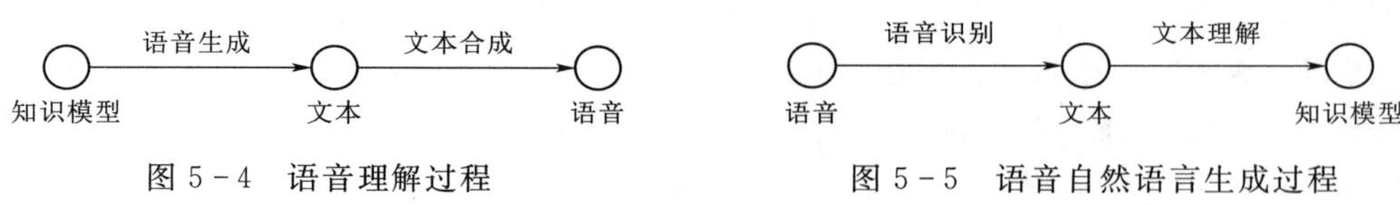

图 5-4 语音理解过程　　图 5-5 语音自然语言生成过程

其实现步骤如下：

1）用语音生成将计算机中的知识模型转换成文本。

2）用文本合成将文本转换成语音。

经此两个步骤后，就可实现从计算机中的知识模型到语音的转换过程。

5.8.2 人机交互界面

人机交互界面（Human Machine Interface，HMI）是驾驶人或乘车人与汽车互动的重要载体，可以直接影响车内用户体验。传统汽车的 HMI 也被称作驾驶员界面（Driver Interface，DI），驾驶员的首要任务（Primary Task，PT）是驾驶，支持和辅助驾驶自然成为 HMI 的核心功用。

对于智能汽车而言，HMI 是支持用户运用车辆和获取效劳最主要的方式，它对无人驾驶功用的达成起着关键的作用。无人车没有驾驶员，传统 HMI 设计目的已不完全适用，因此，HMI 在无人车中应采取新的设计思想。

1. 无人驾驶 HMI 设计需求

传统汽车的 HMI 设计理念可落脚到认知心理学中的“留意（Attention）”概念，重点考虑的是驾驶员留意的迁移和负荷的变化。留意分为两种：

第一种是刺激导向的留意，其在 HMI 设计中的应用目的，一方面是防止留意松散，例如车道驾驶辅助、疲倦预警；另一方面是留意集中，如车况报警、行程提示等。第二种是目的导向的留意，包括一切驾驶操作和带有目的的信息获取，尽管它使留意力从驾驶迁移到目的所指向的行为，导致驾驶分心，但假如操作方式十分契合人的认知特性，达到一定纯熟度，则形成了占用较低留意资源的“自动化”行为，也即常说的“肌肉记忆”，此时反而会降低驾驶员驾驶分心程度。

但是，控制汽车安全行驶所需的察看道路、判别交通状况等复杂的认知过程，使得驾驶员很难分解出足够的留意资源与信息文娱系统交互。因而，HMI 在均衡用户留意资源的过程中，目标在于尽量让驾驶员用最少的留意资源完成尽可能多的任务，于是催生了“免视交互”“一瞥交互”等设计理念，典型如采用大尺寸触屏设计等。

相对于传统汽车，无人驾驶汽车允许用户完整释放留意力，故应将设计的中心转移到树立人对智能系统的信任角度上，因为人的恐慌、无措、困惑大多来自于对未知事物的不信任。人类对传统汽车已经构建了一套信任映射模型：方向盘角度对应行进方向、刹车踏板对应阻力、油门对应动力、挡位对应传动，以及车道线辅助位置的判别等。当这个模型不再适用时，用户就难以了解车在某时某刻是什么状态，将要产生什么进程，因此处于一种系统表面失控的窘境，并由此产生对系统的不信任、惶惑感，甚至恐惧感。

因此，无人驾驶汽车要走向实用，首先应协助驾驶员重新建立信任体系，即让驾驶人

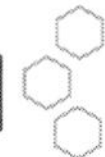

能够了解自动驾驶系统的实时状态，让用户时刻感受到系统处在掌控中。当然，这不代表一切信息都需求依照系统的原理复原给驾乘人员，驾乘人员只需一套可以支持其决策和判别的自洽逻辑，同时尽可能地降低学习成本。此时，一些具有承诺性质的信息交互成为解决问题的关键，例如，系统给出确认车辆的启停、周围环境安全与否提示等功能。

其次是对服务流程的信任。例如确认目的地，确认乘客身份等。出行服务有复杂的流程和节点，传统汽车出行中，这些节点都被隐藏在乘客与司机的互动中，过程细微到难以察觉，要把人与人之间复杂又隐晦的交流转移到机器上，HMI 面临极大挑战。加之无人车要支持无现场值守的出行服务体系，需求有明晰的引导、简洁的反应才能顺利完成整个闭环，故对交互流程的可靠度要求极高。

最后还有其他交通成员对无人车的信任。现实生活中，很多行人无视行将驶至面前的车辆而在马路中闲庭信步，都是基于对车辆自觉的信任。礼貌的司机在让行时会挥挥手表示其经过，但假如面对一辆自动驾驶汽车，行人该如何判别车辆看到本人，以至能否礼让本人，这是一个大问题。车辆之间也存在相似的信任机制，如司机之间常用灯语和喇叭沟通，无人车也需具备能与其他交通工具或交通成员交流的能力。

设计的核心目标从留意转移到信任是无人驾驶给 HMI 带来最显著的转变，顺应这种变化是提升无人驾驶用户体验的关键因素。

2. 设计模型

在众多面向无人驾驶的 HMI 设计模型中，张茫茫提出的基于汽车的多主体多通道交互模型（Model of multi-Agent & multi-channel interaction based on vehicle，MIV）具有很好的代表性。MIV 模型用交互设计方法来分析整个交通系统中各个主观参与者之间的关系，把交互分为人的交流与硬件的交互，并从用户与产品多层面来划分界定。多主体多通道交互模型如图 5-6 所示，图中 UI 表示用户界面。

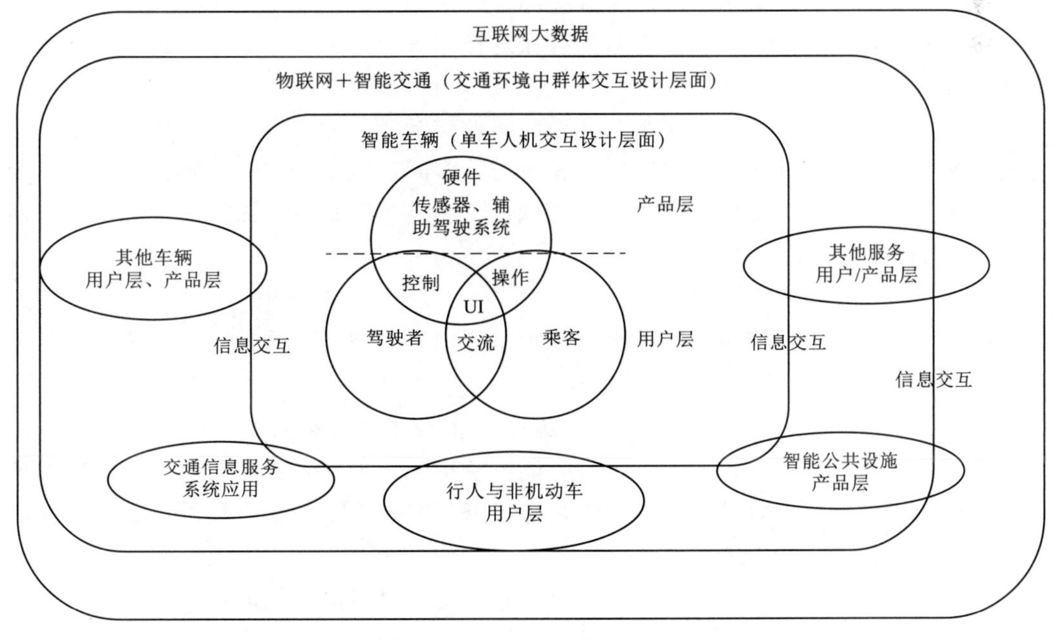

图 5-6　多主体多通道交互模型

MIV 模型的包括两个层面：

1）单车人机交互设计。作为移动过程中的特殊需求与环境下的“信息处理终端”，车内的功能型操作、信息处理、空间布局等，均应围绕着人的日益增长的信息处理需求。面向无人驾驶时代汽车内部的智能空间设计，主要解决在移动的过程中，汽车内部驾乘人员与汽车硬件的人机交互，涉及图形化用户界面、实体用户界面，以及更贴近用户模型的自然用户界面，如利用触摸、自然语言对话、手势等行为与汽车进行交互，用户更多地利用直觉来进行操作，降低学习成本，以达到提高操作效率和驾驶安全的目的。典型 HMI 操作模式比对见表 5-9。

表 5-9　典型 HMI 操作模式比对

操作方式	位　置	优　点	不　足
按键	方向盘、中控台	传统操作方式、语义明确、学习成本低	非自然的交互方式、效率低
触摸屏	驾驶仪表、中控台	代替物理按键的操作方式，直观便利，符合人的操作逻辑	操作幅度大、有一定操作负担
数字键盘	中控台	传统操作方式，无学习成本	功能单一
语言	方向盘按键触发	代替物理按键的操作方式，符合操作安全的需要	
手势	档位上方	操作快捷，符合操作安全需要	接受程度低，有误操作

2）交通环境中的群体交互设计。汽车有其显著的社会属性，驾驶员与其他驾驶员、车辆与其他车辆之间都存在共同使用公共环境的特性，他们都不是孤立的，城市交通系统由每个参与者组成，其各方面关系复杂且相互依存，影响着整个城市运行效率。在智慧城市与智能交通体系的语境下进行面向未来的 HMI 设计，需要厘清它们间的交互关系，从“人-车-路-环境”的多元反馈连接方式出发，剖析 MIV 模型中的多主体多通道交互关系，比第一个层面要考虑更多复杂的因素，只有在这样的思想指导下才能更全面地进行具体的场景化设计。具体而言，群体交互的内容包括汽车与汽车之间在产品层面硬件间的信息交互；在物联网的技术条件下，汽车与公共设施间的交互等。总之，在以汽车为中心的移动信息平台的框架下，驾驶者与汽车间、驾驶者与乘客间、汽车与汽车之间、汽车与城市公共设施之间、汽车与城市交通系统之间高度耦合、相互关联，多主体多通道交互模型将是今后无人车 HMI 设计的主流方向。

3. 典型车载智能系统人机界面

近年来，各汽车生产商也在其推出的新款车型中推广智能车载系统，以满足人们日益增长的智能化驾驶需求。

（1）上汽的斑马智行系统。2016 年荣威 RX5 搭载了斑马智行 1.0 版本正式上市，成为全球首款量产互联网汽车，其斑马智行智能系统也成为消费者关注的焦点。该款汽车利用中控大屏的设计方式结合车载智能系统，除了可以实现简单的影音娱乐、导航之外，还实现了如下更多智能化的功能：

1）语音控制。用户只需呼叫“你好，斑马”，则可以唤醒车载语音控制功能，实现天气查询、开启导航、控制车窗、调整空调、搜索音乐等功能。值得指出的是，相比传统车

载语音控制中"先唤醒再操作"的方式，系统的语音控制能够实现主副驾驶双区独立操作。典型应用场景如下：当副驾驶的用户呼叫"你好斑马，打开车窗"时，系统执行只降下副驾驶车窗的指令，而其他车窗状态不受控制。

2）远程寻车与远程控制功能。用户通过手机能够查询车辆当前位置，如果两者距离很近，点击寻车键后车辆自身主动开启危险报警闪光灯，同时通过鸣笛的方式告知车主所在的位置。远程控制功能同时帮助用户远程启动车辆，完成开启空调、远程上锁、解锁车辆以及打开后备箱等多种操作，极大地丰富了用户体验感受。

3）智能化自然语言联想功能。该智能系统的语音联想功能不仅能理解用户语音输入的表面含义，而且具有联想功能，如当用户利用语音输入"下雨了"信息时，系统则会执行关闭天窗和车窗操作。可见，用户与车辆之间交互沟通不再是机械的指令，而是变得更具有趣味性。

4）在线组队功能。车载导航界面可以显示导航路线以及其他车友的位置，借此能够与其他车主组成车队共享相关路线信息，增强智能驾驶环境下的社交趣味性。

(2) 长安 InCall 智能系统。2015 年长安汽车推出了更新后的 InCall3.0 系统，除了接听电话、设定导航等常规功能外，该智能系统可利用手机端 APP，向用户提供对车辆实施远程控制的功能，包括车辆空调系统控制、门锁控制、远程寻车等。

用户通过将系统连接至手机热点，更可以实现互联网功能以及基于车载端系统商城的应用下载以及更新服务。利用"一点通"功能，可实现呼叫中心下发导航目的地等功能。另外，InCall3.0 系统优化了特定语音指令的识别率，如用户能够利用呼叫"你好，小安"来实现相应的语音控制功能，包括实现车载电话、空调、车窗等。

(3) 长城的哈弗互联 2.0 系统。哈弗互联 2.0 系统通过多媒体显示屏、内后视镜、手机 APP 来共同实现其功能。实现了目前大多数自主车企所不具备的功能，如内后视镜融合了 I-Call（一键导航）、B-Call（道路救援）和 SOS（紧急救援）功能。另外，语音控制、在线导航、远程诊断、拨打电话、在线音乐、在线电台、网络电视、在线影视等功能也一应俱全。可以通过手机 APP 对车辆进行远程控制，包括远程开/关引擎、开/关空调、远程鸣笛闪灯、远程开/关门锁，且具备定位车辆位置、设置电子保护围栏、车辆车门异常打开提醒等功能。

人类对美好生活的向往永不会止步，这是一个一切皆有可能的时代。未来，无人车的 HMI 设计必然会带给我们全新的体验。

5.9　本　章　小　结

无人驾驶领域，语音是人与车辆交互的一种重要手段。本章系统阐述了自然语言处理的相关内容。隐马尔科夫模型、Viterbi 算法和条件随机场是自然语言处理所依据的主要数学理论。介绍了 NLTK 和 Jieba 两大主要语料库；阐述了文本数据获取与规范化、自然语言处理的预处理方法、词性标注以及命名实体的识别等问题，这些都是语义理解的基础。最后，重点论述了人机交互的语音处理和人机交互界面设计两部分内容。

第6章 无人驾驶应用

随着环境感知、多传感器融合、智能决策、控制与执行系统、高精度地图与定位等核心技术的快速发展与成熟，无人驾驶汽车已经从实验室走向公开道路实地测试及商业化示范应用的阶段。2020年初，新冠疫情突发，在抗击疫情的过程中，无人驾驶商业化得到了很好的实践验证。百度、京东、美团等在各地成功提供了无人配送、无人清扫服务。从此，无人驾驶技术逐渐从概念设计进入现实应用。

无人驾驶发展的全生命周期包括科学期、技术期、产品期和普及期。目前，我国无人驾驶技术已经经历科学期和技术期的沉淀和积累，正在向产品期过渡，不少场景下的自动驾驶已经进入实用阶段。应用路径也遵循了先封闭后开放、先载人后载货原则。初期应用选择了自动泊车、封闭园区内的物流等限定场景下的封闭或半封闭区域，其次为干线物流、末端配送、环卫以及公共交通等领域，最后为更为复杂的私人场景无人驾驶。

6.1 无人驾驶应用场景

6.1.1 无人驾驶出租车场景

从世界范围来看，美国的无人驾驶应用正从道路测试向商业收费的示范运营发展，其中亚利桑那州是最早允许开放无人出租车 Robotaxi 载人运输的州。欧洲方面，荷兰、英国已允许无安全员随行的道路测试。在日本，警察厅先后颁布《自动驾驶汽车道路测试指南》和《远程自动驾驶系统道路测试许可处理基准》，准许企业申请无人在车内的远程测试。

国内允许自动驾驶出租车开展载人测试，目前广州、长沙、上海、武汉、沧州、北京等地允许载人测试，但对车辆数量、封闭测试里程数量及载客对象提出了严格要求。同时，在无人驾驶领域，国内已经汇集了海内外包括特斯拉、Waymo、百度、上汽，以及滴滴、蘑菇车联、小马智行、文远知行和 AutoX 等众多高科技企业。2020年，亚马逊旗下的自动驾驶公司 Zoox 推出的 L5 级别全自动驾驶出租车，已经正式面向公众开放试乘。Waymo 和 Uber 都曾公布 Robotaxi 车队部署计划。Uber 曾宣布计划截至2021年，从沃尔沃购入两万多辆 XC90 来组建自动驾驶车队。2018年，Waymo 宣布采购2万辆 I-

PACE 纯电动汽车和 2 万多辆 Pacifica 混动厢式车，用来打造 Robotaxi 车队，至今已部署超过 1000 辆。典型无人驾驶出租车如图 6-1 所示。

图 6-1 典型无人驾驶出租车

目前，Robotaxi 仍需安全员帮助规避驾驶风险，导致人和车的成本高昂，无法实现大规模的车辆部署，Waymo 和 Uber 都面临此难题。而特斯拉通过采用众包模式进行运营，即让特斯拉车主将他们处于闲置状态的车辆加入到自动驾驶打车服务网络 TESLA Network，则部分有效地解决了成本问题，此模式将车辆购置、保险和停车等成本分摊到车主身上，从而减小了企业的投资压力。

国内 Robotaxi 入局者普遍选择合资运营的形式，一方面能够降低成本、规避风险，另一方面可以充分发挥合作伙伴的资源优势打造生态圈，如百度在长沙打造的“车企-政府-科技公司”的三角模式，即长沙市政府为 Apollo Go 项目提供测试牌照，一汽集团公司提供 Robotaxi 前装量产的产线，百度 Apollo 公司提供自动驾驶与车路协同的软硬件系统，进而在当地快速形成智能驾驶生态圈。在广州市政府的支持下，文远知行、东风日产和白云出租汽车集团合力提供无人驾驶运营服务。文远知行还联合东风汽车，从 2020 年 10 月开始，在武汉市经开区正式开展自动驾驶常态化测试，覆盖经开区 106km 的开放道路。此外，安波福与现代汽车在 2019 年成立了自动驾驶合资公司 Motional，向自动驾驶出租车及车队运营商推出自动驾驶系统及相关支持技术。国内首个车企 L4 自动驾驶运营平台享道 Robotaxi，已于 2021 年 12 月 8 日在上海嘉定正式上线。

6.1.2 无人驾驶公共交通场景

公共交通线路具有固定、车速慢、专道专用等特征，具备满足无人驾驶应用的各项硬件条件，使其成为无人驾驶理想化的适用场景。无人公共交通 Robobus 不仅能缓解主干道的交通压力，还能灵活应对突发状况，实现行人车辆检测、减速避让、紧急停车、障碍物绕行变道、自动按站停靠等功能。典型无人驾驶公共汽车如图 6-2 所示。

图 6-2 典型无人驾驶公共汽车

国外最早投放市场的无人驾驶公交车型是小型摆渡巴士，如 Navya、Easymile 的 4m 小巴士，这些车辆未安装驾驶室和方向盘，且只能在景区、公园、校园等封闭区域低速运行，尚不能在开放道路行驶。国外代表性国家如美国、新加坡和芬兰等均为无人驾驶公交车应用提供制度保障，积极促进无人驾驶公交车在开放道路测试与示范应用，如美国通过向州政府申请获得公共道路行驶资格，而在开放道路进行测试；芬兰则由交通安全局批准无人驾驶公交车上路，且该国法律未明确限定机动车必须配备驾驶员，这为无人驾驶上路应用提供了法律保障。

目前，国内包括百度、文远知行等在内的科技公司以及传统车企、零部件公司纷纷在Robobus等方面进行多线布局。具体而言，Robobus在我国已经进入规模化试运营阶段。2018年，百度联手金龙客车打造的自动驾驶小巴阿波龙正式量产，已先后在北京、广州、雄安、重庆、佛山等22个城市园区落地部署。2021年3月，湖南省衡阳市政府与蘑菇车联达成战略合作，未来几年衡阳市将依托蘑菇车联的自动驾驶、车路协同、AI云技术，构建新一代智慧交通体系，覆盖Robotaxi、Robobus、自动驾驶清扫车、自动驾驶巡逻车、自动驾驶园区车、自动驾驶医疗车等城市公共出行和公共服务场景。2020年7月，轻舟智航研发的第一辆无人小巴（龙舟ONE）落地苏州，如今已经在苏州、深圳、武汉等超过5座城市启动运营。龙舟ONE可以实现360°无盲区感知，专注城市接驳专线、微循环公交等场景。同年8月，宇通自动驾驶客车在国内开通首条自动驾驶商用智能公交线路，在郑州市郑东新区正式运行，线路全长17.4km，首批上线12台宇通L3级自动驾驶车辆，融合了车路协同、人工智能等技术，实现了5G信号全覆盖。另外，文远知行与宇通联合开发的无人驾驶微循环小巴，目前正在广州、南京、郑州等地开展常态化测试。

6.1.3 矿区应用场景

我国矿产资源丰富，每年产量可达上百亿吨，矿山运输企业逾2000家。矿山智能管理和高效安全运营，是国内采矿行业的重点发展方向。

矿区作业的环境中通常存在大量金属化合物粉尘和有毒有害气体，生产环境安全性差，易诱发安全事故，导致矿区用工难。矿区场景下的开采、运输工作急需智能化赋能。美国、日本、瑞典等国企业均有开展矿车无人驾驶应用的先例，代表企业如卡特彼勒、小松、沃尔沃等传统工程设备制造商。卡特彼勒早在1996年就已推出第一辆自动驾驶矿用火车，现在已经超过150辆。小松制作所于2005年在智力铜矿区运行矿用货车自动运输系统，目前已有超过100台自动驾驶货车。典型无人驾驶矿石车如图6-3所示。矿区自动运输需求巨大。

图6-3 典型无人驾驶矿石车

2020年3月，国家发改委、能源局等联合发布《关于加快煤矿智能化发展的指导意见》，推动煤矿智能化建设。目前，自动驾驶已经在国家能源集团宝日希勒矿区、华能集团伊敏矿区、宝武集团马鞍山南山矿区和白云鄂博矿区等多个矿区展开试运营，主要应用于无人开采的自动驾驶矿卡、自动驾驶宽体车，能够在露天的恶劣条件下代替人工进行岩石土方剥离，将煤矿运送到指定位置。

特别指出的是，在业内首个完成工业验收的宝日希勒露天矿区，已实现极寒天气下24h全天候无安全员作业，截至2021年8月，无人驾驶卡车累计编组运行5万余千米，土方运输量60余万立方米，最高运行时速达到40km/h，超过有人驾驶规定的30km/h，无人驾驶系统可动率大于96.7%，无人驾驶运输综合效率不低于有人驾驶。国家能源集

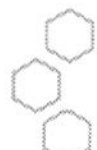

团智能矿山露天煤矿示范工程——神延煤炭，也正在建立以矿用卡车自动驾驶为基础，涵盖智能选煤厂、数字档案、生态建设、地面系统无人值守的智能矿山系统。

需要注意的是，未来单一提供自动驾驶技术的服务商将难以满足矿产企业的需要，主机厂、矿企、设计院以及自动驾驶企业将共同构成智能矿山产业链。伴随国家政策引导的持续深入与行业需求的不断增强，矿区自动驾驶市场规模未来可期。

6.1.4 园区物流场景

无人驾驶行业落地应用以来，无人物流一直是各大电商快递企业的必争之地。借助无人驾驶技术，装卸、运输、收货、仓储、运送等物流作业流程实现无人化和机器化，可极大促进物流配送领域整个产业链降本增效，革新升级。典型无人驾驶物流车如图 6-4 所示。

图 6-4 典型无人驾驶物流车

目前，华为、希迪智驾、比亚迪联合打造的 L4 级园区物流自动驾驶解决方案，已在华为智能工厂内成功实现短驳自动驾驶运输。据悉，该自动驾驶卡车可以 7×24h 全勤服务，运输过程中车上未设置安全员和测试员，真正实现车上“全无人”。但安全员可以实时远程监控车辆的运行状态及周边环境，当车辆状态异常或发生故障时，安全员则可以第一时间介入，对车辆实施远程辅助决策和处理，比如车辆恢复到自动驾驶模式或者切换到远程驾驶模式等。

园区物流无人驾驶应用正呈现欣欣向荣的景象。一汽、东风、重汽等商用车重卡物流等已经启动无人驾驶重卡测试；阿里菜鸟、百度、美团、图森未来、主线科技等也开始布局物流领域无人驾驶；京东正在筹备 5G 物流示范园，全园将引入自动驾驶技术。

6.2 典型无人驾驶系统

6.2.1 Apollo

2017 年，百度发布阿波罗（Apollo）计划，该计划是面向汽车行业及自动驾驶领域的合作伙伴提供的软件平台，是一个开放、完整、安全的软件平台，其能结合车辆和硬件系统，快速定制个性化的自动驾驶系统。

1. 平台技术框架

Apollo 的技术框架分为四层，技术框架如图 6-5 所示。

（1）参考车辆平台（Reference Vehicle Platform，RVP）。平台可实现线控转向、线控油门和线控制动等功能。目前，与 Apollo 平台兼容的开放车型主要有林肯 MKZ 车型、PolarisGEM 车型、广汽 GE3 车型和长城 WEY VV6 车型等。

（2）参考硬件平台（Reference Hardware Platform，RHP）。硬件平台主要是无人驾

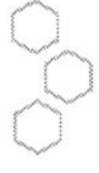

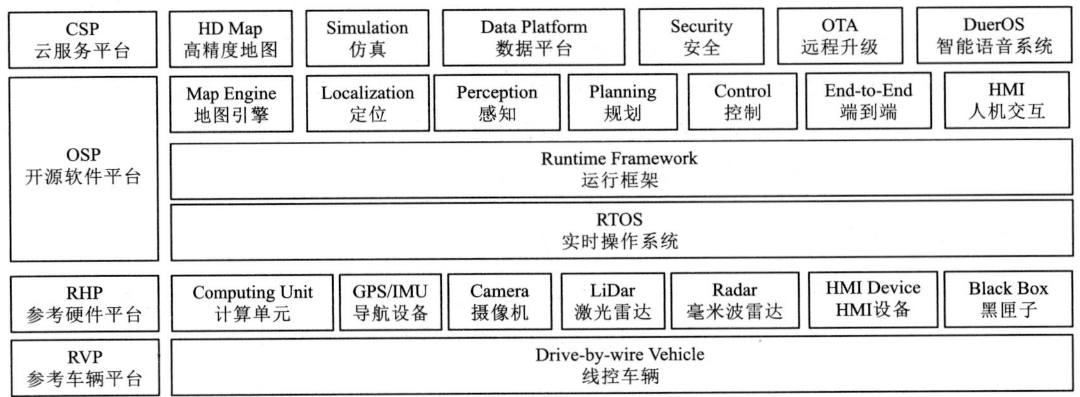

图 6－5　Apollo 技术框架

驶系统的计算硬件和各种传感器硬件，包括 GPS/IMU、摄像机、激光雷达、毫米波雷达、HMI 设备、黑盒子等。Apollo 的硬件平台如图 6－6 所示。

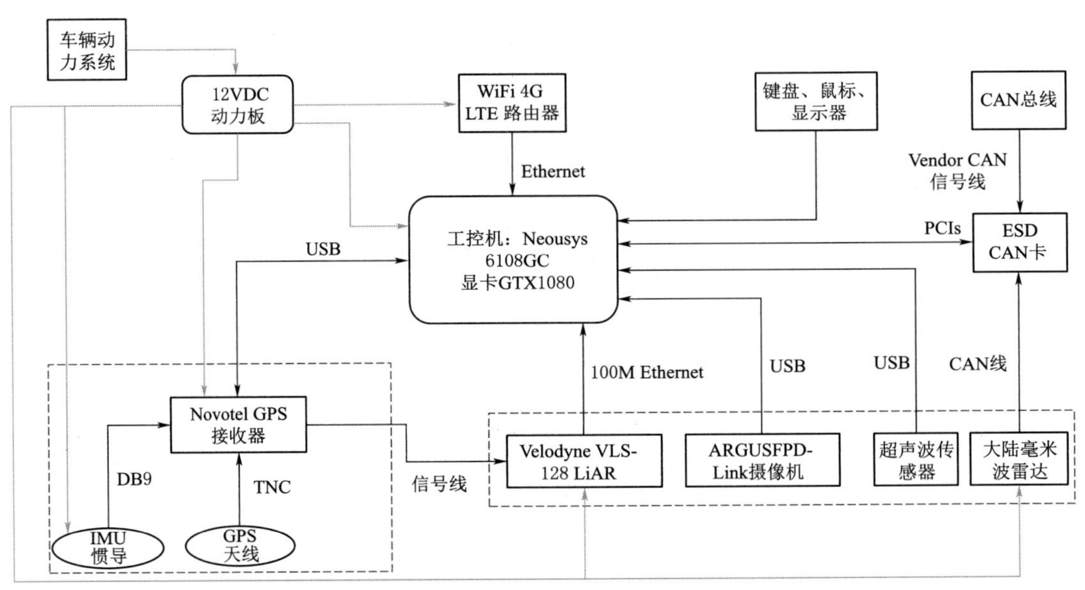

图 6－6　Apollo 的硬件平台

Apollo 整套系统的核心是工控机（Industrial Personal Computer，IPC）。一般使用 Neousys 6108GC，配套了 Nvidia 的 GTX1080。IPC 通过 USB 和 Ethernet 接口接收各种传感器送来的数据，处理后，通过 PCI 接口对接 CAN 总线卡，进而驱动车辆动作。

百度 Apollo 采用了 Novotel 的 GPS 和 IMU 组合系统。IMU 和 GPS 由卡尔曼滤波算法进行信息融合，提供足够频次和精度的定位和姿态信息，该算法在 GPS Receiver 中完成，因此可以提供比较精准的定位和定时，以及车体姿态信息。滤波后信息分两路，一路送入 IPC 主机，另一路通过定制电缆送入 128 线的 Velodyne 激光雷达，从而可以让 LiDAR 将激光雷达的扫描结果，标定为具体的“Relative Map”一并送入 IPC 进行

处理。

在传感器阵列中，除了毫米波雷达之外，LiDAR、Camera 和超声波雷达，都通过 USB 接口将获取的数据信息送入 IPC 进行处理，其中 LiDAR 使用了 100M 的以太网接口，执行路径规划和避障动作规划。除了对接车辆提供的电源系统之外，还有 WiFi 和 4G 路由器。

图 6-6 右侧是一个信息闭环，但未和 IPC 中央控制器互联，其中毫米波雷达输出数据并未传输给 IPC，而是直接传给 CAN 总线卡，进而对接车辆的 CAN 总线，用以直接驱动车辆的防撞系统，此功能类似现有的 ECU 来直接控制，而非利用 IPC 综合判断。

(3) 开源软件平台 (Open Software Platform, OSP)。实时操作系统 (Real Time Operating System, RTOS) 是针对自动驾驶定制化的高实时、高并发、低时延的 Linux 操作系统，Apollo 用的是 Ubuntu 操作系统。

运行框架 (Runtime Framework, RF) 是基于操作系统层的各算法模块调度框架，主要负责各模块之间的消息通信、资源分配和运行调度等。目前主要的框架有开源的 ROS (Robot Operating System) 以及百度自主研发的 Cybertron 框架。

高精地图 (Map Engine, ME) 提供车道线拓扑结构、信号灯位置、交通标志位置和类型、道路限速等信息服务，供感知、决策规划、定位等模块调用。

定位模块 (Localization) 为各算法模块提供厘米级的高精度定位信息，包括车辆的世界坐标、车辆姿态和朝向等信息。

感知模块 (Perception) 主要检测车道线标志，识别信号灯状态，检测跟踪识别车辆、行人，交通标识牌识别等。

规划模块 (Planning) 主要为基于定位信息、感知信息，结合行驶目的地信息，实时对行驶路线做出规划，为自动驾驶车辆提供行驶轨迹点数据。

控制模块 (Control) 基于规划路径，对车辆行驶下发控制命令，主要实现转向、油门、制动、灯光、喇叭、车内空调等的控制。

人机交互接口 (HMI) 主要为驾乘人员或远程控制员，提供与车辆交互的接口，包括规划行驶路径、控制车载娱乐系统、查看车辆行驶状态等。

上述各模块组成的系统数据流与控制指令流如图 6-7 所示。

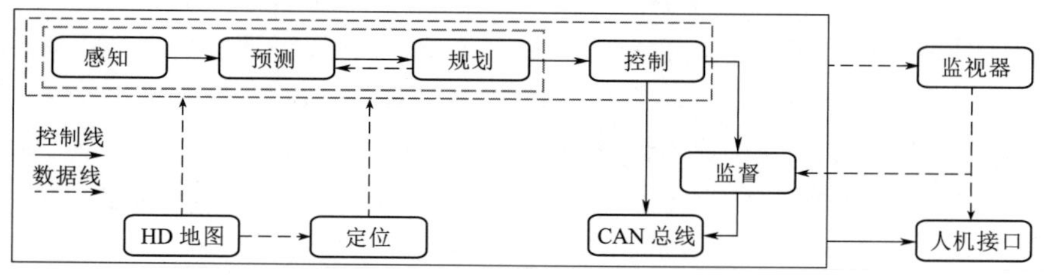

图 6-7　系统数据流与控制指令流

(4) 云服务平台 (Cloud Service Platform, CSP)。云服务平台包括高精度地图服务、仿真引擎、数据平台、安全机制、下载技术 OTA 及人机交互平台 DuerOS 等。其中，高精地图服务是实现无人驾驶汽车高精度定位、路径导航、路径规划的基础；仿真引擎通过

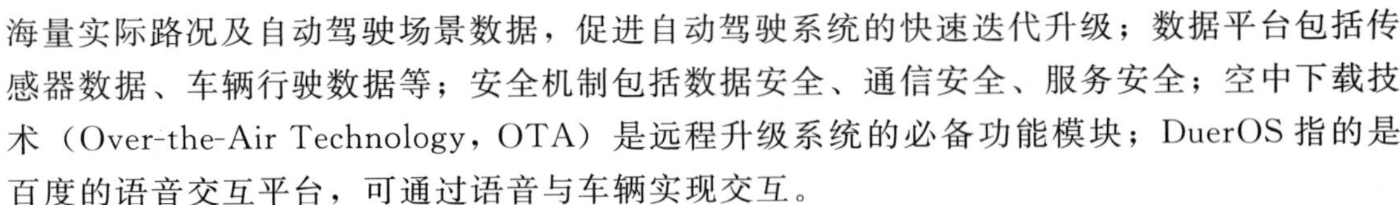

海量实际路况及自动驾驶场景数据，促进自动驾驶系统的快速迭代升级；数据平台包括传感器数据、车辆行驶数据等；安全机制包括数据安全、通信安全、服务安全；空中下载技术（Over-the-Air Technology，OTA）是远程升级系统的必备功能模块；DuerOS 指的是百度的语音交互平台，可通过语音与车辆实现交互。

2. 兼容传感器

Apollo 传感器配置如图 6－8 所示。

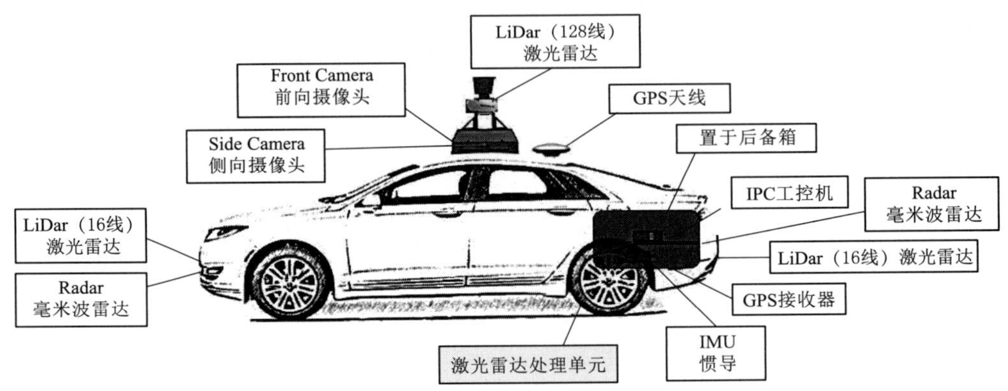

图 6－8　Apollo 传感器配置

激光雷达包括 Velodyne VLS－128、Velodyne HDL－64E S3、Velodyne ULTRA Puck VLP－32C、Velocyne PUCK VLP－16、Pandora、Innovusion 激光雷达等。毫米波雷达包括 Continental 公司的 ARS408－21、雷科电子信息技术有限公司自研的 77GHz 毫米波雷达等。摄像头包括 LI－USB30－AR023ZWDR、Truly Camera、Wissen 摄像头。导航模块包括 NovaAtel ProPak6、NovaAtelier SPAN－IGM－A1、NV－GI120。工控机主要为 Nuvo－6108GC，具有高端显卡 GPU 的工业级计算机，可为人工智能、VR、自动驾驶和 CUDA 计算提供 GPU 加速。

3. 自动驾驶数据集

Apollo 平台的仿真场景数据覆盖多种道路类型、障碍物类型以及环境类型，支持算法模块在多场景中在线验证，算法迭代速度快。具体场景数据包括虚拟场景和实际道路场景两大类，其中虚拟场景由人工编辑，可实现交通信号灯控制的十字路口、直行车道等多种场景集合，具体来说，数据集内含有 9 个路口右转、掉头的场景数据，18 个路口左转的场景数据，29 个平直道路直行的场景数据，17 个路口直行的场景数据和 19 个平直道路换道行驶的场景数据。实际道路场景数据内含有 5 个平直道路换道场景数据、25 个路口直行场景数据、1 个路口右转场景数据、27 个路口左转场景数据和 42 个平直道路直行场景数据。

除此之外，为了满足深度学习网络等机器学习模型的训练需求，Apollo 数据平台还提供了带标签的注释数据，如交通信号灯数据、带边界框的障碍物数据以及语义分割数据等。

6.2.2　Waymo

谷歌在自动驾驶技术领域发轫可以追溯到 2005 年第二届 DARPA 无人驾驶挑战赛，

至今已有近 20 年历史。Waymo 是一家研发主动驾驶汽车的公司，为 Alphabet 公司（Google 母公司）旗下的子公司。

据报道，Waymo 不仅在模拟环境中行驶了数百亿英里，而且在超过 25 个城市的公共道路上行驶了超过 2000 万 mile。Waymo 专注 L4 以上的自动驾驶开发，且正在美国经营 L4 自动驾驶出租车服务，实现了真正无人驾驶情况下运送乘客。类似其他公司的自动驾驶系统，Waymo 自动驾驶技术主要包括感知、定位、规划、控制，但 Waymo 的技术架构并不是固定。

Waymo 传感器配置如图 6-9 所示，下面分别对各项传感器对应的功能及技术作一简述。

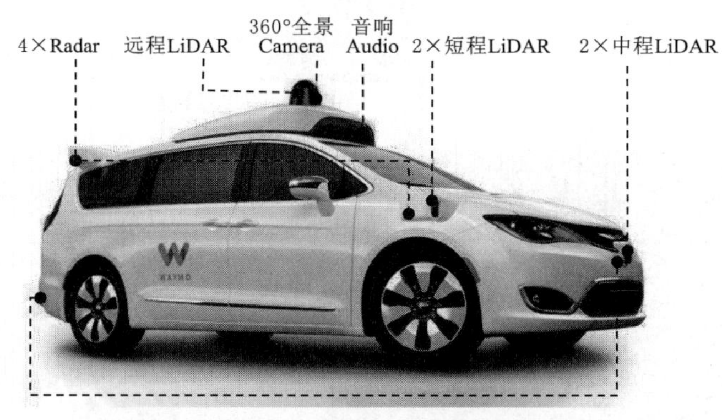

图 6-9 Waymo 传感器配置

1. 感知

感知功能是自动驾驶的基础，主要实现障碍物距离的估计，以及车辆的定位等功能。Waymo 的感知系统使用了摄像头、激光雷达和雷达的组合。感知模块的大部分工作是由 4 个 LiDAR 完成。Waymo 的感知系统获取的障碍物信息，包括识别常规汽车、警车、救护车、消防车和校车，甚至可以根据警报器和灯光判断特种车辆，对检测到的每个障碍物赋值移动或静止状态等。

2. 定位

多年来，Google 地图团队一直致力于使用激光雷达、摄像头和 GPS 进行高精地图绘制，恰好为自动驾驶技术的实现提供了技术积淀。目前，谷歌几乎已经绘制了全世界的地图，积累了极为丰富的地图数据。基于此，Waymo 使用高精度地图、激光雷达和 GPS 来定位车辆，这与其他公司使用 GPS，或是添加了摄像头和激光雷达信息的定位模式不同。具体来说，Waymo 的定位模块由地图、摄像头、GPS 和算法组成，可在全世界范围内准确定位车辆。

3. 预测

Waymo 自动驾驶汽车最重要的特点是实现了行为预测。自动驾驶汽车的目标是了解人类行为并实施预测，即所谓的行为预测。Waymo 的行为预测使用循环神经网络（RNN），该网络以过去的信息来预测未来的行为，并且可以评价预测的置信度。

Waymo 开发了一种新的模型 VectorNet，与 CNN 相比，该模型可提供更准确的行为

预测，同时使用更少的计算量。VectorNet 路网建模如图 6－10 所示。

（a）实际路网

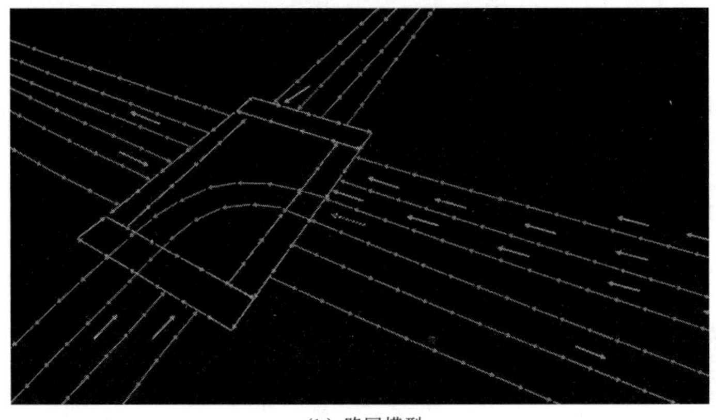

（b）路网模型

图 6－10　VectorNet 路网建模

地图要素和传感器输入的信息都可以简化为点、多边形或曲线。例如，车道边界包含多个建立样条曲线的控制点；人行横道是由多个点定义的多边形；停车标志由单点表示。曲线、多边形和点都可以近似表示为包含多个控制点的折线，折线可进一步分成矢量段。经过上述处理，所有道路和其他元素的轨迹表示为类矢量的集合。借助这种简化的视图，Waymo 设计了一种高效处理传感器和地图输入的 VectorNet 网络。VectorNet 向量模型如图 6－11 所示。

VectorNet 是一种新颖的两层图神经网络，第一层由折线子图组成，收集每条折线内信息；第二层称为全局交互图，VectorNet 在折线之间交换信息。经此处理，VectorNet 网络获得了各种向量之间的关联关系，如汽车进入十字路口或行人接近人行横道时，则会检索调用这些关系，执行路径规划。

VectorNet 通过学习道路特征和对象轨迹之间的相互作用关系，以及各种行为模式来更好地预测其他道路参与者的行为，如 Waymo 强化了 VectorNet 的模糊学习训练功能，以预测车辆周围事件的发生，为决策优化提供信息。例如，树叶遮住停车标志，当人类驾驶员遇到这种情况时，一般可以借鉴历史经验来推断该遮挡事件发生的可能性，Vector-

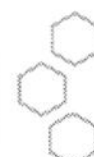

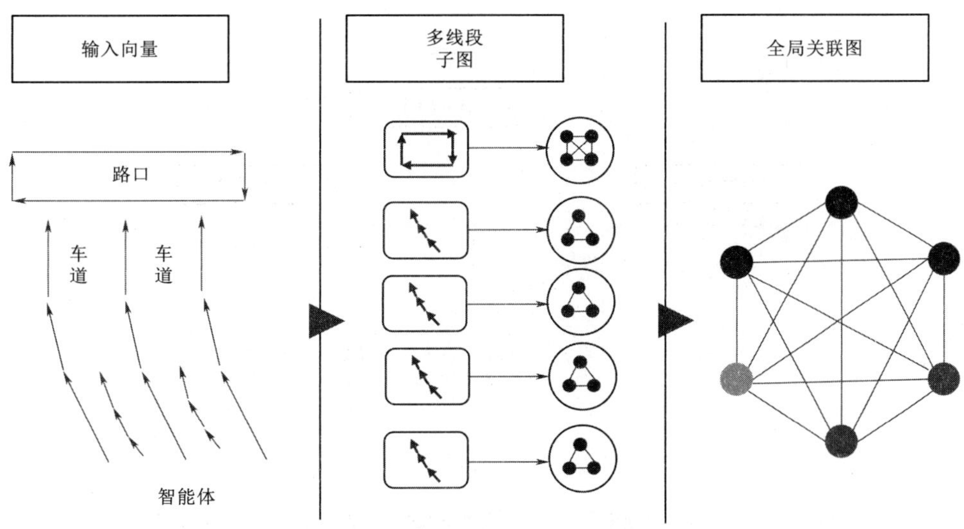

图 6-11 VectorNet 向量模型

Net 网络则通过在训练过程中随机掩盖地图特征来实现对此类情况的预测分析，预先生成各种预案，提高网络的容错能力。VectorNet 学习模型如图 6-12 所示。

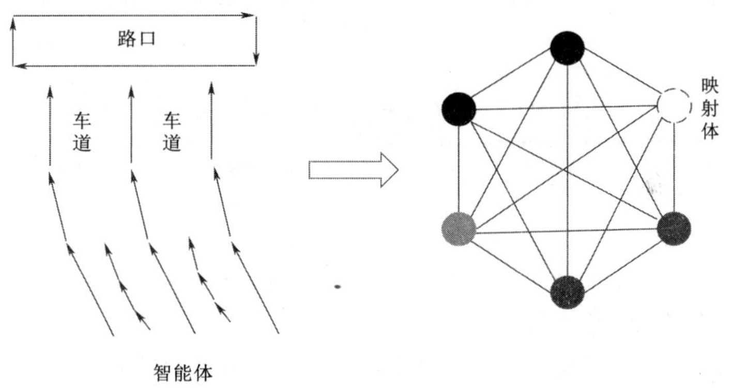

图 6-12 VectorNet 学习模型

4. 规划

路径规划的结果是一系列轨迹的集合，轨迹则由一系列点坐标组成，是统筹考虑路径安全性、行驶速度和可行性而生成误差最小的轨迹。Waymo 规划模块如图 6-13 所示。

模块中各网络的功能如下：

(1) Agent RNN 是一个为自主车辆生成轨迹的网络，轨迹的生成考虑航向（可行性）、速度（交通规则）、航迹点（长度）和智能体（可行性、几何形状等）。Agent RNN 目标是模拟一个可行的、现实的轨迹。

(2) 道路掩模网络的主要功能是确保车辆在设定轨迹上行驶。换言之，如果决策系统判定生成的轨迹不在道路上，则会给出高惩罚函数值。Waymo 系统正是通过这种模式确保车辆在车道行驶，而不是人行道上行驶。

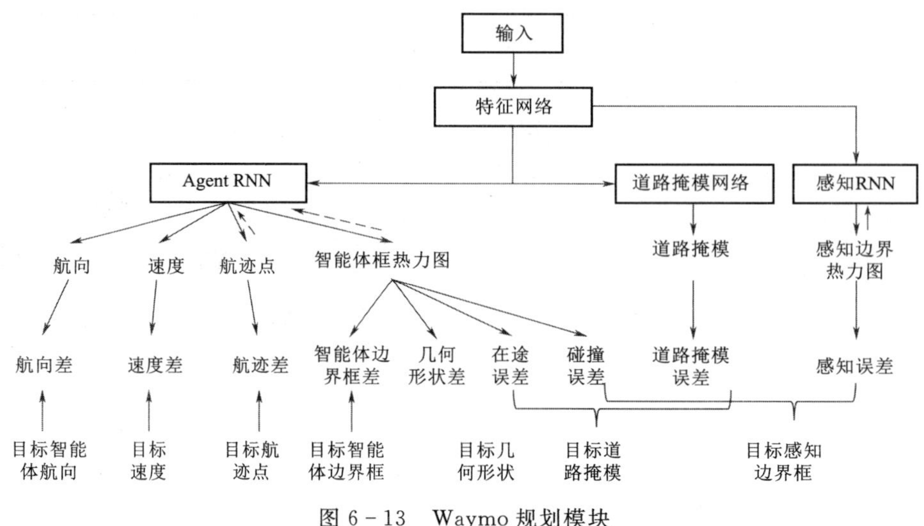

图 6－13　Waymo 规划模块

（3）感知 RNN 含有一个惩罚函数，是一个实现与其他车辆的碰撞和互动预判的网络。例如，当距离车辆 1m 时生成的损失会高于距离 1.5m 时的损失等。

总之，该网络生成了一条可行的轨迹，确保车辆在道路上行驶且避免碰撞。同时，轨迹的生成还考虑了排斥性和吸引性，保障车辆时刻保持在车道中心行驶，且能主动避开路障。

6.3　单车智能与车路协同

6.3.1　两大方向

单车智能和车路协同的主要区别在于技术和成本在车侧或路侧的分配权不同。虽然 L4/L5 级别自动驾驶理想模式是实现“车端-路端-云端”的高度协同，但车端智能和路端智能的发展不完全同步，因此，自动驾驶发展路线的选择面临感知能力、决策能力（算力）等在车侧和路侧分配的问题，所对应的自动驾驶成本也不同。由于单车智能的成本高昂，于是考虑用路侧设备代替部分车载技术，让路“变聪明”，智能的车配合聪明的路，车端智能和路侧智能协同呼应，可一定程度降低车载设备成本。因此，衍生出了单车智能和车路协同自动驾驶两大方向。

以车载传感器为例，激光雷达价格昂贵，尤其是用于远距离、大范围探测的 L4/L5 级别自动驾驶主雷达。例如，Velodyne 销售的 64 线激光雷达售价昂贵，曾是 Waymo 和百度等自动驾驶公司测试车的标配，后来 Waymo 开始自研激光雷达，并于 2017 年宣布将激光雷达成本降低 90%，2019 年 3 月 Waymo 开始对外出售自主研发的激光雷达 Honeycomb4。我国国产的激光雷达因高性价比日益受到市场的认可，例如禾赛科技在 2020 CES 上发布的 64 线超广角激光雷达 PandarQT，市场反应良好。从车路协同角度而言，若在路侧安装摄像头、毫米波雷达和激光雷达等感知设备，如路灯杆进化为多合一路灯杆，安装各类传感器，探测周围环境的三维坐标，进行信息融合，由于安装高度高，拥有

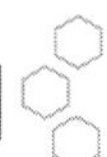

"上帝视野"，且不容易被遮挡，视距条件更好，可最大化减少盲区，提高数据获取的准确性，并实时发送到ITS中心（智能交通系统）以及车端，则车侧可免装部分设备，部分硬件设备成本可以被节省下来，从而大幅降低车载设备成本。

可知，路侧安装设备的方案拥有更低的单车成本和边际成本，路侧智能是车端智能的有益补充。如奇瑞某款车型已实现固定区域的30km/h以下的L4级"一键召还车"功能，如果只依靠车端智能，车载传感器成本逾10万元/车，而借助5G和V2X技术，室内外的定位精度偏差小于15cm，单车成本低于1万元。这仅是车路协同在停车场等低速限定场景的应用，大规模L4级的量产还需要覆盖更多场景，例如半封闭的高速公路和一级公路，以及路况更为复杂的城市开放道路。当然，在5G基站和V2X设备尚未铺设的路段，单车智能仍是主要的自动驾驶实现方式。

车侧智能和路侧智能的分配和发展受到诸多因素的影响，例如政府对公路智能化改造的支持力度、不同区域的路况、交通参与者特征、地图与定位的精度、高性能激光雷达的价格变化、车队用户和个人消费者付费意愿与转换成本等因素。不同方案初始投资的高低、投资回报期的长短，以及投资的经济性，共同影响了技术和成本在车侧和路侧的方案分配与路线演进。

6.3.2 三种技术

从技术和成本在车侧和路侧的分配比例角度分析，无人驾驶发展演化出两类三种技术路线。两类是指单车智能和车路协同，三种技术路线是指以激光雷达和高精地图为代表的单车智能技术路线、以视觉感知和影子模式为代表的单车智能技术路线，以及车路协同技术路线。无人驾驶发展的三种技术路线如图6-14所示。

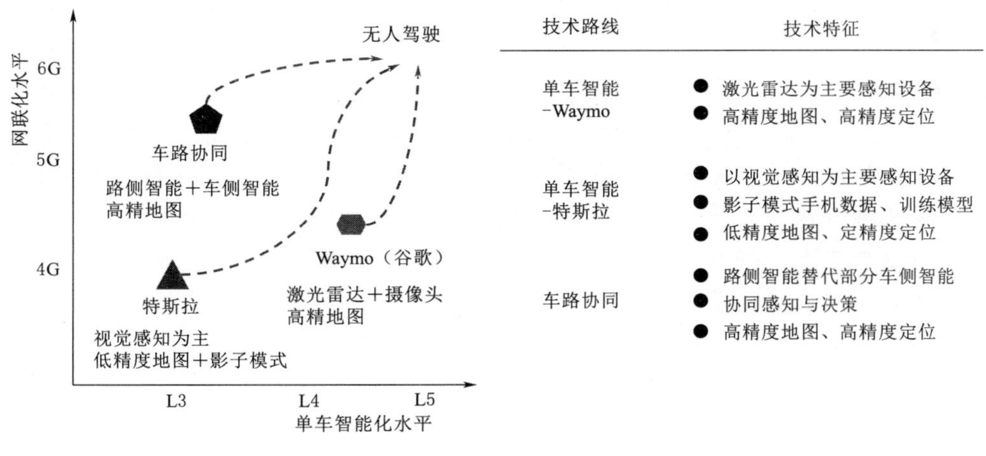

图6-14 无人驾驶发展的三种技术路线

以激光雷达和高精地图为代表的单车智能代表企业包括Waymo、通用Cruise，以及以戴姆勒、宝马等主流车企，以激光雷达为主要感知设备，采用了激光雷达、毫米波雷达、摄像头等多传感器融合的方案。Waymo车顶的360°激光雷达最远可探测300m远的物体，形成实时车辆鸟瞰图，还在车辆周围有序安装了四个激光雷达，用于近距离检测正在靠近车辆的物体，增加探测的视野。Waymo 视觉系统由 29 个摄像头组成，提供高分辨率的图像，避免视野盲区，其远距离探测相机和 360°视觉系统可探测到 500m 以外的停车标志。毫米波雷达与激光雷达和摄像头优势互补，区分间隔距离较近的物体，并在特殊天气情况下保持功能有效。高精地图方面，Waymo 通过谷歌地图专业的测绘车队为无人驾驶汽车创建丰富而详细的高精度地图，进行高精度定位，提供动态实时的数据服务，保证信息的准确和完整。截至 2019 年底，Waymo 在美国推出的无人出租车服务 Waymo One 月活用户超过 1500 人，累计总订单超越 10 万人次。

以视觉识别为核心的单车智能路线，典型代表为依靠 Mobileye 视觉自动驾驶技术起家的特斯拉，此技术路线认为视觉是最有效的信息获取方法，在量产汽车上不再配备成本高昂的激光雷达，而是选择了价格便宜也更容易量产的计算机视觉方案，并由神经网络模型训练 Autopilot 算法。除此之外，特斯拉利用影子模式（Shadow-Mode）训练与迭代其自动驾驶算法，将已售车辆变为“测试车辆”，不断收集现有活跃车辆的真实场景数据，上报捕捉到的视觉信息与“稀有案例”，基于模型进行预判。例如，前方车辆的换道并线，如果预判正确无需上报数据，反之则标识为 Negative Sample 送到云端，对特定模块进行修正性训练，再将修正后的模型下发到车端，完成训练过程的闭环反馈。截至 2020 年 3 月，特斯拉已完成 100 万辆车的量产下线，庞大的特斯拉车队活跃在北美、欧洲和东亚地区，为特斯拉建立了庞大的数据库，修正和完善着自动驾驶算法。目前特斯拉尚未部署高精地图，以低精度地图和低精度定位为主，依赖视觉感知进行周边环境的高准确率识别，但视觉感知仍存在遮挡物和盲区检测准确率低的问题，存在一定的局限性。为此，特斯拉也在考虑适时引入高精地图，与传感器检测数据融合，提高定位精度。

车路协同对车端、路端以及云端的协同提出了较高的要求，有望率先在网联化的维度实现突破。车端与路侧端的信息实时交互，车端多传感器进行环境感知与数据融合，通过车载计算平台进行数据处理，路侧设备负责路况信息搜集与边缘侧计算，其中激光雷达作为路侧感知设备中的核心硬件，探测物体的三维坐标，与毫米波雷达、摄像头等设备通过边缘计算进行数据融合，实时绘制局部的高精度地图，以“上帝视角”采集路况信息，为车辆提供决策依据，而通信平台提供“车-车、车-路、车-云”间实时传输的信息管道，从而让车辆实现网联化自动驾驶。车路协同方案高度依赖低延时、高传输速率、高可靠性、高连接数密度的 5G 网络环境，可见 5G 基站、路侧感知设备与边缘计算设备的建设是车路协同实现的基础，需要多部门通力合作，进行基础设施投资，制定统一标准，高度整合软件、硬件、平台等技术，因此产业协调难度相对较大。

6.3.3　道路之选

在自动驾驶发展路径的抉择方面，美国、中国、欧洲等国家和地区从各地实际情况出发，立足各自产业的发展情况与核心能力，统筹自身的战略优势，从而确立满足自身需求的发展道路。无人驾驶发展道路图如图 6－15 所示。

于美国而言，人工智能技术全球领先，人才储备充足，基础科研实力强，美国的人工智能企业数量位居全球首位，涵盖基础层、技术层和应用层。其中，谷歌等科技巨头在自动驾驶领域的人工智能算法方面有较为深厚的技术积淀，优势明显。另外，美国拥有发达

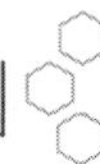

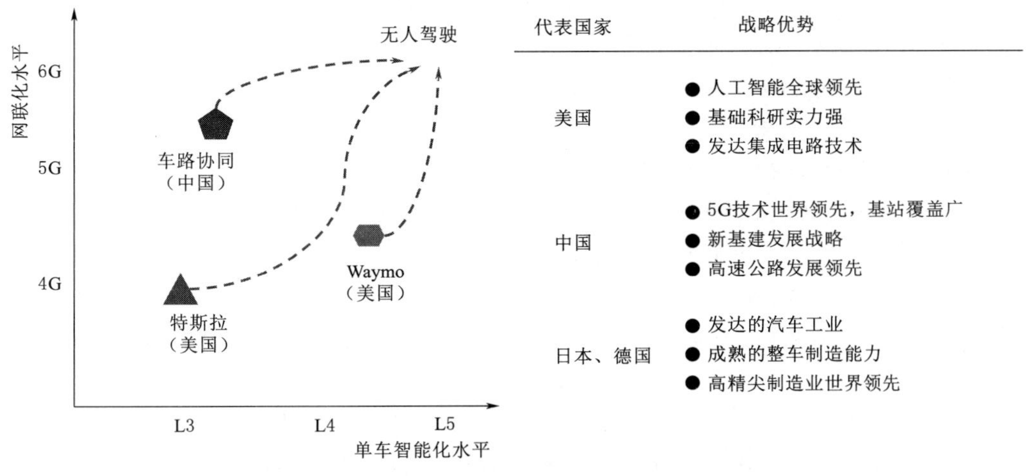

图 6-15 无人驾驶发展道路图

的集成电路技术，在高端芯片设计领域一直保持领先态势，为高性能车载芯片的发展打下良好基础。另一方面，美国在通信行业和 5G 领域的发展明显落后于中国，且基础设施的投资一般由市场主导而非政府主导，可能导致车路协同基础设施投资不足，网联化进程推动缓慢。另外，单车智能背后的核心能力是人工智能算法和决策芯片，这正是美国的战略优势所在。总体来看，单车智能是更适合美国互联网巨头和互联网造车企业发展的方案，其通过提高车辆自身的感知、决策和控制能力，达到甚至超越人类司机的驾驶水平。

于中国而言，中国政府大力推行 5G 网络、物联网、卫星互联网、数据中心、智能交通基础设施等新型基础设施建设，在道路的改造方面坚决推行 5G LTE-V2X 技术标准，支持 LTE-V2X 向 5G-V2X 平稳过渡。2019 年 9 月《智能网联道路系统分级定义与解读报告》的发布标志中国有了清晰的道路智能分级标准，明确了智慧道路建设的方向。2020 年 2 月《智能汽车创新发展战略》提出预计到 2025 年，智能交通系统和智慧城市相关设施建设取得积极进展，车用无线通信网络（如 LTE-V2X 等）实现区域覆盖，新一代车用无线通信网络（5G-V2X）在部分城市、高速公路逐步开展应用，高精度时空基准服务网络实现全覆盖，有力助推中国率先在网联化维度取得突破。从道路情况来看，中国高速公路总里程世界第一，公路总里程和公路网密度快速增加，收费公路里程远高于美国，中国路侧设备（Road Side Unit，RSU）的数量和分布范围也大于美国，这些基础设施建设方面的有利条件将推动车路协同产业的快速发展。另外，以华为作为代表的通信企业在 5G 技术领域世界领先，提供了很好的技术支持。2021 年 8 月，我国工业和信息化部提出加快建设智能网联汽车标准体系，明确分阶段建立适应我国国情并与国际接轨的智能网联汽车标准系统。实施“单车智能＋网联赋能”发展战略，加大网联基础设施建设力度，加快道路基础设施升级改造是我国无人驾驶的发展主路线。

6.4 无人驾驶应用人工智能的展望

信息技术和人工智能技术的快速发展为汽车制造业带来了全新的机遇，对汽车制造业研发、生产、销售、售后服务等各个环节都产生了重大的影响。目前我国汽车产业既要突破传统汽车制造领域的技术瓶颈，又要大力发展车联网、智能制造、无人驾驶等新兴技术，这需要政府和企业的共同努力。具体而言，汽车产业应用人工智能技术的对策及建议可以从以下几个方面考虑。

1. 提高自主创新能力，加强国际技术交流与合作

汽车生产厂商在利用互联网技术方面主要有两个目标：一是通过研发互联网技术直接加强自身的技术实力；二是通过为消费者提供更多服务，间接增强企业核心竞争力。无论是汽车企业还是互联网企业，都没有足够的能力独自开发智能网联汽车，所以合作是行业的主流趋势。大多数汽车企业都在从各自的角度，不断通过自主研发与技术合作等途径进入车联网领域。

2018年，全球最大的车企大众汽车集团与福特进行战略合作，双方将在电动车基础平台、无人驾驶、商用车等多个领域展开深度合作。同年10月，本田公司向通用自动驾驶子公司Cruise总共投入近30亿美元，与之共同研发自动驾驶技术。上汽则与阿里共同投资设立10亿元的“互联网汽车基金”，并组建合资公司，共同打造了车载智能互联系统——斑马系统。百度则持续投资汽车产业并打造了阿波罗（Apollo）平台，且与多家企业合作致力于推动自动驾驶汽车的量产。长安汽车与腾讯公司以合资公司的形式，在车联网、云计算、大数据云等领域，打造更开放的基础操作平台和硬件平台。这些跨行业合作将促进人工智能对汽车产业的融合，加速汽车的智能化历程。

尽管人工智能有广泛的发展前景，但在实际的应用中仍有很多不成熟之处，遭遇了很多技术瓶颈。企业应重视关键技术的研发，把提高自主创新能力上升到公司战略层面，指导企业的各项经营活动。企业可以通过申请专利来保护重大研发成果，避免同行的技术抄袭。其中，人才是进行技术突破的核心资源。人工智能在汽车领域的应用需要信息技术、大数据处理技术、传感器技术、视觉传达技术等多领域的人才。企业要重视人才的培养，打造出一流的专业技术团队，尽快实现技术突破。此外，各国应就人工智能在汽车领域的应用开展交流与合作，可以通过召开学术研讨会为相关学者提供交流和学习的平台，探讨目前应用难点和技术瓶颈，也可以组织专项人才培养计划，打造具有国际影响力的技术团队。

2. 加强对智能汽车企业的扶持力度

现阶段，我国有关智能汽车的标准建设尚处于起步阶段，未建立产品和技术的认证标准、数据传输协议标准，特别是在信息安全领域，尚未形成针对车联网信息系统的认证标准。政府应当成为产业发展标准的制定者和监督者，在行业准入、产业结构、通信协议等方面建立规范、有序的产业链体系，加速智能汽车的商业化应用。同时，建立智能汽车关键技术体系、产业标准和架构，整合交通管理部门、安全部门、信息部门、交通建设部门等各行业优势资源，最终建立以汽车制造企业为核心的智能汽车协调与共建平台，发展智能化交通等基础设施和技术，推动智能汽车产业的可持续化发展机制。

调研结果表明，资金短缺是阻碍企业实现技术突破的最大瓶颈。研发成果不是一蹴而就的，研发过程中需要大量的资金投入却不一定有产出。政府应该加大对智能汽车企业的扶持力度，为企业新增研发仪器设备提供资金补贴，支持企业开拓市场，鼓励企业购买本

土的汽车智能制造生产线，发挥龙头企业的带动作用，通过专业分工、服务外包、订单生产等方式逐步推动行业内中小企业等发展。政府还应完善智能汽车企业等融资环境，进一步倾斜信贷规模，持续扩大直接融资规模，完善相关财政政策，降低智能汽车制造企业的各项负担。

3. 明确各主体的权利与义务，达成社会共识

尽管技术方面的问题正逐渐得到解决，自动驾驶汽车和有人驾驶汽车和谐共处而不引起交通事故，以及发生事故时责任如何划分，仍旧是人们需要着手解决的一大难题。2014年12月，英国进行了一项民意调查，调查显示大多数英国民众对无人驾驶汽车持保守态度。英国机械工程师协会在同年公布的一项调查结果显示，56%的人明确表示不会购买无人驾驶汽车，愿意购买的人只占20%，其余人持观望态度。无人驾驶技术在推广的过程中面临着无法避免的伦理问题。每一种伦理选择的背后都存在价值观的冲突，一时难以达成共识。

近年来，面对人工智能的快速发展，一些发达国家已经意识到建立人工智能相关立法和监管的重要性。以自动驾驶汽车为例，2016年9月，美国交通部出台了《联邦自动驾驶汽车政策》，而在该项政策中提到的自动驾驶汽车安全标准，可以为举证产品责任提供必要的参考。德国自动驾驶汽车近几年来维持着较快的发展速度，与此同时，德国国内产生的一系列自动驾驶汽车事故也让监管机构意识到出台新的相关规定的必要性。为了在发生自动驾驶汽车相关事故时更好地判定法律责任以及开展保险理赔工作，德国的汽车监管机构要求汽车厂商在自动驾驶汽车中安装黑匣子。英国的国家自动驾驶汽车中心也曾发布两份报告，对保险和产品责任提出建议。

以相关国家为参考，制定智能机器人民事责任的新规则。在无人驾驶伦理规则的议定过程中，明确规定各利益相关主体（包括驾驶人、乘客、行人、非机动车驾驶人、汽车制造商、政府）的权利与义务，从各方的综合利益出发，达成共识并签订契约。参考2017年2月16日欧盟议会投票表决的一项决议中提到的一些具体立法建议，为了更好地解决人工智能快速发展带来的相关伦理问题，未来我国可以采取以下措施：

（1）从管理层面成立一个专门负责机器人和人工智能的机构。

（2）要想更好地解决人工智能带来的相关伦理问题，必须做到有法可依，因此确立人工智能相关的伦理规则是十分必要的。

（3）从长期来看，考虑赋予复杂的自主机器人与人类相等的法律地位，将自主机器人视为一个完整的法律主体。而在知识产权方面，应明确人工智能的“独立智力创造”，尊重并保护发明者的智力成果；关注人工智能的社会影响以及加强法律政策的国际合作。

（4）对具有特定用途的机器人和人工智能系统（包括自动驾驶汽车、护理机器人、医疗机器人、无人机等），相关部门应出台特定规则，进行特殊监管。

随着各项技术问题的解决以及相关法律法规的建立，未来无人驾驶汽车会被更多的人接受并越来越活跃在世界各国的公路上。与此同时，智能工厂将被不断推进，形成以用户为中心的个性化汽车产品生产模式。以信息与物理系统融合为核心，机器人、3D打印、物联网、大数据等智能制造支撑技术将被深化应用，通过持续改进，使我国汽车制造的自动化和信息化水平达到国际汽车制造发达国家的同等水平。

6.5 本章小结

本章首先总结了无人驾驶应用的无人出租车、无人公共交通、矿区、园区物流四个典型应用场景，其次全面总结了百度 Apollo 和谷歌 Waymo 两种典型无人驾驶系统的技术架构和原理，再次针对单车智能和车路协同两大方向的发展问题做了剖析，最后对无人驾驶深度应用人工智能理论提出了意见和建议。无人驾驶作为人工智能应用的典型场景，发展前景是光明的，从技术上而言，单车智能和车路协同有机融合也许是更有利的发展方向。中国有自己的国情，中国具备发展“车路云一体化”的良好土壤，单车智能和车路协同之争应因势利导，根据具体应用场景制定翔实的落地解决方案。

参 考 文 献

[1] 陈慧岩，熊光明，龚建伟，等．无人驾驶汽车概论［M］．北京：北京理工大学出版社，2014.

[2] 杜明芳．无人驾驶汽车技术［M］．北京：人民交通出版社，2019.

[3] 刘少山，唐洁，吴双，等．第一本无人驾驶技术书［M］．北京：电子工业出版社，2017.

[4] 王建．自动驾驶技术概论［M］．北京：清华大学出版社，2017.

[5] 蔡自兴，等．人工智能及其应用［M］．北京：清华大学出版社，2016.

[6] 王万良．人工智能导论［M］．北京：高等教育出版社，2020.

[7] 董长虹．Matlab神经网络与应用［M］．北京：国防工业出版社，2005.

[8] 石辛民，郝整清．模糊控制及其MATLAB仿真［M］．北京：北京交通大学出版社，2018.

[9] 温正．MATLAB智能算法［M］．北京：清华大学出版社，2017.

[10] 卓金武．Matlab在数学建模中的应用［M］．北京：北京航空航天大学出版社，2014.

[11] 于祥雨，李旭静，邵新平．人工智能算法与实践（Python＋PyTorch）［M］．北京：清华大学出版社，2020.

[12] 刘金琨．智能控制理论基础、算法设计与应用［M］．北京：清华大学出版社，2019.

[13] 陈翠娇．大数据驱动的交通安全态势研判专家系统研究［D］．济南：山东交通学院，2020.

[14] 董敏明，唐守锋，董海波．传感器原理与检测技术［M］．北京：机械工业出版，2013.

[15] ［美］Rafael C. Gonzalez. 数字图像处理（Matlab版）［M］．阮秋琦，等，译．北京：电子工业出版社，2005.

[16] 秦永元．惯性导航［M］．北京：科学出版社，2014.

[17] 王可东．Kalman滤波基础及Matlab仿真［M］．北京：北京航空航天大学出版社，2019.

[18] Jitendra R. Raol. Multi-sensor data fusion with MATLAB［M］．Boca Raton：CRC Press Taylor &Francis Group，2010.

[19] 甄先通，黄坚，王亮，等．自动驾驶汽车环境感知［M］．北京：清华大学出版社，2020.

[20] 刘帅奇，郑伟，赵杰，等．数字图像融合算法分析与应用［M］．北京：机械工业出版社，2018.

[21] 覃征．数字图像融合［M］．西安：西安交通大学出版社，2004.

[22] 赵小川．传感器融合：Matlab程序实现［M］．北京：机械工业出版社，2014.

[23] 孙占全，潘景山，张赞军，等．基于主成分分析与支持向量机结合的交通流预测［J］．公路交通科技，2009，26（5）：5.

[24] 李士勇．蚁群算法及其应用［M］．哈尔滨：哈尔滨工业大学出版社，2004.

[25] 李敏强，寇纪淞，林丹，等．管理、决策与信息系统丛书遗传算法的基本理论与应用［M］．北京：科学出版社，2002.

[26] 杨淑莹，郑清春．群体智能与仿生计算：Matlab技术实现［M］．北京：电子工业出版社，2020.

[27] ［美］Kennedy J，Eberhart R. C.，史玉回．Swarm Intelligence［M］．北京：人民邮电出版社，2009.

[28] Slowik A. Swarm intelligence algorithms，A tutorial［M］．Oxford：Taylor and Francis，2020.

[29] 毕欣．自主无人系统的智能环境感知技术［M］．武汉：华中科技大学出版社，2020.

[30] Zhu Wenxing，Zhang Lidong. A new car-following model for autonomous vehicles flow with mean expected velocity field［J］．Physica A Statistical Mechanics & Its Applications，2018，492：2154 -

2165.

[31] Zhang Lidong, Zhang Mengmeng, Wang Jian, et al. Internet connected vehicle platoon system modeling and linear stability analysis [J]. Computer Communications, 2021, 174 (1): 92-100.

[32] Zhang Lidong, Zhu Wenxing, Zhang Mengmeng, et al. Study on discrete autonomous traffic flow model with zero-order hold [C]. 20th COTA International Conference of Transportation Professionals [A]. Xian China, 2020.

[33] Chen Cuijiao, Zhang Lidong, Qian Guanghong, et al. Extension cloud model for road traffic safety situation study [C]. 20th COTA International Conference of Transportation Professionals [A]. Xian China, 2020.

[34] Zhang Lidong, Zhu Wenxing. Delay—feedback control strategy for reducing CO_2 emission of traffic flow system [J]. Physica A Statistical Mechanics & Its Applications, 2015, 428: 481-492.

[35] 张立东，张远，张萌萌，等. OV 模型交通流阻尼特性研究 [J]. 交通运输系统工程与信息，2014，14 (5)：209-215.

[36] 张立东. 基于模糊控制原理的智能交通检测与控制 [D]. 济南：山东大学，2002.

[37] 张立东，贾磊，朱文兴. 基于模糊理论的交通溢流识别算法 [J]. 计算机应用，2012，32 (8)：2378-2380，2384.

[38] 张立东. 城市交通溢流智能协调控制算法研究 [D]. 济南：山东大学，2012.

[39] 张立东，贾磊，赵建玉，等. 混沌模糊交通控制器的设计 [J]. 南京理工大学学报　社会科学版，2005，29 (10) (S1)：203-205.

[40] 李航. 统计学习方法 [M]. 北京：清华大学出版社，2012.

[41] 唐聃. 自然语言处理理论与实践 [M]. 北京：电子工业出版社，2018.

[42] [印度] 克里希纳·巴夫萨，纳雷什·库马尔，普拉塔普·丹蒂. 自然语言处理 Python 进阶 [M]. 陈钰枫，译. 北京：机械工业出版社，2019.

[43] [美] Christopher D. Manning，[德] Hinrich Schütze. 统计自然语言处理基础 [M]. 苑春法，李庆中，王昀，等，译. 北京：电子工业出版社，2005.

[44] [美] Bird S.，Klein E.，Loper E. Python 自然语言处理 [M]. 陈涛，张旭，崔杨，等，译. 北京：人民邮电出版社，2014.

[45] 张茫茫. 面对未来的汽车情感化交互体验研究 [J]. 包装工程，2019，40 (2)：11-16.

[46] 张茫茫. 基于汽车的多主体多通道交互模型研究 [J]. 包装工程，2017，38 (20)：7-12.

[47] 戴一康. 基于 NUI 的智能车载助理系统人机界面设计研究 [D]. 南京：东南大学，2019.

[48] 李彦宏. 智能交通　影响人类未来 10—40 年的重大变革 [M]. 北京：人民出版社，2021.